U0905430

关东宝地

——从洛古河到山海关

李占恒　刘绍志　著

中国青年出版社

编辑的话

我出生在松花江畔，长在黑龙江边，白山黑水，原野广袤，雾凇仙境，林海雪原。这些都是我打小就熟悉的。现在虽然人在北京，但每到夜里，我仍然常常梦回少年时期：火热的大炕，酸菜粉丝的芬芳，二人转的乡音乡韵……我爱东北。虽然不曾走遍东北，但我一直以为自己是了解东北的。直到读到李占恒、刘绍志两位老师的书稿，我才知道，东北是多么博大深沉的一片土地，我是多么渺小无知的一个孩子。

在这本书里，我跟着笔者的足迹，一草一木，一花一石，每一条河，每一座山……我第一次如此全面地抚摸了东北的地脉，第一次如此细致地梳理了东北的人文，第一次如此生动地解析了东北的风情，第一次如此专注地品味了东北的历史。

我庆幸自己编辑了《关东宝地》这本书，这本书让我更爱我的东北。我也诚恳地把这本书推荐给你们——亲爱的读者，我相信如果你是东北人，那你读过这本书后，会和我一样，换个角度去重新认识东北。如果你不是东北人，那这本书就为你打开了一扇门，走进这扇门，你会爱上东北。

从洛古河到山海关，让我们一起，走遍东北。

《关东宝地——从洛古河到山海关》 题记

关东，即东北。

关东，是以长城为参照体，泛指东北大地；东北，则是以中原为立足点，对关东那片广袤版图的方向定位。

从洛古河到山海关，就是从东北的最北头到东北的最南头，可以说这是东北的全境，也可以说是整个儿的白山黑水。

东北也有多种界定：通常说，过了山海关就是东北，这一来，包括了辽宁、吉林、黑龙江三省，内蒙古自治区的四个盟，及山海关外，归河北省秦皇岛市山海关区管辖的那一小块土地；另一种界定，也是通常人们习惯的认为，东北，即辽宁、吉林、黑龙江三省……此书也是写东北，我们是搀和了各种界定，以我们的脚板走过的地域为准。

谁不夸俺家乡好。

我说关东是宝地。

赞美的歌儿，不是用脚板踏出来的，而是由我们的心口窝蹦出来的。

同江地处松花江汇入黑龙江的位置，汇合处，名叫三江口。在北风呼号，冰雪寒峭的江面上看大江落日，更令人浮想联翩，心潮澎湃。

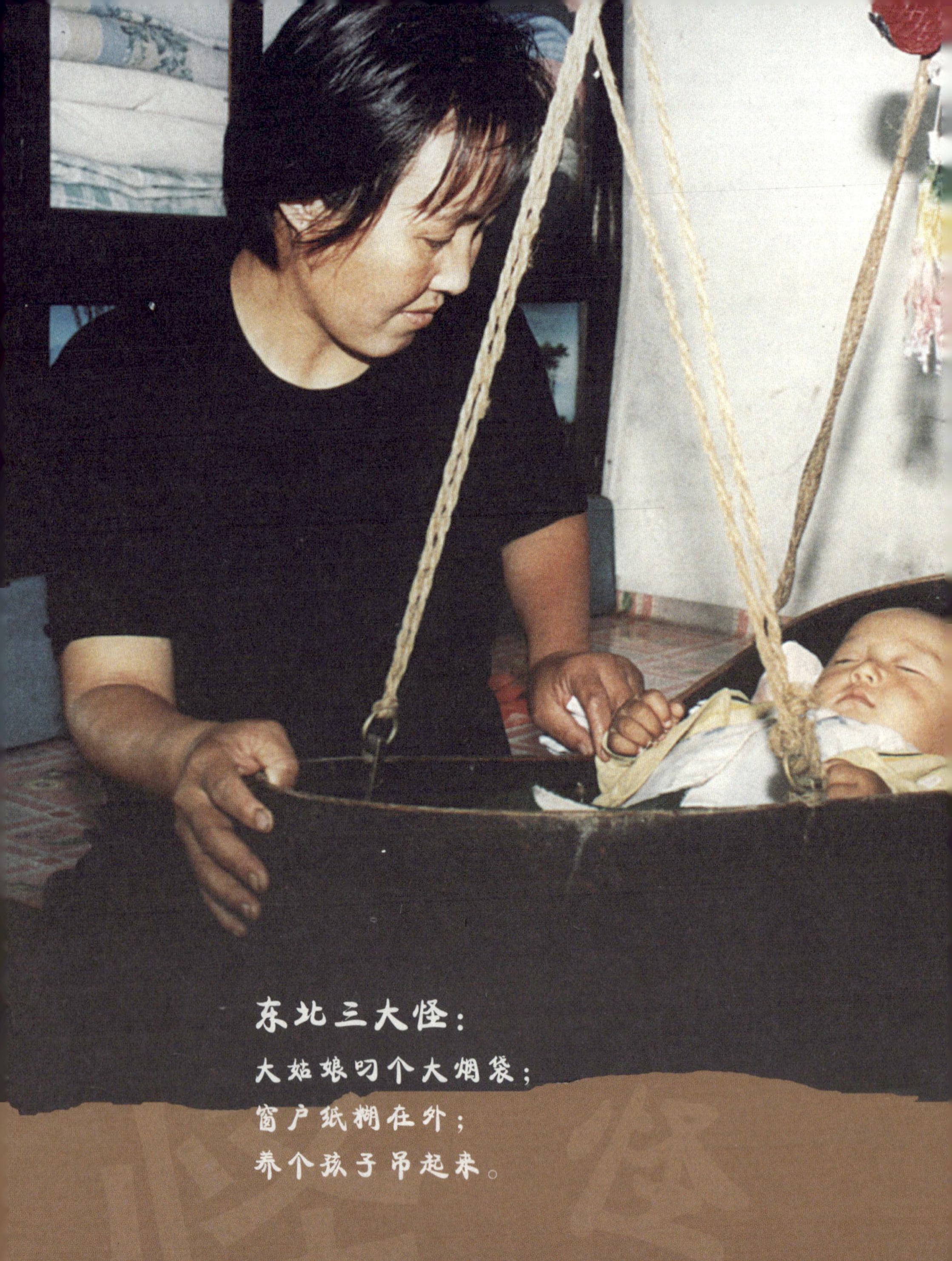

东北三大怪：

大姑娘叼个大烟袋；
窗户纸糊在外；
养个孩子吊起来。

雪乡四面环山，形成一个小盆地，每年贝加尔湖上空南下的冷空气，与日本海的暖湿气流交汇，形成丰沛的降雪，倾泻在这个小盆地里，降雪可达6个月，积雪长达7个月，雪厚可达2米，于是产生了如童话世界般的积雪奇观。

在东北的山林中，

仍然有野生的东北虎出没。

天池深锁云山雾海之中，面孔多变，神秘难测。

神秘天池

怪异的故事顺着天池溢出的流水，接连不断地传到人世间。

泥林——构成这片特殊地貌的材料是土泥巴。特有的材料，筑成了特别的风景：有的层层垒垒，酷似古埃及金字塔；有的鳞片罗列，弯弯曲曲，如同游龙攀援；有的云朵翻花，直插天空，状如凝固了的核爆蘑菇云……

忽然一抹红霞跳进眼帘！一抹红过后，便散射开一片红，末了，整个视野全是红色！红得看不见绿，看不见黄，也看不到黑，惟有几点白在红色中跳动，那是什么？那是白鹭！有了这几点白，红海滩更红了，红地毯更有生机了。

八塔山——在这道巨龙似的山梁上，并排耸立着八座青砖宝塔，远远望去，气势磅礴，慑人魂魄，这便是中外有名的辽代八塔。

九门口史称“京东首关”，距山海关 15 公里，是长城在九江河上搭起的九孔过河城桥，为万里长城中一段独具特色的百米水上长城。

目录

东北的天地人

东北地区纬度高，气温低，冬长夏短，四季分明。

东北最北端在漠河，约北纬53°。漠河夏至那天，22时方进入黑夜，时隔4小时，又转入白昼；冬季则相反，冬至前后，黑夜长达17个小时，即使中午，天色也不那么明亮，因此漠河有“中国北极”一说。此外，黑龙江省的抚远三角洲，地处东经约135°，当北京人还在睡梦中，这里已经开始劳作，因此诗人胡世宗写了一首歌，叫《我把太阳迎进祖国》。

东北地区地处寒温带，显著温带大陆性季风气候。具有雨热同季，雪冷同季的特征。整个东北地区冬季寒冷而漫长，夏季温暖而湿润。气温最低月为1月，平均气温从北往南，由-30℃升至-5℃；气温最高月为7月，平均气温由16℃升至20℃；年平均降水量由北往南，从300毫米升至1200毫米，降雨集中在七、八、九三个月。寒极在漠河，1969年2月13日，漠河的低温值达到-52.3℃。

大兴安岭的无霜期只有100天到140天；黑龙江积雪天数平均可达5个半月，积雪厚度在0.8~1.5米之间，土壤冻结厚度1~2米，冻土层底部终年不化；河运发达的黑龙江、松花江、乌苏里江、嫩江，冬季封江，冰层厚度1.5米，翌年5月跑完冰排（亦称冰凌）才能通航。所以，即便科学种田，大兴安岭也长不出来辽南的花生、地瓜、苹果、白梨，这里仍然是土豆、萝卜、白菜当家（小面积实验性耕作除外）。

于是东北，特别是黑龙江、吉林两省便有两大天象名扬天下：一是冰雪；二是雾凇。

冰天雪地，虽然不能进行农业生产，但是却给人们带来欢乐——
冰雪运动：滑雪、溜冰、打爬犁、抽冰猴……
冰雪造型艺术：冰灯、冰雕、雪堡、雪雕……
于是玩冰戏雪变成了一种产业，在欢乐中，冰雪的主人把钱赚了。

雾凇，也叫树挂儿，那是冷暖空气在自然界相撞的结果。雾凇挂在树枝儿上，草棵上，冻结成絮状的霜花儿，美艳、清丽，且“昙花一现”。雾凇以自己独特的魅力，同桂林山水、云南石林、长江三峡一起被誉为中国四大自然奇观。

最喜冰雪的莫过于港澳台同胞，他们来到冰城雪乡，会在雪上打滚，会在冰上摔跤，末了，自己变成了“白雪公主”、“圣诞老人”。

东北不仅仅有寒冷，也有温暖，环渤海，沿黄海则兼海洋性气候，丹东、大连、营口、锦州、葫芦岛，与东北其他地区有很大不同，年平均气温8~11℃，年降雨量为550~1000毫米，冬无严寒，夏无酷暑，1月最冷-24℃；8月最热35℃。温暖的气候使许多人坚守沿海家园，即便是出外谋生，也要在落叶时，归到海边这方土地。

于是，我们用天气、天象这个密码，解读出许多东北的“秘密”：

为什么“东方第一哨”升起国旗，天安门警卫战士还在睡梦之中？

为什么漠河老乡夏季用电要比冬天少了许多？

为什么会有1987年的兴安岭大山火？

为什么会有1998年的松花江、嫩江大洪水？

为什么东北老乡有“猫冬”的习惯？

为什么冬天东北姑娘的脸蛋像苹果？

为什么朝鲜族在延边种水稻，蒙古族在科尔沁放牛羊？

为什么哈尔滨的月季花栽在盆里，大连的月季花长在园中？

为什么丹东的杜鹃花到了沈阳长得没精打采？

……

在那漫长的冬季里……

东北的天地人

东北面积约 79 万平方公里，占全国的 8.2%。

地质作用使得东北地区，东、西、北三面环山，中部为起伏不大的平原，南部为黄、渤二海，宛如一只巨大的马蹄铁踏在共和国版图的东北角上。

由洛古河向南至山海关，在这片广阔的东北大地上——

有诸多名山：大兴安岭、小兴安岭、长白山及属于长白山系的千山、医巫闾山、凤凰山……

诸多大川：黑龙江、嫩江、松花江、乌苏里江、图们江、鸭绿江、辽河。

诸多平原（草原）：松嫩平原、辽河平原、三江平原、科尔沁草原。

诸多湖泊：五大连池、镜泊湖、兴凯湖、长白山天池、松花湖、查干湖。

著名湿地：扎龙湿地、三江湿地、双台子河口湿地。

著名火山群：五大连池火山群、镜泊湖地下森林火山群、伊通七星山火山群。

濒临两个大海：黄海、渤海。

长白山脉白云峰，海拔 2691 米，为东北地区乃至我国东部沿海的第一高峰。

黑龙江是我国第三大河，全长 4370 公里。

东北土壤的共同特征是富含有机质、腐殖质，是世界肥沃黑土区之一，东北人自豪地称之为“流油的黑土地”。

有两句嗑儿形容她的富饶：关东三件宝，人参、貂皮、乌拉草；白山黑水，棒打狍子、瓢舀鱼，野鸡飞到饭锅里。

东北是我国森林面积最大的地区；我国商品粮重要基地。

东北品牌粮食作物是大豆、玉米、小麦、水稻。原来歌里唱的“我的家在东北松花江上，那里有满山遍野的大豆、高粱”，现在大豆还有，高粱少了，取而代之的是小麦、水稻——东北不用引进，当地产的大米、白面，足够。

东北有野生动物300余种，占山为王的是东北虎。现在消失了的东北虎又回来了，大有重新占山为王之势。

东北有野生植物2800多种，备受青睐的是红松与白桦。过度的砍伐现在已经停止，现在到兴安岭来，到长白山来，随处可见挺拔的红松与俊俏的白桦。

东北淡水野生鱼类近百种，最为名贵的是乌苏里江的大马哈鱼、黑龙江的鲟鳇鱼、兴凯湖的大白鱼。现在除了大马哈鱼还未解决人工育种，其他名贵鱼都是人工育种，再放养江河湖泊，味道还是那样鲜美，数量还可以达到“瓢舀鱼”的地步。

辽东半岛近海无大鱼，无名鱼，但是有虾、有贝，沿海的水域被开发，滩涂被“耕种”，海参、鲍鱼、扇贝、螃蟹、大虾……东北海鲜馆的海鲜都是东北自己养殖。

东北的天地 人

吉林省伊通满族自治县，流传一首古老的民谣：草芽发青燕出关／民人越过柳条边／跑马占荒一片片／又开地来又放山／挖的棒槌扛不动／收的糜子满场院／民人站人都好过／有吃有喝太平年。诗中的站人，是守卫柳条边的八旗兵，满族人；民人，是闯关东来的汉人，汉人、满人开地放山，有吃有喝——民谣描绘了一幅民族兄弟携手共同开发黑土地的绚丽图景，民谣是多民族开发建设东北大地的生动写照。

考古发掘证明，东北新石器时代的出土文物与黄河流域相同；朝阳五千年前的“红山文化遗址”不但把黄河流域华夏文化起源，扩大到辽河流域，还把中国文明起源史研究从四千年一下子提到五千年……这是有考古根据的早期东北人的文化活动，这一活动的主人公便是以华夏为主体的中华民族。华夏即汉族

东北除汉族人，还有三大族系——夫余，也作秽貊，分布在东北的中部和东南部，居住平原地带，是黑土地最早的耕耘者，公元前2世纪建立了夫余王国，都城先在吉林市郊的东团山，后迁农安；公元前37年，夫余一部，在鸭绿江、图们江流域和朝鲜半岛东北部沿海地带，建高句丽王国。王城先在桓仁五女山城，后迁吉林集安。夫余王国公元483年被高句丽所灭；668年，唐灭高句丽——夫余为其他民族所融合；高句丽留下五女山城、集安古城，为世界文化遗产。

东胡，分布大兴安岭地区、辽宁西部、内蒙古东部，东胡人由于不断与农业民族接触，在游牧经济基础上也兼及农业。历史上属东胡族系的有鲜卑人、蒙古人。鲜卑人南迁后，建立了两大王朝：鲜卑建北魏；鲜卑的分支契丹建辽国；蒙古人，则建立了统治中国162年的元朝。现在蒙古人还保留着本民族的习俗；鲜卑人大多被其他民族所融合，有幸保留两个分支：一支为锡伯人，今居住在辽沈地区；一支为达斡尔人，今生活在嫩江流域。

肃慎，《山海经》称“不咸山有肃慎国”，不咸山即长白山，肃慎人聚居长白山。3000年以来肃慎在民族进程中，称挹娄、勿吉、靺鞨、女真、满（洲）族——这便是满族人的源流史。先进的半农耕，半渔猎经济，决定这个族系强盛兴旺，历史证明了这一点：粟末靺鞨，唐代建立渤海国；女真，宋代建大金国；满洲推翻明朝，建立大清国，这个族系有力地推动了中国历史发展。所以我们要改变“马背

上的民族”、“一夜之间强盛起来”的观念。这个族系是有经济基础，有文化底蕴及管理国家能力的。今满族是除汉族之外，人口最多的民族。此外，黑龙江的鄂伦春族、赫哲族、鄂温克族属这个族系。

“闯关东”不是新名词，大金国战胜大宋国，将北宋皇帝宋徽宗、宋钦宗父子流放到松花江与牡丹江汇合口的依兰城，陪同父子二帝来的家眷与随从数千；明末，后金（清）进关骚扰，仅1635年至1643年，8年间便从山西、直隶、山东俘掠108万人口，遣东北各地；此后，又有江南大批“持不同政见者”被流放到沈阳以北的铁岭、开原、宁安、齐齐哈尔等地；乾隆皇帝将京城里的闲散旗人，“赶”回龙兴之地，安家落户，仅1744年乾隆便将京城3000户旗人移居拉林阿勒楚喀（今黑龙江省拉林、阿城），建32旗屯，这些旗人的后裔顽强地保留传统，以至今天北京京旗文化学者，要到拉林阿勒楚喀进行考察研究。

清朝有200年封禁龙兴之地，不许外族、外地人进入白山黑水。一旦解禁，闯关东立即成为潮流。仅1924年到1930年6年间，便有552万人移入东北，其中265万人定居下来。

闯关东有两条路最繁忙：海路大连，陆路山海关。值得说明的是，东北人口较多的朝鲜族，大多数不是当地的老住户，是因灾荒及日本人侵略而来东北谋生的朝鲜半岛上的居民。这些朝鲜族百姓大部分集中于延边，少部分散居东北各地，他们是不足200年历史的东北地区新居民。朝鲜族较少与其他民族通婚，古老的民族习俗保留得相当完整。

共和国成立，“闯关东”仍然踊跃，有组织无组织的都有，以致山东、河北把黑龙江称为第二故乡。此后，有转业官兵10万，知青下乡10万……来到“北大荒”，转业官兵大都扎了根，知识青年大多没有扎根……所以现在的黑龙江、吉林也有点人满为患，40年前前不着村，后不着屯的地方没了——现在，东北人口1.07亿。

如此融合、历炼形成了东北人的品质：
包容、大度、海量；
憨厚、豪爽、义气；
欠细致，少柔情；
能随遇而安，会苦中找乐。

我们来自五湖四海，
我们来自海内外。

东北的吃住行

在美食大系里，未见有东北的菜系，只是到了20世纪末，东北才打出了辽菜与吉菜的招牌。但是有两样，说也罢，不说也罢，世上无人不知，无人不晓，那便是满汉全席与涮羊肉，前者来自清朝的宫廷华宴；后者则是诞生于蒙古族的游牧野炊。

其实东北人吃得讲究，吃得开放，吃得有所发明，有所创造。

先说吃得讲究：一讲究生猛，生食鱼肉蛋，生食葱蒜椒。来自赫哲人的杀生鱼，已成为黑龙江、松花江、乌苏里江沿岸居民的下酒美味；沿海生食海鲜，也普及到内地城镇；东北人生食"三辣"（葱蒜椒）最为有名，生食葱蒜辣椒，能增强食欲，能给口腔消毒，还能抗癌；二讲究绿色，东北人有吃蘸酱菜的习惯，可用来蘸酱吃的菜，野菜为上品，它们是婆婆丁（蒲公英）、小根蒜、苦麻菜、柳蒿芽、刺嫩芽……既然叫野菜，莫说化肥，土肥也没施过，吃起来放心，吃起来下饭，吃起来败火，有句嗑儿"柳蒿芽架锅炸（水焌），吃得老太太满炕爬"，说的就是人们对野菜的喜爱；三讲究系列，农家的土豆、倭瓜、地瓜、青玉米、小葱、生蒜、水豆腐、玉米面大饼子、大煎饼、大馇粥、倭瓜粥、地瓜粥、蒜酱、鱼酱、鸡蛋酱、茄子辣椒酱……这里有干的、有稀的；有熟的、有生的；有炖的、有蘸酱的，从中能组合出若干种农家套菜；此外，还有炖菜系列：小鸡炖蘑菇、猪肉炖粉条子、鲇鱼炖茄子、刀鱼炖豆腐、土豆炖倭瓜、萝卜块炖牛肉、小白菜炖排骨、大白菜炖豆腐、酸菜冻豆腐五花肉……东北人喜欢大炖菜胜于熘炒煎炸。这里也有两句美食俗语："猪肉炖粉条子，可劲造。""鲇鱼炖茄子，撑死老爷子。"

东北人吃得开放：不仅吸收了少数民族的，还吸收了全国各地的；不仅接受外国人带来的，还走出国门引进世界各地的。蒙古族的烤全羊、赫哲族的杀生鱼、鄂伦春族的柳蒿芽汤、朝鲜族的狗肉辣白菜、达斡尔的韭菜花手扒肉；过去有山东大煎饼、河北白面大馒头，现在有四川麻辣烫……过去有俄罗斯的赫列巴（面包）、红肠、戈瓦斯（饮料），近来出现了韩国烧烤、日本料理、意大利比萨饼、俄罗斯大肉串……都拿来为我所吃，都拿来为我所用，统统拿来，全能消化。

不仅拿来，还有所发明，有所创造。上个世纪80年代，哈尔滨街上挂出招牌："杀猪菜"。一个"杀"字，吓人一跳，

即使不想吃，也想进饭馆接受一下刺激。进屋坐定，服务员将碟碗往上一端，哦，原来是全猪宴：肉骨筋血、头蹄下水、熘炒炸炖烧拌，全了。再伴以海碗烧酒，吃客们便情不自禁露出“大碗喝酒，大块吃肉”的野性，恰吃在大金国元帅金兀术的家乡，想想，自己也英雄了不少。现在“杀猪菜”已普及开来。不过地道的“杀猪菜”，要现杀现做现吃，城市里的酒楼饭店做得到吗？吃真正的“杀猪菜”，最好到小镇小店。

吃，讲究环境，吃满汉全席，讲究老店八仙桌；进朝鲜菜馆，要脱鞋上炕，围坐小炕桌；蒙古饭菜，要进蒙古包，席地而坐自己动手。凡农家饭，不管是哪个民族，讲究进农家，坐火炕，盘脚大坐，热热乎乎，吃吃喝喝。

不过有一条需要强调：回族不食大肉，满族人、蒙古族人不食狗肉，道理是，狗是亲密朋友。对满族来说，狗是救过清太祖努尔哈赤命的义犬，义犬救主，岂能食之？

“东北菜”是块富有特色的招牌，我们在北京、上海、广州、海南……都可以看到这块招牌。不过能否在吃东北菜的时候吃出点东北的文化，感受到东北人的性格？那就要看您是否到过东北了。

特别推荐

品尝：杀猪菜、全鱼宴、全羊席、李连贵大饼、老边饺子、俄罗斯大餐。

日常光顾：“二四六元店”或“三六九元店”（数字既是店名也是饭菜价格）。

旅途干粮：面包、红肠；煎饼、咸鱼。

早点：油条、烧饼、包子、馒头、豆浆、大馇粥、豆腐脑。

吃得丰富多彩

←蚊帐餐馆

东北的吃住行

东北地区的民居，从前地域与民族特点十分突出；现在则相近、相融。

原始的地窨子、马架子还有，不过已不是永久性民居，而是临时性的住处，比如看庄稼的、看场院的、钻山采野果的、蹲江边打鱼的。现在的地窨子、马架子除了用草、用土、用树枝，还用上了塑料布，这东西防雨、防风、垫屁股底下还防潮。出外旅行，露宿荒野，支个小马架，能解决大问题。

现在农村还有草房，以黑龙江、吉林、辽宁西部、北部为多。所谓草房是房顶苫草，墙体，或用草合泥绞成拉哈辫盘砌，或用模具制造出来的土坯堆砌。这种房屋冬暖夏凉，就地取材，再穷的人家也盖得起。有南北炕的人家，旅行者去找宿没有问题；没有南北炕也不要紧，主人会自己去亲戚家找宿，倒出整铺炕来安顿远方来客。

有时东屋西屋住两家——“关起门来是一家”这句东北名言，就出自这儿。

靠黑龙江边的农村，还有星星点点的木刻楞——木头房子。这是受早年越过黑龙江、乌苏里江，到我们这岸定居的俄罗斯居民的影响搭建的。个别地点，如漠河、黑河、昂昂溪、横道河子还能看见历史遗留下来的早年的“木刻楞”。为什么同样住有大量俄罗斯人的大连地区不见木刻楞？原因很简单，当地没有大森林，没有大森林，便没有够口径的圆木，没有够口径的圆木，便搭不成木头房子。

没有大森林，便没有大草场，这便成为辽宁南部砖石瓦为材料搭建的房子多于吉林、黑龙江的重要原因。

东北民居冬天防寒取暖最为重要，连片的住宅有集中供热，家家装有暖气；住不上暖气房子的，自家安土暖气；安不上土暖气的，砌火炉、火墙、火炕。从前用火盆、地火笼取暖，现在几乎绝迹了。

火炕，解乏；火墙，能烘烤汗湿的衣服。旅行者在东北旅行，特别是冬天，能睡上火炕，那是一种享受。

睡老乡家的火炕有讲究，老人孩子在炕头，炕梢留给身强力壮的男女；来客人，给炕头，如果来客中有女人，且男女不是夫妻关系，只要声明了，主人会开动脑筋，想出办法，他会在“合并同类项”后，或留下男人们，或留下女人们。没被留下的，主人会带走，再找一铺火炕，不会叫客人尴尬。

东北城镇都有旅店，凡旅店便有取暖设备。不过有一条，南方来的旅行者不甚满意，小城镇，甚至不少大中城市的旅馆、饭店，冬天无热水提供旅客洗浴，即便有洗浴设备，冬天也只是一个摆设。原因是取暖煤价格昂贵。如非要冲洗，只有用暖水瓶里的热水擦擦身子。

南方旅行者对东北乡下的厕所不敢恭维，特别是冬季，厕所的屎尖尖像屎笋，从茅坑眼里冒出来，直触到人的屁股……这个时候没有好的办法，只有自己做自己的思想工作，权当自己是北方人，来一个体验，接受一次考验。

从前不同民族的民居各有特点，很好区分，但是随着城市化的蓬勃发展，民居的民族特色逐渐浅淡了。能够顽强的保留本民族民居特点的是延边地区的朝鲜族，至今我们还不难看到房架高耸、房顶飞檐、墙体抹白，悬山式与庑殿式的朝鲜民居；作为民居的蒙古包已经没有了，因为东北蒙古族大多居城镇不远，大多牧场改为了农田，蒙古族同胞不再需要转场放牧，定居下来的蒙族同胞也像汉人一样盖起了永久性房屋，旅行者在旅行中见到的蒙古包是旅游业的需要，蒙古包是工厂生产，材料均为现代工业材料，内装修，或演绎蒙古王府，或随心所欲布置成大众饭店、旅店。满汉民居早已相融，只有个别居住边远农村的满族老乡守着祖屋。

火车站、汽车站、飞机场、江岸码头，都有旅店。火车站前的旅店，不少叫“站前旅社”。设在站前的旅店，便宜、方便，与铁路有千丝万缕的联系，代买火车票有优势。不过卫生是个问题，解决的办法是，多走几家，比较一下，哪家干净，便投宿哪家。或是，准备一条枕巾，一个被罩，将店家的替换下来，也能对付过去。

我们的经验，东北全境不必带帐篷，不必露营，除非你有特殊的需要，要进行特别的体验，如果只作夜间休息，就到老乡家找宿好了！东北全境已没有前不着村，后不着店的地方。

非要露营不可，我们教您几个方法。夏天，搭马架，用蒿草、玉米秸，支个“人”字架，往“人”字架上披蒿草，便成为一个马架。驱蚊、防止野兽，点上一堆篝火全解决了，不过要注意防火；冬天，露营最大的问题是保暖、防冻伤，最佳方法是筑雪洞。

筑雪洞很简单，选朝阳坡堆积雪堆，夯实后，掏洞，掏出睡觉的空间后，要用树枝在雪墙扎几个眼儿，做通气孔。入住一定要两个人一个洞，两个人还要睡一个被窝，睡在被窝里的两个人，呈头脚相对的姿势，有条件最好点上两支蜡烛，雪洞里的蜡烛起取暖和照明的作用。

老乡家有铺热炕

东北的吃住行

东北公路、铁路、水运、空运，都很发达；国内、国际，都很方便。

到东北旅行，首选铁路，或说“接力行走”的第一棒应当由火车头来跑。东北地区有铁路70多条，总长度1.4万余公里，位居全国各大区之首。形成以滨洲、滨绥、哈大、沈山线主干，以沈阳、长春、四平、哈尔滨为枢纽的铁路交通网。1897年开始修建的中东铁路，是东北最早的铁路，现在中东铁路的名字虽然不再延用，但是铁路还在，站房还在，个别区段的铁轨还在。旅行者由山海关往北走，一路之上风景多：俄式火车站、日本桥头堡、张作霖时代的过路桥、延边铁路沿线的朝鲜族民居、草原铁路沿线的草原风光、哈尔滨铁路局局管线路的丁香林带……

旅行者选择铁路，有利在“旅客时刻表”，也不利在“旅客时刻表”，（且近几年变更愈加频繁），比较有把握，选择公路，搭乘汽车。

东北公路亦相当发达，形成了国道、省道、县道，多等级公路与高等级公路组成的公路网。最长的公路，是由“东北犄角”处的同江至海南三亚的GZ10公路；贯穿东西的公路是由中俄边境小城绥芬河至内蒙古满洲里市的GZ15公路；三省省会，都有直达北京的豪华大巴，豪华大巴所经路线，全部是高等级公路；边境、沿海公路也相当发达，我们曾经由洛古河沿黑龙江、乌苏里江，骑自行车行至兴凯湖；沿海公路，秦皇岛－盘锦－大连－丹东的高等级公路，贯通了渤海黄海沿岸全部城镇。

路面为柏油、砂石两种。特殊的路面有两种：在吉林西部的乾安与查干花，我们看到有两段乡间公路是用红砖铺建的。红砖直立，组成“人”

字图案，汽车走上去虽有轻微跳动，但是造价低、好维护、渗水性能好；再有一种是水泥路面，大兴安岭的边境公路，多为水泥路面，大块的水泥板，汽车跑在上面，平滑、快捷，而有节奏。据说，水泥路面可以镇住冻土地翻浆。

东北各市县都有长途客运站，惟漠河县城没有客运站，它有出租车一条街，那儿大巴、中巴、面的、轿车……什么车都有。东北农家大多数养有微型拖拉机，这种车各地叫法不一样，在漠河叫“猴子”，在黑河叫“蹦蹦”，在吉林叫“四轮子”，在辽宁叫“微型”……在什么车都搭乘不上的情况下，雇老乡家的“猴子”是可行的。现在农村马拉大板车不多了，想体验也难了。

江河运输近几年不景气，原因是，江河运输受水量影响：发大水不行；没有水更不行。自1998年嫩江、松花江洪水泛滥，到2004年，江河运输再未上去。这几年水瘦，瘦得不能行船，去哈尔滨太阳岛玩的游客可以作证，往日跑大轮船的松花江，连续多年江道中间只有一道浅浅的小溪。再加上公路的发展，凡船能去的地方，车都能去，且速度快，价格便宜，不受季节影响，不受时刻表的限制……有的旅程是应当坐船的，那便是黑龙江与乌苏里江的黑河与抚远段，那是中俄水上舰船的大展览，那是中俄建筑、人种、民俗的大展览……这两条江水量比较充沛，航运正常，嫩江、松花江差矣；鸭绿江、图们江、辽河没有营业性客运。冬季，东北江河冻结，冻结的结果是江河不再是徒步行走的障碍，有的地段可以跑汽车，有的地段可以走马车，不过，地处界江的边防部队警戒更加严格，旅行者切记，不能在界江“开国际玩笑”。

东北海运发达，以葫芦岛、营口、大连、丹东为起始港，去威海、烟台、天津、青岛、上海，及近海岛屿皆有客船。在东北旅行，行至海边，一定要登一个海岛体验一下渔村生活，体验一下渡海的滋味儿。沿海最远的海岛是大连长海县的海洋岛，比较近的是大连庄河市的蛤蛎岛和丹东的大鹿岛，后者一天能赶个来回，海洋岛航程则要大半天。登岛，一定要注意海洋天气预报，免得海上风暴骤起，而下不了岛。一定要记住海上航行，涌比浪大，浪在明处显现，涌在海底滚动，海洋岛涌大，大多数人是要晕船的，晕船，登岸便会消失，渡海，晕船也是一种体验，不要拒绝。

东北民航业除省会城市设有航空港，齐齐哈尔、黑河、佳木斯、吉林、延吉、大连等市都有航空港。作为紧急行动，作为长途旅行的一个环节，可以选择飞机，但是一定要计划好，因为航班不是每日都有。

行装，没必要太多，没必要一次备齐，要充分利用当地给养。东北三省交通发达，经济发达，吃住行都不是问题。边走边补充，随遇而安为好。

冬天虽然冷，走起路来就不冷了。难受的是出汗，怎么办？上路少穿，在脊背贴一块泡沫棉，泡沫棉吸汗，到达目的地，将吸饱汗水的泡沫棉拧干，再用。

夏天蚊子多，现代科学还未解决这个问题。抽支烟、抹清凉油，与用树枝驱赶，没多少差别，戴防蚊帽会好一些。

一上路，要把内裤脱去，否则裤角往腚沟里滚，会把皮肉割出血来。

一上路，要把脚趾甲修剪利索，脚受屈，浑身难受。

一上路，把墨镜带上，冬防雪盲，夏防刺眼。

不要抄近路，不要走夜路，不要让不熟悉的人带路。

铁、水、公、空，四通八达。

沿边儿都有边防部队，是解决旅途困难的一支可以依托的力量。

东北全境不要边防通行证，您把身份证带好就可以上路了。

冬天到黑龙江不要畏惧。
“撒尿用棍儿敲”是不存在的，说到底是形容。防冻，关键是运动，手、足、耳朵、鼻子、脸蛋……人体的各个部件都要运动，所谓运动，就是搓、拍、跳、跺……保暖加运动，不会冻。

脸上要涂油脂护肤霜。
身上要着羽绒服。
鞋子，我们选择的是军用大头鞋。军用大头鞋保暖只是原因之一；另外原因，则是有重量，着地沉稳；鞋底有凹凸，增加鞋子与冰雪的摩擦力，防滑……我们相信军事装备专家的设计不会错。各地有不少挂着“军用品大全”的商店，可去选购。

莫害怕，勇敢向前进。

由古至今以百万人计闯关东。被动的流放、徭役者不说；为生存计迁徙者不说。作为旅行者，近代，1877 年，一个名叫根德的英国人游历了松花江流域；中国大文豪胡适的父亲胡铁花，1881 年至 1886 年，以 100 银元的旅差费，只身由上海来到黑龙江宁安，5 年间，勘察边境形势，踏破牡丹江坚冰千余里……

咱们差啥？啥也不差，迈开双腿，开拔吧！

此地图为作者在黑龙江省所走过的地方。

第一篇 黑龙江省

哈尔滨及周边交通示意图

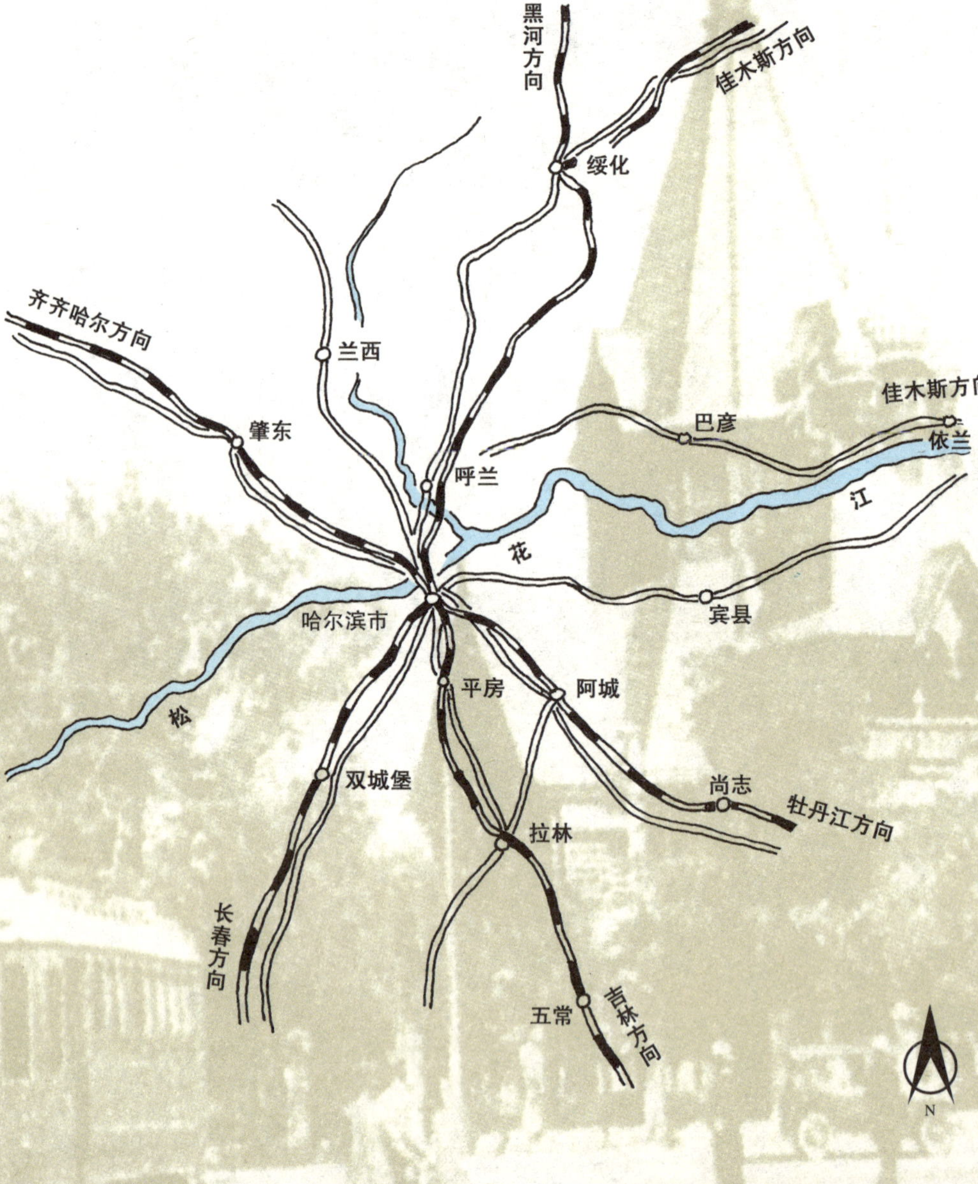

到哈尔滨解决三个问题：

一、到哈尔滨来一个知识充电。南岗区的黑龙江省博物馆、黑龙江民族博物馆的丰富展品，及道里中央大街教育书店的相关旅行书籍，会解决知识充电的问题。

二、在哈尔滨生活几天，是一个适应阶段。特别是冬季，先适应一下寒冷、先认识一下冰雪、先品尝一下北方的饮食、先学上几句这一方的语言……如果您已经在书本上学习了不少黑龙江知识，那么在哈尔滨的短暂停顿，就是一次实习、就是一次实践，该加深的，加深；该修正的，修正；该扬弃的，扬弃。

三、您可以把大部分旅行物质，放到哈尔滨来采购。走一趟道里中央大街，逛一次南岗商城，基本可以解决，特别是北方旅行用品，如冰雪用具、防冻备品，没有哪里能赶得上哈尔滨齐全、实用、便宜。

第1章 哈尔滨及周边

哈尔滨

哈尔滨，已不年轻了。2005 年，是哈尔滨的百年华诞。

阎家岗旧石器时代晚期遗址，说明早在二万多年前，哈尔滨就有人类活动；一滩古鬣狗的粪化石，破解了古哈尔滨人的生境，那时，这里只有少许冷杉，大地遍布草本植物，同时也推断出那时的气温，要比今天低 6 至 7 度。

从旧石器晚期，到青铜时代，哈尔滨地区出现过多次人类文明的繁盛时期。

哈尔滨古为肃慎之地，汉为挹娄之地，北魏属勿吉之地，隋朝是靺鞨七部之一的安东骨部的活动地域，唐代隶属渤海国，辽属女真部，金属上京会宁府，元属合兰府，明属阿实卫，清初属宁古塔将军阿拉楚喀协领辖地，清雍正七年（1729 年）属阿拉楚喀副都统辖地。清光绪二十九年（1903 年）中东铁路修通之后，迅速发展成为一个人口比较集中的商埠地。光绪三十二年（1906 年）设滨江厅，1913 年改为滨江县。1932 年设哈尔滨市。

关于哈尔滨地名的由来，有 20 余种说法，影响较大的有 4 种：一称扁状岛；二称晒网场；三称肥水之湾；四谓荣誉、光荣之意。哈儿宾、哈儿芬、合里宾忒源于女真语，满语谓哈勒费延。同一语源，东北地区有三处叫“哈尔滨”，以至黑龙江下游，现俄罗斯境内，明代女真族从事渔猎活动的敦敦河（今阿纽依河）流入黑龙江之处的扁状岛，亦称“哈尔滨”。无论哪个哈尔滨，无论词意几多，有一点是肯定的，哈尔滨，不是外来语，是纯粹的土著芳名。

哈尔滨从前只是松花江畔的一个小渔村，以至到了 19 世纪末，它还是拉林协领衙门管辖下的一块网滩。

1896 年，李鸿章与俄国财政大臣、外交大臣罗曼诺夫签订了《中俄密约》，俄国取得了在中国东北修造铁路的特权，随着中东铁路的修建，转瞬之间，哈尔滨便由渔村跃升为东亚地区的商埠地。1905 年，根据《会议东三省条约》，将哈尔滨辟为国际性商埠，于是洋人大批涌入哈尔滨，一度有 33 个国家的近 20 万人聚居哈尔滨；俄国（后苏联）、日本、美国、西班牙、英国、德国、法国、丹麦、瑞典、荷兰、比利时、捷克、葡萄牙、意大利、波兰、立陶宛、爱沙尼亚、拉脱维亚，18 个国家在哈尔滨设有领事馆。哈尔滨遍城劲吹欧风。

哈尔滨现为黑龙江省省会——黑龙江省宛如一只展翅飞翔的天鹅，哈尔滨是天鹅项下的一颗珍珠。

据史料记载，早在哈尔滨开埠之前，哈尔滨便成为旅行家的目的地。1877 年夏初，一个名叫根德的英国医生，来到哈尔滨旅行。他受到高规格的礼遇——阿勒楚喀（今阿城）副都统派员沿途护送，由哈尔滨过江，奔赴呼兰各地……

哈尔滨可观览，可体悟的东西很多，我们对林林总总的风物，做了重点的选择：

以专题为导向，我们选择了哈尔滨建筑艺术；
以区域为导向，我们选择了中央大街、南岗区及松花江、太阳岛；
以特色为导向，我们突出了欧风和冰雪。

需要说明的是，名曰重点的选择，并不准确，也欠科学——我们知道，还有许多风物我们没有推介，无奈，时间有限、经费有限，我们用 20 天跑遍哈尔滨和它的周边，只能做这样的选择。

哈尔滨，不是外来语，
是纯粹的土著芳名。

流派纷呈的建筑

拜占庭式建筑风格——道里区透笼街与兆麟大街交汇处的圣·索菲娅教堂、南岗区大直街上的圣母守护教堂等。

巴洛克建筑风格——道里区中央大街上的教育书店、秋林公司、马迭尔宾馆、妇女儿童用品商店等。

埃尔诺贝建筑风格——南岗区大直街上的黑龙江省博物馆、哈尔滨铁路管理局、红军街上的铁路招待所等。

木结构建筑风格——松花江边江上俱乐部、江畔餐厅等。

古典主义建筑风格——南岗区一曼街上的东北烈士纪念馆、道里区田地街上的人民银行、地段街上的黑龙江省美术馆等。

犹太式建筑风格——道里区通江街上的朝鲜族第二中学、犹太总教堂、西五道街上的市眼科医院等。

日本近代建筑风格——道里区的圣·索菲娅教堂对面的索菲娅·金太阳购物广场、霁虹街上的黑龙江日报社、南岗区大直街上的国际饭店。

中西结合式建筑风格（俗称“大屋顶”建筑）——道里区友谊路上的哈尔滨友谊宫、南岗区“哈军工”院里的哈尔滨工程大学等。

民族传统建筑风格——南岗大直街上的极乐寺、“哈军工”院里的文庙、霁虹桥旁的哈尔滨第三中学等。

走近哈尔滨教堂

上个世纪20年代一座座建筑风格不同的教堂，如雨后春笋般在哈尔滨土地上竞相耸立，争奇斗艳：著名的有圣·尼古拉教堂、圣·索菲娅教堂、布拉维因斯卡娅教堂、圣母守护教堂、阿列克谢耶夫教堂……东正教堂20余座；另有基督教堂、犹太教堂、鞑靼清真寺多处。

圣·尼古拉教堂，中国人称为喇嘛台，于20世纪60年代被毁。中央大街北头，挨着江边的布拉维因斯卡娅教堂，与圣·尼古拉教堂、圣·索菲娅教堂并称哈尔滨三大东正教堂。

萧红在哈尔滨女一中读书的时候，画过布拉维因斯卡娅教堂的速写，还进去观看教徒礼拜，为此萧红被校监好一顿训斥，吓得她再也不敢走进这座"异教徒"不能光顾的教堂。这座教堂也在"文化大革命"期间被毁掉了。现在三大东正教堂只剩下圣·索菲娅教堂，它也遭到破坏，不过小些。它的钟不知哪儿去了，代替它的是圣·尼古拉教堂的钟，这口钟被人从废品库里拾回来，移放到圣·索菲娅教堂。如今人们眼睛看的是圣·索菲娅教堂，耳朵听的则是圣·尼古拉教堂的钟声……

1997年9月，圣·索菲娅教堂经过整修，以崭新的面容堂皇地立在道里闹市透笼街与兆麟大街的交汇处。

圣·索菲娅教堂，在两个不同地点上，先后建了3座。始建1907年，是沙俄东西伯利亚第四步兵师所建随军教堂，全木结构；1912年，在现址不远处建过一座砖木结构的圣·索菲娅教堂；1923年至1932年，建立了现存的圣·索菲娅教堂，设计者为俄罗斯著名建筑师克亚西科夫，教堂具有典型的拜占庭式风格，被誉为远东最大的东正教堂，可容纳2000人做礼拜。鼎盛时期，哈尔滨东正教徒达到30万人。圣·索菲娅教堂现在变成了哈尔滨建筑博物馆。购票

进去可参观它的内部建筑，还可以通过图片、模型，看到哈尔滨当年的建筑风貌。

2004年的圣诞夜，南岗大直街上的基督教堂向公众开放，我们随着人流涌向教堂……教堂门前摆着两棵圣诞树，树上点缀着无数的花灯和祈福卡，无人看门，自由进入，教堂里座无虚席，台上唱诗班正在唱歌，是无伴奏合唱，年轻的女人、男人、儿童、老人唱得都很投入，有一半歌唱者竟唱得泪流满面！并且台上台下呼应，台上唱歌，台下鼓掌，一支唱罢，又一支……

【提示】

- **进教堂，一定要征得神职人员的同意，并按教堂的规矩办事。我们圣诞夜享受到的是特殊待遇，不足为据。**

西餐

一定要吃上一顿西餐，并且要俄式的西餐。西餐厅遍布全市各个角落，我们进了道里中央大街的四家西餐馆：华梅西餐厅、波特曼西餐厅、莫斯科西餐厅、露西亚咖啡西餐厅。照实说，老牌子华梅西餐厅是正宗的，但是服务质量不尽如人意，我们进去又出来了；莫斯科西餐厅因为有歌舞表演，不喜欢那类歌舞的我们，扫了一眼，便"达斯维达尼亚"（俄语，再见）了；波特曼西餐厅，虽然不是老字号，却是纯正俄式西餐，有典雅的俄罗斯声乐、器乐表演，于是我们落座，品赏了几味；还有离松花江边不远的露西亚咖啡西餐厅，"露西亚"俄语，俄罗斯，袖珍型，老板是有俄罗斯血统，对俄罗斯文化甚有研究的哈尔滨人。我们也进去了，除了品尝美味，还沉浸于俄罗斯文化氛围之中，感受到了什么叫典雅，什么叫异国情调。现列波特曼西餐厅、露西亚咖啡西餐厅菜谱如下：

【提示】

每天 13:30—16:30；21:00—2:00 咖啡特价，25 元降至 15 元、18 元。

可只要一杯黑啤品尝。

门前露天餐桌，暴饮啤酒者多多，在这里，您能见识，哈尔滨人与啤酒的亲情。

表演中的俄罗斯歌舞演员，拒绝拍照，做工作也不行，她们说，合同上没有这一条。

波特曼西餐厅三人食谱

莫斯科红菜汤	10 元
酸黄瓜	6 元
极品下骨牛扒	87 元
极品西冷牛扒	68 元
洋葱圈	16 元
蔬菜沙拉	12 元
鲜黑啤酒	18 元

露西亚咖啡西餐厅部分食谱

油煎包	18元
牛肉红菜汤	20元
莫斯科沙拉	20元
热土豆泥	12元
罐牛肉（羊肉、虾）	22元
菜卷	22元
西式炒饭	16元
洋葱猪扒饭	26元
俄式肉饼	26元
俄式炸板虾	48元
俄式酸瓜牛扒	68元
新鲜咖啡（现磨现煮）	18元
水果茶（附蜂蜜）	15元
小冰激凌	5元
冰激凌百汇	25元

买几件俄罗斯小玩艺儿

我们之所以把它们归在一起，叫小玩艺儿，是因为，无论喝的，还是吃的，买来不是为了喝，也不是为了吃，而是为了玩，把玩。

伏特加酒	（大）50元
	（小）25元
香烟	（盒）10元、5元
咖啡	（罐）20元
巧克力糖	（大）25元
	（中）22元
	（小）7元、
	12元（带杏仁）
套娃（纯俄货）	（10件套）350元、120元
	（5件套）30元
苏俄钱币	（7枚）2元
蒜卡	（把）15元

$购物建议$

一、如果不去俄罗斯，就在哈尔滨买俄罗斯货；即便去了俄罗斯，也可以在哈尔滨买俄罗斯货。甭担心是“中国制造”，稍不小心，在俄罗斯买回来的，也是“中国制造”。

二、建议留下一些俄罗斯小玩艺儿的外包装，这些外包装很有俄罗斯味道，不失为好的纪念品、艺术品。如，我们把板式巧克力的“板儿”吃了，外包装则用纸板撑起来，仍像原来的巧克力板儿。那上面印着普希金《渔夫和金鱼的故事》；芭蕾舞《吉赛尔》；彼得大帝头像……排列起来，放到书橱，一道“俄罗斯巧克力文化”风景线制造出来了。

三、除了买几样俄罗斯货，哈尔滨当地有特色的食品有：红肠、大列巴、风干香肠、松仁小肚、酸黄瓜……可品尝，可馈赠，可作为旅途上的干粮。

冰雪

生活在长达半年冰雪天气里的哈尔滨人，在不断破除“猫冬”的习俗中，在冰雪中寻到了乐趣，在冰嬉与雪舞中，得到了实惠。近年的冰雪节可以作证，大量的游人如同纷纷扬扬的雪片降临哈尔滨市的街区，大把大把的钞票亦如同雪片纷纷扬扬飘进哈尔滨人的口袋。

冰嬉，古时就有，民间就有。我们小时候，当大雪降临时，到街上堆雪人、打雪仗；结了冰，在冰面上打滑哧溜、抽冰猴；上了中学，学校根据黑龙江省中等学校体育教育大纲，冬天，体育课以冰雪运动为主，学校装备制式的冰鞋与冰刀，有受过正规训练的体育教师，教授速度滑冰课，现在回头想想那个时候国家能做到这一步，很不容易，可是现在，虽然富了，反而有些学校付不起浇冰的电费，买不起上课用的冰刀，于是就不上冰上课了。

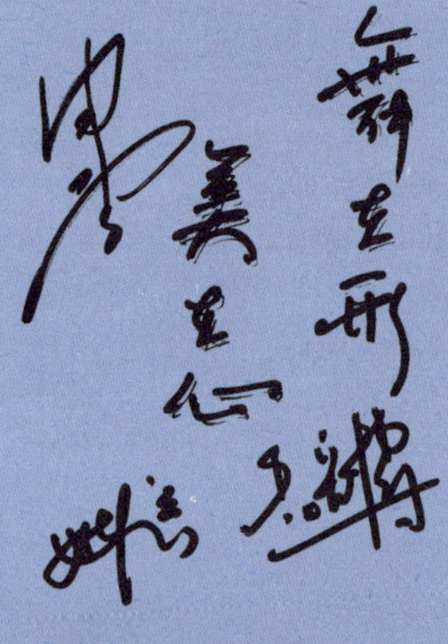

比较起来，现在雪比冰热，从前建不起滑雪场，买不起滑雪板，即便是少体校的滑雪板，也是日本滑雪协会的赞助。现在生活水平提高了，滑雪人口快速上升，1996 年哈尔滨滑雪人口，只有几百人，2003 年达到了二十余万人。从前哈尔滨周边只有二个滑雪场，现在有一百多个。

我们连着两个冬季到哈尔滨来。

2003 年，赶上全国滑雪锦标赛，我们在二龙山滑雪场观看了花样滑雪比赛。穿着滑雪板的运动员在空中翻筋斗，惊险刺激，大开眼界；而场面之特别，令人不可想像——我们一名普通观众竟可以凑到领奖台，与运动员、记者、授奖者，不拘礼节地一起参加颁奖。

2004 年，赶上全国花样滑冰锦标赛。我们有幸走进滑冰馆，观看了运动员的训练，更难得的是，不但观看到双人滑世界冠军申雪、赵宏博的训练课，还大胆地走上前去，请她二人为我们题字，合影留念，两个年轻人和他们的教练，善解人意，知道这是遇到老追星族了，一一满足了我们的心愿。

冬泳

冬泳，要承认是受了俄罗斯人的影响，早在一百年前，修建中东铁路的俄罗斯人隆冬数九跳进冰窟窿游泳，我们只是凑上前来看热闹，后来我们模仿了，早年不多，以至我们记忆里没有冬泳的画面。难说是从哪一天开始的，哈尔滨人大冬天也跳进冰窟窿游泳了！现在参加冬泳的人越来越多，并且带动了佳木斯、牡丹江、齐齐哈尔各市也有了冬泳运动，甚至波及了长春、沈阳，全东北。冬泳多在中午，在封冻的江中凿一个25米长，12米宽的明水池为冬泳场地。参加冬泳者老人多、女人多，年轻人少，少女为零——他们与她们只是看，冻得哆哆嗦嗦地看，此时此地，年龄、性别发生了错位。

冰灯雪雕，是土生土长的玩艺儿。老辈子哈尔滨人，过春节，用水桶冻冰坨，冻到一定厚度，倒出个冰壳来，在冰壳中坐上一支蜡烛，于是一只亮光光的冰灯便造出来了；雪雕比冰灯还早，堆雪人，便是民间雪雕作品，作者是城里的、屯子里的顽童。

近代哈尔滨冰灯也是从“水桶冻冰坨”演化来的。1963年的冬天，一位哈尔滨市市长，到兆麟公园视察工作，他突然提出一个问题，想个什么办法，把猫冬的市民从家里吸引到公园来？于是一批雕塑系毕业的大学生想到了冰灯雪雕。敢想敢干，是那个时代的特征，他们取来了公园湖里的冰，松花江上的雪，用原始的木匠工具，砍出来第一组冰灯雪雕。当年做冰灯主题雕塑——工农兵形象的杨世昌，成为这一艺术的始祖之一，中央大街上那架人见人爱的青铜马车，是他的无数作品的一件，足以说明，当年参与冰灯雪雕创作的人是一批怎样的艺术家。后来，哈尔滨的冰灯雪雕艺术不仅名扬华夏，还走出了国门，不但冬季，即便是夏天，在新加坡那样的热地方，也有哈尔滨的冰灯艺术展览。

当年，那位哈尔滨市市长，只是想把猫冬的市民吸引到公园里来，现在市长把文章做大了：冰雪搭台，经贸唱戏，把世界各个角落的人都吸引到了冬天的哈尔滨，让来哈尔滨的人高高兴兴地将大把的钱扔到冰雕雪筑的扑满里。

哈尔滨冰雪节

哈尔滨冰雪节是从1985年开始的，每年举办一届，到2004年，共举办了20届。时间已固定在1月5日开幕，在这个日子的前后一个月时间里，哈尔滨全城及周边城镇都在举办冰雪活动。以2004年冰雪节为例，有国际冰雕比赛、冰雕展览、雪雕展览、全国花样滑冰锦标赛、国际冬泳表演；旅行者可参与的项目有滑雪、滑冰、冰嬉（打冰猴、乘冰帆、打冰滑梯、乘狗拉雪橇等）；此外，还有冰雪山水画展览、黑龙江民族绘画艺术展览，及贸易洽谈会。开幕式当日最为精彩，有盛大焰火晚会，主题歌舞晚会，40多个国家和国际组织的外交使节和代表、友好城市的代表应邀参加开幕式，众多的港澳台，海外华人来哈尔滨赏雪观冰。

冰雪节活动场地

冬泳　松花江道里九站段。

冰嬉　雪后的大街小巷；成为经营活动的场地，在松花江道里段、道外段。

冰灯雪雕　兆麟公园 、太阳岛及全市各公园、主要街道。

冰上运动　运动员训练比赛在南岗文化公园旁的冰上基地；业余爱好者活动在全市各个角落的冰场，主要有道里松花江边的九站滑冰场，南岗马家沟河道。

雪上运动　松花江，马家沟人工雪坡，为“小儿科”场地；远郊二龙山、长寿山、玉泉滑雪场比较标准。

有关哈尔滨的冬季气象

哈尔滨最热月与最冷月平均温差42.2度；
从10月中旬到第二年4月中旬为降雪期，时间长达半年；
最早降雪初日为9月下旬，降雪终日为3月底；
最晚降雪初日是11月底，终日为5月中旬；
年降雪日累积最多为50天，最少为17天；
年最长积雪期为193天，积雪期最短为86天。

引自《哈尔滨服务手册》

←桦川金松浩仅着短裤在零下二十多度的冰雪中站三个多小时，创基尼斯耐低温之最。

【提示】

过松花江，去太阳岛，一定要注意清沟（表面一层薄冰，冰下江水暗流）！一定要按标志线行走。

为防不测，冰上行走，不要并列走，也不要走一条直线，几个人应梯形缓行前进。

注意此间在哈尔滨举行的国家级的、国际级的冰雪比赛。此类比赛虽然不是冰雪节的内容，但是往往凑巧赶上冰雪节。届时您能看上高水平的冰雪运动员表演，无疑为您的哈尔滨之冬旅行，多了一分收获。

中央大街

19 世纪末，靠江边这块土地，还是沼泽。由于中东铁路的修建，这块土地便开发起来了，因此，有人称，中央大街是与中东铁路，与哈尔滨这座城市共生；中央大街是从水草甸子趟出来的大街。当时是一些修建中东铁路的苦力住在这里，是一些为了从这些苦力身上挣点小钱的小饭馆、杂货摊、剃头匠……做生意的人住在这里，因此洋人给它取了个很中国化的名字——中国大街。

忽一日，日俄战争溃败下来的沙俄士兵，从南满逃命来到哈尔滨，在中国大街强行收购民宅，狂建店铺。一个叫约瑟·加斯普的俄国退伍骑兵，以其犹太人特有的精明，在中国大街中段买下整整一个街区，盖了一幢专供高级人物下榻的宾馆，这便是有名的马迭尔饭店。

马迭尔，中文译音摩登、时髦、浪漫，师法风靡欧洲的“新艺术运动建筑风格”。紧随其后在中国大街上又建起了松浦洋行（今教育书店），该建筑明显带有巴洛克特征，马迭尔饭店与松浦洋行为接踵兴建的建筑定下了基调，于是又建起了具有文艺复兴特征的折衷主义建筑，如联谊饭店（今五金交电商厦）、协和银行（今妇女儿童用品商店），及具有新艺术运动建筑特色的秋林公司……至 1924 年一条崭新的欧化了的大街已经形成，这一年收回了行政权的中国政府，请著名的俄国工程师科姆特拉肖克设计施工，铺成了方石路。1928 年，中国地方当局顺应民意将中国大街更名为中央大街——我们从这一建筑历史，得出这样一个结论：欧风大街，不单单是欧洲人建造，有欧洲人、有日本人、有中国人，但是有一条是共同的，那就是将中央大街的建筑风格定位在欧式建筑。

哈尔滨的中央大街，有人把它比做圣彼得堡的涅瓦大街、伦敦的摄政王大街、巴黎的香榭丽舍大街、柏林的菩提树大街。

让我们踩着石头路，漫步中央大街。

走近马迭尔，依稀听见饭店主人的公子小加斯普的钢琴声，这位从巴黎音乐学院学习归来的天才钢琴家，在父亲为他举办了一连串的音乐会之后，便永远谢幕了——日本宪兵队导演的绑架案以撕票而告终。事件发生不到二个月，1933 年 8 月，美国著名作家埃德加·斯诺来到了哈尔滨，下榻在马迭尔，向世界报道了这一事件："哈尔滨，曾经是可喜的，而现在却号称为生死场了……或许世界各大城市的生活没有像这样动摇不安的了。哈尔滨的居民，其中大约有 10 万白俄和红俄，倘若不带武器，那就到处都得冒着生命的危险，即使在白天，强盗、杀手、绑匪也是通行无阻的。"

走近与红霞街相交的路口，想起萧红与萧军也曾像我们这样漫步中央大街。1933 年萧红蒙难的时候，萧军向她伸出援助之手，从道外大水围困的东兴顺旅馆出来，在中央大街的拐角处，商市街 25 号安了两个人的第一个家。在这个家里，两萧爱情结出了硕果，合作完成第一本书《跋涉》；萧红由此走上文坛；这个家便成为了左翼作家东北作家群的活动基地，1934 年 6 月 3 日上午，萧红与萧军"别了商市街，小包袱在手上挂着，我们顺了中央大街南去……"从此，一代才女萧红过起了颠沛流离的生活。

松花江
防洪纪念塔
斯大林公园
友谊路（警察街）
通江街
炮队街
中央大街（中国大街）
上游街（商务街）
中医街（药铺街）
红霞街（商市街）
红专街（面包街）
东风街（马街）
大安街(大坑街)
霞曼街(沙曼街)
端街(短街)
花圃街（商铺街）
西头道街（监狱街）
西二道街（商务街）
西三道街（高加索街）
西四道街（八杂市街）
西五道街（东商市街）
西六道街（日本街）
西七道街（蒙古街）
西八道街（高丽街）
西九道街（保险街）
西十道街（俄国街）
西十一道街
西十二道街
西十三道街
西十四道街
西十五道街
经纬街（斜纹街）

中央大街新旧街名对照图

今天的中央大街，保留着能够保留的全部欧式建筑，并且增建了与整条大街建筑风格相融的建筑小品与雕塑作品，为了让观光客更安逸地品味欧风洋韵，整条中央大街封闭管理为步行街。

来踩踩中央大街的石头道吧，
你等于去了圣彼得堡的涅瓦大街。

哈尔滨周边

我们走过的尚志、阿城、宾县、依兰，都是哈尔滨市管辖，都属哈尔滨周边。为旅行方便，我们把它们画在了其他线、块里。现在我们写哈尔滨周边，不再重复介绍上述地区。

当地有一句嗑儿，把哈尔滨周边几个县联系在了一起：呼兰的葱，阿城的蒜，双城的“姑娘”不用看。原以为是用比兴修辞，称赞双城的大姑娘长得漂亮，这次才搞明白，嗑儿中说的三样都是当地特产。前两种很直白，人人明白，第三种与特产有什么关系？原来，这是汉语的谐音造成的。“姑娘”是一种草本浆果，果实有黄、红两种，黄的姆指大，红的大于拇指，甜，且有道不明的芳香，小姑娘常剔除果实的籽，咬那皮儿作响，名曰“咬姑娘”。是不是这个原因取名“姑娘”没有考证出来。老乡叫“姑娘”，只是口头上叫，写却写不出来，小贩无奈，便在“姑娘”二字的头上加个草字头。

哈尔滨周边很丰富。

呼兰

哈尔滨过松花江，半个小时的路程到呼兰。

呼兰旧县志载：呼兰县以呼兰河得名。呼兰满语“烟囱”也。清康熙二十二年（1683年）设呼兰八卡伦（哨所），其一便设于呼兰口子地方，因置烟囱以为炊，遂得名，而官书亦用之。

呼兰，因萧红而闻名世界。呼兰县城有保留完好的萧红故居，1992年，她的一缕青丝回归故里，又为之建萧红墓于西岗公园。此外还有萧红代表作《呼兰河传》中所描写的呼兰河、小什字街、火烧云……我们照着旧著对比今天，发现，今安在，都有变，可看的地方不少，思考的东西挺多。

呼兰民间艺术丰富多彩。以剪纸与“二人转”最为有名。东北“二人转”有南北派之分，北派“二人转”以呼兰为正宗，为代表，特点比之南派更加豪放粗犷，当地话，一个字：浪。

此外，在呼兰就餐，最好能吃上一顿农家饭，以秋天为例：土豆、大倭瓜、蒜酱茄子、玉米面饼子、高粱米粥……

看了二人转，再吃上一顿农家饭，您就更加领会萧红作品的意韵。遗憾的是，我们只看了“二人转”，未吃上农家饭。

无论是哪一流派，作家言必谈萧红是普遍的。

萧红故居 门票8元

萧红出生于此，一直到去哈尔滨上学，此后再也没有回来，故居存在她的心中，存在她的作品里。萧红对故居的感情很复杂，有爱、有怨、有怜，还有其他。

萧红故居，保留着老房子、老家具、老照片……还挂着曾与她作过伴旅的萧军、端木蕻良，及生前好友、现代名流、国内外研究她的学者们拜谒故居时留下来的照片与题字……

<交通与住宿>

长途汽车，由哈尔滨到呼兰5元；中巴8元，快车40分钟，慢车1个小时。

回哈尔滨市里住宿。

“二人转”介绍

“二人转”，顾名思义，是两个角色在台上演戏。一个“转”字，说明了此种艺术的特色。“二人转”是流行在东北农村的一种歌舞演唱形式。“二人转”民间有许多名字，有叫蹦蹦的，还有叫双玩艺儿的，唱小戏的……很多。两个角色的分工是一丑一旦，早年，旦角也由男人装扮，女旦是解放后的事情。20世纪50年代初三联出版社出了一本《东北蹦蹦音乐》是我们能看得见的最早版本的“二人转”理论书籍，书中关于“二人转”的历史，引用了一个老艺人郭文宝的叙述，他说：“我19岁那年在宾州开始学唱（他当年67岁，由此推算应为1901年），那时班子很多，在正月间差不多每个屯子都要请一个班子去唱几天，当我们到一屯子时，它的左右附近屯子也有人在唱。平时在大道（没有铁路之前的交通要道）上的店里（骡马店）或大营里（满清的军营）也经常有好多班子在唱。老百姓很喜欢听，过年过节还有老百姓自己学着唱的。”

在一百多年的流传历史上，“二人转”形成自己的艺术特点，剧目有传统段子，有固定的曲调；解放后，旧曲填了新词，为社会服务了。“二人转”发展史中有两次受重创：一次是日本侵占东北，14年亡国奴，吃不上穿不上，老百姓没心思娱乐；再一次是“文化大革命”，“四人帮”只要京剧样板戏，“二人转”作为腐朽糜烂的东西而取缔；也有两次大的繁荣：一次是土改，分到土地的农民，用“二人转”表达喜悦之情；再一次，是改革开放，“二人转”走进千家万户还不算，还走上了中央电视台，还出了代表人物——赵本山。

您能看上几场“二人转”，就搞明白了，为什么东北出小品喜剧演员。

与老丫谈“二人转”

老丫，东北对最小姑娘的昵称。站在我们面前的老丫不是小姑娘，是40多岁的一位妇女，三年文化。她从小喜欢“二人转”，做生意赚了几个钱，便办了个老丫剧社，地点在建国街酱菜胡同里。租金一年1万，连租五年。她边搞演出，边搞培训。我们看到老丫的一批将毕业的学员正在彩排。教师是从吉林榆树请来的，2个教师，10个学员，正月开学，6个月出徒，自己找门路，一天挣30、40元不是问题。一副架（一对搭档）演唱1小时标准是20元。我们遇到一家鞋店开业，老板请老丫的学员演出。老丫很得意。在我们收集的资料里，有报纸说老丫剧场唱的“二人转”有点黄。我们就此文章听听她的说法：

“我们这儿没有‘黄’，只有‘粉’。”

“黑龙江把‘黄’说成‘粉’，一回事。”

“哦，你们还挺懂我们这块儿的话。不过我又说了，‘二人转’不来点黄，还叫‘二人转’吗？那还有人看吗？”

"可，赵本山提倡'绿色二人转'呀。"

"他行呀，我们给进城卖菜的、打工的唱'二人转'不来点'粉'的，演'二人转'场子还不得都黄（倒闭）了。"

【提示】

小剧场不禁烟，要有挨烟呛的思想准备。

还要有遇"粉"的思想准备。不过，不会"粉"到哪里去，因为台上"一副架"多为夫妻，兄妹。

老丫剧场

早场，10:30 专给老年人演，那是吃功夫的，票价，3 元、2 元、1 元不等；月票20 元 一场三副架，3 小时；

晚场，19:30，票价10 元、5 元、3 元 ， 10 元有果盘，瓜子，茶水。

"二人转"音乐

必用的曲调有车子弦、大救驾、喇叭牌、文嗨嗨、武嗨嗨、快流水。

不常用的曲调有打呼噜、赐儿山、朵口句、十三嗨、打牙牌、大悲调、四平调、三眼炮调、大四平调等。

专用的曲调有蛤蟆韵、绣门帘、官司叹、阴魂阵、美女思情、王美容观花。

我们开列曲调，在于说明，"二人转"不那么简单，不那么随意，是有章法的，是有讲究的。

由洛古河到山海关，处处有唱二人转。

《西厢记》（四平调）唱词节选：

这个也不是，那个也不是，
活活闷坏我们二八女红妆。
带领着小丫环分花采柳往前找：
也不怕花刺儿扎坏我们绣鞋帮，
也不怕露水珠湿透我们鹦哥绿，
也不怕花枝剐坏我们丝绵衣裳。
分花采柳来得快，
来至到斜山转脚墙。
侧耳细听明白了，
原来是西厢下院那个小张郎。
上去搭话儿：
常言说男大当娶呀，女大当聘，
莫非说把我留至在鬓发皆霜。

（陆宪文唱 寄明记）

拉林

拉林镇，距哈尔滨东南60多公里，不到两个小时的路程。我们来到拉林，有两个突出的感觉：一个是小镇过于破旧；二是北国小镇的居民，居然说话甩着京腔，待深入下去，才知道小镇的特殊历史及丰富内涵。

拉林，女真语，爽快之意，距镇10公里处有拉林河，辽金时称“涞流水”，拉林城便以水定名。拉林古往今来，以粮仓著称，康熙二十三年（1684年）清政府在拉林建立官仓，储备军粮，由此拉林便有了“拉林仓”的美誉。乾隆九年（1744年）拉林设副都统衙门，为朝廷捕打贡鲜，在哈尔滨设官网。如此说来，当年拉林管着哈尔滨，哈尔滨是拉林的一个小渔村。

2000年，一册散落民间的清嘉庆年间的官方档案《拉林阿勒楚喀原案》在拉林被发现，经专家考证，揭示出一段鲜为人知的历史——从乾隆九年至乾隆二十四年，有3000多户来自北京的闲散八旗子弟，被迁往拉林阿勒楚喀屯垦定居！拉林阿勒楚喀便是今天的拉林与阿城。于是拉林一夜之间为史学界、新闻界、旅游界所关注，报刊给以了高度评价——源于北京的京旗文化，今日已所剩无几，惟拉林还保留着原汁原味的京旗文化，研究京旗文化非去拉林不可；还有记者用现代语言作比喻，称当年这些3000户旗人为“260年前来自北京的‘下放户’”。

于是我们明白了，为什么拉林镇过于破旧，那是历史遗存丰厚，且等待整修与开发；为什么拉林居民甩着京腔，因为直到今天拉林的“下放户”和他们的后代，尚未返京，时间长达250余年，人口繁衍了12万人。他们数代窝在拉林，远离尘嚣，那独具特色的京旗色彩，满族习俗，一如从前。在与历史融汇中，在与各民族交融中，京旗文化顽强地、浓重地保留了下来。

这里有260年前来自北京的“下放户”。

民间传说《随龙来的》

原来关外是满族人的老家，摄政王多尔衮入关的时候，不光是把八旗兵带走了，就连家眷也都带进关了，所以，关外人烟稀少了。因为关外是满族的发祥地，这地方不能让它空着，乾隆皇帝就决定往关外迁民。

往关外迁民，让谁来谁也不愿意来。没办法皇帝就决定了：不论是平民百姓，还是皇亲国戚，哥儿俩的走一个，哥儿仨的去两个；两家给一挂车，五匹马，五家给一个碾子和一盘磨；皇帝的叔伯侄男等亲戚每户给一条带官印的黄绫子，娘娘的亲戚每户给一条带官印的绿绫子。这就是人们常说的“黄带子”、“绿带子”。八旗人嘎啦一声落草，男孩子就给俸禄银子，姑娘就给胭粉银子，有黄带子和绿带子的，给的银子比一般人多。记得老人说，男孩子的俸禄银子每个月是五贯银子，一贯是多少可不知道了。就是这样，大家还是不愿意走，没办法，乾隆皇帝就御驾亲征，带着人马亲自把迁民送到关外，而且让八旗人跑马占荒，一直把迁民一批一批地安顿好了，他才回北京去。所以关外的大部分满族人都常说：是随龙来的。

（萨音　唐志儒讲述　　董镇宇整理）

清高官后裔列举

营城子乡及其他乡镇中赵氏家族均姓爱新觉罗，属皇族后裔；

红旗孤家子村和双桥子乡村的何氏家族，其先祖是康熙皇帝的辅政大臣索尼和其子保和殿大学士索额图的后裔；

营城子乡南土城村的大户关家是清朝开国功臣，征南大将军、吏部尚书谭泰的后裔；

拉林镇双桥子村现任党支部书记和玉玲，及其和氏家族，是“大清国第一贪官”和≪‖的后人；

拉林镇南老营村付东集的先人永海曾任同治和光绪前期拉林协领，三品大员；

营城子乡营城子村何广东的先人全林任拉林协领，三品大员。

我们去了索额图后人的家

那天为我们作向导的何永，是县人武部的科长，军衔少校，索尼的第十五世孙。他先带我们看了镇上的古城遗存：副都统衙门、首任副都统巴尔品故居、协领衙门、协领永海故居……然后领我们去拜访他的叔叔、索尼第十四世孙、孤家子村的老支书何宪清。

何宪清告诉我们，他家的祖坟在北京西直门附近，名叫索家坟。拉林有先祖索尼、索额图的坟，都是虚坟。

老支书得意之笔，是“文化大革命”期间，利用职务之便，保住了祖坟，保住了祖宗的画像，保住了祖宗传下来的家谱……每年到年根底，二十九这天晚上，都要把祖宗的画像拿出来，供起来，跪拜，过了初五再撤下来保管；他晚年的愿望是修家谱，祖宗传下来的是用满文写的家谱，这次修家谱要用汉字，要一股一本，打字的。

他还讲了一件事儿：“中日建交不久，日本人来了不老少，从村子里取了50人的血样，说是日本首相田中角荣与我们这个家族有关。这事儿后来没听到下文。这事儿肯定有，还通过我给每个抽血的人发了30元钱。”

何宪清老人又带我们串门儿，去拜访的各家都姓何；我们还在一间百年草房前为他们合影——参加合影者都是索尼后裔，他们是何玉明、何宪清、何永、何景坤、何伟军。

黑龙江的满族

黑龙江省是满族的发源地之一，史载，满族的先民诞生在白山黑水之间，周称肃慎，秦汉时称挹娄，魏晋时称勿吉，隋唐时称靺鞨，辽金时称女真，地域北达外兴安岭至库页岛，东达日本海，南至山海关，西至蒙古的广大地区。直到清太祖努尔哈赤定都盛京（今沈阳）后，清太宗皇太极将女真族改称满洲族，简称满族。1644 年摄政的多尔衮亲王、福临皇帝率八旗迁都北京。白山黑水成为兴龙之地，而封禁开发之列。其后，乾隆、嘉庆、道光三帝，移民白山黑水，拉林与阿城安置了首批京城来的移民，随后双城、绥化成为安置地区……有一部分保卫边疆，参加雅克萨等战役的八旗兵，战斗结束后屯垦边疆，安置于黑龙江流域；还有看护兴龙之地，没有随大军进京的满人……仅黑龙江省满族人口便达 95 万，占全国满族 12%；其中县级单位以五常最多，达 13 万。

拉林与阿城，即清朝时的拉林阿勒楚喀地区满族分为三支：其一，是女真族完颜氏故地的住户，即俗称“金兀术的后人”，当地叫“坐根满洲”；其二，曾与老罕王挖参放山打天下，却未随其入关南下，而来自辽宁地区的旗民，当地人叫“索罗满洲”；其三，是曾随清始祖进北京，乾隆年间，作为京师的“闲散旗人”拨来“屯垦戍边”的移民，当地叫做“京旗满洲”。这三支满人由于生活经历，文化素养的不同，在文化心理，风俗习惯上存在着差别，如“坐根满洲”与“索罗满洲”有先祖逐水草而居的一些习惯，大碗喝酒，大块吃肉，粗犷豪放，崇尚武功，图腾崇拜，跳家神，多在他们中间进行；而“京旗满洲”大约受贵族习气熏染，文化结构复杂，讲究多，规矩大，繁礼多仪，他们也跳神，但不跳家神，跳巫神，跳神不仅仅是祭祀，还有治病、祛邪、消灾，从内容到形式上均复杂丰富得多。

双城

双城，又叫双城堡。

来黑龙江，进哈尔滨之前，路过双城。双城火车站与京哈线上的所有火车站不同，是大屋顶、琉璃瓦，典型的中国建筑。与洋式火车站在同一线路上，双城火车站很显眼，看上去令人备感亲切，也令人不好理解——当年这一方铁路的管理者出于怎样的考虑？为此我们请教了火车站

的客运主任，他告诉我们这座建于1923年的火车站，是因为从前修的俄式火车站不够用，而扩修的。再深说，他说不了了。回头查了查中东铁路史，原来中东铁路沙俄总办霍尔瓦特1920年便被中国当局赶下台，中国当局暂时当家做了主人，于是……这是我们的推理，具体情况怎样，有待进一步了解。

双城是县级市，很古老，老城门承旭门可以作证，它建于1868年，历史要比哈尔滨悠久。双城是满族人聚居的地方，共24个乡镇，便有10个满族乡镇。

双城在中国的现代历史上写有一笔，解放战争时期，中国人民解放军第四野战军的前线指挥部就设在这里。

双城出现在老百姓嘴边的次数特别多，因为那句嗑儿里，说到了“呼兰的葱，阿城的蒜，双城的‘姑娘’不用看。”什么叫“不用看”？好吃。个个甜！

双城满族

双城的满族人口占全县人口19.2%，达13万人。在10个满族民族乡（镇）里，满族人口高达40%左右，我们走访的同心乡，人口43%是满族。

双城的满族人与拉林、阿城的满族人源于一流：1744年乾隆皇帝批准在京满族八旗移民拉林、阿城，嘉庆二十年（1815年），嘉庆皇帝派员来双城勘察，随后派1000满人（屯丁）来双城建八旗营子；1820年，又拨满族旗丁2200人到双城垦荒，总数达3200人，为加强管理，增设了官兵，并筑大、小封堆，以每华里一个的设置排列开来，用作区别满汉旗屯。道光五年（1825年），又有部分京旗移至双城。至此先后有三批满族人来到双城定居农垦。现双城的满族人亦同拉林、阿城满族人，皆为清政府迁来的八旗人后裔。

双城始建八旗四十屯，以正、厢红、黄、蓝、白划分；继扩建，加陈，新正，厢红、黄、蓝、白旗，而成为120屯。从前以旗名加序号，定屯名，现均以更汉语名。以我们去的同心满族民族乡为例：

厢红旗三屯，现富成村；厢红旗四屯，现福利村；陈厢蓝旗头屯，现富新村；陈厢蓝旗二屯，现同心村；陈厢蓝旗三屯、头屯，现治乡村；陈厢蓝旗五屯，现富强村；新厢蓝旗五屯，现裕民村。

哈尔滨至大兴安岭交通示意图

第 2 章

哈尔滨至大兴安岭

几乎笔直地往北走，走，走，走……
直到脚板触摸黑龙江那松软的沙滩和冰冷的江水。
即便直达，也要分三段走：火车或汽车直达加格达奇；
火车或汽车直达漠河；汽车或船艇直达洛古河。
不过不要急，途中还有好去处：齐齐哈尔、加格达奇……

齐齐哈尔

齐齐哈尔，达斡尔语，牧场之意。顾名思义，齐齐哈尔为当年达斡尔族放牧牲畜的地方。齐齐哈尔坐落在富饶美丽的松嫩平原上，境内有嫩江、乌裕尔河等多条大河流淌。土地肥沃，物产丰富，自古以来就是各民族人民聚居生活的好地方。清康熙三十年（1691年）在毗邻齐齐哈尔屯的卜奎建城，称齐齐哈尔城，因而亦有称齐齐哈尔为卜奎。1699年，黑龙江将军府由墨尔根（今嫩江）移驻齐齐哈尔，与齐齐哈尔副都统府同驻一城，齐齐哈尔由此成为黑龙江流域的政治、经济、文化和军事中心。1907年设黑龙江省，齐齐哈尔为省会。1936年建齐齐哈尔市。1954年黑龙江省与松江省合并，黑龙江省会迁至哈尔滨。齐齐哈尔市是黑龙江省第二大城市。

别急于赶路，一定要住下来，玩上两天。

齐齐哈尔好去处很多，很丰富，又各具特点：梅里斯达斡尔族风情、昂昂溪史前文化遗址、扎龙自然保护区、江桥抗战遗址、“俄罗斯小镇”风光……都是黑龙江旅途上不会再重复的景致。

哈拉新村

哈拉新村，是梅里斯达斡尔族区内的一个达斡尔族聚居的村屯。

哈拉新村在齐齐哈尔西北9公里处，花4元钱，坐公共汽车，便直达哈拉新村。

新村是对老村而言，1998年嫩江一场大水，把老村淹了。接受大自然的警告，当年在全国政协的捐助下，在老村的对面建了新村。

新村占地60公顷，分ABCD四个区，156幢房子，住300多户人家，全村1036口人，**达斡尔**族占68%。新村设施现代而又齐备：环村公路、自来水、供电线路、有线电视、程控电话、秸秆燃气供热系统、小学校、图书馆、展览馆、网吧、**曲棍球场**、商店、饭店、奶牛集中饲养场、标准化温室……

哈拉新村：崭新、整洁、标准化、民族特色，这是我们归纳的四个特点。

达斡尔族

关于达斡尔族源，有“契丹说”、“黑水国说”、“室韦说”和“土著说”等等，学术界普遍倾向“契丹说”。1987年出版的《黑龙江古代简史》称，“达斡尔族为东北古老民族契丹人的后裔。明末称‘达奇鄂尔’，居住黑龙江上中游地区，即西起石勒喀河流域，东至黑龙江支流精奇里河和牛满江，北抵外兴安岭，南至大小兴安岭的广阔地区，清天聪年间，为‘索伦部’之一部。达斡尔又称萨哈尔察部。”沙俄入侵黑龙江流域给达斡尔人带来了灾难，致使达斡尔族人南迁至嫩江、讷河、诺敏、格尼、阿荣、雅鲁等处，分部落定村屯，以血缘关系结为哈拉与莫昆。迁齐齐哈尔地区的达斡尔居住于吴库马尔（今大五福玛村）、额尔苏（今昂昂溪乡胜合村）、昂阿奇（今昂昂溪）一带。清顺治十年至十二年（1653-1655年）达斡尔人从黑龙江中上游大批迁入嫩江两岸，在齐齐哈尔建立50余村屯，康熙年间，形成以齐齐哈尔城为中心，达斡尔族村屯呈散射状分布。此后，清朝政府不断调遣齐齐哈尔的达斡尔族官兵驻防各地；民国时期一部分达斡尔人迁到布特哈、阿荣旗等地区，致使齐齐哈尔达斡尔村落减少到40个。在这些村屯里，达斡尔族人口比例为60%到80%。历史上达斡尔族虽然几经迁移，但居住在齐齐哈尔的达斡尔族人口未减，目前近2万人，其中79%居住在农村。

达斡尔人依靠自然资源，进行农牧渔猎业生产，长期处于自给自足状态。是黑龙江少数民族中较早进入封建社会的民族之一。

达斡尔语言属阿尔泰语系，蒙古语族，没有本民族文字。

达斡尔族以血缘关系组成哈拉与莫昆，并以所居山川河流区分姓氏。由于历史的复杂原因，致使今天达斡尔人的姓氏简化了，以我们访问的一个家庭的男女主人为例：

男，吴志清：家族属乌力斯哈拉。乌力斯，河名，在今俄罗斯境内石勒喀河北，雅克萨城西数里处。这个氏族今姓吴，志清为汉名。

女，德新：家族属德日根莫昆。德日根，地名，在黑龙江上游的一个叫不上名的水湾处。这个氏族今姓德，新为汉名。

现在达斡尔族，主要分布在内蒙古自治区莫力达瓦自治旗、黑龙江省齐齐哈尔市、嫩江流域，以及新疆的塔城、霍城地区。

现在达斡尔人还保留着许多本民族的习俗，如曲棍球。我们原以为这项列入奥运会比赛的项目，对于中国来说是“舶来运动”，没有想到这项“舶来运动”，中国运动员短短几年跃入世界劲旅行列。究其原因，队员中有不少达斡尔运动员；再究其原因，达斡尔人玩曲棍球历史悠久。类似曲棍球的运动，达斡尔人还有木球、毛球、火球三种。

达斡尔族，一个较早进入封建社会的民族。

达斡尔菜特色食谱

稷子米饭，鲫鱼汤（1人份10元）；

稷子米加饭豆干饭，泡鲜牛奶、酸牛奶或疙瘩奶（1人份10元）；

荞麦面面条（1碗5元）；

蒜茄子、酸黄瓜、白菜末、嘎牙子或鲶鱼炖柳蒿芽、韭菜花手把肉（1套20元）；

如果坐火炕就餐，便更有达斡尔族生活味道。

食谱为德新老师提供，能在她大儿子开的饭店里就餐，肯定原汁原味儿。

达斡尔民歌《农夫打兔》

老婆子哟快做饭呀，我要到地里搂柴火呀；
心爱的人儿做的饭啊，一吃吃了五大碗哪；
吃起来呀没个够呀，再吃二碗也不多啊；
黑犍子大牛套上车呀，耙子和斧头拿在手啊；
你看你看快来看呀，草堆里有只小白兔哎；
拿起斧子扔出去呀，只差两指没打着啊；
再拿耙子使劲扔呀，又差三指没够到啊；
真是急呀急煞了我呀，拍拍屁股就往前追呀；
肚子饿了我腿又酸哪，小白兔已经没了影啊。

引自《中国民歌》，稍做整理。

“俄罗斯小镇”风情

中东铁路在昂昂溪设火车站，于是俄罗斯人便云集到了昂昂溪。俄罗斯人以铁路设施为主要建筑，其车站、调度所、俱乐部、住宅……全部采纳俄罗斯建筑风格；到了1945年，苏联红军出兵中国东北，昂昂溪成为进军东北腹地的主要通道，苏日两军在这里进行了惨烈的交锋，一批苏联红军官兵英勇战死在昂昂溪这个中国小镇。为掩埋这些烈士，为纪念烈士的壮举，苏军集团军司令签署命令，在昂昂溪修建了苏联红军的墓地，于是纪念碑、方尖碑、墓园……又一批俄罗斯建筑存留在昂昂溪小镇。好在“文化大革命”无大破坏，今天，一个完整的、保留有俄罗斯韵味的小镇进入我们的视野。据讲，不久的将来昂昂溪将辟为对俄罗斯贸易口岸，届时，中俄商人将云集这里，那时，“俄罗斯小镇”因为有了俄罗斯人，俄罗斯味儿会更加浓烈，那时，我们一定再来昂昂溪。

景观链接

哈尔滨至牡丹江线上的横道河子，也是一座“俄罗斯小镇”。

扎龙自然保护区 门票20元

扎龙，位于齐齐哈尔市区东南27公里。乘公交车半个小时便可以到达。扎龙自然保护区原是渔场，位于乌裕尔河下游的湖沼苇草地带。自然保护区以广阔的芦苇沼泽为主体，面积达4.2万公顷。

扎龙自然保护区属蝶形闭流洼地。发源于小兴安岭西麓的乌裕尔河，流到扎龙落差增大，冲积作用增强，因而河曲十分发达。流出东汗潭的河水，溢于整个闭流洼地，形成面积广阔的湿地，河道则隐没于湖沼苇塘之中。那些未被沉积物填满的洼地，则形成大小不等的湖泡，一些风积沙丘则呈岛状分布其间。

广阔的河湖水面和沼泽湿地，为各种浮游生物、水生植物、昆虫、鱼类、蛙类、水禽提供了生存、繁殖的良好环境，形成紧密的食物链关系，因而吸引了大批的丹顶鹤等水禽到这里栖息和繁殖。

以鹤类为例，世界共有15种，中国有其中9种，扎龙自然保护区就有丹顶鹤、白鹤、白头鹤、白枕鹤、灰鹤和蓑羽鹤6种；另有150种水禽，其中有著名的白鹳、黑鹳、白天鹅、大鸨、鸳鸯等；国家1类保护鸟类9种、2类3种、3类3种。

1979年国家正式划定扎龙自然保护区。明确扎龙自然保护区以丹顶鹤等珍稀水禽为主要保护对象。

扎龙自然保护区成为闻名国内外的丹顶鹤保护、驯养、人工繁殖的科研基地和观鸟旅游胜地。

我们多次来过扎龙，但冬天来扎龙观鹤是首次。

冬季来临，野生的鹤都南飞了，我们看到的是人工饲养的鹤。人工饲养的鹤想撵也撵不走，它们对人，对环境有了依赖性，所谓驯化容易，野化难。这是一个世界性的课题。扎龙人工饲养了百余只丹顶鹤，每天有七八个鹤工喂养，饲料是小鱼与玉米粒。人工饲养的丹顶鹤跟家养的鸭子鹅似的，见主人亲得很，见陌生人非但不害怕，还要追上来啄上两口。就是这群驯化得如家禽一样的丹顶鹤，2003年出了彩，它们在长沙举行的第3届城市运动会上，放飞成功！别处庆典仪式放飞鸽子，长沙庆典放飞仙鹤，26只仙鹤一同冲向天空，铺天盖地，仰天齐鸣，争报吉祥，博得全场雷鸣般掌声……礼炮响，人欢唱，丹顶鹤丝毫没受惊吓，依旧按着主人的调教，一只不少地飞回笼中……待我们来到扎龙，主人打开笼子为我们作丹顶鹤放飞表演，那些训练有素，见过大场面的丹顶鹤们，展展翅，来上一个小盘旋，便把我们的情绪撩拨得兴奋异常……

丹顶鹤

丹顶鹤，人们叫它仙鹤。是鹤类中最为珍贵的一种，国家一级保护鸟类。2004年在500万网民参与选定国鸟的活动中，丹项鹤以绝对多数选为国鸟（待相关部门批准）。

丹顶鹤除喉颈部和飞羽后为黑色，全身几乎纯白，与朱红肉冠相映，益显得美丽动人；丹顶鹤长颈长脚，体态轻盈，举止温文尔雅；丹顶鹤展翅云霄，引颈高歌，为吉祥与长寿之兆；丹顶鹤自古以来便是诗人、画家吟诵，描绘的对象，它是入诗入画最多的飞禽。

丹顶鹤属涉禽类候鸟，每年春分前后，以家族为群体，由南方越冬地北飞，驻足扎龙。飞来的丹顶鹤，先载歌载舞求偶，后择地筑巢，巢址多选择在极其隐蔽的水草中；4 月中旬产卵，一般产 2 枚，产卵后，雄雌轮流孵育，约 30 天，即 5 月中旬幼鹤出壳，幼鹤毛色黄褐，无丹顶肉冠，出壳后不久，即能跟亲鹤觅食。丹顶鹤食物以鱼为主，最喜鲫鱼、泥鳅，兼食昆虫、草籽、嫩草、草根、玉米、砂石，为杂食性鸟类；丹顶鹤成长较快，10 月下旬，幼鹤便体质壮健，能够随亲鹤迁徙，或南飞到我国南方的江河湖沼，或东渡大海到日本南部的荒岛度过漫长的冬季。丹顶鹤每年在扎龙停 7 至 8 个月。丹顶鹤 3 年性成熟，显露红色肉冠；丹项鹤寿命较长，一般可活 50 至 60 年——仙鹤象征长寿。

丹顶鹤不惧寒冷，它之迁徙，是觅食的需要。

丹顶鹤有望当选中国国鸟

<交通>

在齐齐哈尔东大岗子乘公交车 10 元一位。（目的地是“自然保护区”，不是“扎龙”。）

◎摄影参谋◎

拍照丹顶鹤要耐心守候，细心观察，精心构图，别出心裁。

拍放飞的鹤，要事先向工作人员问好飞行路线，提前占好位置，调好速度。

雪地里拍鹤要注意反衬的效果。

朝霞夕阳里逆光拍照效果更好。

【提示】

一年四季都可观鹤，各有各的特点。

野鹤只可以远看，惟家鹤才能与人共舞。

接近鹤时，小心被啄。

不要惊吓、追打仙鹤。

加格达奇·嘎仙洞

加格达奇

加格达奇，黑龙江省大兴安岭地区的首府。

大兴安岭地区很特别，在中华人民共和国政区图上，大兴安岭地区南部，有一条直角线，这条直角线是省界线，它告诉人们：黑龙江省管辖的大兴安岭地区，大部分政区在黑龙江省，一部分政区在内蒙古自治区。

加格达奇在内蒙古自治区政区里。

加格达奇位于大兴安岭山脉的东南坡，在内蒙古自治区鄂伦春自治旗境内。

我们北上漠河，在加格达奇转车。

加格达奇，是鄂伦春语，意思是“樟子松生长的地方”。加格达奇素有“林海码头”、“大兴安岭门户”之称，被誉为“金鸡冠上的绿宝石”，是大兴安岭地区政治、经济、文化中心和交通枢纽。加格达奇开发于上个世纪60年代，至今40余年。现在加格达奇的工农业基本成型，城市功能比较完备，市场网点布局合格，科技、教育、文化、体育、卫生等项事业粗具规模。建设这个新兴城市，是共和国的创造。当年黑龙江、内蒙古各林业局包干创建大兴安岭林业基地：牡丹江林业局包建塔河林业公司；伊春林业局包建新林林业公司；松花江林业局包建呼中林业公司；牙克什林业局包建松岭林业公司……林业工人开山伐木，铁道兵进山修路，当年铁道兵三、六、九师8万官兵会战大兴安岭，至1983年底共修铁路792公里，桥梁124座，北上漠河的火车站留下了一串那个时代的红色名词：卫国、卫疆、新天、兴建、锦荣、秀峰、劲涛、图强……30年前，加格达奇只是一片马架子和几顶帐篷，现在是一座像模像样的城市。

山城有自己独特的风物：加格达奇管着800余万公顷的森林，它的防火指挥部体系很齐备、很现代——我们之所以要提出这一条，是因为1987年大兴安岭火灾过后，世人的异常关注，现在市内最显眼的一栋建筑是配有雷达的防火指挥部；还有它的丰富的森林物产，您走近大市场，场里场外都有山货出售：室内多干货，室外有鲜货，蘑菇、木耳、松籽、都柿、雅各达……还有质朴的民风，当地人自我夸耀：“大兴安岭总见蓝天，没有污染。”“大兴安岭天冷，人心热。”“大兴安岭夜晚睡觉不用闩门”、“大兴安岭，进来就不想出去，难得一块世外桃源”。还有一句颇有自嘲味道的“大兴安岭没有假东西”。——我们品味这句话，似乎是说，这地方人老实，没那个胆儿，没那个思维……

$购物建议$

因为还要远行，山货可买可不买；但坚果类与水果类，可买来尝一尝。

木耳（野生）	30元1斤
人工养殖木耳	20元1斤
大片榛蘑	15元1斤
榛蘑丁	17元1斤（均为野生蘑菇）
盐渍松塔	4元1斤
盐煮松籽	10元1斤
雅各达（兴安红豆）	5元一盅
都柿	7元一盅

嘎仙洞　门票 30 元

先到阿里河，再去嘎仙洞。

嘎仙洞国家森林公园，位于内蒙古呼伦贝尔盟鄂伦春自治旗阿里河镇西北 10 公里，大兴安岭北段东侧。

嘎仙洞是典型的远古先民洞穴居室。嘎仙洞建在一座花岗岩的山腰处，离地面 25 米，洞口呈三角形，洞高 20 米，洞宽 27 米，洞长 90 米，洞中宽阔，洞中有洞，面积约 2000 平方米。传说，古时候，嘎仙洞里住着一个名叫嘎仙的猎人，一个妖魔想占领山洞，嘎仙对他说，咱们比比力气，谁能把嘎仙洞的石门抛得远，谁就住在这里。妖魔抱起石门，没有扔出多远就落地了，嘎仙一扬手，石门被远远扔到窟窿山顶，于是嘎仙仍住山洞，那巨大的石门，被嘎仙扔到阿里河镇东南 10 公里的窟窿山，嘎仙洞与石门一个东南，一个西北，相距 20 公里。

1980 年 7 月，考古工作者在洞内 15 米处的扇形石壁上发现石刻文字。石壁长 4 米，宽 2 米，在修整过的石壁上，刻有 19 行，201 个字。字为汉字，字体古拙，介乎隶楷之间。经专家考证，此文为北魏太平真君四年（443 年）铭刻，是年北魏第三代皇帝，太武皇帝拓跋焘派中书侍郎李敞，从国都平城（今山西大同）到石室（嘎仙洞）祭祀祖庙，洞中的石刻文字为祭祀祝文。由此证实，嘎仙洞为拓跋鲜卑的旧墟石室，大兴安岭地区为拓跋鲜卑族的发祥地。

嘎仙洞堆积的文化层较厚，对于研究拓跋鲜卑早期历史，具有重要科学价值，被国务院列为重点文物保护单位。

◎摄影参谋◎

洞口西向，下午阳光能照到洞口。从洞内向外拍照，也是一个好角度。

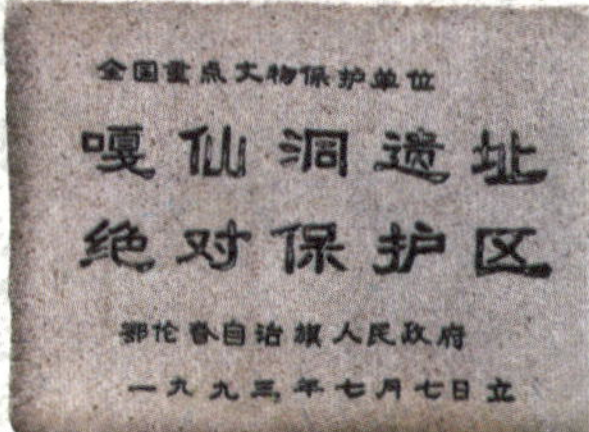

嘎仙洞

验票口

民

嘎仙洞森林公园

兵

路

中央路

阿里河

拓跋鲜卑大事年表

约公元前200年	拓跋毛在嘎仙洞一带建立起强大的部落联盟。
约公元前50年	推寅率部举族离开大兴安岭，南迁呼伦湖。
约公元160年左右	邻成为檀石槐部落大联盟的西部大人之一。
约公元160年	邻传位于诘汾，诘汾遵邻命继续南迁。
约公元3世纪初	力微率部迁至河套及阴山一带。
公元248年	力微兼并没鹿回部，拥有“控弦士马二十余万”。
公元258年	力微东移盛乐，建立以拓跋部为首的部落大联盟。
公元315年	猗卢称“代王”，建立“代”政权。
公元346年	什翼犍置百官，定法律，代政权略具规模。
公元376年	前秦符坚攻打代国，什翼犍被其子所杀，代亡。
公元386年	拓跋珪复兴代，不久迁都盛乐，改称魏王。
公元396年	拓跋珪建天子旗号，改元“皇始”。
公元398年	拓跋珪迁都平城，即皇帝位，改元“天兴”。
公元424~452年	拓跋焘先后攻灭夏、北夏、北凉，统一北方。
公元445年	攻打吐谷浑，攻打鄯善，打通通向西域的道路。
公元449年	攻打柔然，柔然处罗可汗大败。
公元460年	攻打吐谷浑，开凿云冈石窟。
公元494年	拓跋宏迁都洛阳，颁令禁着胡服，开凿龙门石窟。
公元495年	禁讲鲜卑语，禁死后还葬北方，建嵩山少林寺。
公元496年	改鲜卑诸姓为汉姓，帝室拓跋氏改为元氏。
公元523年	北方六镇兵民在破六韩拓跋陵带领下发动起义。
公元525年	北魏召使柔然南下，进攻起义军，起义失败。
公元534年	孝武帝出逃关中，高欢立傀儡皇帝孝静帝；宇文泰立傀儡文帝，北魏分裂为东魏、西魏。

转自阿里河鄂伦春博物馆

一个未解的谜

嘎仙洞中的巨型石板做何用途？是睡床？是产床？是烤炉？还是宝座？

< 交通与住宿 >

出加格达奇火车站右转 20 米处有长途公交车站，去阿里河 7:30 发车，半小时一趟，票价 5 元。

站前有宾馆，每床 5、6、8、10、15、20、30、40、50、60、88、90 元不等，免费早餐、淋浴、订票、市话；保证卫生，一客一单，如有不换，拒绝交款；过站休息每小时 1 元。

饭店有 123 元店，358 元店，让你"三元吃饱，五元吃好"。

【提示】

结伴进洞为好，带手电。

身在洞中要有心理准备，随时会蹿出小动物，诸如松鼠、山兔、狐狸等，不要害怕。

地上有苔鲜，要穿防滑鞋。

不要刻字，古人刻的字，是文物；今人若刻字，则是破坏文物！

景观链接

沈阳锡伯族文化遗址

$建议$

返回途中，一定要参观阿里河鄂伦春博物馆。这是我们所见到的最下功夫的，内容最丰富的鄂伦春博物馆。一要了解鄂伦春知识，为我们旅行中与鄂伦春人交往提供书本知识；二要了解鲜卑知识，该馆的鲜卑史料相当丰富，能帮助我们了解北方少数民族的演变。

嘎仙洞石刻祝文

维太平真君四年癸未岁七月廿五日
天子臣焘使谒者仆射库六官
中书侍郎李敞傅菟用骏足一元大武
柔毛之牲敢昭告于
皇天之神启辟之初佑我皇祖于彼土田
历载亿年聿聿南迁应受多福
光宅中原惟祖惟父拓定四边庆流
后胤延及冲入阐扬玄风增构崇堂剋
翦凶丑威暨四荒幽人忘遐稽首来王始
闻旧墟爰在彼方悠悠之怀希仰余光王
业之兴起自皇祖绵绵瓜瓞时惟多祜
旧以谢施推以配天子子孙孙福禄永
延荐于
皇皇帝天
皇皇后土以
皇祖先可寒配
皇妣先可敦配
尚飨
东作帅使念凿

漠河县交通示意图

俄罗斯
黑龙江
石勒喀河
额尔古纳河
恩和哈达镇
洛古河
伊格纳希诺
漠河
三道河
大草甸子
斯维尔别也沃
乌苏里
阿尔洛芙卡
加林达
连崟
兴安
金沟林场
河湾
额木尔河
龙河
二十四站
至黑河
漠河县
古莲
长山
长缨镇
劲涛
至加格达奇
N

第 3 章

漠 河

漠河，源于鄂伦春语，谓额木尔河。额木尔河汉译为“颜色如墨一样的河”，俗称漠河。漠河县即以漠河命名，此外，以漠河命名的，还有漠河乡，漠河村。

漠河

漠河，古扶余之地，汉晋属鲜卑之地，隋唐属室韦之地，金属蒲峪路，元属北山兀者部，明在此设立木河卫，清属黑龙江将军辖地。宣统元年（1909年），也就是末代皇帝爱新觉罗·溥仪登基那年，置漠河总卡，卡，即卡伦，哨卡之意。漠河县总卡，实行卡伦制管理，分辖洛古河、讷钦哈达、漠河、乌苏里、额木尔等8卡，此外还有一个镇、一个乡。漠河总卡可视做县治的雏型。到了1917年，正式设立漠河县。近百年，漠河县几经变动，以1981年，国务院批准恢复漠河县为标志，最后确立了漠河县在共和国版图上的位置。

漠河县，地处祖国北端，北依黑龙江，南靠大兴安岭，黑龙江流经县境245公里，江对岸为俄罗斯的赤塔州、阿穆尔州。县辖西林吉镇、图强镇、劲涛镇、兴安镇、漠河乡。漠河县总面积18233平方公里，人口不到10万，人口密度每平方公里4.7人。

漠河县以它独特的地缘，占据着极北风光的垄断性地位。

一条古驿道，由东向西，贯穿全境，它记录了中国清代的两段不凡的历史：康熙年间，清军进攻入侵的沙俄军队，为迅捷奏报军机，自墨尔根，即今之嫩江，至雅克萨开设了驿路，设25站，终

点“25 站”贴近清军大本营——古城岛；光绪年间，为方便采金，又向西面的漠河、哈达开辟了 7 站，这就是史学家们所称的“黄金之路”。古老的驿站大多为今天的居民点，那发生重大事件的地点，均有遗址留存。登古城岛，远眺对岸，苍茫中，依稀看见丛林中的刀光剑影；静谧中，依稀听到江涛里炮声轰鸣。从历史走回现实，面对不再是我们的国土，而感慨万千。那古老的“黄金之路”，会带你到今天的采金点，面对狼狈不堪的植被，及南腔北调的淘金者，你会想起世界著名的淘金狂潮，哦，今天人们依然崇拜黄金！走进“胭脂沟”，寻找妓女坟，在一个偌大的坟茔里，埋葬着上个世纪前半叶为采金工人提供性服务的妓女，盗墓者以为她们浑身是金，然而打开棺木，发现妓女身上什么也没有，她们躺在松软的落叶之上，身旁簇拥着红晶晶的兴安红豆，令人在追思中，对黄金产生新的认识。

一条大河由西流来，向东流去，流来的时候，叫额尔古纳河，流去便改叫了黑龙江。站在“0”点航标处，远目，俄罗斯流来的石勒喀河与内蒙古流来的额尔古纳河汇合，送走取了新名的黑龙江涛涛东流去；然后乘小船顺流而下，在饱览分属俄罗斯、中国风光之余，追忆历史，你会顿生穿梭时间隧道之感……冬天，冰雪覆盖着黑龙江，当裹着皮大衣，乘着狗爬犁，在江里赶路时，你会坐在中国的北极，想到地球的北极，不知不觉把自己当做了一个爱斯基摩人。

大自然像母亲，用四季颜色装扮自己的儿女，春青夏绿秋黄冬银，各有景致；又像父亲，把旷野美味取来养育自己的儿女，瓜果菜蔬鱼米鸡鸭，应有尽有。中国的北极不是荒漠冰原，勤劳的当地人，鄂伦春、鄂温克、达斡尔……与“外来户”，古代的采金人、流民、垦荒者和现代的支边大军、知识青年、转业官兵……数百年开拓，把中国的北极开发得丰腴而又美丽。你除了在北上漠河的路上，见到大兴安岭独有的樟子松、白桦树；兴安红豆、金场毛尖蘑；遭遇“北极”熊、犴达罕、榛鸡、松鼠 ……还能在村镇里见到你想像不到的农作物、家畜，还能在餐桌上吃到想像不到山珍水鲜……你可以在日记本上开列一题，专门记录这些令人称奇叫绝的极地生物，罗列过后，你会自然得出结论，这里并不荒凉，不但很丰富，而且很独特。

到漠河来，好看，好玩，好吃的东西不少，但最大的惬意，在于心理的满足——啊，我到了祖国的北极！

漠河的白夜，令人产生身临圣彼得堡一样的感觉，你在难以入睡的情况下，不妨放弃一夜睡眠，专门感受一下“无夜”的滋味儿，专门等待晚霞与朝霞交相辉映的那一刻……有幸你能见到北极光，但是那是极不容易的事情。正告来漠河旅游的朋友，打消欣赏北极光的念头，以赏白夜为主——白夜是必然规律，北极光是偶尔有之。

中国的北极
金鸡冠上的绿宝石

【提示】

取漠河之名的，有漠河县、漠河乡、漠河村、漠河口岸；漠河县政府所在地叫西林吉镇，漠河县火车站，原叫西林吉站，现在出版的地图把两个名字合为一起，标志为“漠河（西林吉镇）”；漠河乡政府设在漠河村，即人们所称的“北极村”，由县城去漠河村，还要北上 87 公里；由县城到漠河口岸 145 公里。

西林吉

西林吉镇为漠河县首府所在地。

以西林吉为弧心，向北，成扇子面铺开，沿黑龙江画一条扇弧，弧线由西向东，依次是洛古河、漠河、大草甸子、古城岛；支撑这片扇面的两根扇骨恰是两条公路，西边公路上有一个居民点，名曰老金沟，东边公路上有一个居民点，名曰二十五站。这些遥远而美丽的地方，等待我们去揭开蒙在她们头上的神秘面纱。

西林吉无疑是通向黑龙江各景点的交通枢纽，但是，切莫把西林吉只作为中转站对待，这里有值得驻足的地方。

她是共和国最北的一个县城。“极地文化”很发达：宾馆、饭店、发廊、网吧取“漠河”、“北极”名字的为数不少：最北的县政府、最北的边防团，最北的这个、那个，许多许多，因为你即将去极地漠河村，这些“最北”便显得意味儿不大；如果你就此打住，转天儿打道回府，则可以多看一些，多拍一些。无论哪种情况，有两个“最北”的景物，值得一看，一个是最北的清真寺；一个是最北的火车站。这家清真寺的名字就叫“中国北极清真寺”，不可小视这家清真寺，它的存在，说明伊斯兰教在我国的普及程度，及我国宗教事业的发展水平；不远处还有一个古莲火车站，客车到了这里不再前行——火车站的站牌，只写来站“漠河县”，到站“古莲”，前方到站一块“空白”。一列客车停在那里，等待下午折返，搭乘这趟车的旅客，可以随到随上，买不买票无所谓，等车开起来，自有列车乘务员走上前来请你买票，可谓方便旅客，服务到家。

这镇子还有个值得一去的地方——火灾展览馆。那里陈列1987年那场举世震惊的大兴安岭火灾的文物与图片。那场火灾源于距西林吉不远的一块林地，1987年5月6日那天，有5个油锯工作业，油锯漏油引发大火。现在人们在火源地用石块堆起一块碑，上面写着七个大字“五六火灾起火点”。那场大火几乎使全镇覆没，现在观看西林吉的景致，还会找到火灾的痕迹，你看：县城居民区，高楼与平房混杂，那平房，多为火灾过后的“急就章”。“急就章”要抓紧看，过两三年，再来，八成看不到了。马上，我们要扎进大森林了，看了这个火灾展览，不仅会使我们注意森林防火，还会增强我们对大自然母亲的爱心。

【提示】

火灾展览馆不收费，厨窗里有惨不忍睹的图片。心理脆弱的人不必强行参观，可以改去火源地，也会有所收获。从镇上叫上一部出租车，付10元钱，便可抵达。火源地就在路边，往返一个小时，足矣。

<交通与住宿>

火车接力：哈尔滨到齐齐哈尔，齐齐哈尔到古莲，即到漠河；从沈阳、哈尔滨、齐齐哈尔到加格达奇，由加格达奇到漠河。

乘汽车不太划算，费钱，费时，无特殊需要，最好不选择汽车去漠河。

漠河没有长途汽车站，但有出租车一条街，位于城东，大巴、中巴、面的，都有。

由西林吉镇去漠河村，有中巴，每日发一班，13 时发车，每位客人 15 元；返程，每日早上 6 时 30 分发车。正常天气，夏天行程 2 小时，冬天 3 小时。有西林吉去古莲的中巴，滚动发车，每位 7 元。

包面的，当天往返150 元；两天，在300 元基础上，可以减少一些。

漠河火车站到县城 3 公里，乘面的入城，每位1 元。

漠河宾馆，4 人普通间，每人 20元，旺季40元；2 人间，200 元，有公共淋浴。

老金沟

史称老沟金矿、漠河金厂、漠河金矿局、胭脂沟，于光绪十四年（1888 年）祭山开工，至今有100多年开采历史。今天为金沟林场，此地距漠河村还有32公里。

站在老沟高岗处，埋藏黄金的沟趟子呈现在眼前。进村走走，能够看见村民家的院子里停放着采金船。因为保护森林植被与矿源，政府下达了禁止采金的政令，所以采金船便上了“岸”，进了村。富庶的采金人，会热情地接待远方来的客人，为你讲上收不住话茬的采金故事。

采金故事：大约150年前，几个鄂伦春人在漠河山里打猎，一匹猎马被黑熊咬死，悲伤的鄂伦春人掘穴葬马，掘呀掘，掘出一块金光闪闪的石头！这是什么东西？问到一个收皮子的“老毛子”，这位名字叫谢列朵吉诺的俄罗斯皮货商看罢，大呼一声：金子！于是谢列朵吉诺便抢先下手，过江来，盗采漠河黄金。

这段史实，在不同版本的漠河采金史上都有同样的记载。

沙俄政府财政部编写的《满洲通志》记载，到漠河采金的俄罗斯人，全盛时达15000人，10年，盗采漠河黄金近14万两。清政府光绪十年（1884年）向沙俄政府下了驱逐令，光绪十一年（1885年）清政府派兵驻守漠河；同时李鸿章等大臣上奏光绪皇帝，请建漠河矿务总局，光绪皇帝允，委任李金镛为漠河矿务总局第一任督办。光绪十五年（1889年）到光绪二十五年（1899年），开采黄金近18万两。光绪二十六年（1900年）漠河金矿又被俄罗斯人抢走，1906年收回，“九一八事变”后，被日本包办开采，1946年漠河金矿回归人民政权，至今仍进行有计划开采。

李金镛与李金镛祠堂

李金镛　生于道光十五年（1835年），卒于光绪十六年（1890年），字秋亭，号翼御，江苏无锡人。早年随父经商，后在李鸿章的淮军任职，并深得李鸿章信任。光绪八年（1882年），出任吉林知府，任上，勘定图们江口界址，迫令俄方退还占地，重立界碑。光绪九年（1883年），代理长春厅通判，在任三年，裁革陋规，除暴安良，广施德政，很合民意。光绪十三年（1887年），由于李鸿章的推荐，李金镛调往黑龙江，充任漠河矿务总局第一任督办。面对艰难险阻，李金镛身体力行，开创伟业。他携手下由墨尔根（今嫩江）赴漠河，又由漠河，沿江经瑷珲返卜奎（今齐齐哈尔），历时4个月，取得有关开采漠河金矿的第一手资料。翌年，朝廷下旨，正式同意开矿，李金镛遂奔走津、沪等地，募集资金、购买机器、筹运粮食、招募矿丁……光绪十四年（1888年）10月，率矿丁近千人，抵达漠河，创办金矿。李金镛对矿丁奖勤罚懒，关心疾苦，深得人心。李金镛一面掌管矿务，精心创业；一面派员解决水上交通，抑俄扩张。漠河金矿进入鼎盛时期。光绪十六年（1890年）初，李金镛出使俄罗斯阿穆尔省与总督议定雇用俄轮章程；又取道卜奎向黑龙江将军禀告矿务；返回漠河即投入繁杂公务，7月病倒，八月初四（9月14日），还未等请假的呈子送达将军府，李金镛便在任所辞世。

悬挂在祠堂里的李金镛像

李金镛创办的漠河金矿实现了清政府兴利实边的宗旨。经北洋大臣李鸿章奏请光绪皇帝恩准，于漠河上道盘查（今金沟林场场部）附近为李金镛建立祠堂。李金镛祠堂成为采金者顶礼膜拜的场所，每有矿事，必来进香。民国末年被毁。1997年重建，香火又续。

胭脂沟传说

慈禧太后闻听漠河有金，大喜过望。她喜用外国人的胭脂，买外国人的胭脂，要用黄金支付。漠河有了开采不尽的黄金，她就有了多而又好的胭脂。胭脂沟由此得名。还有一说，老沟当年相当繁华，为采金人服务的各行各业齐聚山沟。其中以妓院最为采金人欢迎，这些妓女，不仅有中国女人，还有俄罗斯女人、日本女人、朝鲜女人……闹得老沟金矿满沟趟子都是胭脂味儿，于是有了胭脂沟的另一说。

民国时期漠河金矿有日本妓院23家，中国妓院17家，俄国妓院1家；伪满时期依然盛况不减，1947年妓院被人民政府取缔，漠河金矿的妓院存在达半个多世纪。有数不清的妓女沦落于胭脂沟。死去的妓女大都被埋葬在同一块坟茔，人们管那块坟茔叫妓女坟。

由金沟林场去妓女坟还要走8里地。

凭吊妓女坟

妓女坟，年久失修，密林包裹，很难寻找，即便村子里的人，也要费一番周折。

深藏密林的这片坟地，远眺无任何特征，惟有到跟前才能看清楚，这里有坟，并且不少。坟墓多被掘开，棺木散落，白骨露野。试问何因？有知情者说，掘墓者是冲着妓女身上的黄金而来，他们的推理是：采金人用金子买了妓女的身子，无数采金人把无数的金子扔给妓女，妓女死后必带走许多许多的金子，然而掘开妓女的坟茔一看：光光的，分毫没有！采金工人与妓女的黄金都被把头盘剥净光，他们同为天涯沦落人。

活着为黄金卖身，死后为黄金露野。

我们萌发了同情之心，俯身采撷了兴安红豆，一簇一簇摆到棺木板上，然后肃立，默默地行了注目礼。

一个采金老总解决性欲问题的办法：

采金，是男人的工作。对异性是向往的，是需要的。今天的采金老总是怎么解决这个问题的？漠河最有成就的金矿老总李强先生说，一坚持正面教育；二工资不给本人支配；三定期放探亲假，届时把全部收入交给工人。他有一句警言：员工们，老婆孩子巴望你口袋里的钱！

雅各达（兴安红豆）

杜鹃花科。雅各达，鄂伦春语“红豆”之意，雅各达生长在大兴安岭，及小兴安岭的北部。果实大于高粱，小于大豆，成熟时，色艳红，成串珠状。雅各达多长在落满树叶、土质蓬松的腐殖土上，枝茎柔韧，盘伏地面，叶子椭圆，小如指甲。果实甜酸，秋季收获，冬天，虽被埋在雪下，枝叶仍绿意葱葱，果实仍鲜红晶莹。果实除作水果食用，还用以酿酒，配制饮料。此外，文人墨客，也青睐雅各达——兴安红豆，不断入戏，入诗，他们赋予它以爱情的象征：北国红豆也相思。

$建议$

采摘几粒雅各达尝一尝；也可浪漫一下，采摘几粒红豆用信封寄给远方的情人，至于是否可以用兴安红豆与身边的女士开一个浪漫的玩笑，我们认为自己会掌握好分寸的，总之雅各达——兴安红豆是可以用来浪漫的好东西。

【提示】

男士也好，女士也好，如果在这里出现内急现象，最好走出一定远的距离，背朝那片坟茔解决问题。

不要在这里喧哗，不要在这里说不恭敬坟中主人的话，不要开那一类的玩笑。

环境太静，太阴，也太难行走，不要一人前往，群体最为合适。

小心迷路。

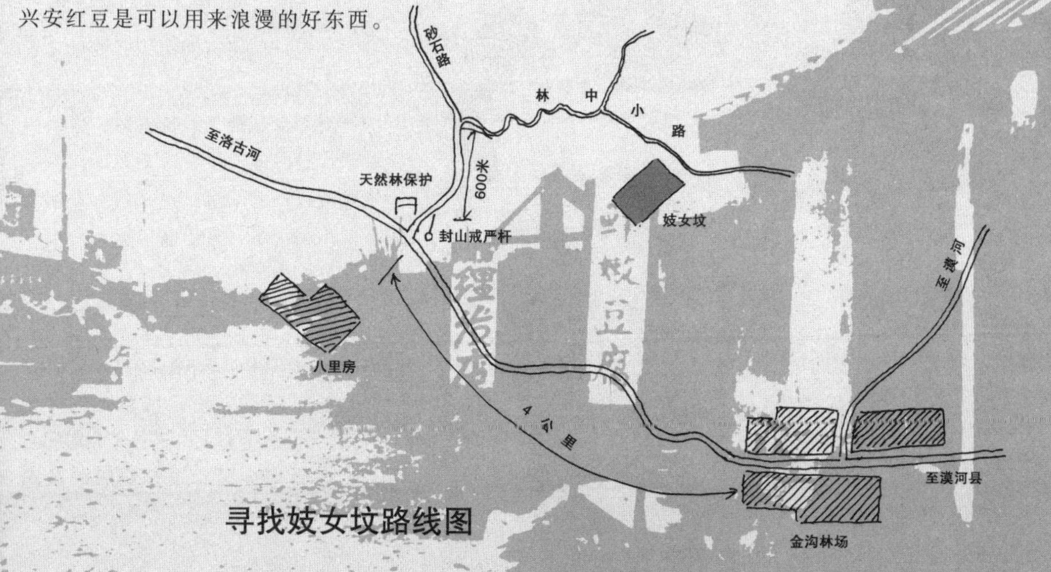

寻找妓女坟路线图

洛古河

黑龙江边儿第一村。

古驿站第 32 站，马扎鲁河临近洛古河村。

洛古河村有百年历史，清光绪三十二年（1906 年），置洛古河卡伦，即形成村落，此后一直未断炊烟。洛古河村现有居民 37 户，176 人，有耕地 1747 亩。隶属漠河乡，距乡政府所在地漠河村 52 公里，距县城西林吉镇 90 公里。

上个世纪 50 年代，共和国初建时期，考虑边民生活，政府将地处内蒙古境内，额尔古纳河边的哈达、西口两处的边民，移居漠河诸村。这一来使只有三五户人家的洛古河村有了较多的居民。那批迁移过来的人家，多为俄罗斯人与汉族成婚的后裔。现在村子里还能见到他们的身影，不过第一代居民已所剩无几，多为第二代、第三代、第四代混血人。这些混血人形象特殊，性情随和，愿意与内地人进行亲密接触，可以唠我爹我妈，我爷我奶，可以与之合影，可以进行家访。

40 多岁的黄十月，爷爷、姥爷是中国人，奶奶、姥姥是“苏联人”，他是土生土长的洛古河人。父亲为他取名黄十月，与苏联“十月革命”、中国的“十一国庆日”没有什么关系，只是纪念他出生于深秋十月。目前洛古河已无纯俄罗斯人。

洛古河村貌，是俄罗斯西伯利亚与中国黑龙江风姿的混合体：高高的木头房子，既不是俄罗斯的木刻楞，也不是中国的木板房，又吸取了各自的优点，惟洛古河所用；无论是蓝眼睛，黄头发，还是黑眼睛，黑头发的男女老少，全部说普通话，着汉族衣服，吃内地人饭菜。于是，便有了洛古河独特的景观：夕阳西下，当你看到几个汉子，穿着高统胶靴，扛着大扇刀，由草场走出来时，你会错以为，顿河边上的哥萨克来了。

洛古河村的冬天比夏天热闹，黑龙江封冻以后，这里是俄罗斯木材集散站。外来人口一下子增至 1000 余人，各类服务届时也热热闹闹地跟了上来。

< 交通与住宿 >

洛古河村只有一条路，路边有小店数家。没有单间，10 元一宿。与各地来此运输木材的人同住一室，别有情趣，可近距离，看他们大碗喝酒，大口吃肉。不过，要忍得住烈性烟、烈性酒的诱惑。

有特殊需要者，不必担心，老板会把你安排到安全舒适的地方，并且不会多收费用。

【提示】

洛古河村没有电话，也打不了手机。村子自己发电，来电时，可以看到电视。

不过遇有紧急情况还是有办法的。边防站有办法为你进行特殊联络。

黄十月和他的母亲、他的女儿。他们分别是俄汉混血的第二代、第三代、第四代。

黑龙江

中国第三大河 中国北方少数民族的母亲河

黑龙江，满语萨哈连乌拉，汉译黑色的江。也称黑水、望建河、哈喇穆连和卡拉穆尔等。鄂温克称为阿穆尔河，16 世纪沙皇俄国东侵，面对这条黑水茫然不知来去，接受鄂温克人对这条大江的称谓，也称其为阿穆尔河。

黑龙江是排列长江、黄河之后的我国第三大河流，黑龙江有南北两源，南源额尔古纳河，发源于内蒙古自治区大兴安岭西麓；北源石勒喀河（上游称鄂敏河），发源于蒙古国肯特山东麓，两源在洛古河村西 32 公里处汇合后，称其为黑龙江。黑龙江先向东流，再向东南方向流，至俄罗斯的尼古拉耶夫斯克入鄂霍茨克海，从北源石勒喀河至入海口，全长 4510 公里，流域面积 184.3 万平方公里。由黑龙江南北两源汇合处起，到抚远三角洲的黑龙江与乌苏江汇合处止，黑龙江为中俄两国界江。黑龙江右岸主要支流有松花江、乌苏里江、额木尔河、盘古河、呼玛河、逊河等。黑龙江沿岸，我国的主要城市有呼玛县、黑河市、逊克县、嘉荫县、同江市；俄罗斯一侧的主要城市有布拉戈维申斯克、哈巴罗夫斯克、共青城、尼古拉耶夫斯克等。黑龙江流域内，森林、黄金、煤炭资源丰富；江中盛产驰名的鲑鱼（也称大马哈鱼）、鲟鱼、鳇鱼等。

【提示】

黑龙江冰封期平均为 6 个月。封江与开江期，江面跑冰排，江面冰质脆弱，这一状况分别为一个月时间，开江期大约 4 月中旬至 5 月中旬；封江期大约 11 月中旬至 12 月中旬。此期间旅行社不接待游客（乘机去俄罗斯除外），背包族也不能进行江上任何活动。不过此期间江面上奔涌的冰排很好看。如果单为冰排而来，有些不值得，一定要看，就在哈尔滨、佳木斯看松花江跑冰排好了。

黑龙江作为中俄界江，规定以主航道中心线为界。注意游江时不要跨越这条线。

黑龙江“源头”

洛古河村向西32公里，到黑龙江两源汇合地。如果乘船，逆水而上，瞄准岸上航标，黑龙江第895航标，与额尔古纳河第0号航标重迭的那个点，为黑龙江“源头”。

我们之所以把“源头”二字加了引号，是想说明，这个提法不确切。从地理学上讲，黑龙江有南北两源，两源都伸得很远很远，并不在这个点上；所谓此处是黑龙江源头，充其量是地名在此做了更迭。如果你一定要去追溯源头，可以从这里出发，不过，那就做跨国旅游的准备了；暂且请你留在这个所谓的黑龙江源头。

此处，还有看点，站在黑龙江第“895”号航标与额尔古纳河第“0”号航标重迭处，两源汇合的景观现实的摆在你的眼前，令人心情激荡：

由西而来的额尔古纳河；由北而来的石勒喀河；及汇合后的黑龙江。

会合处有一个小岛，俄文名字为玛拉佐诺斯基岛。

中方这岸有哈达村，现无人居住；俄方纵深有小镇勃科洛夫卡。

来此不难，夏可以雇船来，冬可以步行，或乘车前往。

◎摄影参谋◎

在源头的“895”号碑或额尔古纳河“1”号航标下摄影留念，早晨江上雾大，午后光线不好，9-11点钟最佳。

【提示】

应当到边防站报告一声，只要记录在案，是可以进行探“源”旅行的。

这天“895”航标栽进崖下，额尔古纳河不设“0”号航标，我们只好在“1”号航标前拍照纪念。

漠河村

地理纬度为北纬53° 27′ 13″;东经122° 21′ 13″。离漠河县城83公里，隔江与俄罗斯阿穆尔州的伊格纳希诺相望。漠河村，近些年美称很多，除了“北极村”，还有“不夜城”，及“祖国母亲额头上的珍珠”。

漠河乡诸村，漠河村历史最为悠久：清咸丰十年（1860年），随着采金业的兴起，这里开始有人居住；宣统元年（1909年）清政府在漠河村设总卡衙门；1917年在此建立县治，漠河村成为县城。

现在漠河村为漠河乡政府的所在地。全村有人口629户，2800余人。村民打鱼、种地、运输木材、做小生意；随着旅游业的发展，这些年开饭馆，办旅店的多了起来；外地来此做旅游生意的人也大量涌进漠河村。现在漠河村空前繁荣，相当热闹，邮局、网吧、电话、手机、出租车、公交车……为旅游者服务的项目应有尽有。漠河村民风质朴，自行车随便放到哪儿，不必上锁。漠河村以高纬度位置造就成的独特人文景观，吸引了大批国内外游客。每年入夏，漠河村出现“白夜”景象。所谓“白夜”，顾名思义，是白日一样的夜晚。夏至这一天“白夜”时间最长：晚11时，天空呈鱼肚色，景物依然可见；12时，天呈灰白色，依然不是“伸手不见五指”的漆黑夜晚；两个小时过后，东方渐白，晚霞与朝霞在北方的天宇交相辉映……每年夏至这天，前来观“白夜”者，人山人海，小村爆满，街上所有的旅店满员还不算，家庭有条件的也临时接待起外来的游客。从2001年开始，大兴安岭地区政府在夏至这天，开办“漠河北极村旅游节”，欢迎八方来客。

来漠河村，是冲着极地而来。漠河村叫“北极”的景观不少，其中最早、最久的是边防连队门前的那尊取名“北陲哨兵”的雕像；接着是出现在村头的“北极村”碑、“北陲亭”；依次又在江边修筑“神州北极”碑，及江边哨塔“北疆哨所”。这几个标志性建筑哪一尊建筑地处最北端？“北疆哨所”在漠河村的“最北”。

别以为漠河无霜期短，没多少作物生长，那是老皇历。虽然漠河的最低气温可达零下57度，冰冻期七八个月，但是，通过科学种田，北极漠河长出了南方菜，以边防连队的菜园为例：冬瓜、丝瓜、南瓜、胡瓜、苦瓜、黄瓜；茄子、辣椒、土豆；生菜、芹菜、菜花；豆角、柿子、胡萝卜；西瓜、香瓜、草莓……品种之多，哈尔滨也不过如此。夏至那天当地的香瓜、草莓便上市了，香瓜每公斤卖到40元，草莓100元。贵是贵了点，难得的是，有。

◎摄影参谋◎

村子里许多景观都可称之为“共和国最北”，如最北的邮局、最北的哨所、最北的小学、最北的人家……还有一个特殊的景物——“日伪发电厂遗址”，可称谓日本侵华“罪证之极”。把这些极地景观，用相机拍下来，做一影集，是很珍贵的纪念品。

北极光

北极光是一种奇丽的大气现象，是太阳风和地球磁场相互作用的产物，它经常在晴朗的夜间出现在高纬度地区，漠河是我国能见到北极光次数最多的地方，一二年会出现一次，时间可持续3小时。北极光出现时夜间的天空通红一片，光芒耀眼，时而呈带状、放射状，五彩缤纷，变幻无常，令人目不暇接。

【提示】

每年，5月1日国际劳动节、8月1日中国人民解放军建军节，我边防部队会邀情俄罗斯边防军派篮球队前来比赛。运动水平虽然不高，但是这是发生在中国北极的国际比赛！意味无穷。请此刻到漠河来的朋友，千万莫忘了光临赛场，为中国队加油，为俄罗斯人鼓掌。

与俄罗斯人遭遇，如果不知做什么，最好什么也不做。

防止被草爬子与蛇咬伤，最好的预防是，能不进树丛，就不进树丛。

叫不准天气情况，宁可多带衣裳，不要少带衣裳。

游览界江风光

上至哨所，下到俄罗斯村，一条19人的摩托艇，往返一次需要300元；冬天乘马拉爬犁，5人座，一共需要100元。

<交通与住宿>

漠河村至县城西林吉，每日往返一次，中巴每人15元，早6时30分发车。

住宿，家庭旅馆，淡季，每人20元，旺季，50至100元；江边有“中国北端第一家”，淡季，每人50元；旺季，100元到200元。

$购物建议$

小白鱼干，当地野生鱼晒干，无污染，15元1斤；干蘑菇，自采野生蘑晒干，20元1斤。

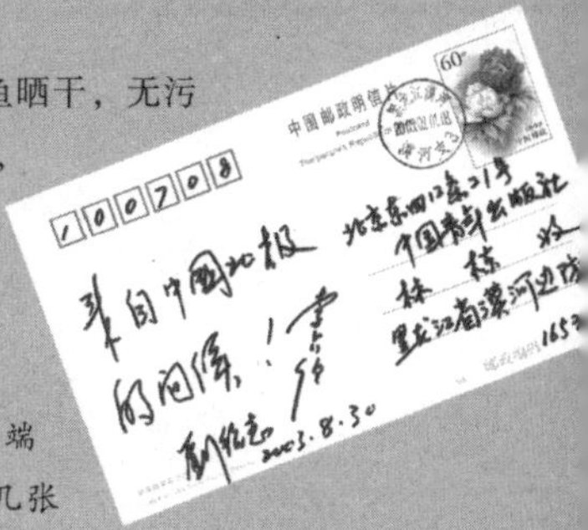

※集邮参谋※

一定要到共和国最北端的漠河邮政分局，买几张印有漠河景观的明信片，请值班的业务员为你的明信片，盖上印有“漠河”字样的邮戳，邮给你的亲朋好友。建议您在这帧明信片上写上一句来自祖国北极的祝福语言，我们抛砖引玉，拟了这样几句：

致以祖国北极的敬礼！
在祖国北极给父母大人问安！
走到极地不忘你！
请接受一个来自“北极”的吻！

极地的气候是冷的，但是来自极地的吻是热的。相信谁收到这张来自漠河的明信片，心里都会火辣辣的。如果，对方再是一个集邮迷，得，她或他准会捧着明信片，吻个不停。

大草甸子

大草甸子，又名北红村。上个世纪50年代才有人居住，最早的居民尚健在的，只有邢素云老人了，她是中俄混血人，母亲是“苏联人”。据她讲，她一家原住在额尔古纳河边的一个小村里，丈夫到大草甸子打鱼，把腿摔坏，回不去了，她来大草甸子侍候丈夫，一看这儿挺不错，便留下来了。那个时候这里只有二三户人家；后来来的人多了：有来自西口子转产的采金工人；有来自关里的盲目流动人口；还有从大屯子迁来的开荒户……除了关里来的，村民中多数是混血人。邢老太太是文盲，一个中国字不识，但是能说一口流利的俄语，曾在中苏友好的时候，为来村访问的苏联人做过翻译。现在村民中还有不少混血人，不过比较从前少了不少，他们中的大多数都到内地谋生活去了。邢老太太曾跟小儿子出去了几年，当儿子与儿媳妇分手的时候，她便抱着小孙女回来了。

大草甸子现有人口184户，601口人，种地、打鱼。村子挺有俄罗斯味儿：一色的木刻楞住房；不少的混血人；挺个别的生活习性。

我们进村时，赶上采撷雅各达的村民从山上回来。酒厂专门在大草甸子设了收购点，提供汽车运送采撷雅各达的村民。每公斤雅各达1.2元钱。看到堆成小山的雅各达；特制的采撷雅各达的工具；踊跃的出售雅各达的村民，我们领略了什么是靠山吃山，靠海吃海。

美丽的兴安红豆，不仅仅是诗，也是村民手中的零花钱。

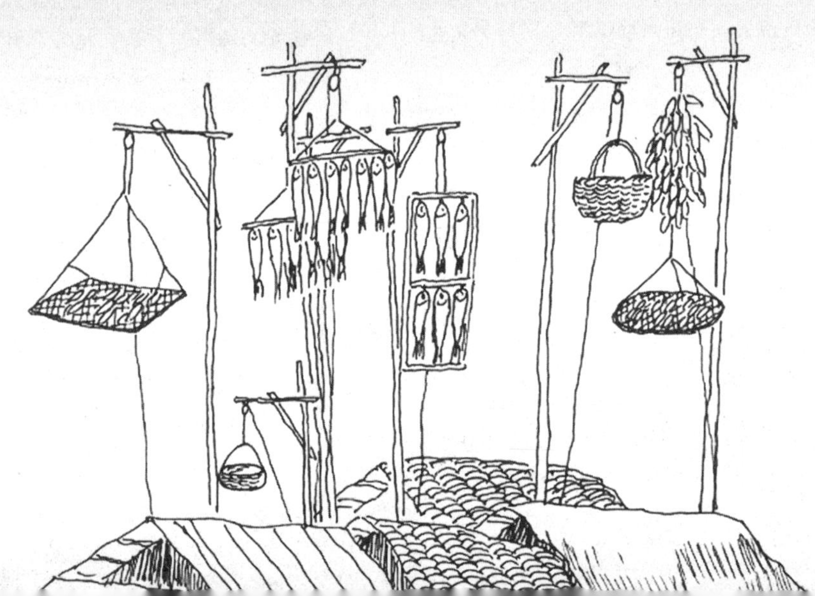

◎**摄影参谋**◎

到村子里去转转，你会有新的发现：木刻楞房子、混血少年……很有异域风情。

< 交通与住宿 >

村民几乎家家养有“猴子”，很便宜的价格，便能租来代步，随便去你要去的地方。

去漠河村115公里；去县城西林吉120公里，有专门运客的微型面的，去西林吉40元，去漠河村30元。

【**提示**】

大草甸子村虽然交通方便，但是位置偏僻，经济困难。无电话，也打不了手机；“国电”没拉到这里，夜晚，村子自己发电。

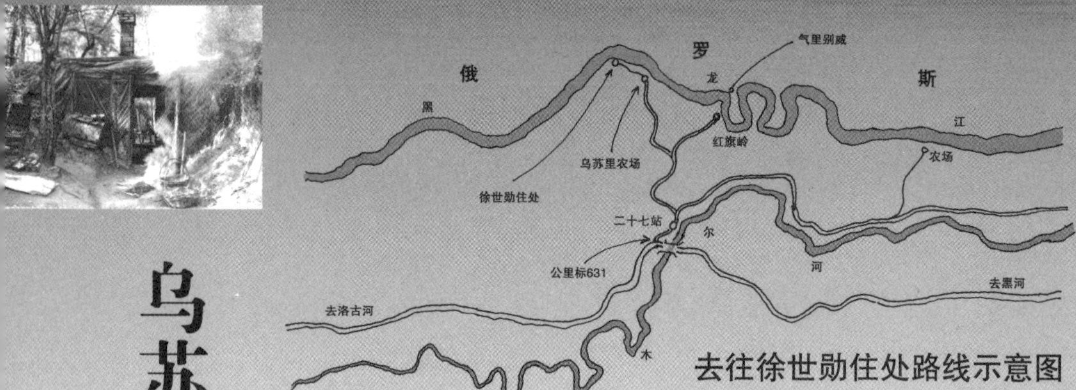

去往徐世勋住处路线示意图

乌苏里

乌苏里，曾在光绪三十二年（1906 年）置卡伦，形成村落。1929 年被毁，日伪时期荒废。现在，有土地承包者季节性居住。然而在黑龙江边，长年居住一位打鱼人。为额木尔林场打鱼点。

初秋的乌苏里打鱼点：一片黑桦林，一路刺玫果，一簇野菊花，一团大蚊子。

这里住着一徐姓老人，他依托江边的土坎搭了一间简易的房子，当地人叫地窨子。有一条跑车的路，通向地窨子，来的人给他丢下一袋面，一桶油，几瓶酒，他的小日子就过起来了，打点鱼，烙点饼，喝点小酒，相当舒服。他说他来这儿 10 年整，从来没生过病。这儿并不寂寞，有黑瞎子（黑熊）折腾他，每年它们都来串门，不是把鱼偷吃了，就是把油瓶子打了，再不就是把面粉扬得满地……还有罕达犴、马鹿、大灰狼，什么动物都有……老人家有许多大森林的故事、大江的故事，惟独他不讲自己的故事。老人家身上有一件宝物，他会在与人交谈时亮出来，那是搞大地测量的科学家留给他的砂样袋，袋子上写道：“徐世勋住的地球位置恒东西 21516140 上下南北 5936300”啥意思？

他说，我这儿是“北极北”！

真的？比漠河的纬度还高？

我们认真查了，根据 GPS 定位仪测量，这间紧靠黑龙江边的打鱼点，即乌苏里浅滩岛，的确在漠河村的北面。现将漠河、大河西、乌苏里三地的经纬度做一下比较：

漠河：北纬 53° 27′ 13″ ； 东经 122° 21′ 13″

大草甸子：北纬 53° 29′ 10″ 东经 123° 3′ 05″

乌苏里： 北纬 53° 33′ 24″ 东经 123° 17′ 54″

一目了然，如果说，漠河是中国的北极，那么乌苏里就是北极北。

< 交通与住宿 >

在漠河村雇个“猴子”，60 元差不多；火车到额木尔车站，雇车，要 40 元。

如果当夜不走，想陪老人拉呱，就睡在他的地窖子好了，他会分文不要，好吃好喝招待你。女士如果有众多男士陪同，采取“蚊帐隔断”也可留住。

◎**摄影参谋**◎

与乌苏里浅滩岛的地窨子及它的主人合影留念，因为这是“极地点”。

我们找到“北”了！

古驿道示意图

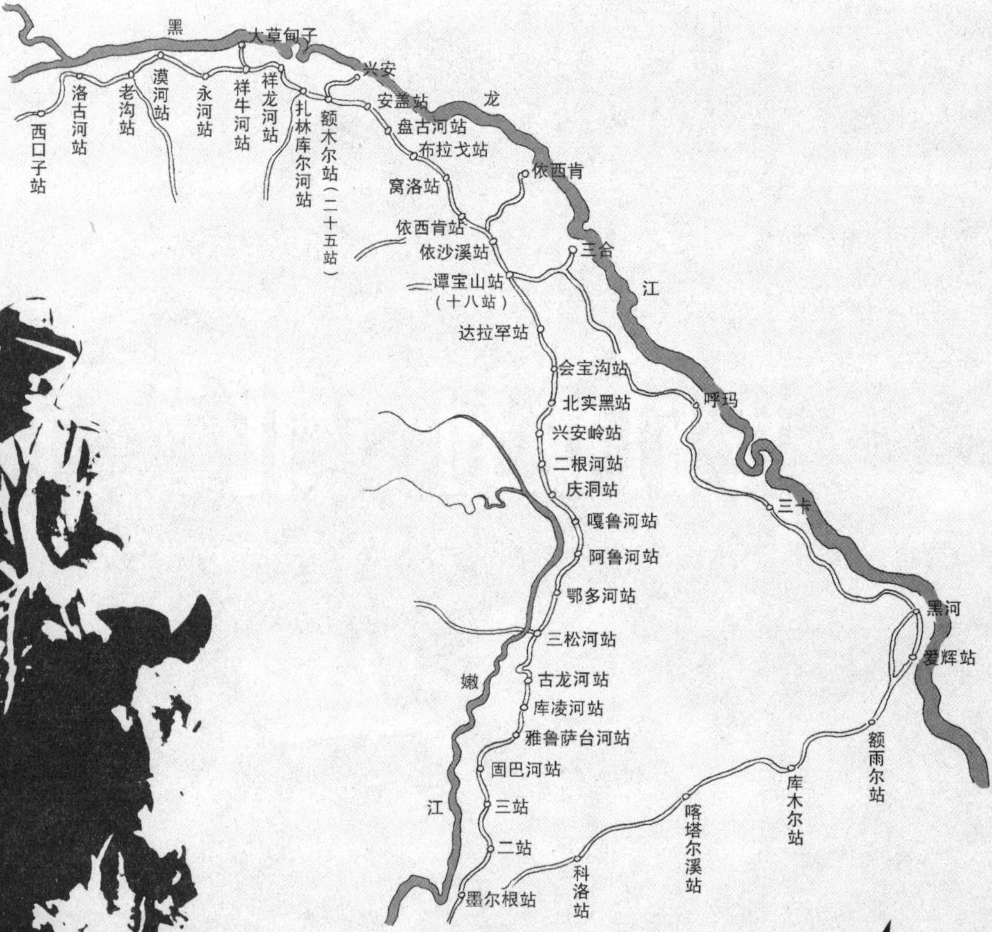

黑
大草甸子
龙
江
兴安
西口子站
洛古河站
老沟站
漠河站
永河站
祥牛河站
祥龙河站
扎林库尔河站
额木尔站（二十五站）
安盖站
盘古河站
布拉戈站
依西肯
窝洛站
依西肯站
依沙溪站
三合
谭宝山站
（十八站）
达拉罕站
会宝沟站
呼玛
北实黑站
兴安岭站
二根河站
庆洞站
嘎鲁河站
三卡
阿鲁河站
鄂多河站
黑河
三松河站
爱辉站
嫩
古龙河站
库凌河站
雅鲁萨台河站
固巴河站
额雨尔站
三站
江
库木尔站
喀塔尔溪站
二站
科洛站
墨尔根站
N

第④章

古驿道

现在我们去黑河地区——

有三条路可供选择：一沿江公路，经呼玛，抵黑河；二走古驿道，由25站、18站、12站林场、多宝山，奔黑河，感兴趣的话，可以延伸到嫩江，即古驿道的中心站墨尔根，再去黑河；三走水路去黑河。

三条路，各有特色。我们选择了古驿道。

我们的想法是，在捕捉古道遗风的同时，看看古道新貌，一举两得。

车辆来源，直通车没有，可分段雇用农家车。那种四轮小型拖拉机很普及。这种拖拉机，在漠河县叫“猴子”；在呼玛县叫“蹦蹦”；在嫩江县叫“四轮子”。

古驿道

古代，用来传递谕令、文书、奏报的交通要道。驿道之上设驿站若干，用来管理驿道及传递文书。

清代由黑龙江至京师，在康熙年间开辟三条驿道：一条是从京师至瑷珲，经山海关、盛京（今沈阳）、卜奎（今齐齐哈尔）、墨尔根（今嫩江）至瑷珲，称之为大路；一条由瑷珲经墨尔根、卜奎、札赉特、杜尔伯特、赤峰，入京师，俗称为蒙古路；再有一条路，俗称八虎（今法库）道，即由蒙古境入法库边门至盛京达京师。此外雅克萨战争之前，在黑龙江北由瑷珲至索伦村之间还设四站。

康熙二十四年（1685 年）4 月，清军进攻雅克萨，为奏报军机迅捷，自墨尔根至雅克萨之间，开通又一条驿道，设二十五站。以后这条驿道为采金所用，先延至漠河，30 站；又延至洛古河 32 站，称之为“黄金之路”。每个驿站都有站官管辖，站官为 6 品，后改为 8 品，站官下设管站，笔帖式 2 员。各站皆有站房，以接待公差。一般文书到站后，由站官轮流分配给站丁，递送下一站。轮值站丁接过文书，必须立即上马疾驰，不许稍误，遇有紧急文书时，在站上换马，不换人，须星夜疾送，站上这套严格制度，保证了驿站的高效率，特别是驰报军情的效率。例如，1685 年 6 月 26 日，清军攻克雅克萨城，康熙于 7 月 5 日便收到奏捷，驰送的奏捷报告，只用 11 天，平均日行 200 多里，可谓神速也。

二十五站

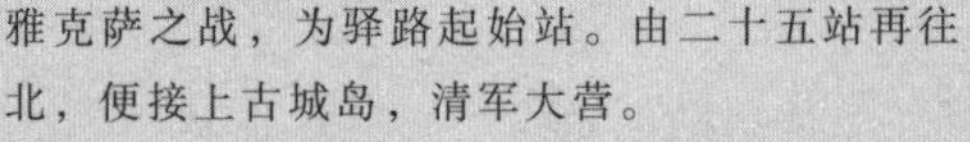

现名二十五站村。

雅克萨之战，为驿路起始站。由二十五站再往北，便接上古城岛，清军大营。

二十五站村属兴安镇，纯农业村庄。木板房，沙土道，家有木栅栏围绕，木栅栏里种植五色斑斓的秋樱花（当地人叫扫帚梅）；大人赶羊群上山，学童骑自行车上学，虽与古战场雅克萨相接，却无战争遗址存留，呈现给世人的是一派恬静景致。

村口有“二十五站村”石碑，可摄影留念。

十八站

十八站，还有一名称，旧时叫谭宝山（善）站。谭宝善，人名，清朝光绪年间，谭宝善经营一家杂货店，兼收皮货。他与当地人处得很好，特别尊崇鄂伦春人，他不但娶鄂伦春女人为妻，还改汉籍为鄂伦春籍。时逢李金镛开采漠河金矿，过路人均受其恩惠。为了记名方便，佐领台吉善在地图上为“十八站”注了“谭宝善站”。现十八站为鄂伦春民族乡，归塔河县管辖。

十八站的鄂伦春族，是1953年8月18日下山定居的。全乡现有人口6858人，其中鄂伦春族536人。现在乡里还有不少下山定居的鄂伦春猎民，他们既可以讲述山里的故事，也可以讲述今天的生活。

乡里有接待旅游的鄂伦春人家。我们去了郭宝林家。

郭宝林，鄂伦春名字叫吐木哈；妻子叫葛晓华，鄂伦春名字叫其提哈。下山的时候，郭宝林才7岁，葛晓华2岁。两人保留许多鄂伦春人的习惯：圈养的牛羊猪肉，他们不喜欢吃，特别喜欢吃山上的野牲口，认为，那味道是绝对不一样的。

这家院里院外都有“景”：院里有一块菜园，种着白菜、茄子、辣椒、西红柿……主人经管得很精细，蔬菜长得很茂盛，这说明靠狩猎为生的鄂伦春人，通过50年定居生活，种庄稼很在行；门外是一道山冈，冈下是一条小河，冈子上拴着两匹马，水上飘着一叶桦皮船，这都是狩猎生活的写照。郭宝林会让你登上他的桦皮船在水面上荡漾，那感觉很特别，无疑，白桦船是原始的，但是当你置身在原始的工具中，忽然联想起现代奥运会的皮划艇，也是这样细细的、窄窄的，稍一偏重，便翻船入水；还有鄂伦春的狍子皮衣帽，郭宝林穿戴上很像，我们穿上，怎么故作姿态，也出不来那个劲儿，看来民族文化沉积不同，表现出来的气质也不会是相同的。

穿戴上鄂伦春的衣服照张相吧。郭宝林这套行头，很正宗，有日本客人出1500美元来买，他没有卖。

郭家的三个女儿都嫁了汉人，女儿都是能工巧匠，她们利用闲暇时间制作了桦树皮工艺品，有碗、茶叶盒、香烟盒，及桦树皮镶嵌画，喜欢可以买几件留做纪念。

收费标准

坐一次桦皮船，5元钱；骑一次马，5元钱；买一只桦树皮碗，5元钱。

◎摄影参谋◎

与郭宝林合个影，或穿上郭宝林的鄂伦春族衣服留个影，没有固定价格，凭赏。

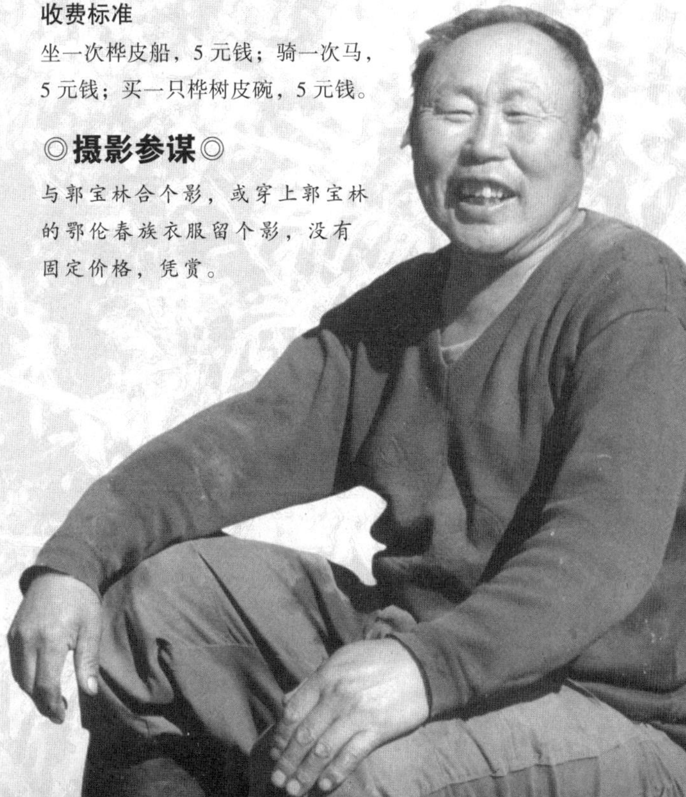

鄂伦春族

鄂伦春族最初居住在黑龙江以北，外兴安岭以东的广袤地区。有关鄂伦春族源史料不多，学者通过多年考证认为，在语言上，鄂伦春族与北方古肃慎，以及后来的挹娄、勿吉、女真有传承关系；在生活地域上，与鲜卑人邻近。目前尚无准确和统一的说法。

鄂伦春原在贝加尔湖以东，黑龙江以北，东至库页岛，北至北极圈边缘的广袤地域，17 世纪 40 年代由于沙俄入侵，鄂伦春人逐渐南迁，游猎到黑龙江南岸的大小兴安岭。鄂伦春族最早记载于清初《圣武记》："天命元年（1616 年）清朝招抚黑龙江南岸诸罗路。"诺罗即鄂伦春谐音。清初历史中，一般都把鄂伦春混称索伦，直到康熙年间，始有明确的鄂伦春字样出现。

鄂伦春是全国五个较少民族之一。生活在原始森林，以游猎为生，性格骁勇强悍，纯朴豪放。游猎生活决定鄂伦春人经常迁徙。每到一处燃点篝火，搭建撮罗子。猎马既是鄂伦春人的交通工具，又是狩猎工具；鄂伦春族崇拜熊，把熊看做是自己的祖先。在雅克萨之战及漠河黄金开发中，鄂伦春人都做出了杰出的贡献。鄂伦春族有自己本民族的语言，无文字。鄂伦春语属阿尔泰语系通古斯语。

1953 年，鄂伦春族告别了“毡幕而处、逐水而居”的历史，结束了“一人一马一杆枪”的漂泊游猎生活，下山定居，现分布：内蒙古自治区阿里河鄂伦春自治旗； 扎兰屯市鄂伦春族乡；黑龙江省塔河县十八站鄂伦春族乡；呼玛县白银纳鄂伦春族乡；黑河市新生鄂伦春族乡；逊克县新鄂鄂伦春族乡；新兴鄂伦春族乡；嘉荫县乌拉嘎乡胜利鄂伦春族村。现在鄂伦春人很少狩猎，重点从事农业、林业，及多种经营。其中利用本民族的习俗特点，开展旅游业，吸引了许多国内外的游客。

人口：1953 年人口普查为 2256 人；1990 年人口普查为 6965 人。

姓氏

孟姓　玛哈依尔	杜姓　杜宁肯
莫姓　莫拉呼尔	何姓　柯尔特依尔
吴姓　吴恰尔康	魏姓　威依依尔
葛姓　葛瓦依尔	阿姓　阿其格查依尔
关姓　古拉依尔	

一个故事

有只老虎走到一个撮罗子门口，想吃门里的人。门里的老奶奶对老爷爷说，快睡吧。老爷爷说，等一等，我怕呀。老奶奶说，你力气大，胆子大，不是啥都不怕吗？老爷爷说，我就怕一物。老奶奶说，老虎吗？老爷爷说，老虎我不怕，我怕天漏……老虎一听吓一跳，心想，天漏比我还厉害！“天漏”是啥物呢？这时天上泼下暴雨。老爷爷大喊，快起来压好“撮罗子”，天漏了！老虎一听，“天漏”真来了，吓得它拼命跑，钻进深山，再也不敢到“撮罗子”来了。

郭其柱口述，王肯记录整理。

一首诗

从前的猎人计时间，
抬起头来看太阳，
翻身的猎人买手表，
太阳戴在手腕上。

王肯收集整理

日常用语鄂汉对照

（郭宝林，葛晓华口授）

爸爸 — 阿迈
妈妈 — 阿涅
大伯 — 阿迈嗨
伯母 — 阿涅嗨
老人 — 撒地勃耶
孩子 — 空那罕
您好 — 夏玛
吃饭 — 杰木刻恩
喝酒 — 哎拉嘿 - 欧姆卡拉
打猎 — 勃玉顿
捕鱼 — 阿拉米让
鹿 — 空莫哈
狍子 — 各欧先
皮帽 — 阿温
皮袄 — 顺恩
桦皮船 — 木刻金

嫩江

元称灭捏该，明称木里吉，清代称墨尔根。墨尔根，满语“精能”之意，蒙语做“技勇精熟”解。据说城名取之于河名，县城东北有条喇嘛河，古名为墨尔根河，墨尔根城由此命名。

墨尔根城，清康熙二十五年（1686年）第一次雅克萨反击战胜利后，由黑龙江将军萨布素所建，为黑龙江最早的城市之一；第二次雅克萨战胜利之后，再次筑城，这次筑城规模宏大，“内城四隅，亦有楼橹”，“余与新瑗珲同”，“外部筑土围之，方十里，五门”，《盛京通志》称它为“北负群山，南临阔野，江河襟带，上下要枢”。1690年，黑龙江将军将衙门由黑龙江城（今黑河市爱辉镇）移到墨尔根。1908年设置嫩江府，因江得名，直至今日。

墨尔根城是当年重要的抗俄后方基地。
当年建有水师营4座，每座营盘长133米，宽110米，营与营间距约300米，成双行平行交错排列。今西北营盘遗址保存完整。可见残垣沟壕，尚能寻到青砖灰瓦、铅弹、长矛、铁箭头……

墨尔根是古驿道中心。
吉林乌拉通过墨尔根至黑龙江城；墨尔根又是“黄金之路”，通往漠河驿站的起始点。

作为重要古遗址，清代墨尔根北路站官，亦称首任站官崔枝蕃家族墓葬群，修于城郊，那里辟为森林公园，名为高峰森林公园。难能可贵的是，崔枝蕃的后代还有千余人生活在嫩江城里。最高辈份是崔枝蕃的第14世孙崔运厚。恢复崔枝蕃及其崔氏家族墓葬群的碑文，便为崔运厚所撰写。崔运厚是一名教师，读过大学中文。

嫩江有句俚语，说崔氏，为“崔半城”，即嫩江县城有半城崔姓人氏。崔枝蕃后人多居城之西北，称谓西崔，当地老户；东城也有崔氏，但与西崔无关。新编崔氏家谱记载，尚在嫩江者，高则14代，低17代，有1400余口。崔氏为汉人，但皆有满名，也有满族礼俗，管母亲叫额娘，见长辈大礼请安。足见清康熙年间，满汉融合得多么密切。

嫩江地处松嫩平原中心。周边多农场，机械化耕作；盛产大豆，全国著名的粮仓。

高峰森林公园

为当年驿站站官兼水师营总管崔枝蕃选择的风水宝地，后人植红皮云杉2000多株，300年过后，这些红皮云杉长成参天大树，成为高峰森林公园的主要树种。300余年，那里非但没有破坏，还形成“原始林地”，想想，那里距县城只有9公里，历经天灾人祸，非但没有毁坏，还形成“原始森林”，实在令人赞叹：罕见，罕见。

搭乘公交车，钻进森林公园。徜徉松林，寻历史踪迹，听松涛鸟语，令人惬意。

白脸山

站山顶，观嫩江优美曲线，心旷神怡；看大豆一望无际，领略松嫩平原肥沃广阔。但也会令人产生忧虑，开辟这么多的山冈、沼泽，嫩江的未来还会富庶吗？

◎摄影参谋◎

1.一路颠簸，相机容易出现问题，要经常检查。

2.防止“半帘”，上卷前，用B门检查一下，看卷帘是否全部开启。

3.要在途中冲卷检查，以免跑一圈回来，背一些废片。

4.最好再带一部数码相机，重要的景点用两台相机拍，有把握。

5.每个驿站都有令人发思古之幽情的遗迹，尽量不要漏掉。以古道新貌为题，能搞出一组很有深度的作品。

$购物建议$

要买点豆制品回去，比如豆腐皮、豆瓣酱、豆奶粉。嫩江有特产“驿站马肉干”。我们以为不要把“驿站马”与“肉干”连起来为好，叫人听了难受。也许，厂家专门养了做肉干的马，我们建议，那就换另一个名字吧。

<交通与住宿>

嫩江到哈尔滨、齐齐哈尔、加格达奇的火车每天有10对。

汽车通周边各县，到黑河的发车时间有：06:15、06:30、07:30、08:00、10:00、12:00。

大众住宿5~10元。

古驿道(墨尔根以北)驿站名称

墨尔根站为中心站，二站，三站，四站固巴河站，五站雅鲁萨台河站，六站库凌河站，七站古龙河站，八站三松河站，九站鄂多河站，十站阿鲁河站，十一站嘎鲁河站，十二站庆洞站，十三站二根河站，十四站兴安岭站，十五站北实黑站，十六站会宝沟站，十七站达拉罕站，十八站谭宝山站，十九站依沙溪站，二十站依西肯站，二十一站窝洛站，二十二站布拉戈站，二十三站盘古河站，二十四站安盖站，二十五站额木尔站，二十六站扎林库尔河附近，二十七站祥龙河站，二十八站祥牛河站，二十九站永河站，三十站漠河站,三十一站老沟站,三十二站洛古河站,三十三站西口子站。

今天的嫩漠公路，大体重复了古驿道的走向。

→东北的甜秆（类似南方的甘蔗）

黑河地区交通示意图

黑
布拉格维申斯克
黑河
江东六十四屯
俄
罗
斯
爱辉
龙
西岗子
去嫩江
小丁子村
江
逊克
新兴鄂乡
逊
双河渡口
河
平度村
孙吴
胜山要塞
沾
河
新鄂乡
五大连池
北安
去哈尔滨
海北

第5章 黑河地区

黑河的历史是爱辉的历史

黑河

爱辉即瑷珲，1956 年人民政府因其用字生僻而将瑷珲改做爱辉。

爱辉，古扶余之地。明崇祯十三年（1640 年）在此设佐领。清康熙十三年（1674 年）分吉林水师营驻黑龙江，并于黑龙江左岸爱辉河畔的明代忽里平寨旧址建爱辉城，即今俄罗斯的维谢雪村，史称爱辉旧城。康熙二十二年（1683 年）黑龙江将军驻爱辉城。康熙二十四年（1685 年）在黑龙江右岸筑新爱辉城，今之爱辉镇。黑龙江将军为便利交通，由江左岸的爱辉旧城移至江右岸新爱辉城。康熙二十九年（1690 年）黑龙江将军又移驻墨尔根，爱辉城由副都统驻守。光绪三十四年（1908 年）改为爱辉直隶厅。1913 年改设爱辉县。1934 年爱辉县府北移至黑河镇。1983 年撤销爱辉县，改为黑河市。1994 年地市合并，黑河市区改为爱辉区，与爱辉镇都归黑河市管辖。

上边的叙述给人感觉很繁杂，江左江右，新城旧城，中国俄国，历史现实……混成一团乱麻，搅成一锅粥，够热闹的。的确，自从黑龙江流域有了黄金，坐地户鄂伦春人就没得安宁，关里闯关东的来了，俄罗斯的哥萨克、流放犯也来了，原本中国人江左江右随便住，后来便不行了，先是朝廷与沙皇俄国签订的《瑷珲条约》，把江东大片中国领土划给了沙俄，接着，俄国人又得寸进尺，将居住在江东 64 屯的中国人统统赶进黑龙江……这段历史，双方都在各自的事件发生地——中国的爱辉，俄罗斯的布拉戈维申斯克的历史陈列馆里作了陈列，同一事件各说各的理。你只要把两个陈列馆看上一遍，在比较中，你一定会认定爱辉的陈列更有说服力。

到后来，国界虽然“明确”着，但是两国人还可以相互走动，经商、做工；通婚、居住……即使到了共和国成立，双方往来也不少……那个时候，山东、河北大量背井离乡的农民继续闯关东，闯到黑河，闯过了江，那个时候中国人把紧靠江边归俄国管辖的布拉戈维申斯克叫海兰泡，在海兰泡发了财的中国人，便将海兰泡的美名传回了家乡，说那地方不错，有吃有喝，还能讨到老毛子媳妇。于是便一拨拨地又闯过来了……今天俄罗斯的结雅河口，及西伯利亚大铁路沿线，还有不少开放边界时代过去的中国人的后裔；自然，也有不少俄罗斯人跑到江右岸来的，那些对列宁领导的革命抱有疑虑的，抱有敌对的，及后来逃避大灾难过来讨口饭吃的，都大批大批地跑到了江右岸，他们有的通过爱辉、逊克去了哈尔滨、天津、上海，有的留在当地，娶妻嫁人，生儿育女，于是就生育了混血儿，现在你到了这儿，还能看到面貌特征明显的混血人，他们不隐瞒身世，尽可以看他们的生活，聊他们的身世。

进入上个世纪 60 年代，这条界河不热闹了，冷清了近三十年，现在还能看到那个时代的遗迹，江左岸，沿江一线不少遗弃的和仍在使用的明碉暗堡；江右岸某一座老房子的墙壁上涂写着大字标语：“打倒苏修！打倒新沙皇！”上个世纪 80 年代末，先是中国改革开放，接着苏联也有了新思维，一天，一只中国船与一只苏联船相向而开，在江面上进行了原始的以物易物的贸易——中国人以一船西瓜换回一船化肥，苏联人以一船化肥换回一船西瓜。于是一发而不可收拾，他们喜欢我们的中国货，我们喜欢他们的苏联货。我们不但要买俄罗斯女人用的大披肩，男人用的小礼帽，还要买个名叫玛特柳什卡的套娃摆在家里的珍宝架上……更有眼福的是，在这儿，可以看到活生生的“玛特柳什卡”！她们可真漂亮，有公主一样的气质，她们可真令人怜爱，手拿绣着玫瑰花的大披肩等待中国人上来搭腔……苏联怎么了？于是，我们，吃了几天饱饭的中国人，便创造了新的“今天——明天说”：从前说，苏联的今天是我们的明天，今天，我们要说，中国的今天是苏联的明天。这学说，很有市场，并延续很久，以至苏联解体，那方土地叫俄罗斯了，我们仍这样说；叶利钦下去，换了普京，我们还这样说；过去说，现在依然说，究竟怎样？我们建议，过去看看。

黑河方便，江那岸就是俄罗斯。
进入黑河，便进入了小兴安岭与松嫩平原。

黑河市管辖北安市、五大连池市、逊克县、孙吴县、嫩江县及爱辉区。风光各有特色。其中尤为有名的是五大连池的火山群，那是14座火山，与5个堰塞湖组成的火山地质博物馆，其规模、其内容、其典型性，国内尚无一处火山景观可与之相比。你想看看火山的模样，你想了解一下火山形成的原因，你想感受一下地壳运动的力量，来吧；还有日伪时期日本关东军沿国境线构建的军事要塞，史学家称之为“东方的马其诺防线”，黑河境内，便有这条防线的一段链条，其中尤以孙吴的胜山要塞为坚，为险，为奇。你去看看，战争机器有多么庞大？侵略者的野心膨胀到了何种地步？战胜如此强大的敌人是何等不容易！来吧。

<交通>

条条大道通黑河

内地到黑河远是远了点，但是方便。

飞机，由哈尔滨乘飞机，每日一个往返。

客轮，由哈尔滨下行，走松花江航道，行至同江，进至三江口，入黑龙江，逆水上行，可抵黑河。

火车，哈尔滨有直达黑河的火车，夕发朝至，每日一班，方便得很。

长途汽车，哈尔滨、齐齐哈尔、嫩江、五大连池、北安、呼玛……都有来黑河的班车。

可以说空中，地上，水里，条条大道通黑河。

不过，最佳选择，是火车或火车与汽车接力；时间紧迫，又不吝金钱者，可乘飞机；客船，不是最佳选择，速度慢，花费高，还是其次，重要的是航道受水势限制，难拟旅程计划，故不可取。

【提示】

黑河有两个叫爱辉的地名：

一是黑河市区叫爱辉区；二是爱辉区南30公里，贴江边的历史名城爱辉镇。通常所说黑河市指的是市区爱辉区。市政府设爱辉区，“爱辉区”管着爱辉镇。

“此地人”称谓

黑河人有“此地人”称谓。“此地人”，当地人的意思，即原住于此的满族、达斡尔族、鄂伦春族等民族的人，及部分在此地居住长久的那些流放来的、采金来的、当兵来的、闯关东来的……汉人的后裔。

都柿

都柿，天然野生果实，小兴安岭特产，又叫甸果、地果、越橘。

都柿属落叶灌木，杜鹃花科，枝高大约50厘米，多枝桠，果实生在枝条上，果实为蓝紫色，椭圆形，比豆粒略大，外表挂一层白霜，都柿果含有大量有机酸、维生素C、多种氨基酸、天然色素，食酸甜，嘴唇牙齿会被果汁染成蓝紫色。麦收季节，都柿成熟，桦树林边，荒草甸上，一片片，一丛丛，结满果实，都柿果用来酿酒、做果酱、制糖、晒果干。可品尝，可馈赠亲友。

黑河有美酒，取名都柿酒。

黑河市区

先有爱辉，后有黑河；也可以说，因为有了爱辉新城，才有黑河小镇。

这源于黄金开采业，它引发了运输、贸易、渔业、手工业的发展，于是在瑷珲新城与瑷珲旧城之间，黑龙江的右岸多了一个黑河小镇。

此后它便繁荣起来，各个时期的政府都在黑河建立了管理机构。中国的，世界的名人也与黑河结下了不解之缘，抗日名将马占山，在出任黑龙江省主席之前，于1930年在这里担任黑龙江省黑河警备司令。他的官邸，那栋漂亮的木刻楞老房子，两年前才被拆毁，存留江边达70余年；还有俄罗斯大文豪契诃夫在去萨哈林岛远游时，顺路由此登岸，看了看瑷珲新城，看了看“此地人”。

当代黑河，为最先开放与俄罗斯（当年称之为苏联）的边境贸易而闻名世界；接着它又有若干前瞻性的举措，如中俄边贸、“一日游”、开放大黑河岛为中俄贸易区……为其他口岸做出了示范。时间推演到2004年，黑河又有新的动作——黑河由原来对俄开放一个岛（大黑河岛），扩大为开放全市区（黑河市区），名为互贸市（互相贸易市）。现在俄罗斯人凭有效证件，可以在市区逗留一个月，下榻宾馆，留宿百姓家，随便。现在再到黑河，大不同从前了，街上的俄罗斯人更多了，街上的俄罗斯车更多了，街上的俄罗斯东西更多了……于是我们产生遐想：这一来，中俄通婚者会大大增加，新一代混血群体在近乎断了线的情势下会再展半个世纪前的风姿。

想想大街小巷都是“娜达莎”、“阿辽萨”，你就会开动脚板了。

黑龙江游览

看江，信步黑龙江边，远眺对岸，有俄方的高楼、运动场、公园、码头、电视塔，及流动中的汽车与人；江中主航道中心线俄方一侧，有插着三色旗的拖船、客船、汽垫船、水翼艇，及军舰与炮艇。

游江，坐游江船，进入主航道，把布拉戈维申斯克放大了，把俄罗斯拉近了，看得见市区的广场、商店、学校、行人，一旦主航道贴近了俄岸，俄方的人啊，景啊，都贴到了眼皮底下，不但分得出男女老小，还能看得见那亚麻色的头发和雀斑密布的脸，并能做“面对面”的交流，男人向你招招手，女人可能给你来上一个飞吻……豪放的俄罗斯人什么动作都是可能做出来的，你应有思想准备，不要木怔怔的，如果一旦反映不过来，可以采取投之以李，还之以李——也招招手，也飞上一个吻。

狂热到了结雅河口，会叫你冷静下来，那儿是结雅河口与黑龙江汇合处，老年间，中国人管那个地方，叫“黄河口”，因为结雅河水呈黄颜色，现在，“黄河口”摆着数艘俄罗斯黑龙江舰队的炮舰！俄方的炮舰宣示了，这儿是俄罗斯的领水，它的布防，显而易见是防止我们的冒失鬼顺水势由结雅河口进入俄罗斯内河，深入俄罗斯领土……这时，你会陡地增强了国家观念，懂得和平能打破感情壁垒，但不能打破国家界线。

冬天，也别有趣味儿，观赏冰道上运输繁忙的两国车队；观赏江中心的冰屋、冰墙、冰哨所、那面五星红旗，也是镶嵌在冰镜里的……

即便是跑冰排的时候，这里也有好景致：气垫船像一块巨大的飞毯，在流冰上飞驰而过，往来黑河与布拉戈维申斯克。

王肃大街97号

江边有一栋绿树掩映的小院，小院里有一栋小楼，这是从前我方与俄方的会晤站，门牌“王肃大街97号”。1987年“中方一船西瓜换苏联一船化肥”谈判；1988年中俄开通“一日游”谈判；1991年“设立大黑河岛自由贸易区”谈判……都发生在这里，它见证了这一区域中苏（俄）关系正常化的全过程。

权威人士透露，不久它将开辟为陈列馆，届时，你能见到会晤的会议室、礼品展览、图片介绍。现在只能背靠小院拍一张照片。

◎摄影参谋◎

与俄罗斯游客合影，对方可能提出要小费，要有心理准备。花费不会太多，人民币三五元即可。

【提示】

许多中国商人会说俄语，但不识俄语文字。

有卖《汉字注音俄语日常会话》，可以买一本，试着说几句。

纯正的俄罗斯货不多，许多俄罗斯货是中国的产地，仿制技术很高，达到了以假乱真。如果不在意，可以买几件，否则作罢。

大黑河岛

与布拉戈维申斯克市相对，距市中心1.5公里，岛呈长条状，面积为0.87平方公里。

大黑河岛，又叫“东套子”。从前是种地、打鱼的小岛。还有一段时间，这儿是警戒区，不许“闲杂人员”上岛，有边防军设伏兵，凡擅自登岛者，一律视做偷渡者。1991年大黑河岛的神秘面纱被揭开，成为边贸市场，现在岛上设有国际贸易区，及中华人民共和国海关。

旅游者也应当上去看看，看看俄罗斯人与中国人怎样做生意。我们发现：来做生意的俄罗斯人，女人比男人多；吸烟的女人比男人多；与中国商人讨价，女人比男人更能砍价。

还可以买到俄罗斯的日用品、食品、手工艺品。假如，你还要到对岸去，则不必在这儿采购，无论怎么说，布拉戈维申斯克是俄罗斯货的出产地；如果就此打道回府，可以小做采购，诸如，大披肩、小礼帽；伏特加酒、巧克力；套娃、绘蛋、木勺。我们最为感兴趣的是一家“阿穆尔面包房”，那是中俄合办，中国人开门市，俄罗斯人每天过江来送面包。一江之隔，20分钟的时间，新出炉的面包还热乎呢。吃一口真正的洋面包，那感觉绝对与吃中国人学洋人做的面包不一样。

黑河市区建筑

清真寺

市内有清真古寺一座。

1918年建立。是信仰**伊斯兰教**的回族群众进行宗教活动的场所。对别一群体来说，这座清真寺是一座漂亮的观赏建筑，风格受俄罗斯木结构建筑影响，俗称木刻楞清真寺。我们借助堆砌成清真寺的原木，可以想像一百年前的黑河小镇：那个时代，这里几乎全部是**木刻楞**房子，那要用多少上好的木头啊？木材源于森林，那个时候，这里有多么广阔的森林啊！居住这里的人们就地取材，把森林的原木变成木刻楞房屋，年复一年，随着人口的增加，后来不得不用砖瓦了；再后来，不得不用水泥钢铁了……到上个世纪末，黑河市区找不到几间木刻楞了，到了本世纪初，把马占山的官邸拆毁，便只有**清真寺**这一栋木刻楞了。

振边酒厂

黑河城西 4 公里，靠黑龙江边，有一道幽深的峡谷，名叫“五道豁”，在峡谷的尽处矗立一座森严壁垒样子的古堡，一打眼，你准会想到欧洲中世纪的城堡，然而不是，它是年代不太久远建立的振边酒厂。

当年它建在城外，现在依然地处郊外，如此庞大的酒厂为什么建在如此偏僻的地方？为什么建成堡垒的模样？

号称百年古堡的振边酒厂，1921 年建，至今已 80 余岁。它为旅俄民族资本家徐鹏远所建。耗资 80 万大洋，聘请德国人设计，进口德国设备，建成后的振边酒厂，占地 7849 平方米，年产 3000 吨，全国一流。

徐鹏远选择这块地界建酒厂，一出于原料丰厚，这里有取之不尽的低价格粮食、马铃薯；二面对黑龙江、古驿道，水路、陆路都很通畅；三背靠祖国，面向俄罗斯，内贸外贸，都十分便利。之所以建有堡垒，是提防江两岸的土匪打劫。振边酒厂正如它的名字，振兴了边境的民族工业，但是好景不长，日伪统治时期，由于日本军队封锁边境，对苏贸易遭禁，对内贸易不畅，工厂被迫停工，“古堡”陷入沉寂。

现在振边酒厂，作为文物保留。曲径通幽，进到厂区，顿生钻进古堡的感觉，神秘而又刺激。

套娃和一个村姑的故事

制作套娃，是将木料表面磨光，画上娃娃，然后逐一掏空料芯，将娃娃按由小到大的次序，逐一套装起来。

这是一百年前一个住在莫斯科的手艺人斯维多奇金的发明。斯维多奇金是一个富有幽默感的人。他在制作木雕的时候突然想到由小到大把他们装到一起。他试着这样做了，套装不是问题，问题是绘制人物不够好看，少了幽默感。于是他找到一个名字叫马寥金的画家，请他动手。马寥金熟悉民俗，他想来想去，画了一个着民族服装的村姑，还给她起了一个动听的名字——马特柳什卡。可爱的套娃为广大俄罗斯人民所接受，所喜爱，俄罗斯人亲昵的称套娃为“我们的马特柳什卡”。

正宗的套娃，是马特柳什卡那带有村姑味儿的形象：身着民族裙装，头裹艳丽围巾，圆圆的脸蛋上泛起两朵红云，一双大眼睛露着可爱的微笑。

现在有些变了形态的套娃（严格的说是套人），把铁腕人物套在一起，人物造形没能把木料全部利用起来，余出空白，显得极不协调，失去了当初的创意。

我们去俄罗斯还是选择叫马特柳什卡的套娃。

一套有20个、50个、80个的。我们只买了10个一套的，花上百八十元人民币，值。

不过也要注意，黑河及国内工艺品店出售的套娃，多为国内仿造。外表不易判断，内里一看便明了：俄罗斯的套娃是选用纹理细密而又均匀的椴木镟制，中国没有那么多的椴木，也不肯用那么贵重的木头做套娃，于是便用松软的杂木替代，看上去，纹理粗糙，木质松脆。

记住，俄罗斯套娃有一个好听的名字：**马特柳什卡**。

过境游

布拉戈维申斯克市1日游；阿穆尔州2日游、3日游，还开辟了新的旅游路线：贝加尔湖8日游；萨哈林群岛14日游；北冰洋15日游。

出境手续十分简单：带身份证到旅行社办理，当天就可出境。2日游780元；3日游980元。

国旅电话：0456-8228682

【提示】

拿泡泡糖、运动服换东西的时代已经过去，购物需支付美元、卢布。

俄罗斯购物没有讨价还价一说，一口价，愿意买则买，不愿意买，走人。

休息时间雷打不动；休假也雷打不动。不要有什么抱怨，这是一国习俗，我们只有遵从的份儿。

$购物建议$

女士大披肩　能把整个身子包裹起来，凭空有了洋妞的样儿，别有风采，美。

男士文化衬衫　印有前苏联铁腕人物的文化衬衫，穿起来很有趣，很有刚劲，酷。

工艺品兼礼品　彩绘系列，木勺、彩蛋、储钱罐、套娃等等，套娃最受欢迎。

艺术品　俄罗斯的油画、木雕很有名，但需要文物管理当局开证出关。

食品　鱼籽酱物美价廉，但小心假冒。

烟　另一种香型，可买来一试。不过喜欢收集烟花的，可以买上一些。

酒　40度的伏特加最有代表性。伏特加不同我们的烧酒，另一种香型，可买回来作礼物送人，也可拿回来搞家庭、朋友派对，祝兴。

爱辉镇

爱辉镇在黑河市区南30公里，黑龙江边。水、陆两条路皆可达爱辉。

100年前，瑷珲古城就建在这里。

现在镇里尚存有古城遗址：残垣断壁依稀可见；古松数株，其中最为有名的一株，名曰“见证松”，它长在从前瑷珲副都统衙门门口，因为咸丰八年（1858年）中俄《瑷珲条约》在副都统衙门签订，后人不忘国耻，便将这株樟子松取名“见证松”；古楼一座，名曰**“魁星阁”**，有300多年历史，1945年，毁于苏联红军炮火，现在的“魁星阁”是1994年仿古重建。它也同“见证松”一样，见证了爱辉的荣辱兴衰。

爱辉镇有南树林子坟茔，此处埋葬三位清代将军。据史料记载，道光年间以来爱辉诞生9位将军：德宁阿、布尔沙、富明阿、善庆、德兴阿、克蒙额、托克湍、绰哈布、寿山，他们先后出任各地将军。其中最为有名的是明末兵部尚书袁崇焕的后代，满名富明阿，任吉林将军；其长子寿山，任黑龙江将军。“庚子俄难”沙俄入侵卜奎（今齐齐哈尔），寿山将军宁死不降，自杀殉国；次子永山在中日甲午海战中，壮烈牺牲。“袁氏茔地”建在镇头道沟村，茔地埋葬富明阿及寿山、永山二子。

如果你从山海关进东北，会途经有“明城”之称的兴城。明末大将袁崇焕当年便据守这里。袁崇焕不但打败清祖努尔哈赤率领的远征大军，还将努尔哈赤击伤致死。朝代轮替，历史推演到清末，袁氏后人勇保大清江山，出现寿山、永山有功之臣。真可谓，子承祖业，满门忠烈。

爱辉镇，尚保存有俄式商铺、海关牌楼，及数处满族风格的民居。

草甸子上悠闲的牧牛人是今天爱辉人生活的写照

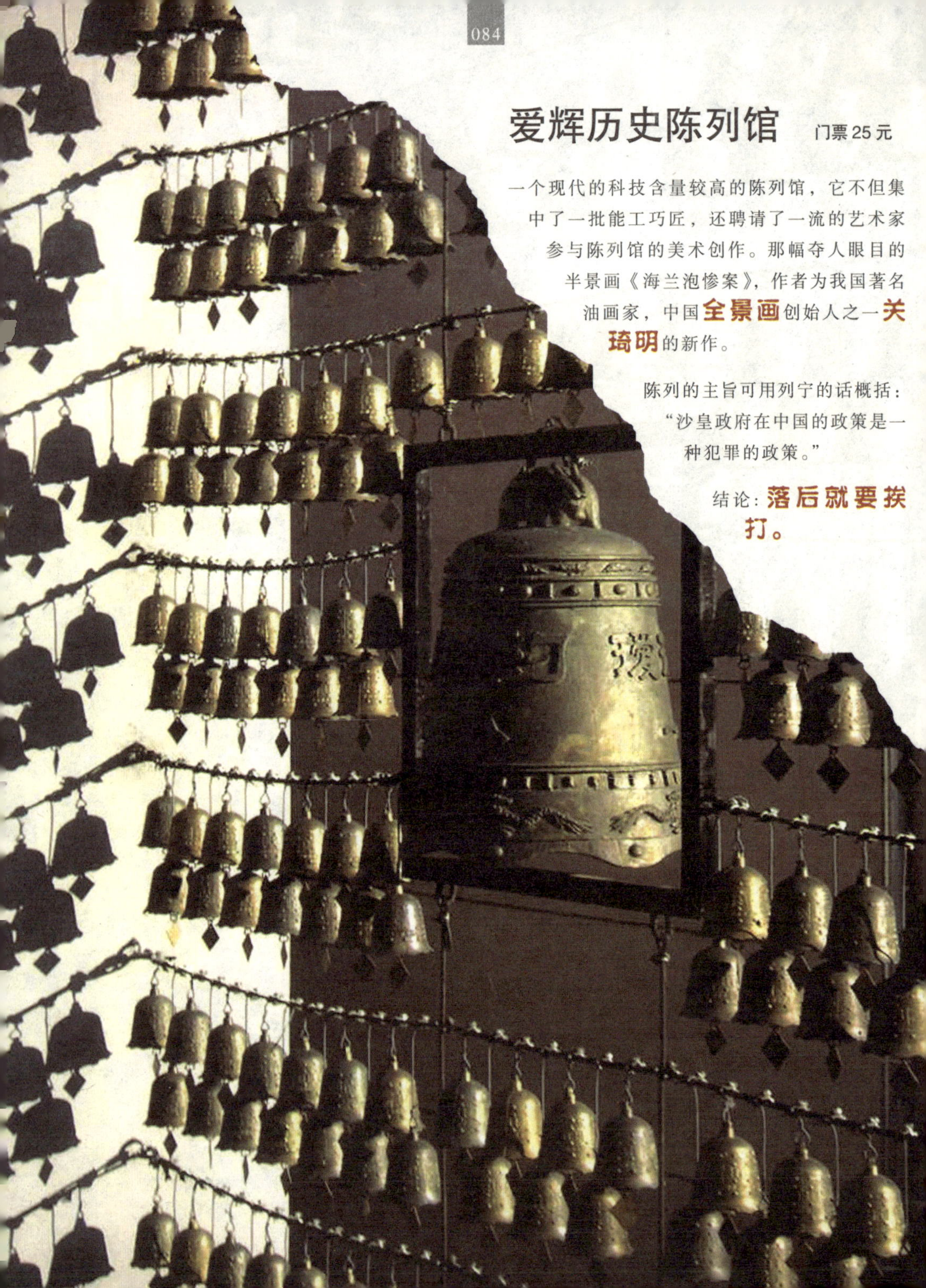

爱辉历史陈列馆 门票25元

一个现代的科技含量较高的陈列馆，它不但集中了一批能工巧匠，还聘请了一流的艺术家参与陈列馆的美术创作。那幅夺人眼目的半景画《海兰泡惨案》，作者为我国著名油画家，中国**全景画**创始人之一**关琦明**的新作。

陈列的主旨可用列宁的话概括："沙皇政府在中国的政策是一种犯罪的政策。"

结论：**落后就要挨打。**

史实是，1858年沙俄政府逼迫满清政府签订《中俄瑷珲条约》，这一条约沙俄凭空掠去中国60多万平方公里土地，但规定中国人在江东64屯有永久居住权；到了1900年，沙俄背信弃义，驱赶我江东64屯居民，从7月16日开始，分四次行动，至18日，计2154户，7000余人，被赶进黑龙江。整整三天，被溺亡的中国居民，像跑冰排似地沿黑龙江向下游飘流。

陈列馆别具匠心地在展厅一侧，立起一座风铃墙，墙上悬挂1858个风铃，用以代表签订《瑷珲条约》的1858年，每一遇风吹铃声大作，钟警自然敲响在参观者的耳畔。

陈列馆门口的两侧草丛里安卧64块石头，代表被沙俄抢占的江东64屯。每块石头刻有一个屯子的名称。看一看屯名，有汉语名字，有达斡尔语名字，有满语名字；一个“屯”，一个“屯”数数，64个“屯”！这是个不小的数字，我们那天竟查走了神，数花了眼：第一遍63个，第二遍63个，第三遍还是63个，那个“屯子”哪去了？回答有三种：有人说，可能是司机拉出去垫道了；有人说，可能是村民拿回家做渍酸菜的压菜石了；还有人说，可能这位搬走石头的人的祖先，就曾居住这个屯子，他把那块石头拿回家去供了起来。

<交通>

由市区来，只有30公里。中巴滚动发行，每人5元。

【提示】

出于“某种考虑”，馆内陈列的展品不许拍照。这条规定执行很严，见带相机入内者，必有工作人员随行监督，发现拍照，厉声制止。尽管我们做了交涉也无济于事，我们已将此情况反映给有关单位，并说“某种考虑”没有必要，对方没有“某种考虑”，我们何必做“这种考虑”？有关人士回答，还是出于“某种考虑”。

不过，馆外的风铃墙、“见证松”、魁星阁都可以拍照。

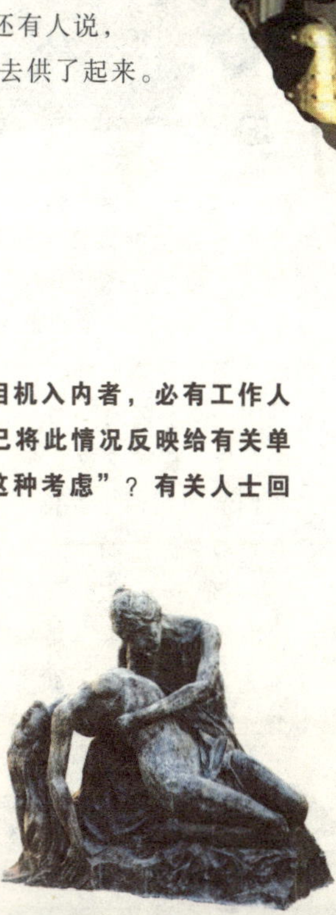

逊克县·新鄂鄂伦春族乡

新鄂鄂伦春族乡位于逊克县城西南65公里，有客运汽车往返。全乡人口为1895人，其中鄂伦春族375人。全乡耕地41640亩，土质肥沃，适宜种植小麦、大豆、马铃薯。

乡里有鄂伦春人集中居住的民族村。房子整洁而又别致。在办公楼里，有一间屋子辟为陈列室。陈列鄂伦春族历史图片、艺术作品和生产生活工具。虽然简陋，但是原模原样，虽然欠丰富，但是挺耐人寻味。其中一幅发黄的照片，是20世纪50年代毛主席等中央领导，接见少数民族代表的合影。没有想到，陪同我们参观的两个鄂伦春女士，与照片的鄂伦春代表有亲戚关系。莫鸿苇的大伯在其中，副乡长关玉芝（古兰依尔·玉芝）的公公在其中。他们都是当年鄂伦春的上层人物，是与中共谈判的代表。如此说来，今天，我们是货真价实地与鄂伦春头领的后人打交道。的确，收获不一般。

↓捕鱼神

鄂伦春美食三味

柳蒿芽汤。一种名为柳蒿的蒿草，将柳蒿芽采摘下来，新鲜入汤最好，也可晒干和速冻，因为我们是秋天到来，主人只好用速冻的柳蒿芽为我们做汤。这道菜的名字叫柳蒿芽炖排骨，吃起来有种特别的香味儿，充溢大自然的气息，鲜美异常。

↑萨满助战

油面片，鄂伦春语“**突古列**”，将面片用熊油、野猪油炒熟，做主食。新婚夫妻同吃一碗。熊油炒面片最佳。不过现在吃不到了，熊太少，国家又禁猎，野猪少量捕猎，野猪油也相当珍贵。我们吃的是什么油？没搞清楚。反正挺香，挺腻。

都柿，像山葡萄一样的山果，味道酸甜。关玉芝给我们“吃”了**挂霜都柿**：秋天把都柿采摘下来，用桦树皮做一个小篓，将都柿装起来，接着在树底下挖个坑，放进装都柿的桦树篓。到春节的时候，小篓里的都柿完全糖化了，外面挂着一层白霜，吃起来，那个甜啊，没比的了。

↓痔疮神　→天神　→痨病神

右侧为莫拉呼尔·鸿苇

莫拉呼尔·鸿苇（莫鸿苇）

莫鸿苇，这是回乡探亲来了。逊河县城有她的婆家，黑河市里有她的小家。丈夫是汉族人。莫鸿苇1960年生在这里。就读于齐齐哈尔民族师范学校美术班，做过文化站长，现在是黑河市文化馆的美术创作员。她在艺术实践中探索民族绘画艺术的表现形式，成功地创造了桦皮镶嵌画这一崭新的艺术品种。过去鄂伦春人，多用桦皮造屋，制作盆、碗、箱、盒、篓，她把桦皮当做画纸，以剪刀为画笔，用剪裁、镂刻、镶嵌等技法，绘制出优美的作品。这些作品的显著特点是，充分展现桦皮的天然纹理、色泽和质地；表现鄂伦春神话传说和民间故事；借鉴了现代抽象艺术表现方法和传统的民族工艺。莫鸿苇的桦皮镶嵌画得到专家和群众的好评。她成了民族艺术的代表人物，是获美术奖项的“专业户”。目前她的作品，已经流传日本、韩国、俄罗斯，国内多家美术馆收藏。

莫鸿苇的优秀作品皆收入《莫拉呼尔·鸿苇画集》。其系列画，有《人类起源》、《五姓由来》；单幅画作《达公射日》、《走出森林》最为评论家看好。

《人类起源——扎老桦树皮成人说》

很久很久以前，大地上没有人，只有四条腿的野兽。野兽多得成了灾难，天神恩都利便决定发明人来制约它。天神剥下老桦树皮，将它扎成有腿、有胳膊、有头脑的人，教他们拎着棒子，拿着石头追赶、捕杀野兽。打死的野兽成了人的食粮，打不死的野兽，把它们撵走。于是，人成了大自然的主人。这个故事告诉我们，鄂伦春是为了治理大自然而来到这个世上的。他们为人类的繁衍生存做出了巨大贡献。

小丁子村

出逊克县城，沿黑龙江向下游行进，16 公里处，江中有一个小丁子岛，岸边有个小丁子村。小丁子村属胜利乡。

全村人口987 人，其中有俄罗斯血统的混血人374 人。难得一见的是，常住居民中还有4 名完全血统的俄罗斯人。这是我们走过的地方，有俄罗斯血统居民最多的村屯。正因为如此，当地人叫小丁子村为“俄罗斯村”。小丁子村，也以此为特色，正在申报，更名小丁子村为“俄罗斯村”。

他们来路挺多：有的是对十月革命不理解来的；有的是苏联几次大饥饿来的；有的是躲避法西斯战火来的；也有的是嫁给中国男人给带了过来……有一条是相同的，都不是富人，都不是革命的敌人，富人与革命的敌人都躲到哈尔滨、大连、上海去了，只有他们还守在邻居家，看着江对岸自己的家，等着，等到适当的时候，回家。等啊等，有回去的，也有没回去的。小丁子村没回去的多。这儿挺富，养人。

俄罗斯人住的房子喜欢刷成白颜色：白房子、白墙、白烟囱。

妇女抗冻，大冷天穿裙子，大腿上只套一双长袜子。

她们做的苏波汤很地道，汤料是大头菜、西红柿、马铃薯，再加一把菜豆粒。

大多数家里有列巴（面包）炉，种列巴花；养奶牛，做酸奶，吃饭喜爱浇荤油。

我们在村里遇姐弟俩，全是纯正俄罗斯人。姐姐叫格列尼阔娃·索菲娅，弟弟中国名叫邱长利。格列尼阔娃58 岁，兄妹4 人都出生在小丁子村。大姐小妹嫁到下游的乌苏镇。她和弟弟在这里。

据她讲，父亲八九岁时从江对面过来。他是个受人尊敬的人。打日本的时候，格列尼阔夫游过黑龙江，替民主联军向苏联红军借枪；人民政权成立，经常去黑河、逊克开会，有边防军巡逻到小丁子村，住到他的家里；远在哈尔滨的大学生，到小丁子村来进行俄语教学，常请父亲跟他们会话……老人家去世的时候，市里县里，政府军队没少来人为他送行。

格列尼阔娃的丈夫是由哈尔滨移民过来的汉族人。现在她已经做奶奶了。

弟弟邱长利，性格很外向。听说有人拜访他，赶紧换了一套西装。他长的模样比姐姐更像俄罗斯人。他不常待在村里，经常被影视剧组请去串演西方人。他说，这村有不少“专职影视演员”，他演的电影、电视剧有十多部。看看他的面孔：蓝眼睛、大鼻子、络腮胡，活生生的一个西方人立在面前。需要这样的演员，不必到欧洲、美洲去找，演员就在家门口，既方便，又省佣金，还为这一方发家致富做了贡献。

小丁子村——俄罗斯村

◎摄影参谋◎

在小丁子村扎下来，拍一组中国俄罗斯人生活纪实，肯定火。

< 交通与住宿 >

住宿农家一宿 10 元，吃一顿饭 5 元。有地道的面包，正宗的苏波汤。逊克有中巴，5 元。

孙吴县平度村

紧挨孙吴县城，城西 1 公里，有个平度村。
平度村人口 730 人，其中有 70% 来自山东平度。

平度村原是日本人的军用仓库，只有在它的边缘处住着五六户平度籍的闯关东户。1956 年发大水，有居民进住这里日本人遗弃的房子，合计有十二三户。正是这几户人家把村子的知名度抬高了，说“这里的地攥一把流油”，“在这儿种地能吃上馒头”。于是连地瓜都吃不上的平度农民，便到孙吴投乡靠友来了。初建叫兴南 2 队，俗称铁道北，又叫前进村、庆丰村。

平度村，是县里人给取的，街面上，乡亲们打招呼：问，你哪儿来的？答，山东平度。一个“平度”、两个“平度”……多了，于是街上人便管铁道北这个小村叫平度村。

某年平度市长带市里五大班子成员，过江去俄罗斯布拉戈维申斯克参观，途经孙吴，听说有个平度村！决定来看看远在黑龙江边的老乡。这一看不打紧，领导们深为平度人的“闯关东”业绩所感动，当即决定拿出平度市一个最富的村子与平度村结为友好村，帮助平度村更上一层楼。

现在平度村的平度人后裔，繁衍到第 4 代了。依我们两个纯正东北人的眼睛，一眼就发现了平度人与当地人的不同之处：
屋里盘铺小炕，门口搭个门楼；
在家说平度话，出门说地方话；
家人面前管父母叫“爹娘”，外人面前称“爸妈”；
女人不吸烟；女人下地干活；女人不上客桌；女人过日子仔细；
男人娶媳妇不花钱……

山东人可到这个村里会老乡

<交通与住宿>

由孙吴县城乘出租车 5 元钱。中巴 1 元钱。
住宿，如无考察活动，回县里住宿。

五大连池

五大连池，位于松嫩平原北端，在1200平方公里的平坦地表面，有14座火山锥拔地而起；火山怀抱中，五个大小不一的火山堰塞湖，碧波荡漾。五大连池因水得名，实则无山不会有水。五大连池的14座火山，喷发年代跨度很大，早的距今60万年，近则距今280余年。这后一次喷发的火山，阻塞了纳莫河支流白河河道，形成了五个相连的堰塞湖，才有五大连池这个地名。

火山一声巨爆带来地质地貌变化，于是就有了火山口，有了堰塞湖，有了各式各样的泉水……那滚烫的岩浆冷却之后，留下许许多多怪模怪样的熔岩，许许多多怪模怪样的熔岩汇成了石的海洋……

尚未开发旅游的时候，我们到过这里。那时候感到此地太雄奇：山也奇，水也奇，五大连池形象而具体地验证了地理教科书的全部火山知识。作为体验，我们也像当地居民那样接瓶矿泉水，喝它个半饱，舒舒服服打个饱嗝；作为纪念，我们俯下身子在熔岩中选上几块火山石，拿回家来做盆景，做搓脚石……

进入20世纪80年代，五大连池大张旗鼓开发旅游，科学家介入了，旅游专家介入了，艺术家介入了，于是五大连池非同从前了，景好看了，景有学问了，景有故事了，看景的价钱也高了。

值不值？值。到了黑龙江不看五大连池，算不上到了黑龙江。

看什么？多了。全看，没个十天半个月看不完。我们建议根据志趣和时间做一下筛选。

我们以为，从中选择一山，一水，一泉，足矣。

不看五大连池，算不上到了黑龙江。

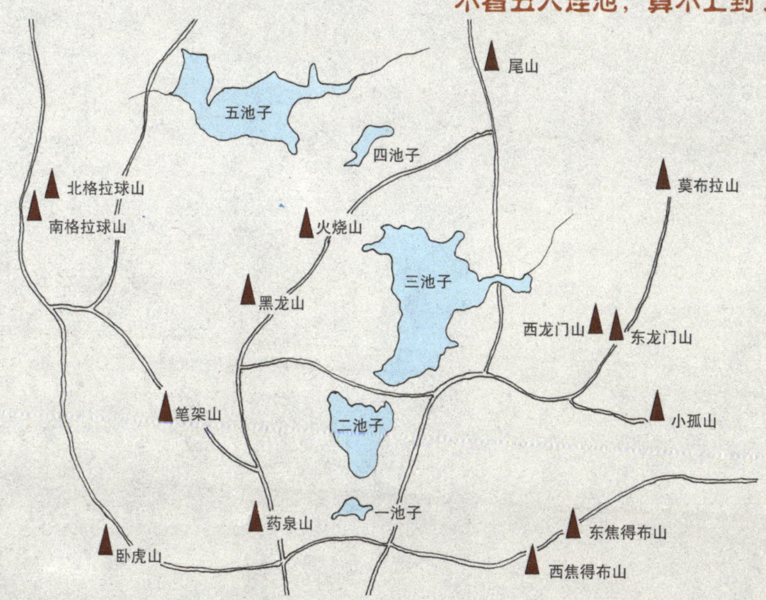

“五大连池”地名的区分

五大连池市，原德都县址，旅行者如无兴致，可越过市区，继续北上。

五大连池镇，接近火山群，可在此将行李放下，休息一下，准备游览。

五大连池风景区，全部行动在这里展开。

14座火山 5个堰塞湖

老期火山：系第四纪中晚期更新世火山，距今60万年到1.2万年，属死火山。共12座：药泉山、卧虎山、笔架山、南格球山、北格球山、东焦得布山、西焦得布山、东龙门山、西龙门山、影背山、莫拉布山、尾山。

新期火山：为1719年至1721年，两次爆发形成的火山，属休眠火山。有2座：黑龙山（原名老黑山）、火烧山。

堰塞湖：为新期火山爆发，熔岩流阻断了白河水道，形成的5个串珠状的堰塞湖，名曰五大连池。五池名字分别为一池、二池、三池、四池、五池。

黑龙山（老黑山）

在14座火山锥中，黑龙山最为典型，最为好看，去黑龙山最为方便。

黑龙山与火烧山同为五大连池最年轻的火山，属新期火山。黑龙山首次爆发于1719年，第二年又爆发，1721年方熄灭。距今不到三百年。《黑龙江外记》对这两座火山爆发记载：“墨尔根东南，一日地中忽出火，石块飞腾，声震四野，越数日火熄，其地遂成池沼，此康熙五十八年事，至今传以为异。”

黑龙山海拔515.9米，高出地面65.9米，是五大连池火山群中锥体最高的，占地面积最大的火山。火山口呈漏斗状，内壁陡峭，寸草不生，只有紫红色与黑褐色的火山岩碎块堆砌在山坡上；只有岩壁上做窝的、白色的鸽群为死一样寂静的锥底带来生机。

【提示】

石海中的火山石坚硬锐利，小心划破手脚。
不要污染环境，不要破坏景观，不要捡走火山石。

不要下到火山底部。坡陡且石碎，容易摔伤。
搭车者，注意返程时间，不要掉队，想想吧，一个人蹲在火山口，四周死一样寂静，谁受得了呀——千万不要掉队。

◎摄影参谋◎

要把摄影艺术与自然美学、地理知识结合起来，用侧逆光特写火山弹、喷气锥、喷气碟等等。

幽静的桦林小路、洁白的温泊云雾、翠绿的寒雪冬青都是摄影创作的好题材。

火山爆发溢出的熔岩流，及落入荒野的火山弹、火山砾、火山渣还原生态的保留着，几乎没有风化，也没有人为的破坏，你顺着熔岩流走下去，当年熔岩流动的痕迹依旧清晰可辨；你顺着熔岩流走下去，会走近浩瀚的石海，石海里有石浪、有石涡、有石岛、有石龙……万般景物全部凝固在强烈的动态中，犹如风暴降临，似闻巨浪冲天，令人耳晕目眩，心跳加快。这是我们观其他景物所不会有的生理反应。如此，你可以将脚步移到山坡上，这里绿意融融，生长着特殊的植物：有枝杈丛生的灌木荆丛，紧贴石壁的壳叶状地衣，及极少见的、永远长不高的老态龙钟的黑桦树……

站在山顶，观棋布的火山群，观大片的农田，观连泓的池水，令人领会了什么叫心旷神怡；什么叫历史沧桑；什么叫自然造化……

你会产生这样一个错觉：火山爆发只不过是刚刚过去的事情。

火山何时再**爆发**？

黑龙山与火烧山属休眠火山，有休眠便有醒来的时候！这两座火山属裂缝式中心型喷发火山。最后一次喷发距今不到300年，虽然科学家难以预测哪一天再次爆发，但是他们可以告诉我们，现在五大连池火山群还有许多活跃现象：1960年药泉山发生地下气体沿破碎带冲开地表覆盖层，入山泉，形成新的矿泉；冬季，虽然五大连池被冰雪所覆盖，但有些湖泡却荡着清水，有些山谷绿意融融，这说明某些地表有相当高的地热；1930年至今五大连池地区有多次地震发生，最近一次发生在1977年，震级为3.1级。地震强度虽然不大，但是地震是火山活动的征兆……不过，不必望山却步，诚如上述异常征兆，被人们及时地捕捉到手，再有征兆，人们不会错漏。火山预报不是难题，世界已有经验，且五大连池火山群设有监测站，我们尽可以放心旅游。

一旦火山喷发，绝不会发生在你在五大连池的时候，大概在你做旅程计划，收集情报的时候，就从媒体上得知了，即便你是个“马大哈”，并具有探险家的气魄，当你的旅程接近即将喷发的火山时，你也进不去，戒严的军警会毫不客气阻断你的冒险行程。

别担心，这里有火山监测站。

秃尾巴老李的故事

从前，山东掖县有一对老两口，二人成家多年，媳妇不生孩子。这一年总算怀上孕了，但12个月，还没有生仔的迹象。忽一日，狂风大作，丈夫赶紧收起砍下来的柴火，收工回家，进家一看，吓得魂不附体，一条黑龙正依偎在他媳妇的怀里吃奶！他定了定神挥起手中的砍刀，用力向黑龙砍去，黑龙一声惨叫，腾空而去。

这条黑龙就是老两口的儿子，这家男人姓李，人们就管这条没有尾巴的黑龙叫秃尾巴老李。

老李围着家绕了一圈又一圈，看见母亲向他召唤，看见父亲向他挥着砍刀，最后他下了决心，向天边飞去，飞呀飞呀，他飞到一处山清水秀的地方。落下脚的老李，现了人身。他仔细一端详，地旱得裂了口子，庄稼旱得枯死不少，男女老少正跪在小庙前求雨，老李上前问，是谁管这块地的雨水？乡亲们告诉他，是小白龙。老李腾空而起，向一汪湖水飞去……小白龙降雨要价很高，让乡亲们每天给它往湖里投一百斤馒头、三头黄牛、八头肥猪还不算，还要一对童男童女。黑龙返回小庙，找到求雨的乡亲，说，我要和小白龙决一死战，请乡亲们帮助我：给我准备一百斤馒头、一百块石头。当我翻出水花时，往湖里给我投馒头，当小白龙露出头时，给它往湖里扔石头。乡亲说，我们一定办到，莫说一百斤馒头，你若真能把小白龙赶跑，我们这块儿的姑娘随你挑。老李说了声，好，立刻升入云端，乡亲们仰头望去，一条秃尾巴黑龙，向天边飞去，人们赶紧蒸馒头，拣石头，抬的抬，扛的扛，拉着队伍向湖边赶去……说时迟那时快，黑龙与白龙已经开战了，黑龙是刚从娘肚子里生出来的小龙，力气还没长足，不是白龙的对手，但是它为乡亲们斗白龙，劲头十足，每当没劲了，便把秃尾巴露出来，拍打湖面，乡亲们见状，便赶紧往湖里扔白面馒头，小白龙打到一定时候，也没了力气，便把脑袋露出来喘气，乡亲们便照老李的嘱咐，赶紧往湖里扔石头，这样反复了五个来回，一团水汽从湖中升起，小白龙败退飞走。乡亲们蜂拥到湖里捞起疲惫的老李。乡亲们说话算话，湖边一溜如花似玉的村姑，等着老李挑选，老李见状，一个猛子扎进水里，再也不上来了，那如花似玉的村姑化做了14座秀美的山，便是人们看到的14座火山，老李住的湖，便是五大连池，至今，秃尾巴老李还保佑着这方土地——谁听说，这儿有灾？没有。人们感谢老李，想对它说说贴心话，但是，他就是不上来，为啥，他怕给他说媳妇，它怕它这模样把媳妇吓着。

（根据当地民间传说整理）

倒鳞鱼的倒鳞是怎么形成的?

五大连池有倒鳞鱼，倒鳞鱼身上80%的鱼鳞是倒着长的。怎么形成的？科学工作者做了试验，把倒鳞鱼单独饲养，发现倒鳞鱼的后代竟和普通鱼一样，身上没有倒鳞。这一实验足以证明，倒鳞鱼不是一个物种。

科学家们做出种种解释：水中岩石的放射线给鱼以射线刺激，使之变异；长期火山活动引起物种变化；长久生活在地热水中，引起鱼的生物性异变，等等，没有定论，现在还是个谜。

药泉

药泉山下，泉眼密布，统称药泉，亦称南北泉，包括南泉、北泉、翻花泉及几个小泉。

药泉名气较大。传说，有一小鹿被猎人射伤，栽进药泉。它打了一个滚，喝了一肚子水，伤口顿时愈合，飞也似地躲过猎人的追赶，回归了大自然。于是泉水闻名四野，每年端午前后，讷谟尔河、嫩江流域的达斡尔、鄂伦春、鄂温克、蒙古人赶车、骑马到药泉落脚，杀牛宰羊，祭祀天地，载歌载舞，洗浴畅饮，名曰药泉会。

1983年市政府决定每年五月初四、初五为**饮水节**。与云南泼水节相呼应：南有泼水节，北有饮水节。地质学界定，低于25度的泉水称为冷泉水。药泉水即使盛夏也十分清凉，喝一口，味道似汽水，有辛辣味儿，解渴自不必说，能止痛、镇静、安眠、利尿，能治消化系统病（注意，喝过药泉水不易立即吃水果，水果含果酸，果酸与泉水中的矿物质结合，易生结石）。

翻花泉，能治皮肤病，皮炎、斑秃等病疗效最好。三分洗七分晒，泥水洗浴，少不了太阳暴晒。二龙眼泉，用泉水洗眼睛有明目作用。

南泉安眠；北泉利尿，此地有“**早饮北泉，晚饮南泉，身体康健**”一说。

药泉山地处风景区中心，这里有多家疗养院。疗养员多为外地慕名而来者，也有不少俄罗斯朋友到此疗养。

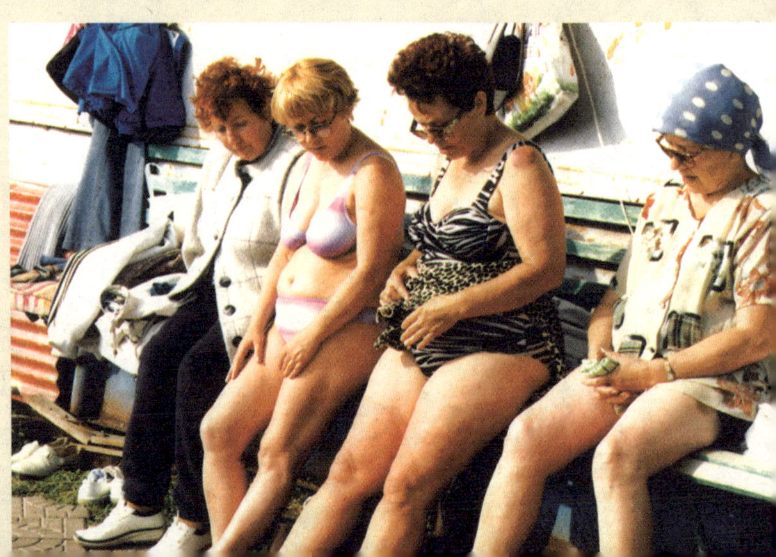

俚语

五大连池街上：拄拐棍的多，瘸子少；拎暖水瓶的多，卖冰棍的少；穿白大褂的多，医生少；秃子多，和尚少。

注释：这句话讲的是药泉山疗养地见闻："拄拐棍的"，是指风湿病患者；"拎暖瓶的"指用暖水瓶盛矿泉水的人，黑龙江人用暖水瓶装冰棍叫卖；"穿白大褂的"指疗养院服务人员，五大连池疗养院多，服务人员多；"秃子"指到此接受治疗的斑秃患者。

五大连池矿泉水所含的人体必需元素

宏量元素：钙、钠、硅、钾、镁、硫、磷、氯。

微量元素：铁、锰、氟、铬、锌、铜、钴、钼、碘、硒、钒。

必需微量元素：镍、砷。

美食

地方美食有句嗑儿：连池的鱼，矿泉的蛋，毛驴豆腐，庄稼院的饭。

注释：五大连池的鱼，多冷水鱼，鲜美细嫩无污染；高热度的矿泉水可以煮熟鸡蛋，矿泉水中的营养成份渗入蛋中，味美，而富营养；小毛驴拉磨，用矿泉水做豆腐，水中微量元素浸入豆制品，味美，而富营养；五大连池水稻受火山土壤、水质作用，米香，营养丰富。

上述四样，小饭馆皆有，三个人，不加酒水，100元可以拿下。

门票

黑龙山，40元；石龙河，25元；南北泉，20元；冰洞，20元。

<住宿>

各疗养院皆接待客人。既可以住宿，又可以洗温泉浴，喝矿泉水。

住宿，1日5元或10元；

洗浴，1次1.5元；

办证提水，1天1元；

矿泉泥，5元1公斤。

<交通>

哈尔滨乘火车，到北安下车，转乘长途汽车，40分钟到五大连池；也可乘长途汽车直接到五大连池；

黑河乘火车，到龙镇下，转乘长途汽车，45分钟到五大连池；也可乘长途汽车直接到五大连池。

海北

区区小镇，海内外有名。1902 年，法国神父陆平到此建立天主教堂，名圣约瑟屯大教堂。信徒众多，广布海内外。在中国宗教史上占有重要地位的大主教于斌，便由这里走上圣坛。现在小镇人口 6 万，有 4 千余天主教徒。是黑龙江著名的天主教区之一，建有全省最大的教堂，有正规神学院毕业的神职人员供职。

圣约瑟屯大教
（

↑于斌像

我们是礼拜日早上赶到教堂的，遇见了数对非教徒青年男女来做婚礼弥撒。到教堂举行婚礼，祈求上帝祝福，成为当地必不可少的婚典内容。

一名吕姓神父接待了我们。他说，他1963年生于当地，母亲做过暂愿修女（一年后可以结婚），姥姥为他代行洗礼。吕神父自幼受家庭影响，接受宗教教育。1983年考入沈阳神学院（大学本科），1987年毕业，在本教堂任主任司铎（神父），40岁发永愿，将自己终生献给主。

旅游到此，可做弥撒。可参观大主教于斌旧居。

大主教于斌由这里走上神坛

◎摄影参谋◎

创作一组海北的宗教活动，会受到海峡两岸宗教界的欢迎。

别忘了于斌的故居和新老两座教堂。

↓于斌故居

由黑河到佳木斯交通示意图

第6章

由黑河到佳木斯

现在，我们要到下一个旅行地——以佳木斯为中心的三江平原。

路有两条：

内地路：黑河过孙吴、五大连池、北安、海伦、绥化至佳木斯。

沿江路：黑河过逊克、嘉荫、萝北、绥滨至富锦。

茅兰沟

茅兰沟国家森林公园，小兴安岭一隅，伊春市嘉荫县境内。被人们称之为北方的“九寨沟”。茅兰沟为地壳褶皱断裂而形成多样地形地貌。山奇石怪，有状如老妪的石崖，有形如骆驼的山峰，有坐蟾、卧熊、奔马等多种奇石……发源于五子旗大岗的茅兰河流到茅兰沟这里猛一个跌落，形成众多瀑布，多级潭水，水秀、潭幽，涧鱼漫游……这里是未被开发的原始森林，有小兴安岭全部树种，其中红松最为媚人。

茅兰沟的名字，是“猫狼沟”演化。分析“猫狼沟”三字，名堂在“猫”字，“猫”有二种解释：一为名词，猫，乃山猫，是当地人对猫科动物猞猁的称谓；一为动词，“猫”，乃隐藏之意，当地人管“藏起来”叫“猫起来”，管捉迷藏，叫“藏猫猫”。无论哪一种，都是说这条沟里潜藏危险，常有野兽出没。“茅兰沟”这个名字是近几年改的，改雅了，便失去了野趣，而这里却应以原始野趣吸引人们，遗憾。

建议，到此一游，可再去伊春五营。

【提示】

安全第一，结帮成伙前来为好，否则甭说野兽，那过分的幽静也会令你神经发毛。
我们去时是深秋，不收门票。

龙骨山

请调动您的想像力：哦，我走进了『侏罗纪公园』。

嘉荫恐龙国家地质公园。“黑龙江满洲龙”出土地。

龙骨山位于嘉荫城西12公里，东起小滚子沟，西至渔亮子，长约11公里，总面积38.44平方公里。

1902年俄国军官马纳金在黑龙江右岸，布列亚河口下游的一个叫白崖的山上发现了恐龙的残骸，他将收集的恐龙化石移交给了阿穆尔州博物馆；1915年至1917年俄罗斯地质委员会派人到白崖化石发现地进行考察，组织专门挖掘，1924年挖掘出来的化石被组装成一具高4.5米，长8米的完整恐龙化石骨架，并定名为“黑龙江满洲龙”。这架化石陈列在圣彼得堡地质博物馆，经考察，那个叫白崖的地方就是现在的嘉荫县龙骨山。这条龙，是我国出土的第一条恐龙化石，也是中国流落国外的第一具恐龙化石。

1977年黑龙江省的地质工作者在嘉荫，又发现了大量的恐龙、鱼、马、龟、蜥、鳄等多种动物化石，及丰富的被子植物化石，如松柏、银杏、苏铁等上百属种。挖掘出土的恐龙化石大部分属于**平头鸭嘴龙亚科**，是恐龙家族的一个新属种，其繁衍代为白垩纪中晚期；1978、1979年挖掘恐龙骨骼化石达1432块，组装成3具完整恐龙骨架。现在，这里仍然有科学工作者进行考察。辟为国家地质公园后，来此参观者日益增多。

我们走进地质公园，参观了挖掘现场，及出土的恐龙化石。

对我们这些门外汉，最为抢眼的是两块化石：恐龙**皮肤**化石和恐龙**舌骨化石**——不见实物，想像不出来是什么模样？没有专家的鉴定，压根就认不出来。

走在荒凉的草原，耳闻大江涛声，想像力立刻被激活，为可能与恐龙进行的穿越时空的对话，而浑身战栗……要的就是这种感觉。

↑皮肤化石

舌骨化石→

太平沟

在这里，我们遭遇“瓢虫雨”袭击！
走出兴东村，便走出小兴安岭。

进入鹤岗市萝北县境内。

破译太平沟的名字，便了解了它的历史。这里也同漠河一样，是黄金盛产地。

它的第一批开发者，是清军抓获来的太平天国俘虏，因而取名为太平沟；后来，得知这里的黄金为慈禧太后的私房钱，便又取名慈禧太后胭脂沟。由于开发较早，人口聚集较多，这里便遗留下古庙、古松、古牌楼，这是沿江村镇少见的。

这里有一座黄金博物馆，值得一看。

然而比起我们在这里的奇异遭遇，这些都未留下太深的印象——
那是一场货真价实的“瓢虫雨”，瓢虫多得如雨从天降，信不信？不信，9 月下旬到太平沟来一趟。你会看到，瓢虫多得落满人身，贴满门窗。进屋前，主人会像冬天扫雪一样，用帚把为你扫去爬满全身的瓢虫。瓢虫虽然不咬人，但是太多了也腻人。这是一种奇观，给人一种特别的感受，保证留下印象。值！

名山镇

紧挨黑龙江边，水路，上可抵黑河、漠河，下可达同江、抚远；陆路，有高等级公路，去萝北县城和鹤岗市。

由名山镇去萝北、鹤岗，有多个可看之点：首推煤矿展览馆；次之东北电影制片厂展览馆；再次日军“狼窝要塞”……我们感兴趣的是地处公路边儿的共青农场，那里有个**“北京村”**。它是共和国**最老**的**知青**，上个世纪50年代北京下乡青年在此垦荒种地，建立起来的农庄。现在他们已经成为爷爷和奶奶。我们去看他们，他们操着地道的北京话，跟我们讲述当年的故事。

名山镇。为国家一级口岸。

江对岸为俄罗斯犹太自治州的阿穆尔捷特十月区，由那里向俄内地进发，可达自治州首府比罗比詹市。那里有犹太教堂、犹太民居、**犹太人歌舞**……使我们在了解俄罗斯民俗的同时，又见识了犹太人的生活。通过比罗比詹，可去哈巴罗夫斯克。

名山镇可进行界江游，镇中有中俄贸易区。

赴俄罗斯旅游：有阿穆尔捷特十月区一日游、二日游；比罗比詹三日游；比罗比詹、哈巴罗夫斯克五日游。起始点在鹤岗市。出境手续要到那儿办理。

奥里米古城

位于绥滨县境内，敖来河畔。

沿松花江大坝，西北行 9 公里，敖来河畔，永泰村外，有一古城遗址，名曰奥里米古城。

奥里米古城是辽代**五国城**之一，为女真族在松花江下游所建立，是辽金时代北方少数民族政治、经济、军事、文化中心之一。今观古城可视轮廓：古城坐北朝南，呈长方形，城墙突出地面，护城河尚存河水，城墙北段长约千米，有雉堞十余个；城内地表平坦，被辟为农田，我们遇到小俩口收割稻谷，还有一位老妇人放鸭。那老妇人告诉我们，小时候城墙比现在高，年头多都下沉了，村里人种地、挖菜窖，挖出不少“东西”，都叫考古队收走了，我家有两个泥罐，一个给 10 元钱，不卖不行。现在地里还能捡到大钱（铜币）和贵重东西，不过现在不让卖了，要交公。

看古城墙里现代人生产劳动，你一下子超越了时空。

有使用“奥里米”商标的，作为旅游招牌奥里米古城被打出去了，但是作为旅游景点尚未开发，景物还是原生态的。

绥滨渡口

由此，渡过松花江，即是佳木斯的富锦市。

到富锦，可以说，进入了三江平原的腹地。

由富锦西行，可抵佳木斯；东行，可达同江、抚远。

【提示】

有关五国城情况，详见“依兰”部分。

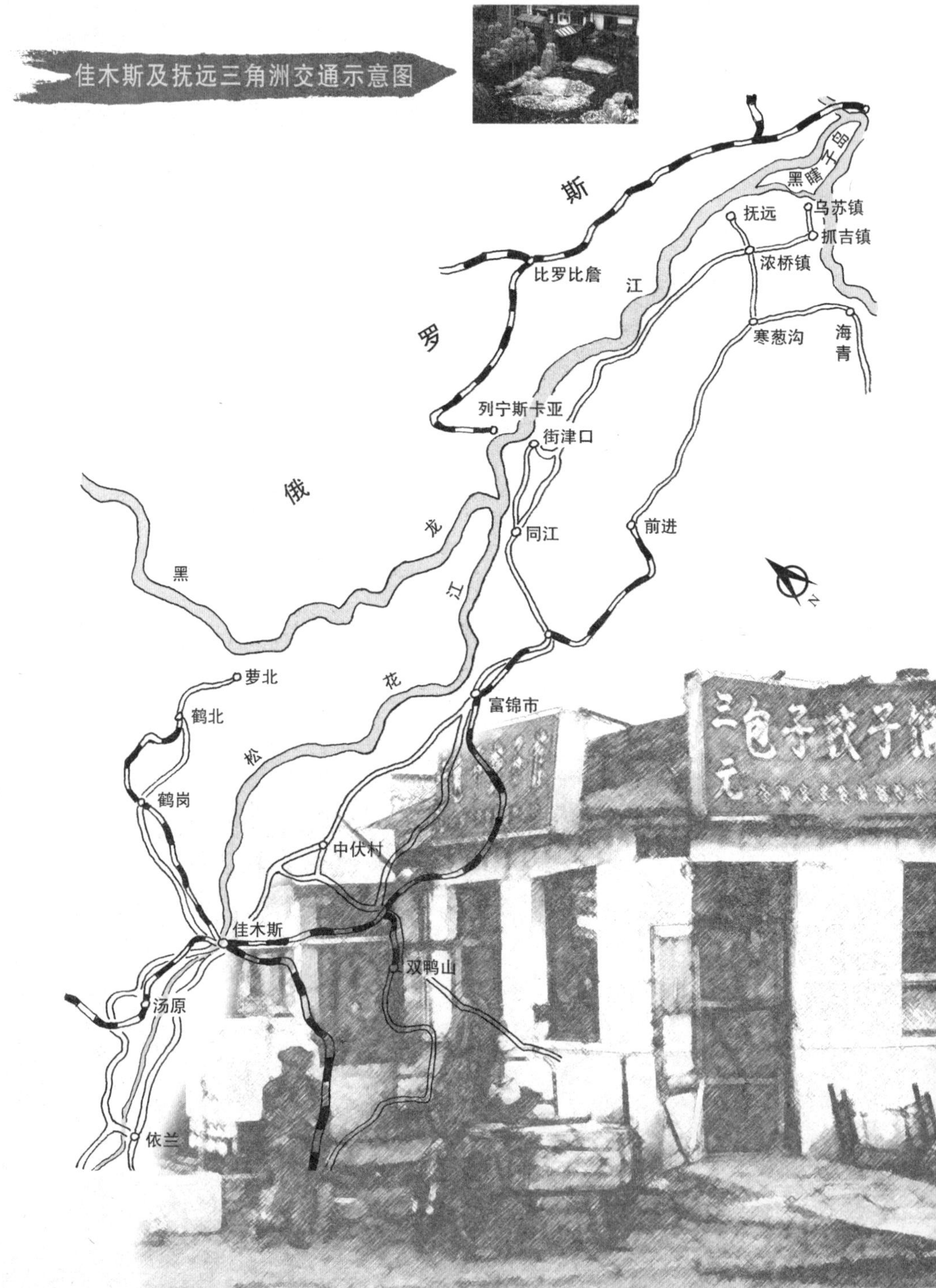

佳木斯及抚远三角洲交通示意图

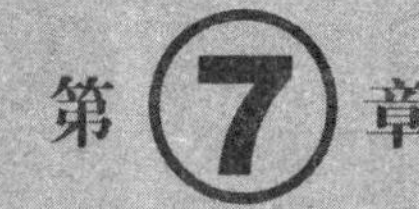

佳木斯周边及抚远三角洲

佳木斯，地名有两说：一说为赫哲语，嘉木寺，尸骨之意，缘于松花江水流到此地，将上游淹死的人畜尸骨冲到岸边，二说是满语，甲木克寺葛珊，汉译，站官的临时驻地，即明代奴儿干都司去宁古塔的驿站。

抚远三角洲又名黑瞎子岛。“黑瞎子”，是当地老百姓对“黑熊”的称谓，岛上黑熊多，老百姓便取名黑瞎子岛。

俄罗斯叫大乌苏里岛、达拉巴科夫岛。

佳木斯

佳木斯新兴而又古老。作为居民地，它很古老，周秦便有村屯，但至清光绪十四年（1888 年）三姓副都统衙门才在佳木斯设镇，名曰**东兴镇**，1910 年在此设县，名曰桦川县，1937 年设佳木斯市。

佳木斯是较早脱离日本人统治，被共产党接收的城市。因而在内战打起来的时候，共产党东北行政委员会，把大部分机关安置到佳木斯，只教育文化新闻单位，便有东北大学、东北军政大学、东北日报社、东北新华广播电台、东北书店、鲁艺文工团等，一时间佳木斯群英荟萃，群贤毕至，被称为**“东北革命文化的摇篮”**。

近代佳木斯取代了依兰，成为三江平原行政区域的首府。现在佳木斯市管辖三江平原上的同江、富锦二市，抚远、汤原、桦川、桦南四县。

佳木斯是黑龙江省东北部政治、经济、文化中心，交通枢纽；粮食综合开发基地；木材加工基地。

大自然为这座城市奉献了一条美丽的河：地处中下游的松花江，比哈尔滨段更开阔，更湍急，更具原生态。

松花江畔

松花江佳木斯段，地处松花江中下游，佳木斯这段要比哈尔滨那段江面更宽阔，水流更大、更急，野味更浓；沿江密布港口、修船厂、游船码头……对岸柳树岛，绿荫浓浓，红屋点点。夏天到江沿乘凉，冬天在冰面上嬉戏。四月中旬松花江解冻，那开江跑冰排的景象最好看：裂开的冰面，大如巨轮，小似舢板，大大小小的冰块，或疏或密，都像脱缰的野马一样向着同一个方向疾跑着……间或还能看到奔跑中的冰块上，托着冬季垂钓的窝棚，丢在冰上的桶啊、筐啊、柴火捆……既令人心跳，又令人遐想……奔驰中的冰块时而讲秩序，时而不讲秩序，当巨大的冰块相互碰撞，冲天而起，又一头栽进水里时，令人不由想起北冰洋的浮冰，**“泰坦尼克号”**的沉没……

◎摄影参谋◎

冬天，江沿有冬泳活动，可与冬泳者合影，也可捕捉冬泳奇趣。

冬天松花江的景致较其他季节更丰富，更有特色，我们只一个中午，便捕捉到：冬修的机动船；凿冰卖冰的扶贫工程；戏冰岕的母子；冬泳的老年人；抽烟取暖的东北汉子……

【提示】

夏天，不要野浴，以免溺水或撞上江中行驶的轮船（这里水上运输实在繁忙）。

不要涉水，防止江底的玻璃碴子割破了脚（淘气的孩子，用玻璃瓶“窝”鱼，造成的恶果）。

冬天，江面行走，千万不可作新道路的开辟者：小心清沟！

汤原农场

汤原农场位于汤原县城北2公里。归宝泉岭农垦分局管辖。

1956年铁道兵九师在汤原建农场，以部队代号命名为8509农场；不久划归密山铁道兵农垦局领导，更名为859农场；1958年划归合江农垦局领导，更名为汤原农场。

1958年7月，著名女作家丁玲，戴着“丁（玲）陈（企霞）反党集团”和“丁玲、冯雪峰右派集团”头目两顶帽子，与丈夫陈明被分配到汤原农场一分场畜牧队劳动改造。丁玲先在孵化室、育雏组劳动，后任畜牧队文化教员，担任扫盲班教学。这时期无文学作品问世，与文学贴边儿的事情干过二件：一是代人写诉苦回忆文章，并以此人名字发表在农垦小报上；二是指导排练歌剧《刘三姐》片断，在农场俱乐部演出。1964年12月丁玲移地改造，夫妻二人调宝泉岭农场。丁玲在汤原农场6年，此后又在宝泉岭农场6年，1970年4月丁玲与陈明被押回北京，入秦城监狱，累计在北大荒农垦系统改造12年。去时54岁，离开66岁，平反80岁，逝世82岁。晚年留下一部《风雪人间》，与巴金《忏悔录》一样，记录了那段生活，并对那一段历史，及自己的人生进行了深刻的思索与自省。

那期间不是丁玲一个人，是一大批人，被放逐到共和国的北部边疆，这批文学艺术界的巨匠，用他们的思想与学识，在开发北大荒的同时，也将文化荒漠开垦了，他们对北部边疆文化所做的贡献，怎么估量都不会过分的。时间可以作证。

我们对汤原其他景观的兴趣，远远抵不过丁玲故居对我们的诱惑。

这是一栋弃屋，院子也是弃院，前些年做过罐头厂，现在是一把上锈的锁头把着弃院的大门。

不大一会儿，又有农场的干部围来，听说来看丁玲故居，便你一言我一语，说起了丁玲。说丁玲在这儿人缘很好，在此还认了干儿子，1981年老两口还回来探过亲；死时，盖遗体的红旗上绣着“北大荒人”四个字；有许多人前来丁玲故居参观，外国人也有来的，其中有个日本作家，还写了书……

我们开口闭口“丁玲故居”，包括周先生在内的主人们很受感动——“丁玲故居”是没有挂牌的，但是大家说应当尽早挂牌，别让养鸡场再干别的，以免哪一天脑袋一热，扒掉了。我们说，凡丁玲走过的地方，都有纪念建筑，汤原理应建她的故居；还有，许多知名艺术家同期在北大荒，保留丁玲故居，便留下那批艺术家在北大荒的身影，代表了那个时代文化人的际遇。

应当保留丁玲在汤原的故居

丁玲在《风雪人间》中对养鸡的描写

汤原农场场部的房子都是50年代初期，铁道兵转业到东北时修建的营房，全是瓦顶、红色砖墙，质量很高，营房是中间一个大院，南北两边是战士的集体宿舍，住一个连队。我们靠西面这一排过去是连队办公室、俱乐部、图书室，和夜晚值班干部的休息室。东面一排是连队的伙房和食堂。现在一个连队住的院子除了我住的一间较大的和另外四个养鸭姑娘住的两小间外，其余所有的房子都是住的莱亨鸡，约有两千五六百只。院子很大，是鸡的运动场，白天，所有的鸡都在这里运动，或喂食。鸡舍每天打扫，但这运动场却经常不打扫。人要有事出入，要通过运动场，得很注意，免得踩上鸡粪。我是新来乍到，最使我担心的是鸡，特别是那些大公鸡竟都欺生。当我走过，总有几只鸡猛然向我扑来，我躲也躲不及，我越躲，它就越凶，我壮着胆子，向它们挥手，它们扑过来的就更多了。陈明如果不在家，我只得尽可能躲在屋子里，连去厨房附近（厨房的门朝着院外）打水，或去厕所都很不方便。我真有点犯愁，过两天我要去鸡队上工，得给它们喂水喂食，我能怕它们扑，怕它们啄吗？不行，我不能让人家看出我的胆小，我得硬着头皮，还能怕鸡吗？我要劳动，怎么能怕鸡呢？太阳已经偏西，正晒在我屋子，这个家真热，热得人心里烦躁。为什么杜场长、姜支书不另外给我们一栋房子，硬要我们把家安在养鸡的院子里？这里到底是我的家，还是鸡的家呢？

丁玲主要作品

小说《母亲》、《我在霞村的时候》、《莎菲女士的日记》、《太阳照在桑干河上》。
纪实文学《风雪人间》。

当年来北大荒垦荒的部分文学艺术家

丁玲（作家）、艾青（诗人）、聂绀弩（作家）、陈明（作家）、尹瘦石（画家）、黄苗子（画家）、丁聪（画家）、吴祖光（戏剧家）、李景波（导演）。

< 交通与住宿 >

佳木斯站前有直通汤原长途汽车，每1小时一班；当日回佳木斯住宿为好。

依兰

归哈尔滨管辖，为了说事儿方便将它放在这里。依兰，又叫**三姓**。

三姓，源于赫哲族居民的三个姓氏。明天启年间，牡丹江两岸为赫哲族努叶勒、胡什哈里两氏族所据。牡丹江口以下松花江沿岸至乌扎拉地方（今俄罗斯哈巴罗夫斯克以东300公里之金山、银山）为葛依克勒所据；清同治年间，三姓氏均县境内），越里笃部（今桦川县境内），奥里米部（今绥滨县境内），剖阿里部（今俄罗斯哈巴罗夫斯克境内）。因越里吉部位于五国之首，史称依兰为五国头城。称五国城，实是把头城的头字省略后的称谓。

金灭北宋，以宋徽宗（赵佶）、宋钦宗（赵桓）为

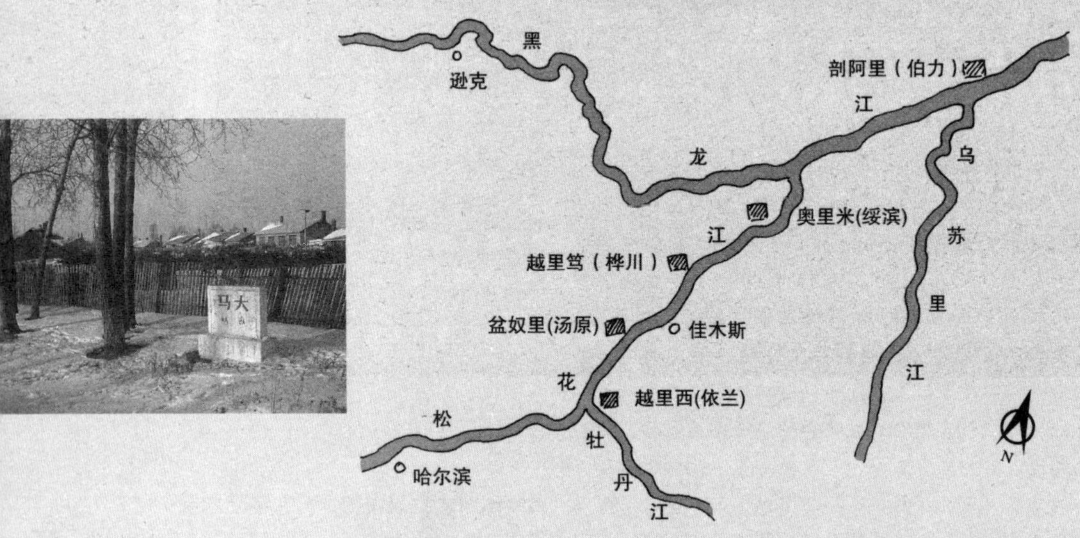

译为汉姓：努叶勒为卢姓，胡什哈里为胡姓，葛依克勒为葛姓。依兰地区以三氏族命名为“依兰哈喇”，依兰，赫哲语“三”，“哈喇”为姓的意思，“依兰哈喇”直译“三姓”。现简称为依兰。

依兰又称五国城。

契丹灭渤海国后，黑水靺鞨改称**生女真**人。生女真人形成五大部落，即历史上著名的五国部：越里吉部（今依兰县境内），盆奴里部（今汤原首的两代皇帝及皇族3000余人，被金全部掠走，由汴京押抵五国城囚禁，“**坐井观天**”，直至二帝故去。

金代，依兰为胡里改路治所在地，有胡里改、斡朵里两个万户府。斡朵里在今依兰**马大**屯。斡朵里的万户是清太祖努尔哈赤的六、七世祖。据此，依兰一带称之为清王朝“**兴龙之地**”。

一个北方偏远小县，能留下两代帝王故事，在黑龙江乃至东北都是罕见的。作为追溯历史旅行，杭州（南宋国都临安）、开封（北宋国都汴京）两地的文人学子，是会感兴趣的；对崇敬爱国名将岳飞的人，也会感兴趣的。徽钦二帝活动地域的伸延，便伸延出了无边的学问与多彩的故事。

依兰地域有松花江、牡丹江、倭肯河、巴兰河等18条江河流淌，有张广才岭、小兴安岭、完达山余脉三条大山横贯。境内多奇景，多秀色，可来欣赏，可来避暑，可来游乐。每年有大量来自哈尔滨的游客到依兰进行巴兰河漂流。

依兰正在开发中，新旧建筑并存，有多处满族住宅，其中最为有名的是悦二爷住宅：四合院，两进院落，此院为清道光年间所建，悦二爷的父亲做过瑷珲副都统和四川知府；江边老街有一栋小洋楼，虽旧，但十分别致，为老字号饭庄“**四合发**”，“四合发”是郝、王、姚、张姓四个山东汉子创下的业绩，历经了清、民国、伪满、新中国，四个历史时期，我们看到的小楼为1937年所建，那是鼎盛期的标志——这两处建筑遗存，在东北已很少见，去看一看“当地人”与“闯关东的”共同创造的业绩，便亦看到了依兰的历史进程。

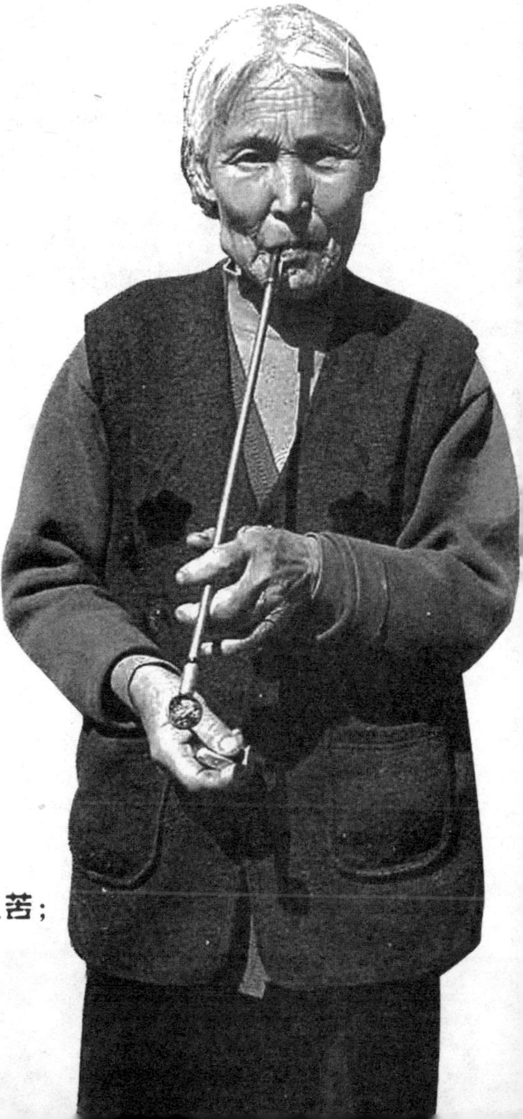

北宋，徽、钦二帝在此受“坐井观天”之苦；
清，努尔哈赤的七、六世祖在此发祥，
此乃“兴龙之地”。

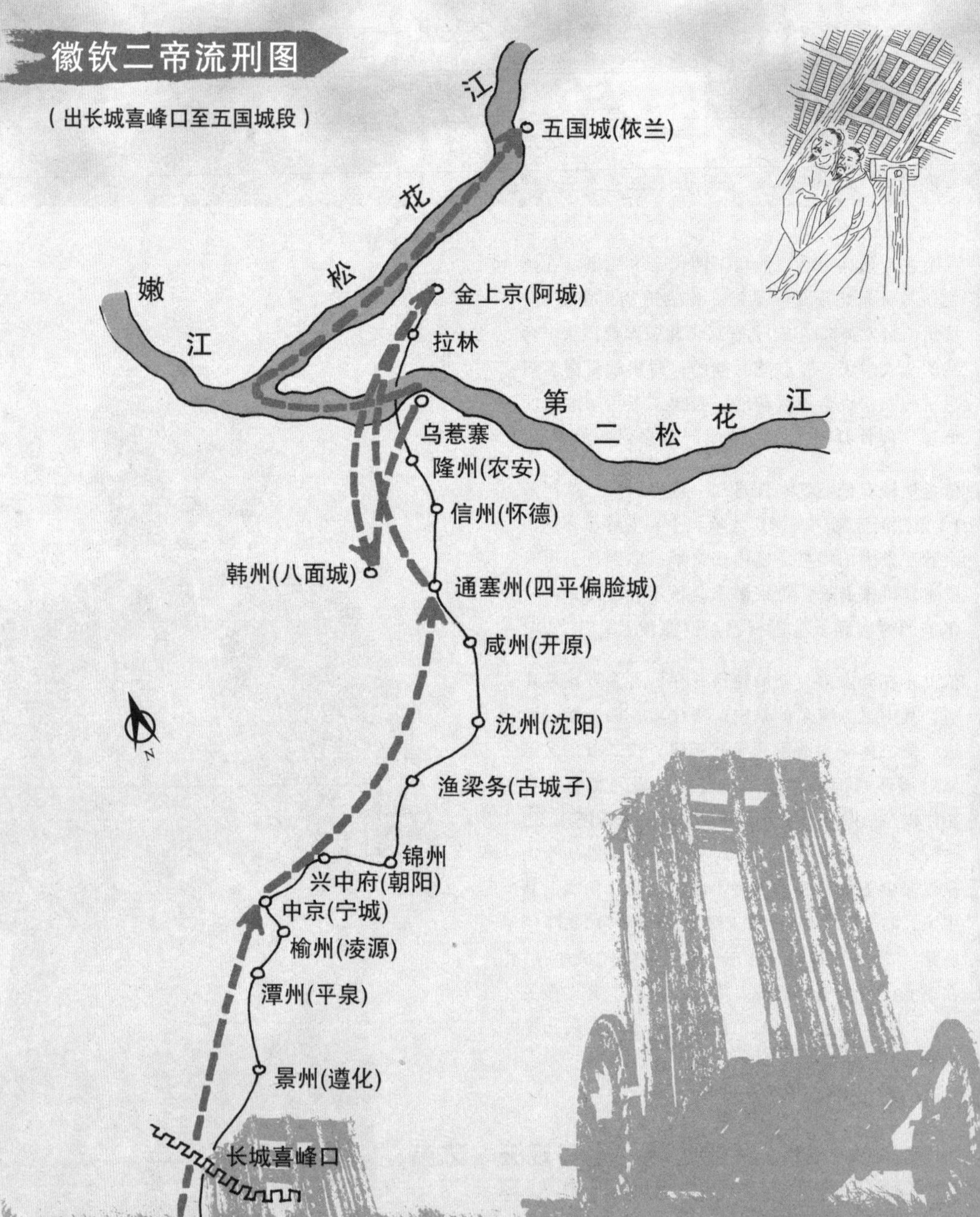

徽钦二帝流刑图
（出长城喜峰口至五国城段）
江
五国城(依兰)
花
松
嫩
江
金上京(阿城)
拉林
第
二
松
花
江
乌惹寨
隆州(农安)
信州(怀德)
韩州(八面城)
通塞州(四平偏脸城)
咸州(开原)
沈州(沈阳)
N
渔梁务(古城子)
锦州
兴中府(朝阳)
中京(宁城)
榆州(凌源)
潭州(平泉)
景州(遵化)
长城喜峰口

"坐井观天"考

徽宗、钦宗二帝被金所掠，翌年，1127年3月，被押解北上，随从万余众，入松花江主航道，航行半路，金帝命令，削减二帝随员，这一来，上船2000人，登五国城岸仅140人。这140人中有二帝嫔妃、直系王子、驸马及部分都尉近臣。

徽钦二帝一路劳顿，苦不堪言，在金上京受牵羊礼之辱，到韩州服耕作之役，至五国城享"坐井观天"之罚……征服者之残暴，在中国历史，乃至世界历史上都是罕见的。

徽钦二帝在金上京受辱后受封，徽宗封为昏德公，钦宗封为重昏侯。在必备的生活保障条件下，二帝与100余随从，在重兵看护的五国城居家过日子。徽钦二帝照例吟诗作画，今流传的《思断肠》便写于五国城；照例生儿育女，年近五十的徽宗在五国城生了三位王子；照旧"窝里斗"，十四、十五子，为了取悦金廷，争取尽早释放，竟制造了冤假错案，告二帝谋反，金廷派官调查，认定这是二位王子的诬陷，遂将二子处死……

我们之所以"文不对题"的叙述上面这些史实，意在让大家和我们得出这样一个结论：

如此生动活泼的生活，是不可能在井里完成的。徽钦二帝受"坐井观天"之罚，是一种形容，形容刑罚之苦。民间传说入了刘兰芳的评书《说岳全传》，便说成了"徽钦二帝被囚禁在五国城的一口枯井里，每天金兵用绳子将饭菜吊上吊下……"实则徽钦二帝在五国城过的是"张学良在奉化"那样的软禁生活。

不过"坐井观天"也有生活参照，那便是金人冬季喜欢穴居。穴虽不是井，但是把洞天的环境，拿来形容徽钦二帝所受的刑罚之苦，也可。

宋徽宗赵佶

【提示】

是否可以照此开辟一条旅行路线？

路线有趣味，风光有特色。

辽吉黑三省虽未走遍，但也采撷了部分精华，有代表性，有典型性。

不要期望值过高。

历史是真实的，古迹则做了不少加工，一个有经验的旅行者区分得出来。但无论怎么说，历史事件就发生在这里，站在这里凭吊古人，追忆历史，大有身临其境之感；在你由内地踏着徽钦二帝的行踪，游历至此，那游历的过程，更具有了价值。

夏天来最好；冬天太冷。

宋徽宗五国城诗作《思断肠》

彻夜西风撼破扉，萧条孤影一灯微。
家山回首三千里，望断天南无雁飞。

九叶宏基一旦休，猖狂不听直臣谋。
甘心万里为降掳，故国悲凉玉殿秋。

从佳木斯到抚远三角洲

从佳木斯出发，向中国的“东北犄角”上行走，那儿叫抚远三角洲。
特别说明：我们是冬秋两阶段走的这条路。一路有风光。

中伏村

沿306省道，出佳木斯，入桦川县界，约45公里，路南有一村庄，名叫中伏村。

我们停车解决内急，进村去找厕所，解决完了内急，心情放缓，于是有了闲心，竟发现这是一个很有特色的小村子。典型的黑龙江农村图画：向日葵秆（没见过这么高的向日葵，有二层小楼那么高）围成篱笆墙；院子里堆着金光闪烁的玉米棒子；院子里集中展出了这一方农家生活的独特内容：菜窖、鸡窝、手压井、柴火垛、辣椒串……进到一家张姓老乡家的屋子：窗户明亮，火炕正热，一个老大娘盘腿坐在炕头，一个小孙子偎在她的身上。令南方人开眼的是，屋里有堵红砖垒筑的取火墙。火炕、火墙，好比城里的暖气，把屋子营造得暖暖烘烘。这还不算，一物多用，火炕用来炕（烘烤的意思）粮食；火墙用来烤衣服……一派猫冬（冬闲）的景象。

村里还有一个另类的茅草屋：房子很大，窗户很小。这是日本开拓团农民留下来的房子，这样的房子很少见，这之前，我们从未见过日本农民住的房子。

冬天，正是猫冬时。

同江

赫哲语拉哈苏苏，拉哈，一种草和泥编成辫的垒墙方法，苏苏，屯子之意，汉译为草房屯子。在同江市的辖区有两个赫哲族乡，一个是街津口，一个是八岔，同江市也有很多赫哲人。同江地处松花江汇入黑龙江的位置，汇合处，名叫三江口，真正看清楚两大水系合流，要站到在黑龙江边的牛津山上，在那里可以观看黑色的黑龙江与黄色的松花江并流十余里而不混淆的奇景；同江还是由北到南贯穿共和国全境的同三（同江至三亚）公路的起始点。因而同江很有名，许多国家的、省市的节庆活动，选在同江举行，并且中心会场也很固定——三江口同三公路的零公里处。

我们赶上哈尔滨冰雪节的越野拉力赛，花花绿绿的越野车由江道上开过来，在三江口段做最后的角逐，江中那条冲刺线，正对着同三公路的零公里标示——组委会要的就是这个劲儿。我们也看好这个点子，在别致的零公里标示牌前，装模作样的留了一张相。

可以留宿市旅店，价格高低均有，冬天能洗上澡的不多，尽管有的旅店有热水设备，但不是不烧了，就是坏掉了。究其原因，冬天太冷，烧锅炉太费燃料，因而洗澡便被视为“过于侈奢”。

◎摄影参谋◎

同三公路零公里碑有文章可作，透过圆洞（零点）看公路伸向**“天涯海角”**。

同三公路起点

始建于一九九九年

街津口

赫哲族较集中，交通较方便的一个乡。紧靠黑龙江边。

街津，是一赫哲老人的名字“该金”的谐音，(当地人把“街”说成“该”：问上哪儿去？答上“该”去。）久而久之，便成了屯子的名字。因为屯子建在江口地带，便称之为街津口。

街津口现有人口中有240人为赫哲族，种1000余垧河滩地，外加捕鱼养鱼。街上有网吧，家家有电视，通讯发达，电话可直拨全国各地，手机信号很好。赫哲人居住条件很好，原本拉哈辫房子是赫哲人的住房，现在变了，小洋房是赫哲人住房，“拉哈辫”是汉族人的住房。

渔业资源不足，每年政府配发一定数量的渔船下水，2002年批准街津口8条船去乌苏里捕大马哈鱼。捕大马哈鱼，有定点的网滩，街津口的捕鱼点在海青的白灯滩。那一年，打了一个月大马哈，一条船平均能打20条鱼，一条能卖100元钱。

我们多次到过街津口，对比看，这次，我们感到，古谓鱼皮部与使犬部的赫哲族聚居地鱼少了，犬变了。

赫哲人变打鱼为养鱼；街上鱼贩子卖的是从俄罗斯进口的冻鱼。

头二十年我们见过本地犬，个头大，毛长，不叫夜，不咬人，力如马，性如羊。现在见不到这样的犬了，在一户赫哲人家里，我们看到一只矮趴趴的，奇丑无比的，名叫“腊肠”的宠物狗。

我们熟悉的两个名人，都“上山了”(故去)，一个是滑雪冠军尤满仓；一个是跳天鹅舞的吴金生。

现代生活的介入是不好抗拒的，当年由专业滑雪队回来的尤满仓，没别的理由，就是想回街津口吃黑龙江鱼。可是现在……民族服装压根儿不穿了，只是为了给来旅游的外地人看才穿，像演节目似的，穿一会儿。

赫哲话会说的也不多了，只有60岁以上的人相互用赫哲语说话。

赫哲族

赫哲族是我国人口最少的民族之一，人口不足2000人。主要聚居在黑龙江省的同江市街津口赫哲族乡、八岔赫哲族乡、饶河县四排赫哲族乡；杂居于佳木斯、依兰、同江、富锦、抚远等地。

赫哲族是古肃慎族的一支。是女真三大支系之生女真之一部。《吉林通志》则称之为“**犬女真**”，并记载：“犬女真地多良犬，田犬极健，力能制虎，最难得；又外藩犬可供驱策，故元史有犬站以代马，令瓦尔喀、赫哲各部落尚役犬，以供负载。”因而赫哲又称**使犬部**；赫哲人多以渔猎为生，穿鱼皮衣，故又有人称**鱼皮部**、“鱼皮达子”。

赫哲，清初方有文字记载。不同牒文，有黑斤、黑津、赫真多种演化；而不同地域，又有不同称谓，俄罗斯境内，黑龙江下游的赫哲人，名那乃族。赫哲族内有不同分支。

赫哲族有自己的语言，属阿尔泰语系，无文字。

现居住在中国的赫哲族，以农业为主，兼捕鱼、养殖。

赫哲族人口虽少，影响力不小，保疆土，抗倭寇，誉载史册，此外，民族文化事业大有影响，一首根据赫哲族民歌创作的《乌苏里船歌》唱了40余年，今天还在唱，中国在唱，外国也在唱；还有那部著名的电影《冰山上的来客》，它的编剧便是赫哲人乌白辛；中国滑雪运动史记载有赫哲人的名字，1960年全国滑雪锦标赛，一个叫尤满仓的赫哲少年，一人独得二项全国冠军……虽然这些算不得重量级人物，“原子弹”一样的成果，但是想想，这些成果产生于一个千余人的民族，便令人刮目相看赫哲人了。

赫哲人吃鱼

赫哲人评价养殖鱼：吃起来肉发黏、面，土腥气重，有“六六六”药粉味儿。

喜食野生鱼，不管什么鱼，只要一嗅，便知道，是养殖的，还是野生的。
喜食生鱼，最常见的是杀生鱼：将新鲜鱼肉切成丝，用食用醋“杀”（浸）上，拌以土豆丝、黄瓜丝、蒜泥、盐末、味素……一盘下酒的好菜。此菜在三江平原广大地区的饭店里都可以叫到。
杀生鱼，赫哲语叫“塔拉卡”。
除杀生鱼外，还有其他吃法：

晒肉干：才尔嘎查。
鱼毛：它斯痕。
烤鱼：稍鲁。
鱼条子：乌奇格达。
鱼片：拉布塔哈。
刨花：苏拉卡。

酒令

小鸡吃虫子，虫子嗑杠子，杠子打小鸡。
行令：一个起头，一个应对，错了、卡壳——罚酒！

赫哲人的姓氏

除在依兰介绍过赫哲三姓，葛、胡、芦外，还有：
尤姓：尤克日哈拉
何姓：何哲日哈拉
吴姓：吴丁克哈拉
付姓：付特哈拉
齐姓：奇楞哈
董姓：董杭哈拉
陆姓：陆义勒哈拉
黄姓：苏阳克哈拉
佟姓：马林卡哈拉

教两句赫哲话

老乡：多哈衣
您好：安衣夏
老乡，进屋行不行：多哈衣啊切拉？
行：啊切拉。
不行：啊切杀。

◎摄影参谋◎

在村子里寻找、抓拍，比到表演成分浓重的风情园照相更真实、更生动。

猜一猜看：这挂在墙上的鱼，做何用？
图腾？晾干？
答：是鱼骨。留待用来做菜，可见吃得多么仔细。

黑龙江三江国家级自然保护区

黑龙江三江国家级自然保护区跨抚远、同江两县市，总面积198089公顷，是我国东北面积最大、具有原始风貌的典型低地高寒湿地。

三江自然保护区内，黑龙江、乌苏里江水系交织成网，湖泡、岛屿星罗棋布，沼泽分布广泛且多样化，动植物十分丰富，有兽类6目38种；鸟类18目40科210种；爬行类3目4科7种；两栖类2目4科5种；昆虫500余种；鱼类9目17科77种；高等植物500余种，分属95科，其中国家级重点保护的野生动植物有东方白鹳、中华秋沙鸭、丹顶鹤、野大豆、野荷、黄菠萝（树）等55种。

我们行走在横穿湿地的道路，道路如同沼泽中狭长的岛，被苔草、芦苇、灌木丛所包围；野鸭、鸳鸯及不知名的鸥鸟在湖泡里或戏水，或飞翔。在这里我们看到了三江湿地自然保护区最为珍贵的两个物种：白鹳、野荷。

湿地

湿地，不仅是当地人所说的涝洼塘、荒草甸子，理论界定湿地，要宽泛得多，湿地按照《国际湿地公约》的定义：湿地是指天然的或人工的、永久的或临时的沼泽地、泥炭地或水域地带，带有静止或流动的淡水、半咸水或咸水水体，包括低潮时水深不超过6米的水域。

地球三大生态：海洋、森林、湿地，湿地面积比森林面积还大。人类生产与生活仰赖湿地。湿地具有蓄洪抗旱、控制土壤浸蚀、促淤造陆、降解污染、提高地下水位及抵御海水倒灌等多种功能。三江平原的湿地调解东北亚地区的气候。

没有湿地就没有水。湿地是大地之肾。

<交通与住宿>

早6时、6时30分，发往佳木斯长途汽车60元。

下午5时，发往佳木斯长途汽车（卧铺）100元。

住沿江招待所，（公共卫生间）10元。

【提示】

保护区是一大片，不是一个点。当你进入同江、抚远，便进入了自然保护区。这个时候应该取出你的相机，做随时拍照的准备。如果你对湿地想作全面的、具体的了解，可到设在县城的保护区机关——黑龙江三江国家级自然保护区管理局来。那儿的领导与科研人员很热情，在解答你的问题时，还会送给你几张图片和资料。

抚远三角洲

又名黑瞎子岛。

黑瞎子岛不是一个岛，是由93个大小不同的岛组成的群岛。黑瞎子岛长50公里，宽3至12公里。

黑瞎子岛在黑龙江和乌苏里江两江主航道中国一侧，该岛呈不规则三角形，故名为抚远三角洲，如果把我国版图比做一只雄鸡，那么抚远三角洲则是“雄鸡的嘴尖儿”。抚远三角洲面积为324.8平方公里，相当于15个澳门。黑瞎子岛扼守黑、乌两江，是中俄双方船只出入两江的要冲。黑瞎子岛土地肥沃，林木茂盛，是鲟鳇鱼，大马哈鱼回游的必经之路。

抚远三角洲自古以来便是中国领土。即便是不平等的《瑷珲条约》和《北京条约》，它也是中国的领土。清朝在此岛设三个村屯，即摩噶乌珠噶珊、穆克德赫噶珊、乌苏里昂阿卡伦。1909年，绥远州知州高铎曾上奏，建议将县城迁至岛上，未准，足见该知州卓有远见。

有史料记载，明朝内宫太监亦失哈从永乐9年（1411年）至宣德七年（1432年）10次率大规模船队，经此岛东北侧到黑龙江下游巡视。沙俄割去我江东大片土地之后，窥视抚远三角洲，窥视黑龙江与乌苏里江航道。抚远县志记载，“1911年，沙皇俄国公然禁止中国船只沿抚远三角洲外侧，黑、乌两江主航道航行，清政府对此提出了严正抗议。1929年中东路事件后，苏方强行驱逐岛上居民，公然霸占了此岛，并控制了北面黑龙江与东面乌苏里江的全部水域。”

中苏由1964年开始就国界问题进行谈判，历时40年才全部解决问题。2005年两国议会批准的“中俄国界东段补充协定”解决了黑瞎子岛的归属问题，具体勘界还需时日，权威部门透露：黑瞎子岛西部划归中国，东部划归俄罗斯；黑龙江还是两国界江。外电评论，这样划界，双方谁也未输，谁也未赢。

黑瞎子岛西部多低洼地，尚未开发。

黑瞎子岛东部较繁荣，俄罗斯建有东正教堂、高压输电线路、过江浮桥……

黑瞎子岛示意图

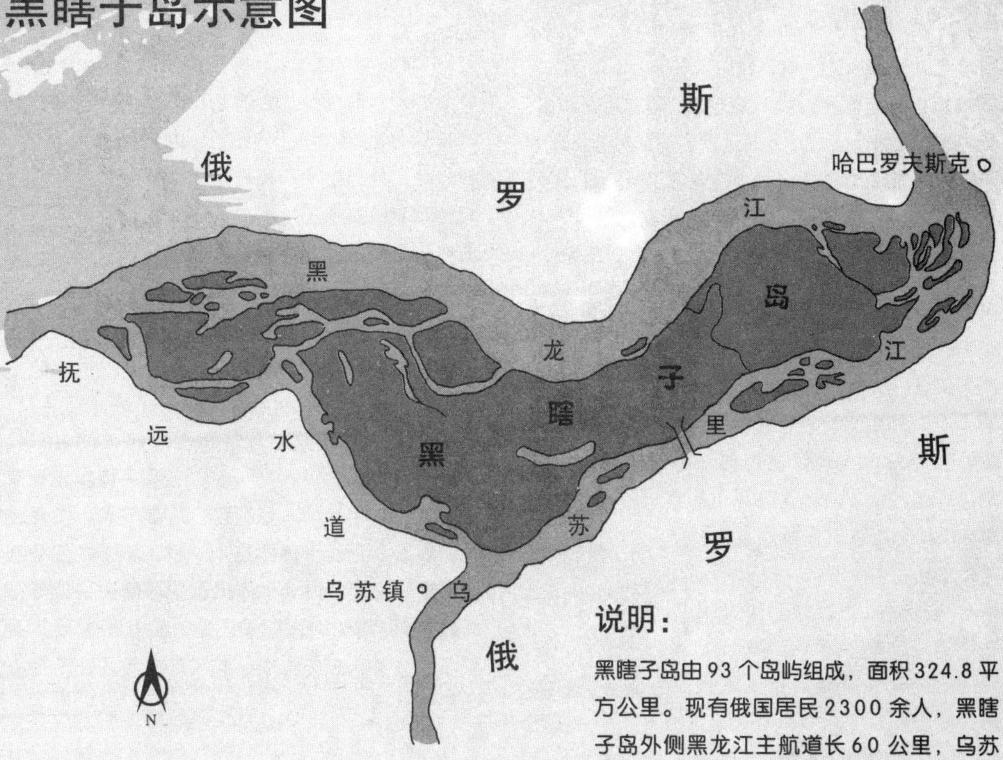

说明：

黑瞎子岛由 93 个岛屿组成，面积 324.8 平方公里。现有俄国居民 2300 余人，黑瞎子岛外侧黑龙江主航道长 60 公里，乌苏里江主航道长 40 公里。

绕行黑瞎子岛纪事

2003年9月20日晨6时，我们搭乘抚远外事船“长城1701”去乌苏镇。54岁老船长关德祥告诉我们，必须在9时到11时30分通过俄罗斯在乌苏里江上架设的浮桥。否则我们将卡在途中，老船长还特别说了一句，俄罗斯人办事十分认真，浮桥，早一分钟不开，晚一分钟不等。

6时15分，“长城1701”解缆开航，具有700马力的“长城1701”以每小时30公里的速度，沿黑龙江主航道，我方一侧，向前航行……在接近黑瞎子岛处，一艘俄罗斯炮舰横在黑龙江口，我们是贴着它那庞大的身躯通过的，心里不是个滋味儿。不过，没有办法，能让中国船只通过是谈判的结果，否则内河干枯，船只将卡死在抚远。途中遇俄游艇“MOCKBA-162”，我们没有向他们招手……可以近距离观看黑瞎子岛了，虽然我们只能透过水平面看到野草、灌木……给人以荒原的感觉，但是我们还像见到海外游子那样亲切，看那看，看不够；拍呀拍，拍不完……比起江左岸，俄罗斯远东第一大城市，哈巴罗夫斯克的那些高楼长街、车水马龙，我们硬是觉得荒芜的黑瞎子岛亲……

约10时，我们看到了浮桥，由远至近，中方的船，俄方的船，两国等候过桥的船形成两支船队，相向排队通过浮桥……浮桥是由飘浮器联结的，闭合时，可以走车，可以走人，方便了收获马铃薯的人，但挡住了航行中的船。在浮桥处，可见到凌空架设的过江高压输电线，给人的感觉，俄方是舍得往这个荒芜的岛屿投入的……过浮桥，没有多久，便看见了耸立于乌苏镇的中方哨塔，备感亲切，同时，也看到了黑瞎子岛上俄方的东正教堂，那凸显于荒地上的尖顶建筑分外显眼，我们在想：有与教堂容量相对应的教民吗？或许是一种象征……又见军舰，有我军炮艇，有俄军的军舰，相对峙，好紧张！冷静下来，发现江中渔船点点，江岸窝棚连片，哦，原来是大马哈渔汛期——我军炮艇奉命执行护渔任务，俄方军舰则是例行的镇守黑瞎子岛乌苏里江水域。看着两艘对峙状态的炮舰，我想起一句话：千万不要擦枪走火。

11时05分到达乌苏镇，我们邀老船长在他的“长城1701”上合影留念。

【提示】

面对地球仪，你能指出哪儿是地球的东极？也见不到地理书上有“东极”这个词汇。但是到了抚远，我们不必寻找，便可以看见许多“东极”、“东方第一”的招牌。我们手里有一本精制的抚远旅游手册，提到所辖乌苏镇，说“乌苏镇，是我国国土最靠东方的边沿”。短短一句话，把93个岛组成的抚远三角洲扔了。

我们是有依据的：
黑瞎子岛　东经 134° 25′ 19″ 至 135° 4′ 48″
乌苏镇　东经 134° 40′ 32″

如果非要做“东极”的文章，我们认为要慎用简称，要说，就完整地说，说抚远，“抚远县是祖国最东部的县”可矣，因为县域包括了抚远三角洲；说乌苏镇，“乌苏镇，是目前中国政府管辖的中国领土的最东端的居民地”可矣，无懈可击；说乌苏镇是“东方第一哨”，可矣，因为说的是“哨”，而不是领土……建议有关部门对取名“东极”，“最东端”的告示进行一下盘点，切莫制造出拱手“出卖”国土的笑话。

<交通>

“龙客”游轮每天往返抚远镇—哈巴罗夫斯克—乌苏镇，便绕行了黑瞎子岛。
出境游，部分绕行黑瞎子岛。

◎摄影参谋◎

坐在通过黑龙江界江航道客轮，可拍两岸景观、黑瞎子岛景观及江中中俄两国的驳船、客船、炮艇、渔船……

我们成功绕行黑瞎子岛

乌苏镇

乌苏镇不是镇，只是一个小小的居民点。
是个人情味很浓的小镇。

乌苏镇在乌苏里江边，西距抚远镇35公里，南距抓吉镇10公里，东与俄罗斯的卡杂克维茨沃隔江相望，有边防哨所一个，有鲑鱼加工厂一座。

民国初年乌苏镇的确是个小镇：有商号9家，设警察所、税务所，户数20，人口150。除此之外，也设有边防哨所。来乌苏镇做生意的，多为对岸的俄罗斯人与朝鲜人。1929年中东路事件，乌苏镇被苏军夷为平地。解放后，虽建有大马哈鱼加工基地，但尚未恢复当年那样的“繁荣”，改革开放后，抚远口岸多了一条通道（乌苏镇至卡杂克维茨沃），又有慕名而来的旅游者，便季节性的热闹起来。热闹季节，这里有商店，有饭店，能直拨电话，能打移动电话……到了冬季，这里便一下寂静下来，小商贩们都回抚远“猫冬”去了，到了大年初一，乌苏镇的永久居民只有两家：一家是边防哨，一家是看守鲑鱼加工厂的老石头与她的老伴，即便是老俩口在乌苏镇做小生意的女儿，也回抚远了。

哨所服务指南

一、如果自带食品，我们可以尽义务为您加工，并免费提供炊具、餐具；
二、哨所备有照相机、胶卷，可租借，我们有小摄影师可为您提供义务服务；
三、哨所设立便民服务箱，备有针线、鞋刷、鞋油、雨伞、药品、洗浴用品，并免费提供白开水；
四、哨所备有“东方第一哨纪念章”、“东方第一哨旅游卡”，为您留下美好的记忆，如遇到什么困难，可找执勤战士，他将尽全力帮助您。

乌苏镇哨所
2002年元月

我把太阳迎进祖国——胡世宗

在祖国边防最东端的角落，
耸立着我们的小小的哨所；
每天当星星月亮悄悄地隐没，
是我第一个把太阳迎进祖国。
我每天把太阳迎进祖国，
太阳把光热洒给万里山河；
我持枪向太阳致以军礼，
请它也带上我的光、我的热。

$建议$

夏至之日，2时15分，太阳从这里升起，建议此刻打开手机：把第一缕阳光，献给您——我的妈妈、我的爸爸、我的爱……

<交通与住宿>

有抚远到乌苏镇的长途汽车，5元。
除冬季，有小旅店为游客服务。如客满，找边防哨所和老石头，他们有办法安排好你的食宿。

抓吉

抓吉，有说它像女人头顶的抓髻，而得名，有说是“抓金”二字演化来的。从前抓吉村并不在现在这个位置，它建在抓吉山下，在江的对岸，有一年江水泛滥，村子被江水淹没了，人们被迫移居到了乌苏里江的西岸，现在这个位置。

抓吉是个渔村，镇政府设在这里。柳树多，红砖房，小街，木栅栏，晒着鱼网，晒着鱼干。仓房都是二节楼式的，一问，才知道其中奥妙，原来是防江水上岸，楼上的仓房灌不进水，一旦发大水，楼上仓房放吃的，放细软，人也可上去躲水。盖二层砖的楼房盖不起，盖一个二节的木板棚，总可以盖成的——连片的二节仓楼，构成抓吉独特的江岸景观，它的存在提示人们：抓吉是靠江的村子，水火不留情，在这儿居住要有防水之心，逃水之举。

小镇，麻雀虽小，五脏俱全，镇内有供销社、农业银行、水产办事处、税务所、邮电所等单位。村前有一道江岔，天然的卧船港。我们去那观鱼市，交易的品种大多是鲤鱼。问怎么不见大马哈，答，捕得少了；再问大马哈价格，答，30元1斤，一点儿也不比抚远便宜。

我们在这里吃顿鱼宴，是赫哲与汉族合璧的：有杀生鱼、红烧鲤鱼、炸小白鱼、鲫鱼汤、鲶鱼炖茄子……最好吃，最有特色的当属鲶鱼炖茄子，这里有句嗑儿，叫“鲶鱼炖茄子，撑死老爷子”。又好吃，又便宜（六个菜，四个人吃，花不到120元钱）。我们好玄没撑死，只闹了个半死，夜宿小店。

※集邮参谋※

在镇上的邮政所，盖个纪念邮戳，在黑瞎子岛没回归之前，抓吉邮政所，被公认为，共和国最东面的一个邮政所，盖上一个“黑龙江　抓吉”便等于到了中国的“东极”；如果您像我们一样，去了“北极”漠河，又来到“东极”抓吉——等于“四极”，去了两“极”，都留下了邮品，是很有纪念意义的。

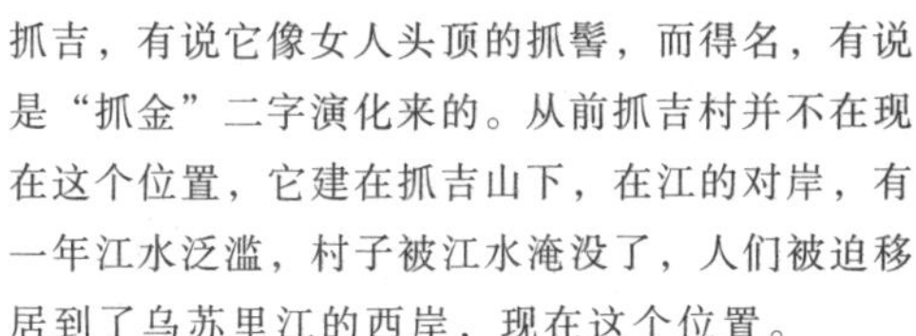

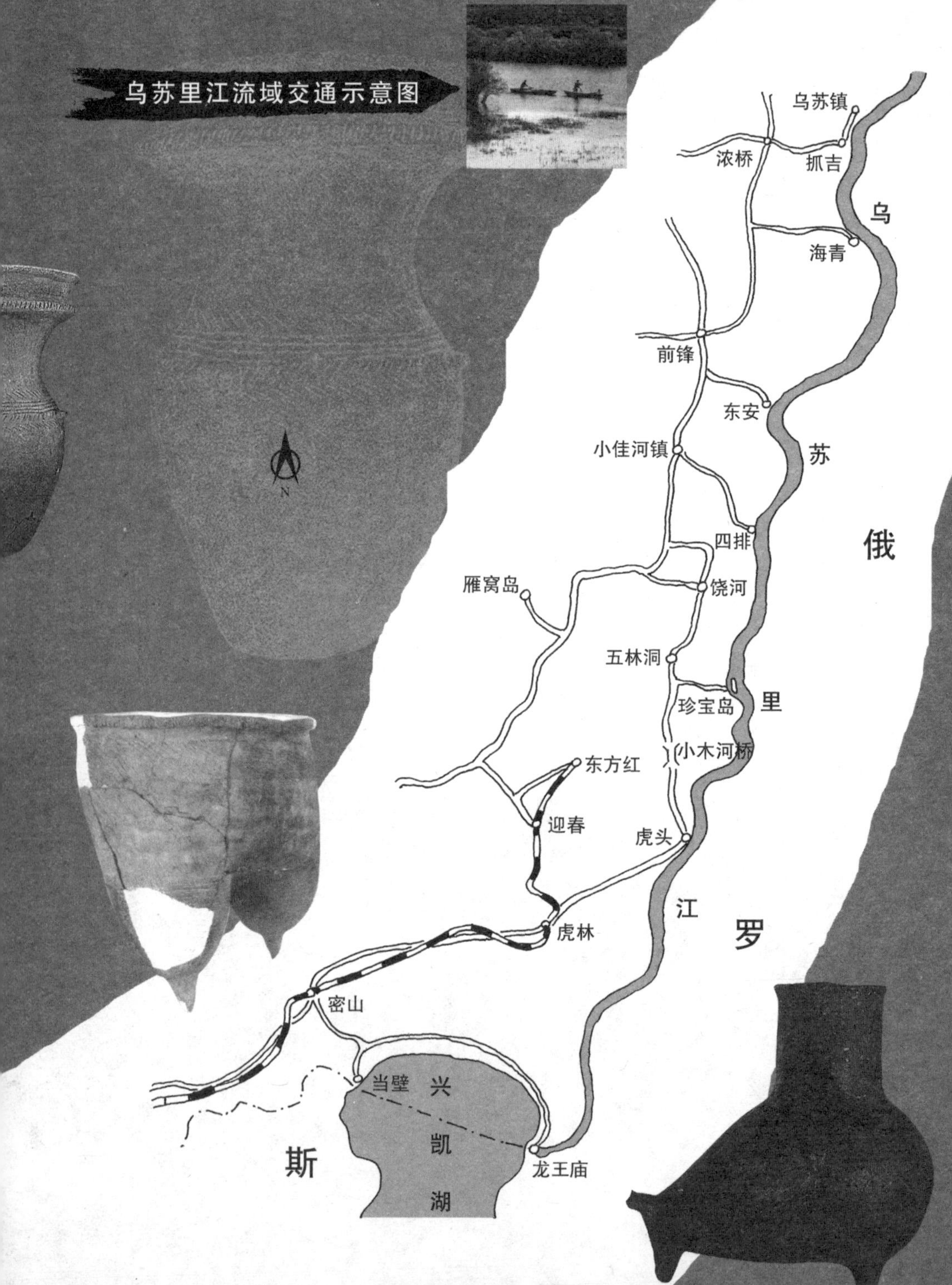

乌苏里江流域交通示意图
乌苏镇
浓桥
抓吉
乌
海青
前锋
东安
小佳河镇
苏
四排
俄
雁窝岛
饶河
五林洞
珍宝岛
里
小木河桥
东方红
迎春
虎头
江
虎林
罗
密山
当壁
兴
斯
凯
湖
龙王庙
N

第 8 章

乌苏里江流域

我们是顺着抓吉镇往南走，恰是顶着乌苏里江水流，逆水溯源，直到兴凯湖。

乌苏里江

乌苏里江，满语乌苏里乌拉。乌拉是江的意思，乌苏里乌拉是“下江”之意，这是相对于松花江而言，如同乌苏里江沿岸的人，把松花江称之为“上江”；另一说，乌苏里，译为“天王”，乌苏里乌拉为“天河”之意。

乌苏里江有两源：西源为兴凯湖，东源为俄罗斯锡霍特山。出自东源的乌拉河向北流淌中，与出自西源的松阿察河相汇，形成乌苏里江。乌苏里江全长890公里，主要支流左岸有穆棱河、挠力河；右岸有伊曼河、比金河、霍尔河等。下游江面宽阔，水流缓慢，有大片沼泽地相连，沼泽植物茂盛，鱼饵多，是重要的淡水鱼产地，江中盛产大马哈、鳇、鲟鱼。

未到乌苏里江来，我们便知道乌苏里盛产大马哈鱼；乌苏里江上有一个叫珍宝岛的小岛，岛上发生过影响不小的战争；还有一首常唱不衰的赫哲族民歌《乌苏里船歌》……除此好像不再知道什么，可是当你真的沿江走走，丰富得很。

乌苏里江流域有大马哈鱼，《乌苏里船歌》，珍宝岛自卫反击作战，还有别的……

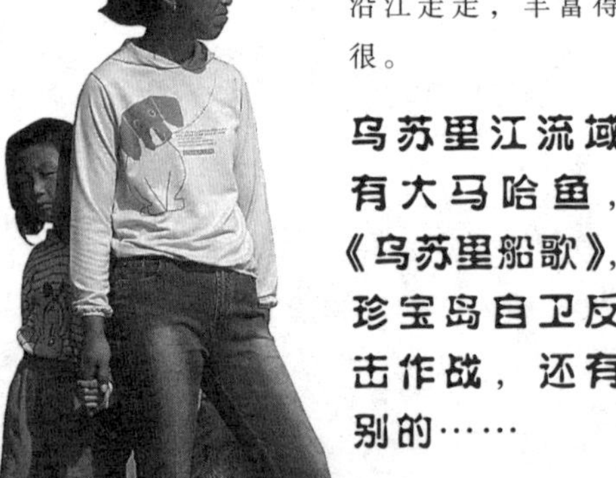

海青

海青，容易令人想起雄鹰海青，不过地名海青与雄鹰海青无关，虽然此地百年前盛产雄鹰海青。海青，是满语“小锅”的意思。海青村，以它身边的乌苏里江盛产大马哈鱼而闻名。

街津口的赫哲人告诉我们，他们捕大马哈鱼的地段在海青。

海青即是乡名，亦是村名，海青村距县城抚远97公里，地域内多河湖泡沼，土质肥沃，从前单搞渔业，现在也种庄稼。地域内著名渔场，有胖头亮子、四合梁子、马圈。全乡年鱼获量达50多吨。

从前，远在哈尔滨的鱼贩都知道海青是个“大钩地”，当年海青一带渔火蜿延30余里，比城市还热闹。现在寻踪亦不可能，1976年一场野火把老海青烧个净光，拉哈辫草房、木刻楞别墅、日本小洋房，全随火走了……现在立在我们面前的是不到三十年历史的新海青。

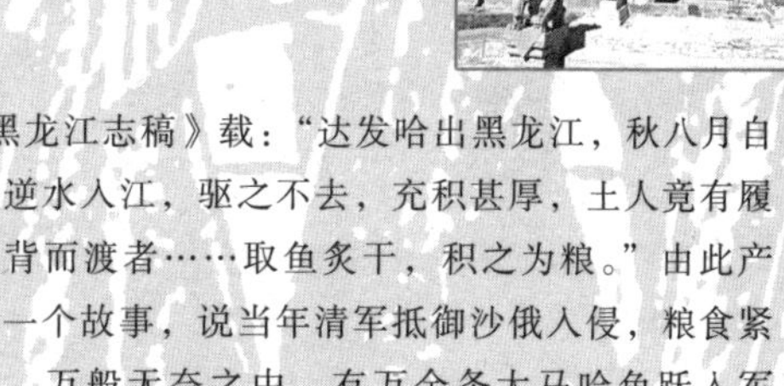

大马哈鱼及其趣闻

大马哈鱼，学名鲑鱼，古称达发哈鱼。属鲑鳟鱼科。

大马哈鱼状似纺锤，肚皮呈灰白色，长一双凸在外面的眼睛，腹印灰蓝色条纹。对这道条纹清《黑龙江外记》记载：“唐太宗征高丽，达发哈（即大马哈）跃入御舟，帝怒，谓当驱之黑水，故今鱼腹有印痕，唐遗迹也。”

大马哈鱼是一种洄游性鱼类。每当秋季来临，由白露至封江，大马哈鱼以每昼夜30到50公里的速度逆流而上，从鄂霍茨克海，经鞑靼海峡，洄游到黑龙江、乌苏里江的支流水域产卵。产卵时，雌鱼以尾鳍拍击砂砾，借助水流开掘成直径约1米，深约20厘米的坑穴产卵，然后雄鱼再用尾鳍遮护鱼卵，以防流失。双亲轮流守护卵穴，直到耗尽最后的能量，默默死去。鱼卵经100到120天孵化，当春汛到来的时候仔鱼破膜而出，顺河而下，流入大海。在海洋中长到三、四龄的大马哈鱼，再返江河，传宗接代。因此，大马哈鱼谓溯河性鱼类。

大马哈鱼洄游期间不吃不喝，出发10斤，到达8斤。一路之上都有人类围捕。入黑龙江，首先围捕的是俄罗斯的渔民，漏掉的大马哈鱼才入中国渔网。不过，落于中国渔民网中的大马哈鱼，由于行程较远，游掉了一身脂肪，肉质最为鲜美，价钱最为昂贵。所以内行的购买者，不会为价格所迷惑，他要搞清产地，是俄罗斯，还是我们中国。如果是在中国黑龙江、乌苏江里打上来的大马哈鱼，再贵，也要买上一条，带回内地。

《黑龙江志稿》载：“达发哈出黑龙江，秋八月自海逆水入江，驱之不去，充积甚厚，土人竟有履鱼背而渡者……取鱼炙干，积之为粮。”由此产生一个故事，说当年清军抵御沙俄入侵，粮食紧缺，万般无奈之中，有万余条大马哈鱼跃入军船，献身清军烹饪。

因大马哈鱼生在江里，长在海里，死在河里，这一周期恰为一年，故赫哲人用大马哈鱼头记龄。只要数一数串在绳子上的大马哈鱼头，便知道一个人是多大的年岁。

$建议$

若到此，打道回府，可以买一条大马哈鱼带回去，不要图便宜，要搞清是中国的大马哈，还是俄罗斯的大马哈。

如果继续旅行，可到饭店要一盘“咸鱼大饼子”。饼是玉米面烤饼，咸鱼是大马哈鱼鱼块——金黄色的玉米饼，粉红色的咸鱼块，香。

饶河

乌苏里江第一大镇。有种种称谓：鱼米之乡、蜂蜜之都、黑熊王国、鲑鱼集散中心……

我们在饶河采撷到新旧两句民谣，将其解读，挺有意味儿。

百年前有句嗑儿："为人不喝乌苏水，喝了乌水变死鬼，活着是个大烟鬼，死了是个屈死鬼。"

这首民谣是说，地处乌苏里江边的饶河，远离行政中心，山高皇帝远，而产生社会弊端："江里大马哈，山上大烟花（罂粟花）。"山上大面积种植鸦片，居民多吸食鸦片，造成家败人亡的凄凉景象。

现在饶河成为全国著名的商品粮基地，为适应市场需要，做**"大顶子山"**文章，打出绿色食品大旗。与大势相呼应也有一首民谣诞生。

饶河有句嗑儿："开江鱼、小笨鸡、山野菜、饶河妮。"

如何解读？

除**"开江鱼"**解读为开江之时鱼质肥美外，其他三样虽然内容有别，但是有一个共同点，那便是纯净而无污染。"小笨鸡"，"笨"，"本"的意思，可解释为土鸡、家鸡；"山野菜"，即产自山上自然生长的野菜；排比最后一句"饶河妮"，意在升华，令人叫绝——饶河的女孩儿，没受世俗所污染，清纯美丽，本色本香，最为难得啊。

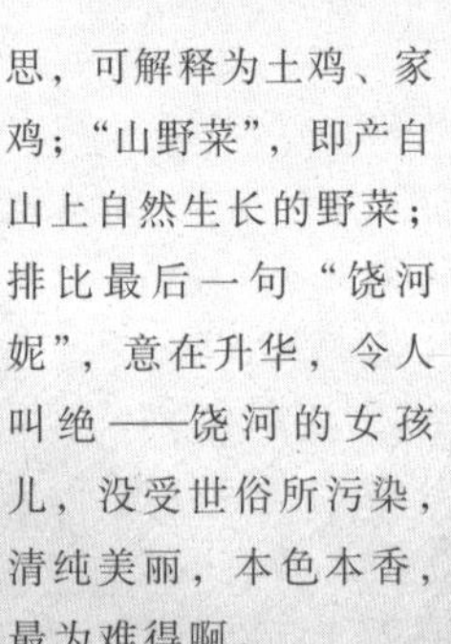

珍宝岛

虎林市境内，乌苏里江主航道中心线中国一侧。

珍宝岛，岛名有二说：一形状似金元宝；二有山民在岛上挖到七品人参，人们视该岛为宝地。俄罗斯称为**"达曼斯基"**岛。

珍宝岛是江水冲刷形成的小岛，枯水期岛露水面；丰水期岛被淹没。珍宝岛面积只有0.74平方公里。周围为沼泽地。

珍宝岛自古以来就是中国领土，1969年自卫反击作战之后，又30年，珍宝岛明确划归我国；今天作为中华人民共和国公民，我们可以自由行走在珍宝岛上，且珍宝岛无战事，旅行者可以尽享这一方大自然的美丽。

【提示】

珍宝岛虽然未正式开放，但接待有组织的参观者；自助旅行者出示身份证说明“迫切心情”会得到批准。

< 交通与住宿 >

坐火车到东方红站，有中巴去五林洞，五林洞有小店可住，雇车去209高地与登珍宝岛。

也可从虎林乘中巴到五林洞。

珍宝岛自卫反击作战

1969年3月2日，苏军入侵珍宝岛，中国边防部队被迫反击，双方进行1小时激战，中国边防部队将入侵的苏联边防部队驱逐出境。

3月15日，中苏边防部队再次交火，这次苏军出动50余辆坦克、装甲车和大量步兵，激战近9个小时，中国边防部队顶住苏军6次炮火急袭，粉碎苏军3次进攻。作为苏军入侵中国的物证，一辆被我军击毁的苏军T-62坦克，留在中国一侧。

3月17日，中苏双方边防部队展开争夺坦克大战，中国边防部队成功将苏军坦克缴获在手。

现在，这辆坦克展存在北京中国革命军事博物馆。中央军委发布命令，授予孙玉国等10人为“战斗英雄”。

（摘自《当代中国军队的军事工作》）

◎摄影参谋◎

站在209高地可拍珍宝岛全貌，但要避开晨雾。

雁窝岛

雁窝岛地图上的名字叫853农场4分场。位于宝清县东北部，挠力河与宝清河交汇处。

853农场用“雁窝岛”冠集团的名字，名为黑龙江雁窝岛集团。

说雁窝岛先说853农场，了解了853，便了解了十万官兵开发北大荒。

1956年王震将军在这里选址，并点燃了开发北大荒的荒火，随后大批转业官兵开赴垦荒前线。历经半个世纪，现在853农场，总面积1228.6平方公里，耕地81万亩，相当二个新加坡，一个香港。853农场在全国，乃至世界都是知名度很高的大型、现代化国营农场。853农场年产粮豆30万吨，商品率达80%；粮食深加工，冠以“雁窝岛”牌，推出9大系列100多品种，如精制米、大豆油、面粉、豆粕、白酒、乳品、陈醋……

现在场部建设得宛如一个小城，完全没有农场的感觉。王震将军当年点燃第一把荒火的地方，现在是一个闹市；倘若有兴趣，可以访问老垦荒战士，虽然他们已是古稀老人，但是一旦提起当年，立刻兴致勃发，人也陡地年轻了……

4分场

4分场是雁窝岛的核心区。

雁窝岛未开发前，并非没有人烟，从前这方土地叫古城子。大量出土文物证明，早在隋唐，满族的祖先女真人便在此居住。转业官兵进来前，也有闯关东的山东人、河北人来此开荒种地，打鱼摸虾。那个时候有句嗑儿，“棒打狍子，瓢舀鱼，野鸡飞到饭锅里。”当年鲫鱼8分钱一斤，成大车拉。垦荒后，造出12万亩耕地，地多了，人多了，鱼少了，野鸡少了，狍子见不到了。不过，这里毕竟远离尘嚣，加上生态保护较好，还是比其他地方野味丰厚，当地老人评价：现在虽然见不到野鸡飞到饭锅里，但是能见到野鸡飞到家里来。

雁窝岛，是一文件的误记，实为燕窝岛，不过，岛上大雁也为数不少，便将错就错了。雁窝岛不是岛，它是沼泽地中一块较大的荒草甸子，因为进这片草甸子，要涉水趟河，便视之为岛，叫之为岛了。

4分场有雁窝岛陈列馆。在陈列馆里，我们发现，这雁窝岛不但是种庄稼的沃土，亦是产生精神食粮的沃土：林予长篇小说《雁飞塞北》、北京

电影制片厂的《北大荒人》都取材于这里。当年还有许多艺术家在这里垦荒，其中最为著名的有三位：漫画家丁聪、剧作家吴祖光、版画家晁楣。其中晁楣在这里与一批版画爱好者创立了北大荒版画，这一画派的作品不但在中国版画史上占有重要地位，还走向世界，被世界美术界誉为“中国垦荒者版画”。

4分场打鱼队

位于雁窝岛湿地自然保护区纵深带。

这里还保留着原生态，借助这一状态，我们可以领略到当年雁窝岛的风采。

这是一块典型的湿地。沼泽里密布苔草，当地管苔草叫塔头墩子，又叫飘筏子。沼泽另有土名：澇洼溏、“大酱缸”，人不小心栽进去性命难保。

这里有瞭望台，站上去，可观全景：一望无际的沼泽苔草，苔草丛中有丹顶鹤等飞禽漫步……沼泽的上空，有大雁、白天鹅飞翔……

这里百姓靠水吃水：保护区特许打鱼队的农工放养鸡、鸭、鹅，其他地方不行。这里的鸭子吃活鱼，蛋中的“黄”是红色的，流油，能卖出好价钱，4元一斤，别处的鸭蛋只能卖到3.5元。

<交通与住宿>

从哈尔滨坐火车到东方红或迎春站下车，换乘汽车2小时到853农场，票价10元。

住雁窝岛宾馆，4人房间，每人17元。

※集邮参谋※

虽说此地只是一个分场级单位，但是国家邮政局专门为它发行了“雁窝岛明信片”（一组4张），4分场邮所有售，来此旅行，购一套雁窝岛明信片，再加盖“黑龙江宝清　雁窝岛”邮戳，很有纪念意义。

【提示】

千万不要深入沼泽地，虽然不会迷路，但是陷进沼泽营救起来相当困难。

登上瞭望台，拍雁窝岛全景更美。

虎头

虎头，名源于虎头山东麓临江处一块状似虎头的巨石；虎头还有一名，赫哲人称为**嘎尔敦**，是卡伦屯的谐音。

明朝永乐八年（1410年）亦麻河卫设在这里，清咸丰九年（1859年）设呢吗河口卡伦，故世称虎头为卡伦屯。宣统二年（1910年）建虎林厅。1913年建虎林县，当年县治就设在虎头。1938年日本人将虎林列为特别国境，县城便内迁到安乐镇（今虎林镇），从此安乐改名虎林，虎林更名虎头。

虎头确有虎，俄罗斯流亡作家马依阔夫，以虎为描写对象的《密林》、《伟大的王》等作品，即取材于此。

虎头镇与俄罗斯的达里涅列钦斯克（伊曼市）隔江相望。百年前，虎头是乌苏里江畔一个进行走私贸易的小镇，居民有俄罗斯人、中国人、朝鲜人，计数百人。

现在虎头镇下辖17个行政村，人口7448人，耕地18万亩。

历史与地理造就了虎头独特的地域景观：虎头要塞遗址、界江风光、森林公园……

景点集中，值得驻足。

虎头观“虎”
天下第一虎

乌苏里国家森林公园 门票3元

公园最为抢眼的是锻铜巨虎。巨虎昂首长啸，神态勇猛，踞守堤岸，威镇边关。可谓威风八面，慑人心魄。巨虎长25米，宽16米，重30.4吨，建于1998年8月至1999年9月。已载入吉尼斯纪录。

◎摄影参谋◎

巨虎再大，进入图片难显其大，要有参照物。景深长一点。

<交通与住宿>

由虎林市坐中巴，1个小时可达虎头镇，票价9.50元。住江边旅店，10~60元都有。

虎头要塞遗址 门票20元

1933年日军侵入虎林一带，将虎头作为进攻苏联的桥头堡，列为特别国境，构建永久性工事，筑成虎头要塞。

虎头要塞由猛虎山、虎北山、虎东山、虎西山、虎啸山等五个山体阵地构成。猛虎山为主阵地；虎东山与虎北山为其两翼前沿阵地，成钳形护卫阵势；虎西山、虎啸山为依托阵地，从背后支撑猛虎山中心枢纽部，形成三道防线。此外，还有乌苏里江岸驻扎日军江上舰队，构成江岸第一道屏障。

虎头要塞正面宽约12公里，纵深达6公里，地下工事主干道达10公里，隧道掘深30~40米，宽，高各约3~4米，洞内设有粮秣库、武器库、弹药库、医疗室、伙房、浴室、观测所、发电所、士兵俱乐部等。最大洞室可容纳500余人。

虎头要塞配备有40厘米大口径电动要塞炮1门、24厘米列车炮1门、16厘米口径加农炮7门，以及其他速射炮、曲射炮、迫击炮25门。1门从东京湾调来的大口径电动要塞炮，炮长20米、榴弹直径40厘米，**每发炮弹重达1吨**，共贮备200发。

虎头要塞，从1934年6月起修建，到1939年12月竣工。劳动力是中国的劳工及被俘的中国官兵。

1938年日本关东军司令部下令编成第4国境守备队（旅级编制）驻守虎头要塞。历任司令官均为少将，总兵力8000人。1945年7月改编为日军第十五国境守备队。

8月9日，苏联红军远东第35集团军发起**“虎头战役”**，历时17天，彻底摧毁要塞，全歼日军守备队。据亲历者冈崎哲夫统计，虎头要塞各支撑点的日军守备官兵计1387人，除53人突出苏军包围圈而外，全部被歼灭。苏军也做出重大牺牲，我们看到苏军阵亡纪念碑，列牺牲者名单达493人；此外，还有进入要塞躲避战火的日本百姓数百人，亦全部遇难。

兴凯湖

兴凯湖面积约4380平方公里，比洞庭湖还大，素有“东亚大湖”之美誉。

兴凯湖由大、小兴凯湖组合，两湖由一道50公里长的湖冈分隔，状似一把月琴，故辽金时代称为**北琴海**。清代始称兴凯候温，满语，兴凯汉译“水往低处流”，候温，即湖。

兴凯湖原为中国内陆湖，清咸丰十年（1860年）中俄**《北京条约》**割让我国乌苏里江以东大片领土给俄罗斯，兴凯湖过半划给俄罗斯，今兴凯湖的三分之一在我国境内，三分之二在俄罗斯境内，北属中国，南归俄罗斯。

兴凯湖的景致很特别，大、小兴凯湖，一岗之隔，两道风景：大湖这边波涛汹涌，拍岸之声惊心动魄；小湖那边风平浪静，恬静而又温馨；百里湖冈也是一道风景：岗上绿树成阴，鸟语花香，湖风轻拂游人，令人心旷神怡。

兴凯湖湖区地势平坦，东南面多沼泽芦苇，西北为丘陵起伏地，湖水从东北溢出为松阿察河，是乌苏里江的西源，湖中盛产鱼虾，其中闻名世界的有兴凯白鱼与兴凯湖虾。兴凯湖岸边生有赤松，为松树家族中一独特品种。

兴凯湖给我们许多感受，最为强烈的感受，用一句话来概括，那便是：兴凯湖，给人以海的感受。

兴凯湖，海一样的感受。

【提示】

绕兴凯湖周围有多个地点取名兴凯；而真正观兴凯湖的好去处，名字并不叫兴凯。

兴凯湖东南口，地名叫龙王庙。周围为兴凯湖自然保护区。

兴凯湖西北口，地名叫当壁镇，业已开发为当壁镇旅游区。

龙王庙与当壁镇，两点连线，恰是兴凯湖中俄分界线，因此在地图上很好找。

如时间有限，不做专门研究，建议把兴凯湖旅行点设定在当壁镇。

当壁镇

到当壁镇，可以与兴凯湖做零距离接触。

湖在这里甩了一个大湾。湖湾平静，湖底平坦。即便是走出100米，湖水还是浅浅的，只抵人的胸口。且湖底柔沙，湖岸柔沙，这样的条件，对女士与儿童，及不识水性者，是绝好的戏水场地。

湖岸，金沙滩，杏花林；天空，蓝天白云，鸥鸟鱼鹰……湖极清静，心极清静。我们在享受这一美景的时候，多想起家中的妻子，儿女——哦，她们若来，多好。

对于无暇去海边的旅行者来说，能在内地找到海的感觉不容易，除了兴凯湖，东北不会再有第二片水域。

中午，我们品尝了清蒸白鱼及**小湖虾**。那白鱼是剁成块的，只一小块，75元钱，十分鲜美，值；湖虾不大，但是肉特实，入口有一股特别的，类似湖草的香味儿，绝。据讲，白鱼非湖虾不食，如此说来，我们找到了兴凯大白鱼为什么鲜美，为什么珍贵的答案。

兴凯湖白鱼

学名翘嘴红鲌，属鲤科，体长、侧扁，体重可达10公斤，身体呈银灰色，腹部呈银白色，性凶猛，食小鱼、昆虫，尤喜湖虾。肉质细嫩鲜美，营养十分丰富，被列为我国四大淡水名鱼，被视为国宴珍品。每年7月中旬，是兴凯湖白鱼汛期，湖中白鱼群好似长龙，引来空中无数鱼鹰追逐。当地讲究湖水炖白鱼。白鱼捕捞过量，数量锐减到非保护不可的程度。因其渐少，而特别珍贵，1公斤白鱼高达240元，种鱼以长度论价，每厘米5元。临湖的农垦8510农场，投巨资引湖水，经过10余年研究，人工繁育大白鱼成功。时节仲夏，有许多游客到兴凯湖来观白鱼、钓白鱼，品尝白鱼。

中俄国界线上的断桥

【提示】

尽管我们说湖水浅，湖底不复杂，但是真正决定下湖时，还要注意安全，特别不能嬉戏。

湖边有饭庄，有白鱼、湖虾出售，是否货真价实，应当画个问号。有什么办法避免上当呢？想不出什么好办法。我们那天是当地朋友请客，这位朋友建议，只要有售刚刚打上来的湖鱼，不管什么品种，你就买来加工，那鲜美的程度，不亚于白鱼。

牡丹江及周边交通示意图

去佳木斯
去哈尔滨
牡丹江
穆棱
绥芬河
海林
牡丹峰
长汀
宁安
绥阳镇
双峰
地下森林
渤海镇
东京城镇
东宁
阿连基
镜泊湖
乌苏里斯克
去图们
俄
罗
斯
符拉迪沃斯托克
日 本 海
N

第9章

牡丹江及周边

牡丹江市因江得名。牡丹江满语穆丹乌拉，即穆丹河。穆丹，有两种解释，一种译为声音响亮；一种译为弯弯曲曲。明代以前，牡丹江指发源地到镜泊湖的上游江段；镜泊湖以下江段，元代，称胡里改江，明代称忽汗河，清代开始，统称穆丹河。

牡丹江市

牡丹江为肃慎故地，唐初忽汗洲，后为唐代渤海国上京龙泉府辖地。辽为东丹国天福城辖地，金代胡里改路管辖，元属辽阳行省呼尔哈万户府，明为奴尔干都司州卫地，清为宁古塔将军管辖。民国初年沿袭清制，为宁安府辖地。

1903年中东铁路（绥芬河到满洲里）竣工，牡丹江设站；1936年日本修建图佳铁路，牡丹江成为滨绥、图佳铁路的枢纽。经济遂日益繁荣。

历史为牡丹江地区留下了大量珍贵遗址。其中尤以渤海国的上京龙泉府最为著称。渤海国建于盛唐，国土包括东北大部乃至前苏联滨海地区和朝鲜咸境北道、两江道、慈江道及平安北道一部；国都上京龙泉府，只次于同时代的唐都长安，大于日本的奈良，居亚洲第二。上京龙泉府所遗城址，足可佐证当年**渤海国**之强盛。

海浪河畔为建立金国的女真完颜部祖居地。《金史·本纪第一》记载："始祖完颜部仆干水之涯"，仆干水便是今天的牡丹江。明末建州女真首领努尔哈赤在此起兵，统一建州诸部和海西女真四部，1608年努尔哈赤大军进驻宁古塔，以此为基地征服兴凯湖、乌苏里斯克、穆棱、宁安、密山、珲春等地女真部落，成为女真首领，称汗，建后金……清代宁古塔遗址，建在海林、宁安两地境内；此外还有在近代史占有重要位置的中东铁路贯穿全境，第二次世界大战亚洲最大的军事要塞建在辖区东宁县境内……

国画《八女投江》 王盛烈 作

丰富而厚重的历史遗存让我们对牡丹江地域刮目相看。

八女投江的故事

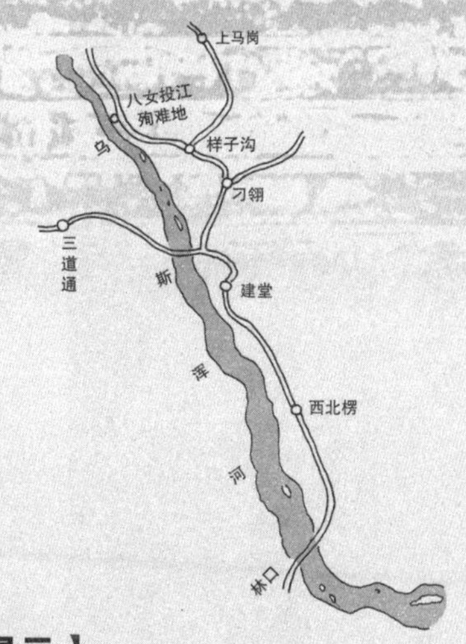

1938年10月下旬，抗联第三路军一师100余名指战员冲出日军包围圈，晚宿关门咀子山下，准备天亮时渡过**乌斯浑河**，与二路军总部会合。不料部队行踪被日军发现，驻**刁翎**日军守备队和伪军数百人，扑向部队宿营地。第二天拂晓，战斗打响……指挥员命令妇女团先行渡河。妇女团原来有30多人，冲出包围圈后，只剩下以指导员冷云为首的8个女兵。

正当妇女团同志准备渡河的时候，冷云发现日军火力将大部队压制在山坳里，难以转移，便决定暂不渡河，她向女兵们发出了作战命令：“姐妹们，消灭鬼子，让大部队安全撤走！”8个女兵立刻投入战斗，将火力吸引到自己身上……女兵们顽强还击，牵制了围剿的日军，使部队得以迅速撤到山里……日军集中火力对付乌斯浑河边的8个女兵……此时，女兵们的子弹已经打光，伤员一个接一个出现，面对严峻形势，小学教员出身的指导员冷云毫不犹豫地搀起一个受伤的女兵跳进乌斯浑河，随后，女兵们跟了上来……日军以为不费吹灰之力便可以活捉8个女兵，然而8个女兵互相搀扶着走进浪花翻滚的乌斯浑河……

让我们记住八个女兵的名字吧，她们是：**冷云、杨贵珍、胡秀芝、安顺福、郭桂琴、黄桂清、王惠民、李凤善**。其中王惠民只有13岁。

战争没有让女人走开；战争没有让少年走开。

【提示】

八女投江，投的不是牡丹江，投的是牡丹江的支流乌斯浑河。乌斯浑河在距牡丹江100公里的林口县境内。

渤海镇

渤海国与上京龙泉府

从牡丹江驾车南下镜泊湖，过宁安，遇一小镇渤海镇——此处便是盛及二百余年的大唐渤海国国都上京龙泉府的故址。

渤海国是唐代粟末靺鞨建立的地方政权。

698 年，粟末靺鞨族酋长乞乞仲像的儿子大祚荣，率部至长白山角下的敖东城（今吉林省敦化城东）一带，称“田国”，自立震国王。705 年，大祚荣归唐，遣其次子大门艺入唐为质子，宿卫京师。713 年，唐玄宗继位，遣使册封大祚荣为忽汗州都督、左骁卫大将军、渤海郡王。自此震国“始去靺鞨号，专称渤海”。渤海王国设五京十五府六十二州，地方五千里。它的疆域，北至黑龙江中下游两岸，鞑靼海峡沿岸及库页岛，东至日本海岸，西到吉林与内蒙古交界的白城、大安，南至朝鲜咸兴附近，是一个幅员辽阔的“海东盛国”。忽汗州都督府亦称渤海都督府，是唐朝中央政府在东北设置的政治、军事机构。755 年渤海王大钦茂将渤海都督府由显德府迁至上京龙泉府，亦称渤海王城，故址便在今黑龙江省宁安市渤海镇。

10 世纪初契丹族崛起，公元 926 年契丹首领耶律阿保机率铁骑围上京龙泉府三日，渤海王大湮巽应敌无策，举起素幡，投降阿保机。渤海国由 698 年建立到 926 年灭亡，共传主十五世，历时 229 年。契丹太祖阿保机下昭改渤海国为东丹国，改上京城为天福城，从此靺鞨改称女真，它原来的版图尽归于辽。三年后，称王的契丹人心存狐疑，决定迁都东平郡（今辽阳），为杜绝后患，强迁人走，火烧京城，“帝王宫阙，公侯宅第，皆化为榛莽瓦砾。”，大火烧半月，作为国都达 160 年之久的上京城，化为一片废墟。据辽史记载，迁居辽东、辽西、昭乌达等地的渤海遗民总计九万四千余户；103 座渤海城池在这次迁移中多数被焚，渤海国的文史典籍也被付之一炬。我们翻遍图书档案，很少发现渤海史志，一个具有 200 余年文明史的渤海国，蒙上了厚重且难以拂去的尘埃。

好大一个渤海国

景观链接

吉林省敦化敖东

上京龙泉府遗址 门票 10 元

上京龙泉府遗址，是整理过的废墟。

看到上京龙泉府的废墟，一定会想到另一座京城的废墟——圆明园废墟。无论是异族，还是异国，人们一旦野蛮起来，便借助于人类文明之象征——学会用火种毁灭文明。火种在这里，不再接受赞美，而受到诅咒。只因为操纵火种的是丧失了文明的人。

凭借残留的础石，参考存世的同时代的建筑和少许的文字描述，专家们画出了它昔日的辉煌：

这是一座仿照唐朝国都长安的建筑群，面积达 16 平方公里，为长安城的五分之一。上京城之大，除了长安，为盛唐时代，亚洲第二大都市，日本奈良也在其后。

上京城城廓

外城，周长 32 华里，为土墙。土墙现残高 2 至 4 米，底部 7 至 10 米，顶宽 2 至 3 米。南北各有三个城门，东西各有两个城门。有五条南北走向大街，位于中轴线的大街宽达 88 米，犹如长安的朱雀大街。据考证，外城有八大寺院，百姓住宅建在此城。清初，尚能看到**“城门石路，车辙宛如”**的情景。

内城，周长 9 华里，城墙为石材所砌。是官署所在地。宫城，周长 5 华里，是皇室的住地。宫城在京城北半部，城墙全部用当地的玄武岩石块砌成，残高 2 米。在宫城南部，有一高 4.2 米，长 40 米，宽 26 米的台基，它是宫城的南门，也叫午门，当地人叫**“五凤楼”**。在台基上有几块直径 70 多厘米的大型柱础石。不难想像，在这巨大台基上当年曾建过气势宏伟的建筑物。

< 交通与住宿 >

牡丹江火车站乘中巴，车费 15 元。

小旅店，每位 50 元会住得很好。留宿者不多，大多旅行者都是去镜泊湖与地下森林，路过此地。

镜泊湖

门票30元

镜泊湖，满语毕尔腾候温，汉译水如明镜的湖。

镜泊湖位于黑龙江省东南部的张广才岭与老爷岭之间。它是大约一万年前，第四纪的中晚期火山爆发，岩浆流壅堰牡丹江河道而形成的堰塞湖。湖水自西南大河口向东北瀑布流淌。湖南北长45公里，东西最宽处9公里，湖水面积90.5平方公里，湖面海拔351米，南浅北深，平均深度45米，最深处在鹿圈脖子，水深74米，全湖分为北湖、中湖、南湖和上湖四个湖区，呈“S”型。湖岸多港湾，湖中多岛屿。湖南端称南湖头，湖北端称北湖头。北湖头镜泊湖水出口处有吊水楼瀑布。

吊水楼瀑布，是我国著名瀑布之一，水流落差25米，丰水期可形成40多米宽的水帘，远在10里之外就可听到瀑布轰轰水声，远望如倒挂珠帘，幽谷空音；近观水雾蒸腾，涛声雷动。瀑布垂落形成直径70余米，水深60余米的幽谷深潭，潭水清澈见底，岸上可观鱼游。水落黑石潭，那天然的回音壁，会把欢歌笑语折射放大，清晰地传向四野，传到我们的耳畔。

镜泊湖八大景观：大孤山、小孤山、道士山、白石砬子、城墙砬子、老鸹砬子、珍珠门、吊水楼瀑布。

镜泊湖与西湖相比，没那么多人工雕琢，气魄雄伟，构图简约，山水苍劲。

镜泊湖不仅风景优美，资源也十分丰富。原始森林中生长着红松、云松、冷杉，落叶松……森林中栖息有东北虎、梅花鹿、黑熊……湖面水域辽阔，盛产湖鲫、红尾鱼、小白鱼……

镜泊湖为我国著名风景旅游区，自然保护区，湖四周建有数十座宾馆、招待所，尤以“镜泊湖宾馆”为最佳，是国家元首下榻的高级别墅。

民间故事《红萝女》

一位渤海郡王要选全国最美的女子做自己的妃子。他请道士打造了一款美人镜，让道士按着镜子中的标准，为他选择美女。无奈，美人镜呈相标准太高，道士走遍京城，居然没有一个女子能够入选。道士只好去民间寻访，他走啊走，走到镜泊湖边，忽然，一阵优美的笛声送进道士的耳畔，循声望去，只见湖中一条小船，船上端坐一个着红萝衣的村姑，那红萝女生得美丽动人，道士看呆了，当小船载着红萝女靠到岸边，他才想起自己的职责，马上掏出美人镜，向红萝女照去——奇迹发生了，红萝女清晰地映在镜面儿上！道士急忙上前说明来意。红萝女说，我已经许配给了支布郎。道士马上班师回府，报告郡王。郡王派人把支布郎请了来，下令支布郎不许再与红萝女来往，支布郎不从，郡王杀死了支布郎。郡王亲自出马，去镜泊湖请红萝女进宫。郡王登船在湖中寻觅，透过薄雾，他依稀看见了一抹红云，他命船工掉转船头，紧紧追赶……红萝女将郡王引到瀑布前，不再前进，待郡王赶来，她猛地摇橹跃入瀑布，随后，飞快驶来的郡王船，也栽进了深潭……红萝女灵魂不死，每年六月十五，人们透过飞瀑看见红萝女在支布鸟的陪伴下，织布、耕地、打鱼。

（根据韩明安《黑龙江古代文学》整理）

坐游船，吃湖鲫，赏美景，聊情话，此乃神仙过的日子。

<交通>

有电动车穿行各景区，5元一位。

由渤海镇到镜泊湖20公里。

由牡丹江到镜泊湖110公里。

这条公路，走到底，便到达了吉林省的敦化市，古渤海国国都是由那里迁到宁安的。

火山口森林

门票 30 元

火山口森林，亦称地下森林。

地处镜泊湖西北 50 公里，与镜泊湖为同一自然保护区，海拔 1000 余米，共占地 1200 平方公里。

火山口森林与镜泊湖同属火山群爆发形成的地形地貌。火山爆发，大量熔岩喷出，待火山停止活动，熔岩冷却，收缩，火山顶部下陷塌落，形成大小不等、形状不一的 10 个火山口，历经千万年，熄灭的火山口披上了绿装，成为低陷的原始林带，故称火山口原始森林。地处镜泊湖边的这座地下森林，面积达 6.7 万多公顷，长满了红松、紫椴、黄菠萝、水曲柳、黄花松、鱼鳞松和落叶松等珍贵树种。我国有 800 多座火山，在火山口中生长如此浓郁茂密的森林，颇为少见。由于其环境的特殊性，它不仅成为美丽的风景区，还成为中外地理学家、历史学家、生物学家理想的科研基地。

其具体地貌如下：

一至四号火山口独成景观，其余火山口与缓坡融合，为植被所覆盖，火山地貌已不明显。

一号火山口，深 122 米，东西直径为 385 米。东北侧有喷气火山锥体。

二号火山口，属于气喷型火山口，状似井口，四壁陡峭，乔木林立，直上云天。

我们重点游历了三、四号火山口。三号火山口是十座火山口中最大的一座，直径达 500 多米，深达 200 余米，凭栏鸟瞰，谷底古木参天，借人工台阶下至火山口，通过熔岩隧道，三与四火山口相贯通，洞口立有巨石，书“洞天一品”四字。熔洞高 3 至 4 米、宽 8 至 10 米、长 20 余米，洞口一棵直径半米的椴树倾斜横卧，其雄险壮美，为许多影视剧导演所青睐，电视剧《林海雪原》便把此洞当做土匪座山雕的威虎山大厅。可谓南有“迎客松”，北有“迎客椴”。椴树在东北以酿造椴树蜜为东北人所钟爱，“迎客椴”便别有甜味在景中，也不失为一绝。熔洞中怪石林立，巨岩欲坠，熔岩饼、熔岩蛋层层叠叠，达 140 余层，整个火山口森林，惟这一方是火山模样，可称之为火山博物馆。

顺洞而下，抵四号火山口腰部，由此观火山口底，云烟缭绕，树影飘渺，阵阵冷风吹来，给人飘然欲仙之感。深抵底部，抬头看天，犹如“坐井观天”：云来云去，鸟去鸟来……人们通过不曾用过的视角，观看到了不易扑捉到的景物。这一特殊的自然状态，不是靠成长中的树木证明它的原始，而是通过倒伏的朽木与裸露的巨树之根向我们述说它们悠久的历史。

如果，您与我们同一样的旅程，便可以拿镜泊火山与五大连池火山相比，我们看到了两个截然不同的火山地貌，假如你还能跟我们走，前面还会有另一种火山地貌等待着您。

我们穿越过平原上的森林，
我们造访过高山上的森林，
今天，我们第一次面对凹进大地的火山口森林……

【提示】

火山口多苔藓，有碎石，要穿旅游鞋。洞口有旅游鞋出租，2元一双。不易单独下火山口底，即便是一人旅行，也应结伴同行，这样防迷路，防幽暗中产生的恐怖。

颂宁安地下森林

（朱德）

危哉亭齐天，俯首目睹眩；
断岩壁千丈，幽谷数千年；
通风闻虎啸，拨云见鸟旋；
奇景历多少，不及火口山。

◎摄影参谋◎

拍地下森林，以三四号火山口贯通熔洞为最佳，从洞里向外拍照，方显熔洞奇绝，雄险。

景观链接

黑龙江五大连池火山、吉林伊通火山。

绥芬河

满语绥芬，汉译锥子之意，即河中生有状似锥体的螺丝。唐代渤海国时期率宾府故地。清初属宁古塔将军辖地。光绪二十二年（1896年）中东铁路，由绥芬河为起点，修至满洲里。中东铁路由绥芬河出境直通俄罗斯西伯利亚大铁路，南达符拉迪沃斯托克（海参崴），北抵哈巴罗夫斯克（伯力）。绥芬河为滨绥铁路终点站。1975年设绥芬河市。绥芬河市是我国重要边境口岸城市。绥芬河与俄罗斯最富庶的滨海边疆区相接壤，距离俄港口城市符拉迪沃斯托克230公里，有两条公路、一条铁路与俄罗斯相通，是我国参与东北亚经济区域合作的“桥头堡”。中国哈尔滨—绥芬河—俄罗斯符拉迪沃斯托克—日本海沿岸及东南亚各国和地区陆海联运大通道，被誉为“国际黄金通道”，绥芬河地处枢纽部。绥芬河现有铁路、公路两个过货口岸，边境贸易十分活跃。居民生活相当富庶。

绥芬河城区不大，建在起伏地上，城中欧风习习，隔了数十年，当年景致再度出现：俄罗斯人与中国人共同漫步于街市；酒吧里，中国人与俄罗斯人共同碰杯。

20世纪初，随着中东铁路的开通，这里曾有俄罗斯、日本、美国等18个国家和地区的商人在此经商。中东铁路，不但在绥芬河留下许多当年的铁路设施，还留下许多俄罗斯建筑。不管当年这些建筑是派什么用场，叫什么名字，现在都被中国人取了中国名字：当年的日本领事馆旧址，取名“人头楼”；当年的沙俄领事馆，取名“大白楼”……这些欧式建筑都比较陈旧了，是货真价实的历史陈迹。

通往俄境内的三号铁路隧洞很有特点，洞右1899，洞左1902，书写的是建洞日期：“1899年2月1日至1902年10月1日”，如此标志，十分别致；铁轨由中国绥芬河到俄罗斯的格罗杰阔沃两种轨距并存，称骑马式轨道，以前只是听说中国轨距小于俄罗斯轨距，这次亲眼见到了：中国轨距为143.5厘米；俄罗斯轨距为152厘米。两种轨距在绥芬河地段并行20公里，是我国现有铁道设施中绝无仅有的。

上个世纪80年代后期，中俄边境贸易进入新阶段。徜徉在绥芬河街头，我们明显感受到这座国境小城所特有的异国风情和商业繁华：现代气息的高楼中点缀着“人头楼”、“大白楼”、东正教堂、火车站、铁路公寓等具有百年历史的欧式建筑；俄罗斯青年男女如这个城市的市民一样徜徉街头；俄中两种文字并列于招牌与广告，即便是中国人也是南腔北调，无论哪国语言，无论是哪方腔调，大家同唱一首动听的歌——“赚钱号子”。

“大白楼”当年的沙俄领事馆

据说，绥芬河的信誉度较高，不管是中国商人，还是俄国商人都很诚信。

近代史，绥芬河还有一笔：1950年，日本战犯，末代皇帝溥仪及其伪满大臣、亲属，由羁押地俄罗斯的哈巴罗夫斯克（伯力），沿西伯利亚大铁路南下，至格罗杰阔沃，通过绥芬河，引渡回国，接受审判。

有关绥芬河市的数据库

全市10万人口

5万外来经商人口，来自30多个省市

个体工商业户5645户，从业2万人

外贸企业412家

商场132家，总面积34万平方米

俄罗斯人每天进出境人数达2200余人

近三年年平均过货总量543万吨，占黑龙江省过货总量的70%

近三年年平均对外贸易额实现15亿美元，连续五年占黑龙江省外贸总额的三分之一

贸易范围达145个国家和地区

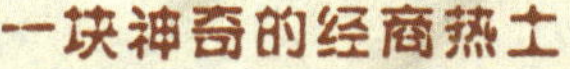

牡丹江至哈尔滨交通示意图

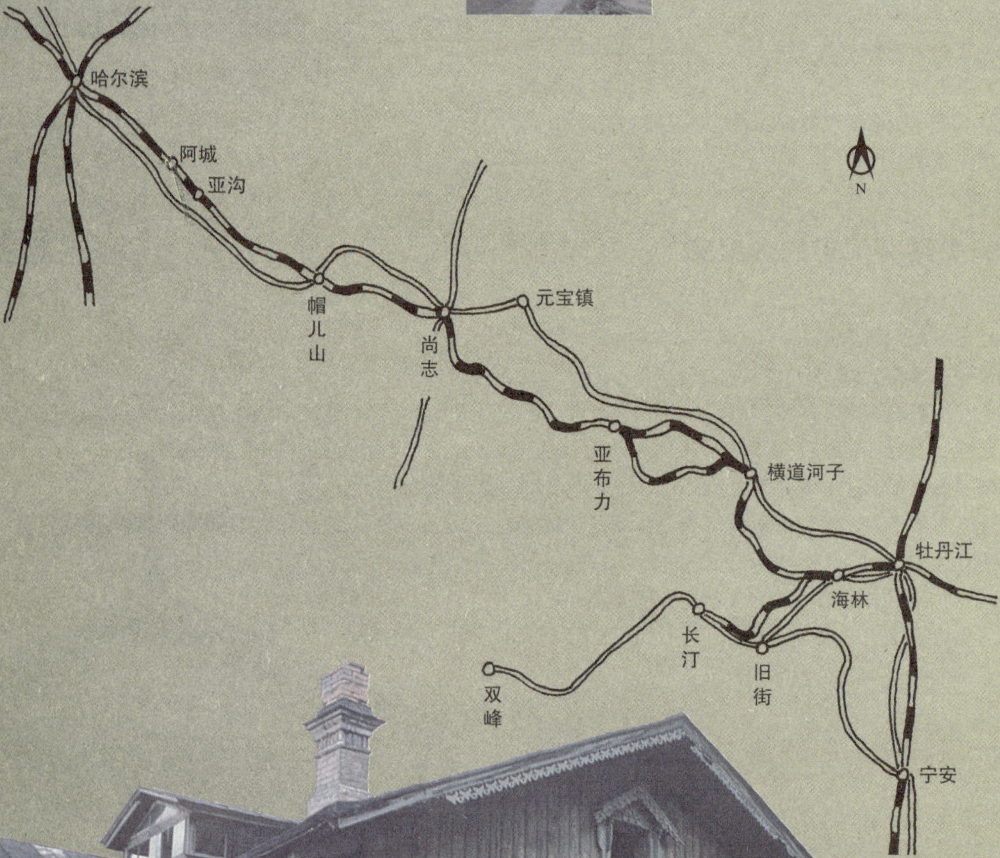

哈尔滨
阿城
亚沟
帽儿山
尚志
元宝镇
亚布力
横道河子
牡丹江
海林
长汀
旧街
双峰
宁安
N

第10章 牡丹江至哈尔滨

这段路很丰富：
有闻名摄影界的雪乡——双峰林场；
有全国最大的滑雪场——亚布力滑雪场；
有解放军剿匪建奇功的林海雪原；
有共和国成立前夕率先进行土改的“元茂屯”；
有地处阿城郊外的金朝国都——金上京会宁府。

这段路诞生三部著名的文艺作品：
长篇小说《林海雪原》
长篇小说《暴风骤雨》
现代京剧《红灯记》

海林·杨子荣纪念馆

以一部书的封面做纪念馆的招牌，这是我们黑龙江旅程惟一所见——杨子荣纪念馆的门额，是1958年首次出版的、画家吴作人绘制的《林海雪原》的封面。

作家曲波当年是剿匪部队、牡丹江军分区二团政治处主任，剿匪英雄杨子荣是曲波手下的侦察排长，曲波的妻子刘波是牡丹江分区的护士长，县长李欣、县委书记孙以瑾皆为女同志……曲波把他们作为生活原型写进了书里。是书造就了海林，有夸大其辞之嫌，但说**《林海雪原》**提升了海林的知名度，是一点也不为过的。特别是继老电影《林海雪原》、现代京剧《智取威虎山》之后，2004年又一部电视连续剧《林海雪原》在全国各地电视台热播，并引起争议，人们又关心起英雄杨子荣，关心起他剿匪的这片土地。

杨子荣纪念馆建在海林县城东山。纪念馆正在扩建。我们只在院子里看了纪念碑和旧的展室。得知，当年杨子荣也是个人物，并非小说把他抬了起来。杨子荣下葬时，女县长李欣亲自致悼词，百余名连以上干部轮流抬棺，数千群众参加追悼，二团用八挺重机枪和所有步枪一齐对空鸣枪致哀……为了发扬英雄的大无畏的革命精神，军分区特将杨子荣所在的侦察排命名为杨子荣排，至今这个排还保留着英雄称号，站在某集团军的队列里。

展馆里除了杨子荣的事迹，还展出了作家曲波，电影杨子荣的扮演者王润身、京剧**《智取威武山》**杨子荣的扮演者童祥苓参观纪念馆留下的墨宝。

以最深的敬意献给
我亲爱的战友杨子荣
和所有在林海雪原
战斗过的英雄们
一九八五年腊月 曲波

枪杆子、笔杆子——革命的两杆子在这里结合得非常好。

在这里您能看到一个真实的杨子荣。

有关杨子荣的两件事

有关杨子荣的事情，演义太多。在这里，我们得到一本牡丹江市委宣传部编写的爱国主义乡土教材，自以为可以作为史实介绍给大家：

活捉惯匪座山雕

1946年冬天，曾在牡丹江一带为非作歹，残害百姓的三代惯匪座山雕——张乐山匪帮，在我部队多次围歼中已大部分被歼灭，只剩下匪首座山雕带领一部分人马还潜藏在海林夹皮沟的深山老林中。为彻底消灭这股残匪，经上级批准，侦察排长杨子荣于1947年1月，带领5名侦察员进山，他们化装成被打散的匪首九彪的部下，打进夹皮沟匪穴。张乐山匪帮在我部队的打击下如惊弓之鸟，惶惶不可终日。他对突然而来的杨子荣等人戒备重重，杨子荣等人在一个小马架子里住了6天，座山雕硬是不露面。在这种情况下，杨子荣与匪帮斗智斗勇，巧妙周旋，终于诱使座山雕与自己相见，并取得了信任。杨子荣通过各种途径，摸清了座山雕等四股残匪窝藏地点和兵力部署，并利用查岗、巡山的机会，把情报巧妙地送到了约定地点。在一次军事会议上，杨子荣对座山雕“献计”说：“共军已派重兵把夹皮沟团团围住了，很快就会发动突然袭击，这个窝子待不得了，我们应赶紧集合各路人马，夜里悄悄冲出去，趁海林兵力空虚，狠狠咬共军一口……”座山雕听杨子荣说得头头是道，便按他的计划集合队伍秘密转移。当匪徒全部集合起来时，早已埋伏多时的小分队立即将匪徒团团围住，匪徒还没清醒过来，就稀里糊涂当了俘虏。杨子荣也趁机生擒了匪首座山雕。此事，登了《东北日报》，编成小说、戏剧是后来的事情。

杨子荣之死

座山雕被歼灭后，牡丹江一带只剩下丁焕章、郑三炮等几个匪首。1947年2月21日，海林北部闹枝沟附近发现了土匪。杨子荣不顾疲劳又主动请求前往侦察。他带领5名战士到达梨树沟屯，得知土匪正躲在闹枝沟猎户孟同春家。这时，土匪躲藏的窝棚冒出了炊烟。杨子荣便带领战友悄悄向窝棚靠拢。他几步跃到窝棚前，一脚踢开门，大喊一声：“不许动，缴枪不杀！”这时屋内传来了拉枪栓的声音，杨子荣举起匣子枪向里面射击，但枪却没响，这时一颗子弹从屋里射出来，杨子荣胸部中弹，倒在地上。战士魏成有猛扑上去将他抱住，杨子荣使尽最后的力气命令道：“别管我，快拿手榴弹上房！”土匪被全部歼灭了，杨子荣却因流血过多，光荣牺牲。

土匪黑话一例

某匪首带着一伙土匪进了村，他对老百姓，对喽罗做了一番安排：

看皮子，撑亮子，（看着点狗，点上灯，）

小嘎子压连子。（小孩儿去给我遛马。）

有没有海沙混水子？（家里有没有盐和油？）

先来挑龙漂洋子。（先做面条和饺子。）

西头和谁响？（西边枪响和谁打上了？）

架柴火压开。（多带点人把那个局给我解决。）

（曹保明　收集并解释）

横道河子

横道河子地处中东铁路绥芬河至哈尔滨段的中心点，铁路由横道河子，往哈尔滨延伸，出现一个跨越张广才岭的爬山地势。于是俄罗斯铁道设计家们，便在横道河子，做了重点的规划，在这里建了一个大型的机车（火车头）库，为过岭列车提供机车。这个**机车库**建于1903年，至1990年方停止使用，用了近一个世纪，足见俄罗斯铁道设计者们的设计理念是多么科学。车库由15个库房并列，也就是说可以同时存放15个火车头。面积2000多平方米，每座都是拱门圆顶，15座拱门连接起来，成为15道波浪。距库房30米处，有转盘，可使火车头自由转换方向。

无疑这是中东铁路线上的一个大站，于是除大型机车库外，俄国人又在横道河子配置了机务、电务、工务、给水、检修、警备等众多相关部门，于是俄国人在这里扎堆了，于是便有了俄罗斯高级管理人员的住宅，大官住大白楼，小职员住小木屋，于是又延续了俄罗斯人的习惯，在有俄罗斯人的地方，建起了**东正教**大教堂。

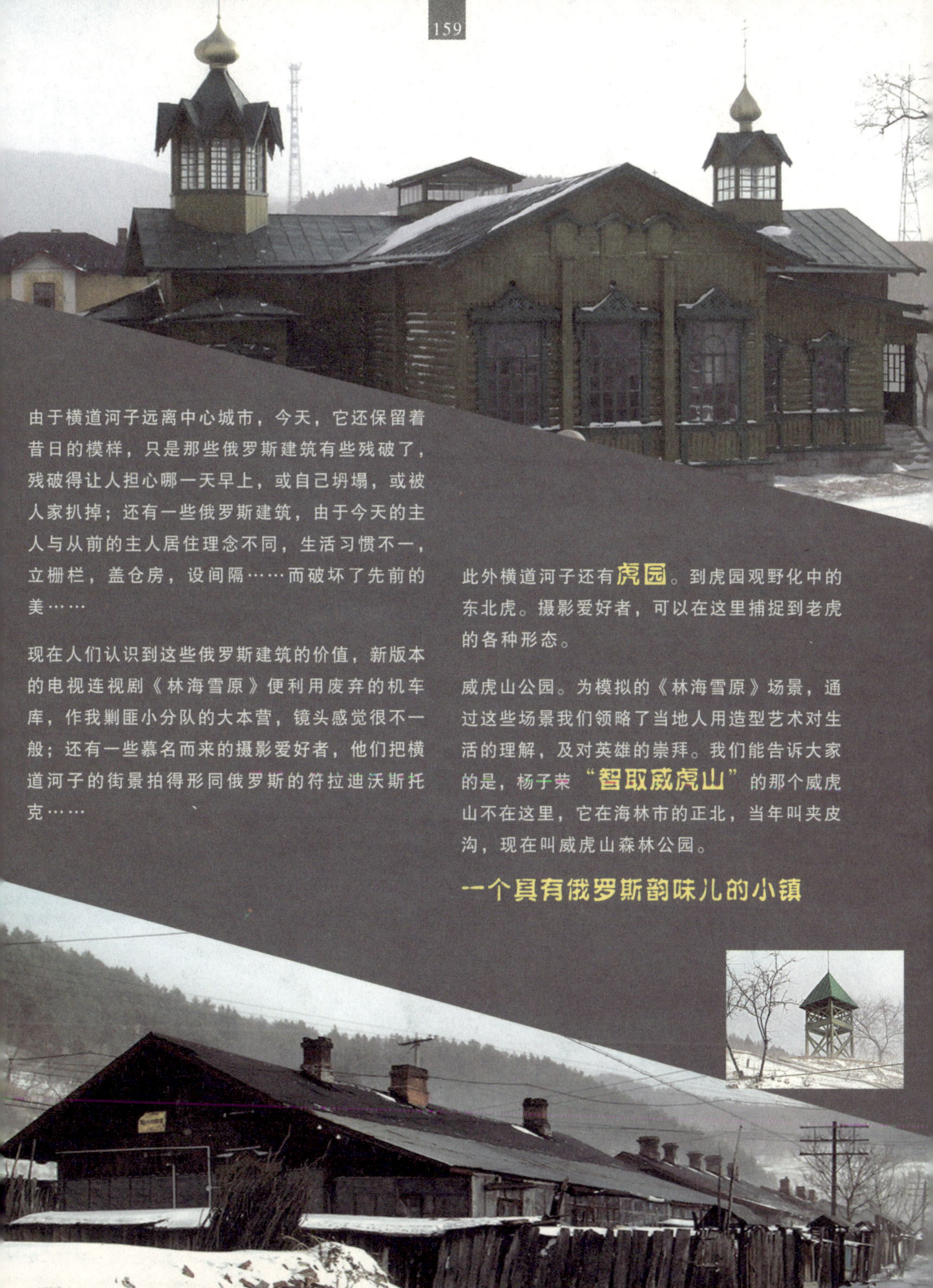

由于横道河子远离中心城市，今天，它还保留着昔日的模样，只是那些俄罗斯建筑有些残破了，残破得让人担心哪一天早上，或自己坍塌，或被人家扒掉；还有一些俄罗斯建筑，由于今天的主人与从前的主人居住理念不同，生活习惯不一，立栅栏，盖仓房，设间隔……而破坏了先前的美……

现在人们认识到这些俄罗斯建筑的价值，新版本的电视连视剧《林海雪原》便利用废弃的机车库，作我剿匪小分队的大本营，镜头感觉很不一般；还有一些慕名而来的摄影爱好者，他们把横道河子的街景拍得形同俄罗斯的符拉迪沃斯托克……

此外横道河子还有**虎园**。到虎园观野化中的东北虎。摄影爱好者，可以在这里捕捉到老虎的各种形态。

威虎山公园。为模拟的《林海雪原》场景，通过这些场景我们领略了当地人用造型艺术对生活的理解，及对英雄的崇拜。我们能告诉大家的是，杨子荣**“智取威虎山”**的那个威虎山不在这里，它在海林市的正北，当年叫夹皮沟，现在叫威虎山森林公园。

一个具有俄罗斯韵味儿的小镇

双峰林场

双峰林场号称中国雪乡，地处张广才岭南坡，为黑龙江省大海林林业局所属的一个林场。大海林林业局所在地名曰长汀镇。牡丹江有火车到长汀，出长汀站有接站中巴，沿海浪河上溯，行程105公里，约两个半小时路程，到达雪乡——双峰林场。

雪乡四面环山，形成一个小盆地，每年贝加尔湖上空南下的冷空气，与日本海的暖湿气流交汇，形成丰沛的降雪，倾泻在这个小盆地里，降雪可达6个月，积雪长达7个月，雪厚可达2米。于是产生了积雪奇观：积雪形成了轮纹，只要查查雪的轮纹，便知道入冬以来下过几场大雪——有几场雪便有几道轮纹儿，无论降了多少场雪，积雪都存留着，不融，不坠；厚积的雪，经风力与温度的加工，造就得千姿百态，其中最为夺人眼目的是积雪的小屋，那层层叠叠的雪帽，把小屋遮盖得小巧玲珑，窗口透出橘色的灯光，门口缀有红色的对联，再从雪窝里蹿出一条大黄狗——呵，一幅美不胜收的山村雪景跃进你的镜头……

开始人们没有注意双峰的雪这样美，这样难得。

是上个世纪60年代中国人民解放军八一滑雪队发现了它，开辟了它。后来文艺界也知道了，最早是八一电影制片厂到雪乡来拍电影《林海雪原》，随后又有大陆的、港台的影视摄制组开进双峰林场……一来二去，双峰林场出名了，一来二去，雪乡的名字传出去了。

现在来的最多的是摄影爱好者。他们认为只有在这里才能拍下林海雪原，才能拍下雪的美丽，雪的情趣。

从2003年开始，双峰林场的树便不允许采伐，省里高官说，要像保护眼睛一样保护雪乡。

现在双峰林场的职工，家家办起了家庭旅社。住到林业工人的家里，过过农家日子，睡火炕，喝老白干，抽老旱烟，吃酸菜冻豆付、小鸡炖蘑菇、黏豆包……家庭旅社设备挺齐全，有电话、有电视、能上网……

大山里有八一队的高山滑雪场，旅行者可以看到全国一流滑雪运动员的训练与比赛……

◎摄影参谋◎

拍晴天里的雪景，由于反散光漫反射的欺骗作用，电子相机的测光大都是不准确的，在明亮的雪景里，负片应增加1~2挡，个别的增至3挡曝光；反转片应减0.5~2挡曝光。这样拍出来的雪白，否则发灰。还有一些便利可行的办法，不妨一试：对着蓝天或自己的手背测光，然后用测得的值曝光；使用内测光自动相机时，把标度盘拨到+1或+2的位置上进行补偿曝光；使用ASA100的胶卷，可把胶卷度数盘拨到ASA50上，按照相机的正常测光曝光。

在零下20~40度时，电子相机快门容易失灵，所以要注意防寒，照完后迅速放到怀里保温。最好选用机械相机（如尼康FM2）。

亚布力

亚布力是镇名，亚布力是来自俄语，亚布洛尼，苹果园的意思。修筑中东铁路的俄国人，发现此地有苹果，取名亚布洛尼，实则此地无苹果，是一种球状野山梨，误为苹果。不过，当地有一特产很有名，那便是亚布力老旱烟。亚布力烟，劲大、味香，是关东烟中的一个名牌。我们的父辈都是有名的烟民，他们口中常念叨亚布力烟，每每得到亚布力烟，便美美的抽上一口，我们从那喷吐出口的辣人的香气中，知道了亚布力烟。

知道亚布力滑雪场，那是近十几年前的事情。八一队选择大海林双峰做滑雪场，黑龙江队便开辟了亚布力青云滑雪场。随着人们生活水平提高，旅游业发展，奢侈的滑雪运动便堂而皇之地走进了寻常百姓的业余生活，于是只供运动员训练、比赛用的滑雪场，向社会开放了，向世界开放了。主管部门根据需要对原有的滑雪场进行了现代化改造。

亚布力滑雪场，降雪多，雪来得早，是它的长处，但是天特冷，风特大，又是它的短处。到这里来滑雪滑不出欧洲那种海洋性气候的暖雪感觉。这是要提醒大家的。但是话又说回来了，中国北方的雪情就是这种特色。

【提示】

注意天气预报。

别莽撞，不熟悉的场地，技术再高，也不能进行高速滑降。

未学滑行，先学制动。

循序渐进，滑降由低坡升级至高坡。

亚布力滑雪场

滑雪，分高山、越野两大类。俗话说，高山滑雪，玩下坡；越野滑雪，平地滑——滑雪者多数是来玩下坡的，即高山滑雪。

亚布力滑雪中心，高山、越野场地都有。

其中，中高级高山雪道7条，5号雪道最长，长度达5公里，为亚洲最长的高山雪道。主峰三锅盔，海拔1000.8米，年积雪期170天，滑雪期近150天，由11月初到次年4月中旬，都可以滑雪。

除自然降雪，还有人造雪加以补充。

滑雪中心还设有3座初学者滑雪场、1座夜间滑雪场、1处儿童滑雪娱乐区。

尚 志

以英雄的名字命名县名，是黑龙江省惟一的一个县。

尚志县，1927年设县治，名珠河县。1946年，为纪念牺牲的抗日英雄**赵尚志**，将珠河县改为尚志县，现为尚志市，归哈尔滨市管辖。尚志市虽年轻，但是它却有不同一般的看点，在我们旅程上属尚志市管辖的，有亚布力与乌吉密滑雪场；有一面坡镇的**沙俄老牌啤酒**；有诞生长篇小说**《暴风骤雨》**的元宝村；有抗联女英雄赵一曼就义地尚志镇。

我们重点玩了亚布力滑雪场，凭吊了赵一曼就义地，考察了元宝镇元宝村。

赵一曼小传

原名李坤泰，化名赵一曼（1905—1936年）。生于四川省宜宾县白杨嘴村，1926年入党，同年进武汉军事政治学校学习，1927年9月去苏联东方大学学习，1928年冬回国，“九一八”事变后到沈阳，1933年来到哈尔滨。1934年春，中共满洲省委派赵一曼到珠河中心县委任县委委员，以县委特派员身份在抗日游击区工作。为打开局面，解决武器短缺，赵一曼率领部队端日伪哨所，打敌人指挥部，生俘数十敌人，缴获百余件武器，震动了日伪当局，敌报刊出了《共匪女头领赵一曼红枪白马猖獗于哈东地区》醒目文章，足见赵一曼在日伪占领区的影响何其大。1935年冬赵一曼担任二团政治委员，战斗中，她与二团战士被日军包围。赵一曼带一个班掩护大部队转移，战斗中大腿受伤，待部队转移后，警卫战士陪护赵一曼隐蔽密林。不料被密探发觉，日军讨伐队将赵一曼包围，交火中，赵一曼手腕受伤，昏迷中被捕。赵一曼先押珠河，后解往哈尔滨。赵一曼虽然争取了身边的伪军与护士，并且脱逃监禁中的医院，但还是在逃亡的途中，被追赶来的日伪军捕获。接着又是酷刑，酷刑过后，宁死不屈的赵一曼，被押解回珠河，为日军杀害。

尚志县是赵一曼打游击的地区，遗有赵一曼的被捕地与就义地。

被捕地遗址，在亮珠乡一曼村北1500米的山坡上，现存赵一曼因伤被捕前住过的地窝棚一座。

就义地，位于尚志镇一曼中学，东大门里北侧30米处。

中國共產黨中央委員會

革命英雄趙一曼烈士永垂不朽

朱德

赵一曼的“示儿信”

1936年8月2日，敌人将赵一曼押往珠河县行刑。在火车上，赵一曼给她心爱的儿子写下了遗书：

宁儿：

母亲对于你没有能尽到教育的责任，实在是遗憾的事情。

母亲因为坚决地做了反满抗日的斗争，今天已经到了牺牲的前夕了！

母亲和你在生前是永远没有再见的机会了。希望你，宁儿啊！赶快成人，来安慰你地下的母亲！我亲爱的孩子啊！母亲不用千言万语教育你，就用实际来教育你。

在你长大成人之后，希望不要忘记你的母亲是为国而牺牲的。

一九三六年八月二日

你的母亲赵一曼于车上

综观赵一曼战斗人生，动人心肺。然而作为文艺工作者，我们深感没有一部作品能够如她的人生那样打动人而羞愧。

我们寄希望旅行者中能出现有志创作赵一曼的艺术家。我们以为，什么样式都错不了，犹以芭蕾与歌剧最好。

景观链接

哈尔滨日本人刑讯赵一曼的警察局（今东北烈士纪念馆）；

有赵一曼疗伤，及出逃的医院（南岗）；

还有以她名字命名的一曼街，街头有她的雕像（南岗）。

元宝村

元宝村在尚志市城东 30 公里，南靠大青顶子山，北邻延寿县，村北有一座小山状似元宝，故村名元宝，镇名亦元宝。

元宝村因诞生长篇小说《暴风骤雨》而闻名。小说，描写农村土改中的阶级斗争。土改，土地改革的简称。改革说得温情了些，实则是一场土地革命。耕者有其田，无土地的农民在共产党领导下，革地主阶级的命。于是就有了农民动员问题；地主对抗问题；中农游弋的问题。作为较早进行土改的元宝屯，便成了典型，便成了作家创作的题材。是时作家周立波参加土改工作队来到了元宝屯，这位对苏俄文学颇有研究的作家，深知这个题材的含金量，一下子就把这个题材抓住了，周立波由 1946 年 9 月到 1947 年 5 月，全身心投入元宝村的土改，当他离开时，这位元宝区委副书记，材料装了三麻袋。回到哈尔滨，他蹲在太阳岛俄罗斯小木屋里，一口气把小说写出来了，《暴风骤雨》1948 年出版，1951 年获斯大林文学奖金，1961 年拍成电影，至今还是红色经典丛书中不可或缺的一部长篇小说。

我们在元宝村做了两件事：

一是搞了小说人物与生活人物的比照：

赶大车的老孙头，本名孙永富，平时好扯闲篇，与书中的老孙头相似。

农会主任郭全海，本名郭长兴，现健在，是尚志市著名企业家。

中农白玉山，也有影子，本名叫白福山，性子也是一针扎不出血来。

赵光腚，没这个人，是几个人综合的，比较模糊。

书中地主韩老六，本名韩向阳，土改前，见大势已去，跑去哈尔滨，死在哈尔滨。

土匪韩老七，实有其人，他叫韩小胡，但不是韩老六的弟弟，他带人攻打过元宝村，剿匪中，被解放军抓着枪毙了……

二是搞了元宝村的今昔对比。

我们住进了元宝村的小楼，重点访问了两个人：

一个是村支书张宝金，他是解放后闯关东来的，那时候叫盲流（盲目流动人口的简称）。他娶了小说中“杜善人”的原型杜恒发的孙女为妻，现在他把个穷山村带出了个亿元村。

郭长兴告诉我们，电影和书都在结尾处说他带着翻身的农民参加辽沈战役去了，其实，他没走成，那时县里缺干部，就把他留下了。干部做到副科级，办了离休。这时他膝下有六个没有工作的孩子，生活十分困难，多亏邓小平给了政策，他在县城办起了五金商店。凭着他的知名度，凭着他的诚信，生意越做越火，他以一年给一个儿女赚一个店的实力，开了六个五金店，郭长兴做了六个儿女联营公司的“一把手”。回忆起来，他意味深长的说了一句话，并应我们之邀写了出来：

穷光荣的时候，我穷；富光荣的时候，我富。

元茂屯

穷光荣的时候我穷
富光荣的时候我富光荣，

《暴风骤雨》语言辑录：

周立波是湖南人，他在短短半年时间，把这一方语言用得这样娴熟，令人钦佩。原著所有版本都没有对方言进行注释，想必读者是看得明白的，我们也不再画蛇添足。请大家在旅途中赏析（也是对您深入黑龙江旅行这一程的考核）：

▲ 今年元茂屯闹胡子，家里吃的、穿的、铺的、盖的都抢个溜光。

▲ 下晚逛道儿，他把大棒子搁在卖大炕的娘儿们的门外，别人不敢再进去。

▲ 这时他躺在炕上，光顾抽大烟，把一个老实巴交的老田头晾在一边。

▲ 萧队长悄声要他就回去，多找对心眼儿的人，多联络些小成年扛活的……

▲ “你别滑门吊嘴儿的，”白玉山从炕上跳下来说道，“我怕谁？我谁也不怕。”

▲ 郭全海说，他们从地主娘们儿的脚上，起出一副金镏子。

▲ 他这会儿装孙子，哭天抹泪，在早，他们整得咱们穷人眼泪流成河。

【提示】

元宝村正在兴建周立波纪念馆，还要建东北农村影视城……还有不少美好的设想陆续出台；想找郭长兴不难，只要进尚志街里，随便进哪一个店打听他，人们都能为您指路。

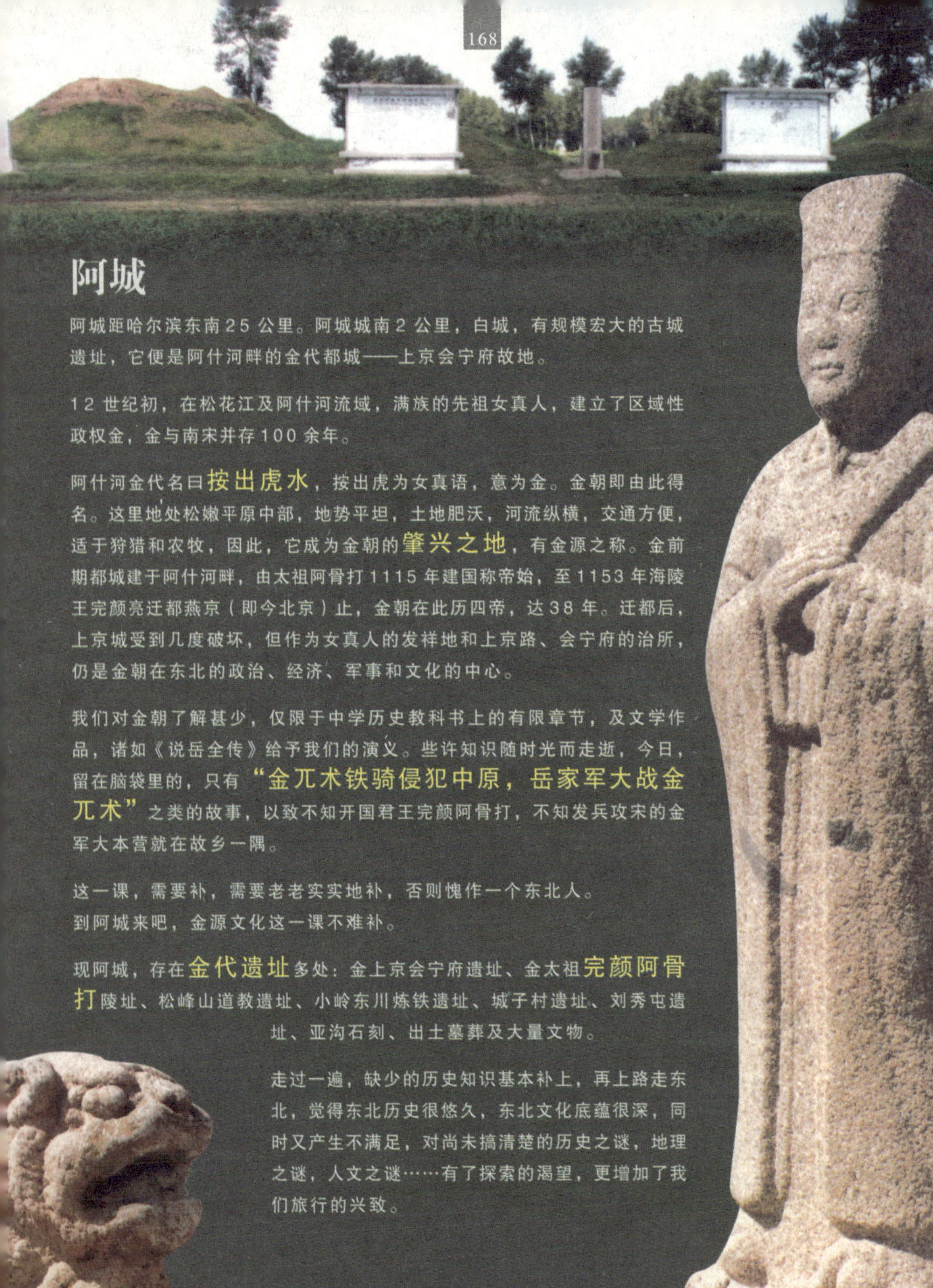

阿城

阿城距哈尔滨东南25公里。阿城城南2公里，白城，有规模宏大的古城遗址，它便是阿什河畔的金代都城——上京会宁府故地。

12世纪初，在松花江及阿什河流域，满族的先祖女真人，建立了区域性政权金，金与南宋并存100余年。

阿什河金代名曰**按出虎水**，按出虎为女真语，意为金。金朝即由此得名。这里地处松嫩平原中部，地势平坦，土地肥沃，河流纵横，交通方便，适于狩猎和农牧，因此，它成为金朝的**肇兴之地**，有金源之称。金前期都城建于阿什河畔，由太祖阿骨打1115年建国称帝始，至1153年海陵王完颜亮迁都燕京（即今北京）止，金朝在此历四帝，达38年。迁都后，上京城受到几度破坏，但作为女真人的发祥地和上京路、会宁府的治所，仍是金朝在东北的政治、经济、军事和文化的中心。

我们对金朝了解甚少，仅限于中学历史教科书上的有限章节，及文学作品，诸如《说岳全传》给予我们的演义。些许知识随时光而走逝，今日，留在脑袋里的，只有**“金兀术铁骑侵犯中原，岳家军大战金兀术”**之类的故事，以致不知开国君王完颜阿骨打，不知发兵攻宋的金军大本营就在故乡一隅。

这一课，需要补，需要老老实实地补，否则愧作一个东北人。
到阿城来吧，金源文化这一课不难补。

现阿城，存在**金代遗址**多处：金上京会宁府遗址、金太祖**完颜阿骨打**陵址、松峰山道教遗址、小岭东川炼铁遗址、城子村遗址、刘秀屯遗址、亚沟石刻、出土墓葬及大量文物。

走过一遍，缺少的历史知识基本补上，再上路走东北，觉得东北历史很悠久，东北文化底蕴很深，同时又产生不满足，对尚未搞清楚的历史之谜，地理之谜，人文之谜……有了探索的渴望，更增加了我们旅行的兴致。

金与上京会宁府

由1115年完颜阿骨打称帝到1234年完颜承麟在蔡州身亡，金代历经119年历史。

金上京是大金国开国都城，史称金源。大金国在这里历四帝，38年。这38年，作为金国第一都城的上京城十分辉煌。

皇位传金熙宗，弟海陵王完颜亮杀兄夺位。

金上京的宫殿楼阁、佛寺道观、市井街巷，无不留有金熙宗施政的痕迹，海陵王决定焚城，迁都，罢上京名，只称会宁府。用以巩固自己的统治。

金朝后期，上京行省完颜太平勾结叛军，再次焚毁上京宗庙等大规模建筑。

上京城在元明时期，仍被延用，上京的最后废弃是在清代。

金代共三个都城，上京会宁府是金朝第一都城，1153年海陵王迁都燕京（今北京），称金中都，金朝第八位皇帝宣宗于1214年迁都南京（今开封）。1215年成吉思汗突破长城防线，进入黄河平原；1215年成吉思汗率领蒙古大军劫掠并占领了金朝的北京，至金哀宗天兴二年（1234年），蒙古联宋，攻破蔡州城，在战火中即位的金末帝完颜承麟死在乱军中，金亡。

金上京会宁府，称白城。今天阿城老居民都知道，金国号的来历，并传，早年间，白城的麻雀都是白色的，名曰白家雀。

金代的历史贡献

一、金代拓展，并有效管理了中国北部疆土，范围达今天俄罗斯境内的外兴安岭与库页岛、鄂霍次克海，相当于3个法国的面积；

二、金代划淮河为界，使长城内外成为中华民族一家人，为中华民族团结统一作出历史性贡献；

三、金开创北京为都城，以后元、明、清各代及中华人民共和国均定都北京，足见金代王朝的非凡且准确的战略胆识，及先导作用；

四、金代统治者以女真精神为根脉，吸收辽、宋和中原文化的丰富营养，形成“金源文化”，这一较强的开放意识和开明精神成为少数民族的楷模；

五、首创蒸馏法造酒；首创纸币流通……诸多科学技术发展到历史最高水平，作为标志性的物证——建立于北京郊区的卢沟桥，至今享誉世界，卢沟桥不但是稀世建筑精品，还成为中华民族英勇抗击日本军国主义入侵的象征。

到阿城来，来补金源文化课。

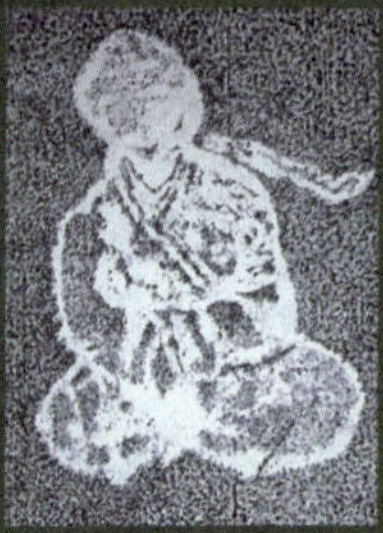

亚沟石刻

亚沟石刻图像，位于阿什河亚沟镇东南5公里，一座名叫**石人山**的崖壁上，距金上京遗址10公里。古为完颜部主要活动区域。图案是金代女真人形象。两幅摩崖石刻，一男一女，呈夫妻样并坐。左幅男像武士装束，高185厘米，宽105厘米；女像与男像大小相同，但形象模糊，有风雨剥蚀痕迹，仔细端详，为双手合胸，呈盘膝端坐姿势。图像以**线刻**为主，用直刀、侧刀和圆口刀等深浅转折手法，描绘了多变人体的线条，体现出创作者高超娴熟的技艺。石刻之内涵众说不一：一说，石刻为**金太祖及其皇后**；其二认为，石刻为金代**护国林神**形象；多数认为，图像与金代葬仪有关。

在阿城众多历史遗址中，惟金上京会宁府遗址与亚沟石刻两处被国务院定为全国**重点文物**保护单位，足见亚沟石刻的价值。

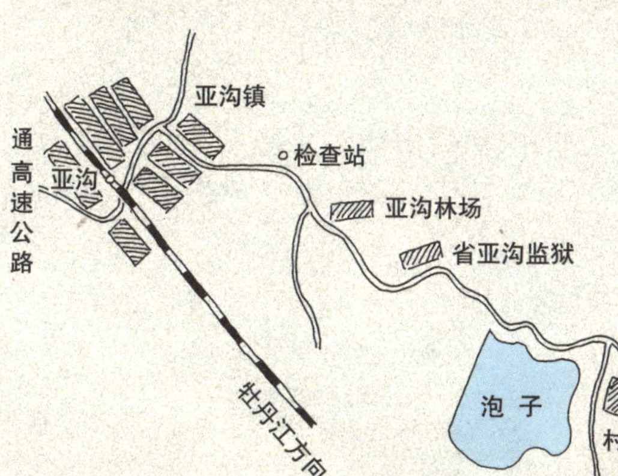

阿城小吃

黑龙江农村，有句嗑儿，说农民种地，是“顺垄沟找黏豆包吃”。黏豆包，是用有黏性的玉米、黄米面子做皮儿，红豆做馅，制成的干粮。黏豆包色黄、味香，入腹抗饿，是深受满族人喜欢的食品。

老关东鸡鹅干菜杂鱼馆

招牌：老东北，开江鱼，下蛋鸡。

服务特点：有小巴来往阿城接客；玉米 楂子、高粱米水饭可劲造，不收费。

酱闷穿丁鱼	16元
酱闷老头鱼	16元
鱼酱豆腐	12元
鱼籽炖豆腐	20元
小鸡炖蘑菇粉条	45元（一只鸡）
	25元（半只鸡）
大鹅炖酸菜	36元（半只）
大鹅炖土豆	36元（半只）
干豆角丝炒肉	12元
黄瓜干炒肉	12元
茄子干炒肉	10元
猪肉酸菜粉条	10元
雪里红炖豆腐	10元

主食：**黏豆包**

亚沟建有行销东北的
黏豆包生产基地

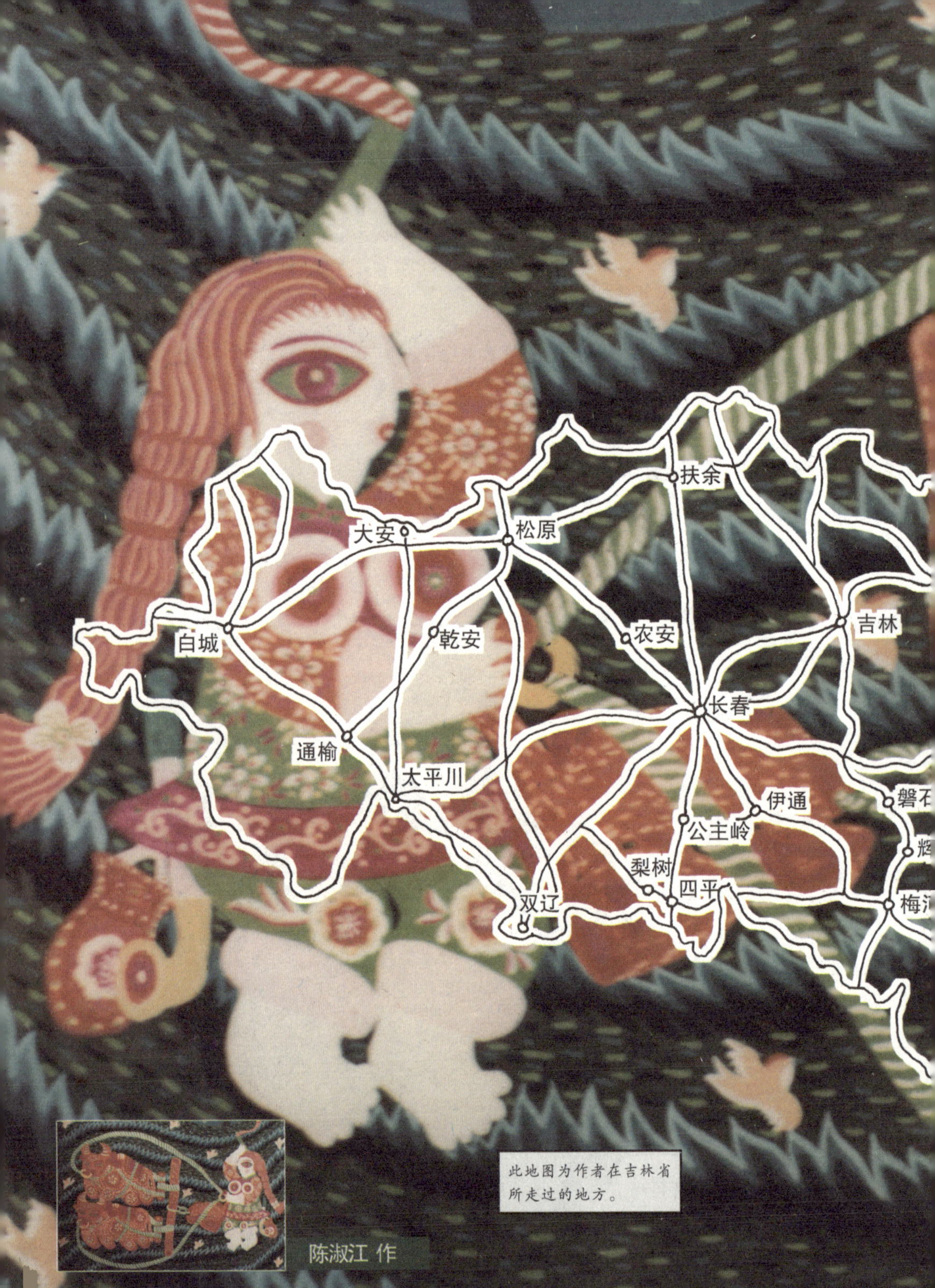

此地图为作者在吉林省所走过的地方。

第二篇

吉林省

吉林省夹在黑龙江、辽宁两省之间，西接内蒙古，东邻朝鲜、俄罗斯。吉林省名取于吉林市名。吉林市清代称吉林乌拉城，满语吉林乌拉，汉译沿江之城。简称吉林。以省内城市名定省名全国仅此一例。

珲春
图们
延吉
龙井
敦化
和龙
抚松
临江

长春及周边交通示意图

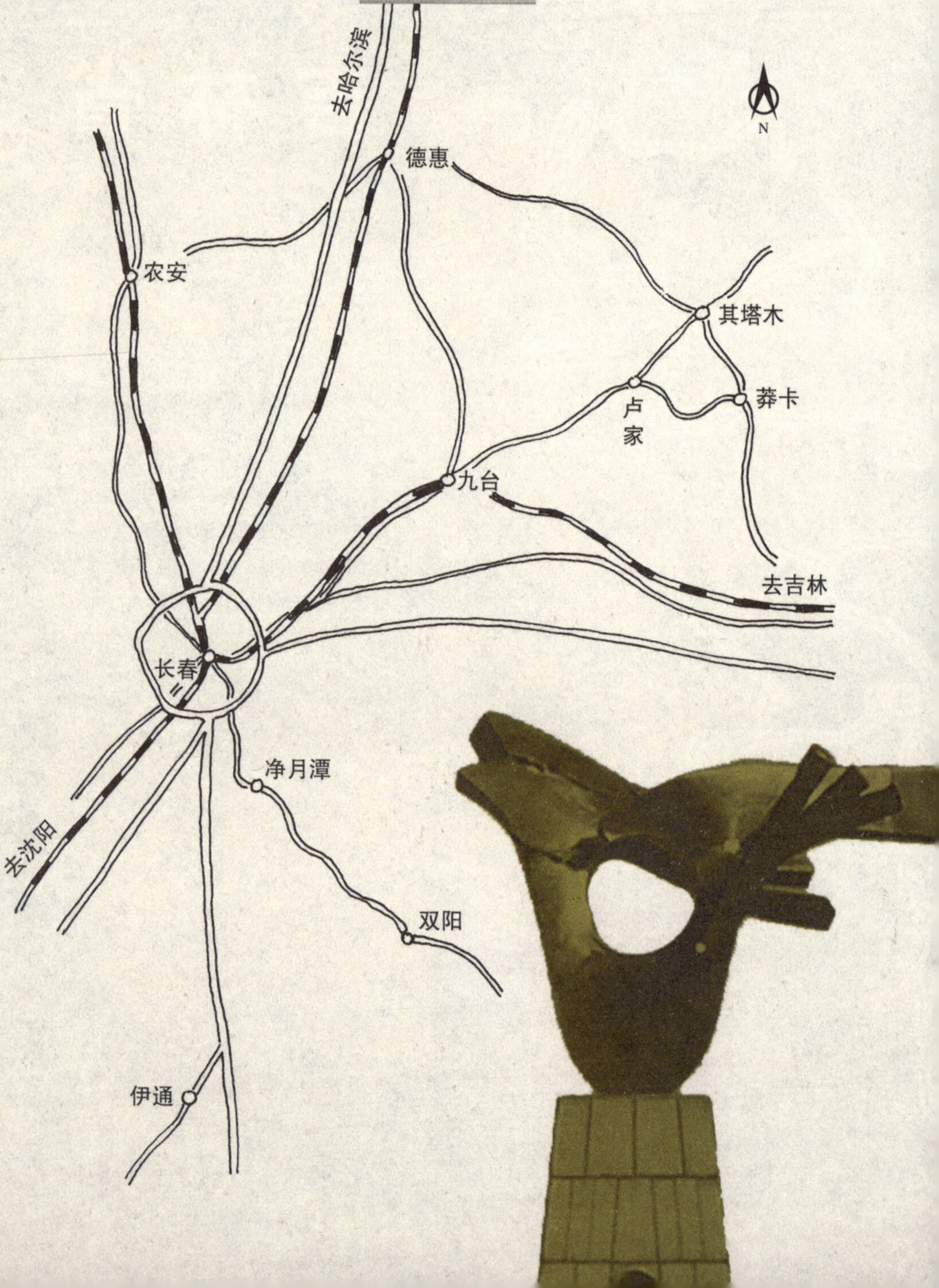

去哈尔滨
N
德惠
农安
其塔木
卢家
莽卡
九台
去吉林
长春
净月潭
去沈阳
双阳
伊通

第   章

长春及周边

南有粗阔喧闹的沈阳，北有俄风遗韵的哈尔滨，而长春像是一个旧式的乡村书生，温文而又落寞。

——任白

长春

CHANGCUN

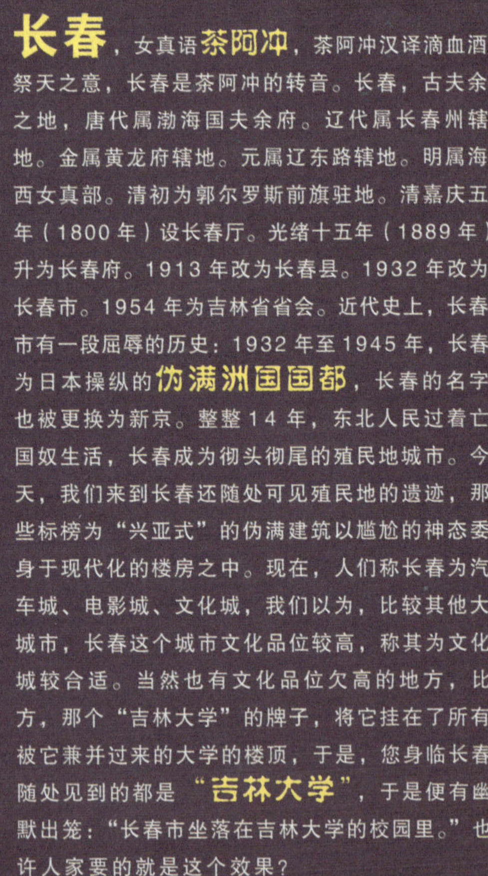

长春，女真语**茶阿冲**，茶阿冲汉译滴血酒祭天之意，长春是茶阿冲的转音。长春，古夫余之地，唐代属渤海国夫余府。辽代属长春州辖地。金属黄龙府辖地。元属辽东路辖地。明属海西女真部。清初为郭尔罗斯前旗驻地。清嘉庆五年（1800年）设长春厅。光绪十五年（1889年）升为长春府。1913年改为长春县。1932年改为长春市。1954年为吉林省省会。近代史上，长春市有一段屈辱的历史：1932年至1945年，长春为日本操纵的**伪满洲国国都**，长春的名字也被更换为新京。整整14年，东北人民过着亡国奴生活，长春成为彻头彻尾的殖民地城市。今天，我们来到长春还随处可见殖民地的遗迹，那些标榜为“兴亚式”的伪满建筑以尴尬的神态委身于现代化的楼房之中。现在，人们称长春为汽车城、电影城、文化城，我们以为，比较其他大城市，长春这个城市文化品位较高，称其为文化城较合适。当然也有文化品位欠高的地方，比方，那个“吉林大学”的牌子，将它挂在了所有被它兼并过来的大学的楼顶，于是，您身临长春随处见到的都是**“吉林大学”**，于是便有幽默出笼：“长春市坐落在吉林大学的校园里。”也许人家要的就是这个效果？

世界雕塑公园 门票 20 元

位于人民大街南端，占地 92 公顷。分露天与室内展览两大部分。目前，公园已展有 110 个国家，270 位雕塑家的 315 尊雕塑作品。其中有反映玛雅人文化、爱斯基摩人文化、毛利人文化的作品；也有标志印欧文化、非洲文化、拉美文化、东方文化的作品，这些作品充分体现了国家、民族、地域的特点，材质多样、风格迥异，堪称世界雕塑的百花园。

长春电影制片厂 门票 20 元

新中国第一个电影制片厂。它的前身是伪满政府设立的“满洲映画株式会社”，简称“满映”。1945 年日本投降，我地下党与进步职工，成立了东北电影公司；1946 年东北电影公司撤往黑龙江省鹤岗市，同年成立东北电影制片厂，1948 年迁回长春，1955 年正式更名长春电影制片厂。长影拍摄了大量“红色经典”电影，如《白毛女》、《平原游击队》、《上甘岭》、《英雄儿女》、《五朵金花》、《冰山上的来客》。长春人以有长春电影制片厂和长春汽车制造厂而骄傲。

中国第一汽车集团公司 门票 20 元

原中国第一汽车制造厂，也称长春汽车制造厂。一汽接待游客参观。可看的东西多多，诸如现代化的汽车生产装配线；三条卡车、三条轿车、CA141 载重卡车，及各种变形卡车、红旗、捷达、奥迪轿车生产流程……尤其开人眼界的是汽车博览，如：

我国第一台解放牌汽车

我国第一台红旗高级轿车

毛泽东坐过的防弹红旗车

建国 35 周年邓小平坐过的红旗阅兵车

庄则栋三获世界乒乓球男子单打冠军，日本国赠送的马自达轿车

英国女皇牌，美国的福特、卡迪拉克、林肯牌古董文物车

吉林大学地质宫博物馆 门票 10 元

原长春地质学院地质宫。

原本是供教学和科研用的地质宫，现在对社会开放。

有宝石、矿石和恐龙化石两大展室。宝石有钻石、玉石、玛瑙；矿石有金矿石、油母页岩、铁矿石、铜矿石……及普普通通的花岗岩、鹅卵石，不管贵重的，还是低廉的，到了这里，都是一个身价：对学生来说是矿样，对参观者来说是知识。

伪满洲国

是日本帝国主义一手制造的伪政权，傀儡皇帝是身为逊帝的清朝末代皇帝爱新觉罗·溥仪。

1931年“九一八事变”，东北沦陷，1932年2月日本侵略者在沈阳召开“东北行政委员会会议”，通过“伪满洲国建国方案”，决定成立伪满洲国执政府，以溥仪为“执政”，定都长春，改名新京。2月18日宣布伪满洲国成立，3月8日将溥仪从旅顺接到长春，次日在临时执政府——吉长道尹衙门就任伪满洲国元首执政，年号大同，执政典礼不久“执政府”迁到吉黑榷运局；1934年日本决定改“满洲国”为“满洲帝国”，年号康德，改“执政”为“皇帝”，同年3月1日溥仪即帝位，并以其任所为皇宫。由1932年2月18日成立到1945年8月15日本投降，伪满洲国存在14年，东北人民当了14年亡国奴。

伪满皇宫博物院　门票40元

简称伪皇宫。
伪满皇宫博物院是建立在伪满皇宫旧址上的宫廷遗址型博物馆。

伪皇宫位于长春老城东北，今宽城区光复北路5号。伪皇宫包括宫殿、花园、马场、建国神庙、禁卫军驻地等大小建筑数十座，占地面积约14万平方米。伪皇宫的建筑风格，有欧洲哥特式、中日合璧式及中国旧式带廊瓦房。伪满皇宫以中和门为界，分为外廷和内廷两部分，主要建筑有溥仪用于办公、处理政务、举行大典的勤民楼和同德殿；有溥仪及其后妃日常生活的寝宫缉熙楼；用于供奉列祖列宗的怀远楼；用于举行大型宴会的嘉乐殿、清宴堂；以及书画楼、中膳房、洋膳房、御花园、假山、防空洞、游泳池等附属设施。

所谓的宫殿根本不是宫殿，是吉黑榷运局及其盐仓所在地。因此民间有句嗑儿，说是“小皇帝住盐仓——咸（闲）龙一条。”

我们有幸在伪皇宫见到恭亲王溥伟的儿子爱新觉罗·毓嶦先生。先生1937年作为皇族学童进伪皇宫读书，1945年随溥仪出逃，被苏联红军俘获后，作为溥仪的贴身侄儿，陪住苏联战俘营，引渡回国后，又与溥仪同住抚顺战犯管理所……毓嶦先生有近20年时间近距离地生活在溥仪身边，目睹了溥仪由皇帝到战犯、到公民的全过程，被史学界公认为末代皇帝后半生的重要知情人。

景观链接

临江大栗子沟。为日本人劫持溥仪逃亡的地点，在这里，溥仪颁布了“退位昭书”。

抚顺战犯管理所。溥仪由苏联引渡回来，接受改造的场所。

伪满建筑浏览

长春有许多“满洲式”建筑，也有称“兴亚式”建筑，这是当年一些日本建筑界的名流将舶来的西方建筑艺术新潮与中国建筑艺术传统相融合的实验之作。其代表人物，是远滕新，他是美国现代主义建筑大师、有机建筑理论的创造者赖特的弟子。这批建筑有近70年的历史了，它不仅为殖民地文化研究提供了标本，还为旅游业留下了丰厚的资源。

伪满建筑有许多，并且保留得也不错，其中最为有代表性的建筑，是原日本关东军司令部，伪国务院及伪满洲国八大部建筑。现将旧地新址罗列如下：

日本关东军司令部——宽城区新发路577号，现为中共吉林省委办公地。

伪国务院——朝阳区新民大街2号，现为吉林大学基础医学部。

伪外交部——朝阳区建设街普庆胡同1号，现为吉林省社会科学院。

伪军事部——朝阳区新民大街1号，现为吉林大学第一临床医院。

伪兴农部——朝阳区自由大路20号，现为东北师范大学附属中学。

伪交通部——朝阳区新民大街7号，现为吉林大学预防医学院。

伪文教部——朝阳区自由大路18号，现为东北师大附属小学。

伪司法部——朝阳区新民大街6号，现为吉林大学医学部。

伪经济部——朝阳区新民大街5号，现为吉林大学第三医院。

伪民生部——朝阳区人民大街77号，现为吉林石油化工设计院。

◎摄影参谋◎

建议拍一组《满洲式建筑》专题。

伊通

长春南48公里，汽车1个小时到伊通。

伊通，全称伊通满族自治县，属四平市管辖。《吉林地志》载，“伊通者，土名依通也，金咸平路，元初因之，明为达喜穆鲁卫、伊屯河卫，后为扈伦族之叶赫部也，嘉庆十九年（1814年）设分防巡检，光绪八年（1882年）升为州，今改县”。又云，“县境狭长，向西南突伸，南扼威远堡边门口，东属围场，西属科尔沁蒙界”。其间为惟一进京的通衢御路，清代，柳条边经过伊通，伊通属辽沈之藩卫。

伊通总人口463847人，满族人口167533人，占全县人口总数的35.36%，是吉林省满族人数最多，满族人口占总人口比例最大的县份。在这里，您可以深入农村体验一下满族生活。

此外伊通旷野上那另一类别的火山群也吸引了大量的旅行者前来探秘。

东北**大秧歌**·满族秧歌

东北大秧歌是深受人们喜爱，并广为普及的民间舞蹈。

东北大秧歌的基本步伐是4拍一小节，前3拍向前，后一拍退后。扭秧歌不分男女老少，一般要手持扇子、手帕等简单道具，在锣鼓唢呐的伴奏下，集体走出各种队形和图案；也有扮作现实生活、戏剧故事和神话传说中的人物，进行表演式舞蹈，气氛火爆，感染力强，常常使观看者不由自主加入忘情的队伍中。

东北大秧歌分为汉族秧歌和满族秧歌二种。满族大秧歌与汉族秧歌不同点是，满族秧歌表演中增加了**“鞑子官”**，即秧歌队的领舞和丑角的穿插。“鞑子官”既有指挥秧歌队的作用，又是扭秧歌的高手，他在队前领舞，不但有示范作用，还有撩拨情绪的任务；丑角在队伍中穿针引线，活跃表演气氛，使单一的舞步，有了戏剧性，这是满族秧歌对东北大秧歌的一大贡献。

满族大秧歌讲究一个字——浪。

何为**浪**？动作要夸张，眼神能撩人，生、旦角之间要敢于大胆地开玩笑（不必担心会怎么样，光天化日，又是众目睽睽，还是乡里乡亲，不能怎么样），目的是逗大家乐呵。

满族秧歌深受萨满舞等满族民间艺术形式影响。

现在东北大秧歌已经进入了许多艺术领域，如二人转，民族歌舞；普及到了东北各个角落，它不仅仅是艺术表演形式，还成为全民健身的好方式。

欢迎您来扭一扭

子孙绳

子孙娘娘——关云德剪纸

满族博物馆

门票 5 元

伊通满族博物馆，以传世文物，展示满族民间习俗。博物馆规模大，馆藏文物丰富，被誉为全国首屈一指的满族博物馆。

我们到吉林（乃至整个东北）来旅行，就是到满族的家乡来串门，因此除了书本阅读，除了学者口授，还真有必要接受实物教学——伊通满族博物馆就起到了这样的作用。我们参观伊通满族博物馆，对旅程前面所获得的满族知识，进行了比照，在比照中进行了修正；又为后面旅程中必将遇到的有关满族问题，储备了知识，预备了认识的武器。

馆内有满族源流、生产、生活、文化、礼仪、信仰和古今伊通七个部分。

我们对馆藏文物发生了浓厚的兴趣：

出生伊通的著名爱国将领依克唐阿，出任伊通镇守使时为一个有功披甲（即士兵）授七品待遇的文件，那文件上，依克唐阿签了一个“行”字，好一个“行”字，让我们领略了那一个朝代行文的方式，便自然联想后来的“照办”、“可”、“阅”和“○”（画圈儿）。

子孙绳令人开眼，那是比文字形象的谱书，在结成网的绳子上，拴着数不清红布条与嘎拉哈（羊膝骨），红布是男孩的标志，嘎拉哈是女孩的标志，这个家族有多少男人，有多少女人，查一查，点一点，一清二楚。

馆中展有靰鞡、套袖、烟笸箩、炭火盆、苏叶饽饽、萨其玛……原以为烟笸箩是汉族人的器皿，实则是满族的日用品；原以为萨其玛，是西方的甜点心，实则是满族有钱人家的年糕饼。

馆中还有马拉轿车、大轱辘车、马爬犁、悠车、狗皮帽子、毡疙瘩……许多物品，不是我们曾用过的，便是我们见过别人用过的；不仅是从前用过的，有些今天还在沿用。结合自己的生活，会顿然明了，原来这是满族的东西。

我们为满族文明喝彩

伊通火山群

伊通火山群，位于吉林省伊通满族自治县、长春郊区、公主岭境内，由新生代第三纪渐新世形成的16座火山组成，分布区域达600余平方公里。火山群主要由橄榄玄武岩组成，由于具有不同于一般火山的成因机制，各座火山喷发的旋回性不明显，岩浆以“挤牙膏”式喷出地表，称之为**侵出型**火山。

伊通火山——另类火山

侵出时间最早的横头山距今已有3380万年。这种独特的岩浆侵出动力学模式，被国内外专家称为“伊通型”火山成因机制。伊通火山群因此而闻名世界，有许多国家派学者到这里来考察，派学生到这里来上课、度夏令营。比较我们在黑龙江看过的五大连池火山、镜泊火山（火山口森林），伊通火山是截然不同的火山地貌，见不到火山爆发后形成的破碎的山口，伊通的火山是孤峰矗立，各峰遥相呼应，远看火山如陡峭山崖，近看火山为结晶体巨石组合。伊通火山群，对研究我国东部地质构造、构造演化、太平洋板块与欧亚板块的相互作用、矿产资源勘查、地质灾害评价、研究火山作用和岩浆起因、地幔物质组成及活动规律有特殊学术意义和实际意义。

这16座火山的名字是：

横头山　东尖山　西尖山　团子山　大孤山　莫里青山　马鞍山　小孤山　东小山　万宝山　馒头山　南尖山　北尖山　北蔡山　南蔡山　横小山

其中大孤山、小孤山、东尖山、西尖山、北尖山、马鞍山和莫里青山等七座孤山，横跨伊通河，东北西南走向，长勺一般排列，被民间誉为**“七星落地”**，而冠名为七星山。

西尖山、大孤山和东小山为1级保护火山。

西尖山火山被誉为火山大厦，又称为**“东方魔鬼之塔”**。

景观链接

黑龙江省五大连池火山、镜泊火山（火山口森林）、吉林省半拉山门中生代火山群、长白大峡谷。

◎摄影参谋◎

重点拍摄西尖山，要达到火山大厦的效果，要与美国的魔塔山相媲美。

既要拍西尖山的远景，也要拍西尖山细部，那些柱状节理是会拍出意想不到的效果。

【提示】

不得捡拾火山石，更不能开凿山体的柱状节理，后者，还会出现人身事故。

农安

我国东北地区的历史名城。

东北最古老的民族夫余在此建立了最古老的王国——**夫余国**。农安城为夫余国国都夫余城。

夫余国幅员辽阔，今嫩江、松花江流域和内蒙古东部的大平原地带为夫余国土。北魏太和十八年（494年）夫余被勿吉所侵，夫余王投降高句丽。

灶王爷

辽太祖唐天成元年（926年），辽太祖**耶律阿保机**征战渤海国，班师回朝时，驾崩于夫余城，遂改夫余城为**黄龙府**。农安之黄龙府名由此而来。黄龙府治地近50年，是控制松花江、黑龙江下游地区的军事重镇，也是进攻宋朝的大本营。

辽天庆五年（1115年），女真族首领**完颜阿骨打**从上京会宁府起兵攻陷黄龙府。金将黄龙府作为向关内进军的大本营。宋朝抗金名将岳飞勉励部属，“直抵黄龙府，与诸君痛饮尔。”指的是此地。但此时黄龙府并非金都，是时金都在上京会宁府，由黄龙府北上会宁府还有500里。灭金必克上京会宁府才成，于是有人说这是岳飞的口误，后人以讹传讹。我们以为攻克军事重镇，喝阶段性的胜利酒，也是可行的。进而可称其为岳飞著名的战场鼓动口号。不必常规式推理。

现辽金时代古城遗址尚有24处。最为完整的是县城中的辽塔。

岳飞：

直抵黄龙府，
与诸君痛饮尔。

辽塔旧影

辽塔

辽塔，史称**隆安塔、龙安塔**。农安辽塔建于辽圣宗耶律隆绪太平三年至十年（1023-1030年），地处今黄龙路与宝塔街交汇处。相传此塔是为了镇压一条欲与大辽争天下的草龙而建。此塔为辽代**最北端**一座塔，塔高44米，塔呈密檐式，砖木结构，八角十三层，各角皆有壶门，门上檐下皆有斗拱，塔身层层上收，在十三层的八个角上挂有104个风铃。清风袭来，丁东作响，余音缭绕，百里皆闻。1953年修缮时，在塔身第十层中部发现砖室，砖室有硬山式木制佛龛，内有释迦牟尼佛像、观音菩萨像、鎏金牌饰、银牌、瓷香炉、木盒、银盒、搅釉瓷盒和布包等多种佛宝。

九台·莽卡

九台市莽卡乡是满族乡，它辖下的东哈村有“萨满”留世，我们决定前去拜访。

东哈村的“萨满”都姓石，进村一问，无人不知，我们找到了石氏“萨满”的成员——石忠祥及他的叔叔石文泰。

这是一座百年草屋，屋子已经斜歪，坐地烟囱支着木桩，烟囱与房子连结处的那个大肚子烟道开了一个小门，门里是暖和的鸡窝；屋有三面炕，南北炕住人，西炕上方供祖宗，南北炕上方各架一个摇篮杆子，一屋挂两悠车，证明同时有两个孩子躺在摇篮里。看来从前这是一个大户人家。墙上有一张奖状，奖状上写着：“石忠祥同志，你献出祖传的满族歌舞宝贵文化遗产，为国家艺术集成事业做出贡献，特发此状，以资表彰。”落款单位是吉林省艺术集成领导小组，时间是1987年3月10日。

石忠祥介绍说，石氏满姓锡克特里，正黄旗人。他和石文泰，还有几个懂萨满的，都不是萨满，目前，在石氏家族中已没有萨满，有的只是为萨满助阵的栽力。萨满是需要认定的，认定规程很复杂，不仅要会满语，还要有特殊才能，石氏家族最后一个神授萨满叫石殿丰，他在寒冬里连钻了七个冰眼才得到族人认定。石忠祥感到骄傲的是，他曾以栽力的身份，侍候过石殿丰。

由于时间近黄昏，石家叔侄，只为我们着简装，作表演。二人边着装，边为我们介绍，这套长衫礼帽是省里特别给我们定制的，手中这面鼓是来访的美国人赠送给我们的，还说，那次给美国人表演的是全套活计，真的在祭祀时杀了一口猪。

锡克特里，
最后的“萨满”。

二人走到屋外，边鼓，边舞，嘴里叨叨咕咕……
问：嘴里叨咕的啥？
答：祝福锡克特里（石氏）家族幸福平安。
两个老人的动作怪怪的，神情十分投入，冥冥中大概是与大神在对话。

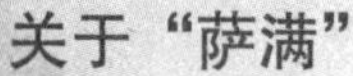

关于“萨满”

萨满是通古斯语，意思是“疯狂的人”，汉译为巫师，俗称“跳大神的人”。

萨满被认为是人和神的中介，萨满被族人尊为智人，是族中的精神领袖。

萨满信奉万物有灵，萨满的宗旨是达到人与神、人与自然的统一与和谐。

萨满有宫廷萨满、民间萨满；有神授萨满、家族萨满、部落萨满，现在所有萨满都不存在了，现在的“萨满”，是个别满族人模仿萨满，连舞带吟做表演而已。

宫廷萨满，以清王朝为例，萨满多由熟悉爱新觉罗氏族方言而又聪颖伶俐的人担任，皇帝每逢举行神典，都用满语诵经跳神。民间萨满分两种，一是跳神萨满，一是祭祀萨满。跳神萨满每村有一位，由于乡下满族人“信巫不信医”，得病跳大神，因此萨满在相当长的时期，受到人们的欢迎。哈东村石氏萨满，是部落兼及家族的萨满。

萨满祈祷通常两人配合，为主那位是萨满，助阵的那位是栽力。萨满祈祷时，有盛装与简装之分，盛装，身穿长布裙，腰系铜铃，头戴尖帽，缀五色纸条，下垂蔽面，外悬小镜，手托神鼓；简装，一顶礼帽，一件长衫，一面神鼓。祈祷时，击鼓跳舞，口中念念有词，神情恍恍惚惚……

目前，萨满几乎绝迹，萨满跳神祈祷作为一种满族民间文艺存留个别地区。

◎摄影参谋◎

毕竟不多了，应当拍下石氏“萨满”表演的一招一式及其服饰和用具。

【提示】

前往联系时，千万不能说“萨满教”，更不能说“跳大神”，应当说，“满族民间舞蹈”，写文章说到今天的“萨满”，一定莫忘为“萨满”加上引号。

吉林及周边交通示意图

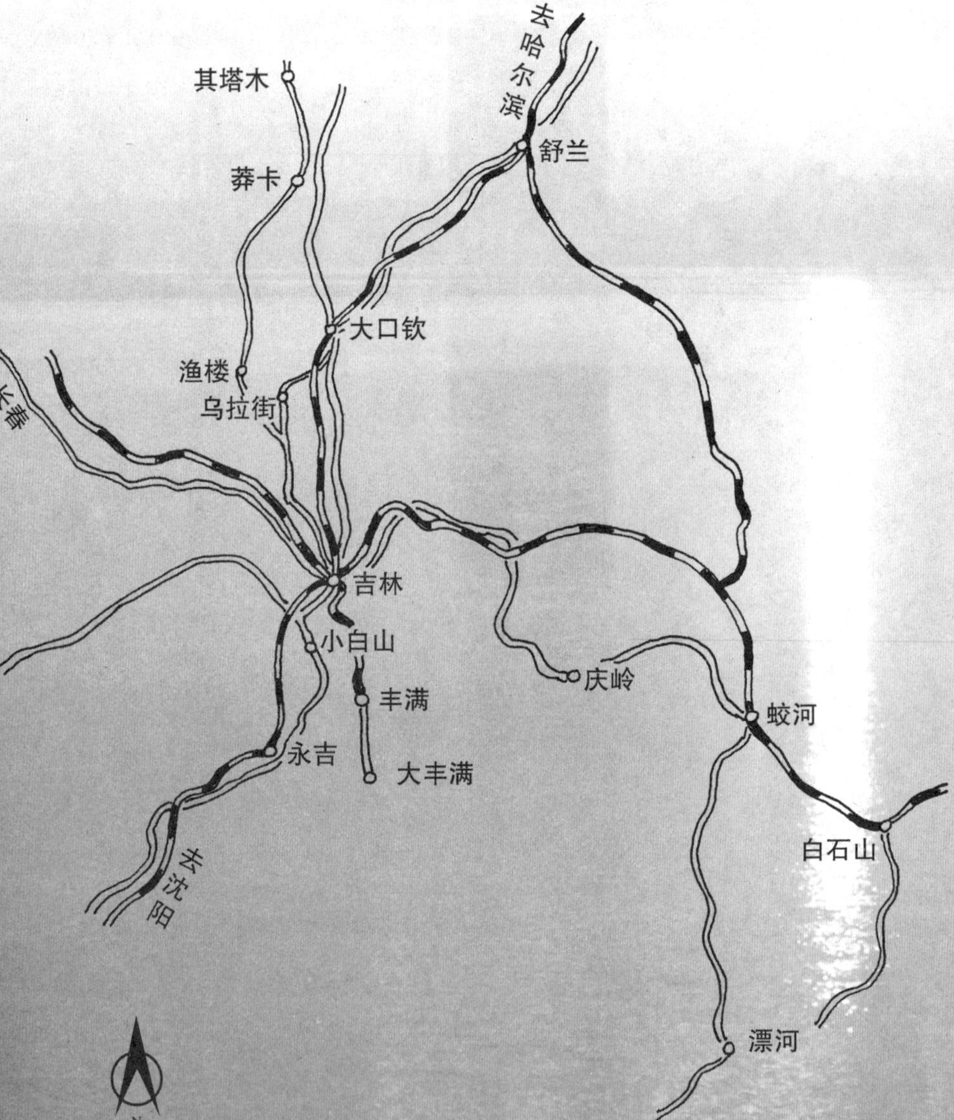

去哈尔滨
其塔木
舒兰
莽卡
大口钦
渔楼
乌拉街
去长春
吉林
小白山
丰满
庆岭
蛟河
永吉
大丰满
白石山
去沈阳
漂河
N

第 2 章

吉林及周边

吉林及其周边满族文化沉积深厚，又有松花江优美的自然景观点缀，因而备受旅行者青睐。

吉林有三件宝：陨石、雾凇、滑雪场。

吉林

吉林，满语吉林乌拉，汉译“**靠近沿江的城**”。历史名城。康熙十五年（1676年）宁古塔将军由宁古塔移驻吉林，康熙二十二年（1683年）改称吉林将军，吉林为吉林将军驻地，由此确立了吉林作为行政中心的地位。雍正四年（1726年）又在吉林设永吉州。乾隆十二年（1747年）改设吉林厅。光绪八年（1882年）升为吉林府。光绪三十三年（1907年）撤吉林将军，设吉林省，吉林为吉林省省会。1954年吉林省省会移至长春市。

由吉林市乘船或乘车下行35公里有个小镇，名叫乌拉街，这是赫赫有名的乌拉古城。该城是海西女真四部之一**乌拉部**的首府，还是清王朝采猎土特产的基地——打牲乌拉总管衙门所在地。至今那里还留存着历史遗址。

自乌拉街渡口过江至土城子乡再东行10公里，可到渔楼村。该村坐落于松花江北岸，渔楼村是一个古老的村落，旧俗尚存，至今还保留着驯养猎鹰海东青的习俗。韩屯在松花江南岸，与渔楼隔江相望，该村距乌拉街5公里，设有摄影接待站，专门接待去雾凇岛拍摄雾凇奇观的海内外摄影爱好者。

小白山·望祭殿

亦称**右白虎山**，坐落在吉林至丰满西线公路西1.2公里处。右白虎山山形近似长白山，故名小白山。小白山因有望祭殿而闻名。这里是清王朝每年遥拜满族发祥地长白山的地方。

清康熙十六年（1677年）四月，康熙命大臣觉罗武木纳一行四人前往长白山拜谒，此次拜谒，由北京城到长白山，历尽艰辛四个月艰苦历程，康熙帝感念赴长白山路途遥远，交通不便，遂决定遥拜长白山。康熙二十一年，**康熙帝东巡**吉林时，率太子及诸大臣，立松花江边望长白山，行**三拜九叩**大礼，这是满清皇帝第一次遥祭长白山。此后历代皇帝都要祭拜长白山。

雍正十一年（1733年），宁古塔将军上奏在小白山上修望祭殿，皇帝准奏，从此每年春秋由地方官员代替皇帝祭祀长白山。小白山望祭殿有正殿、祭器楼、牌楼、鹿囿，大殿内供奉“长白山神之位”木牌，每年春秋二季举行祭拜长白山活动。乾隆十九年（1754年）八月初八，乾隆皇帝东巡视吉林，登上小白山，举行了望祭长白山大典。

望祭殿在战争中被毁，现在尚未恢复，但是殿址香火未断，我们见到了简陋得不能再简陋的“祭殿”。

足见满族人也好，汉族人也好，长白山在当地人心目中的位置何等之高。

【提示】

我们不久就要去长白山了，在此拜上一拜，求长白山神敞开山门，让我们上去。

如果就此停脚回内地，也应像康熙、乾隆二帝那样遥拜一下长白山神。

乌拉街

乌拉街满族镇，属吉林市龙潭区。

满族祖先肃慎人生活在这里。明代，海西女真建扈伦国，下辖四部：**乌拉、辉发、哈达、叶赫**，乌拉部是其中一部。乌拉部在纳齐布禄六世孙布颜的领导下，逐渐强大，建立了乌拉国，传至十代，满泰、布占泰兄弟时，乌拉国成为强大的部落国。明万历年间，女真建州部首领努尔哈赤，在今辽宁新宾一带崛起，明万历二十一年（1593 年）打败扈伦四部，1613 年，努尔哈赤亲率大军进攻乌拉，乌拉大败，努尔哈赤攻占乌拉城，宫殿被焚，万众被杀，首领布占泰只身逃往叶赫。

顺治十四年（1657 年），清廷在这里设打牲乌拉总管衙门，专为皇室提供祭天、祀祖及生活所用之土特产品，如东珠、鲟鳇鱼、松籽、人参、貂皮、海东青。

清代十二任皇帝中有五任皇帝用战绩、足迹、墨迹，在这里留下名字。乌拉街被清王朝封为**“本朝发祥之地”**。

康熙帝于 1682 年 3 月亲率皇子及诸王大臣，从吉林乘船冒雨前往乌拉城，住七天之久。康熙在这里写下了著名的《松花江放船歌》。康熙在《松花江放船歌》里，写了“连樯接舰屯江城”诗句，其中“江城”二字，被后人拿来为吉林冠名，而令吉林人备感自豪。

乌拉街是公元 8 世纪起修建的古城，现址系清康熙四十五年（1706 年），经三次迁移后的新城。新城为正方形，边长 2 公里，周长 8 公里，内城残留百花点将台，外城有正房带东西厢房和上脚落地门栈的三合院。带有门房的四合院，带二道院庭的四合院。百年前“四府”并存：东府、前

府、西府、后府，现存西府、后府两府。西府，亦称魁府，是张家口副都统王魁福府邸；后府是光绪十九年（1893 年）三品乌拉总管赵云生府。云生为第 33 任打牲乌拉总管。最后一任总管名乌音宝。

观内城，旧城换了新主人。虽尚有残墙、古榆，但“城”内却是红墙青瓦的小学校，那旗杆高悬的不是清廷龙旗，而是中华人民共和国的五星红旗，代替兵马嘶鸣的是朗朗读书声。

魁府保存完整，清代的二进四合院，存有门房 3 间，正房 5 间，东西厢房各 3 间，东西耳房各 1 间，均以封火墙与前院相连，房屋前出檐廊后出厦，磨砖对缝墙，墙头、墙角嵌以美观的砖、石雕饰；正房与东西厢房以回廊相通，整个建筑古朴端庄。

后府，1880 年修成的二进四合院，现在仅剩后院一正一厢。后府是木架结构、青灰砖瓦建筑，前檐排出，有斗拱、额枋、朱柱、画檐、山墙、柱头、墙角处嵌精美别致的砖雕和汉白玉雕饰，是清代典型的满族贵族四合院。破败见规模，陈旧见精美，后府有原镇文化馆馆长王安全守护，他向我们介绍后府，如数家珍，兴致勃发时，他拿出一杆一米长的旱烟袋，口中念念有词：**“关大姑娘长得鲜，扭搭扭搭一袋烟……”**

据王安全透露，第 33 任乌拉总管赵云生的第 5 世孙尚健在，在吉林电视台搞宣传工作。

此外，镇内还保存一些官衙、商号和四合院。

《松花江放船歌》

爱新觉罗・玄烨（康熙）

松花江，江水清，夜来雨过春涛生，浪水叠锦绣縠明。彩帆画鹢随风轻，箫韶小奏中流鸣，苍岩翠壁两岸横。浮云耀日何晶晶，乘流直下蛟龙惊，连樯接舰屯江城。貔貅健甲皆锐精，旌旄映水翻朱缨，我来问俗非观兵。松花江，江水清，浩浩瀚瀚冲波行，云霞万里开澄泓。

景观链接

江南岸的渔楼村，有一个名叫奚昆的 95 岁的满族老人，他熟悉古老的打鱼楼，熟悉古老的乌拉街。

$建议$

吃一顿正宗的乌拉火锅

【提示】

在这儿，“乌拉街”要念成“乌拉该”。
乌拉街不再有更多的水产品，但盛产远近闻名的大白菜。

渔楼

渔楼村不大，但是很有名堂。

清朝两个皇帝来过渔楼，一个是康熙，一个是乾隆。康熙来那年是1682年，那天天下雨，康熙冒雨采风问俗，观看打牲丁捕鱼……

都是江中鱼儿招的客。

渔楼村前的松花江，盛产“三花五罗”：鳌花、鲫花、鳊花，哲罗、法罗、雅罗、铜罗、胡罗。此外还有个大如牛儿的大鳇鱼。

《永吉县志》记载，“苏斡延岛五里外，有打鱼楼屯。乌拉尝以黄鱼入贡，是楼为藏储黄鱼网之用，故名焉。”这里说的就是渔楼村，黄鱼即鳇鱼。

渔楼，盖在村边，紧靠松花江畔，小楼上下3间，东西各3间陪房，1座门楼，周围建有土墙。渔楼初建1613年，1715年重建，是打牲乌拉总管衙门专门用来存放捕打冬鱼的网具。后来，由于渔楼名堂大了，便变成封建迷信求福求寿的场所。1962年主体建筑还在，其后遭到毁坏，现已不复存在。

现渔楼村属土城子满族乡。距吉林50公里。由吉林市乘船或乘车下行35公里便可到达渔楼村。渔楼村中的满族人口占80%。赵、关（与罗是一家）、杨、奚、付，五大姓氏。渔楼村的满族，多为清朝时期为皇家采捕山珍河鲜的打牲丁的后裔。

我们是2004年10月底进抵渔楼村。这时，那位95岁的满族老人奚昆还健在。

奚昆，镶黄旗人，宣统元年四月初三生，一个年近整百的老人，腰弯了，背驼了，眼睛也花了，但是记忆尚好，尤其对早年间的事情，记得相当清楚，他说他的祖上世居长白山红石砬子，原归建州部管辖，1657 年世祖被调拨乌拉街充役。老人的爷爷奚临依，人称桂大人，曾任打牲乌拉总管衙门六品协领。专门前往北京送贡品，把采捕来的东珠、鳇鱼、海东青（鹰）、貂皮、松籽、人参……押送北京城，一去一回两个月……老人引为自豪的是去过乌拉街的后府，他说，后府的房子有雨搭，下雨浇不着；后府的炕沿不是木头的，是水晶石的……渔楼的秧歌有名，我扭得好，我会“浪”，85 岁的时候，我还扭呢。后府专门要渔楼的秧歌，捎带小戏，什么叫小戏？就是“二人转”，不白扭，不白演，后府给赏钱，全村每家一份……那暂（时候）过年比现在热闹。

奚昆年轻时是有名的鹰把式，还是远近闻名的中医，现在老了不能干什么了，但是不寂寞，总有作家、记者、写戏的来找他聊天，一天天过得挺乐呵。

深秋正是拉鹰时

深秋正是拉鹰季节，拉鹰，即张网捕鹰，古人则说**“请鹰”**。

渔楼周边拉的鹰，名叫海东青，有极强的捕猎能力，清朝时是专门捕来进贡皇家的宝物。不过，是不是海东青，我们有怀疑，因为从权威资料上看到，海东青已经绝种，它怎么能在人口如此稠密的吉林市郊出现呢？当地满族人尊为海东青，我们就写海东青，谁叫它具有**海东青**一样的捕捉能力。

拉鹰，用网，网中用鸽子做诱饵；鸽子在草丛里扑拉翅膀，鹰箭一样俯冲下来，鹰捉住了鸽子，便也入了网子。

我们在鹰把式赵明哲家里看到他前几日拉来的2只鹰：鹰站在房前特备的杆子上，赵明哲告诉我们，一只是当年鹰，叫秋黄鹰；一只是第二年鹰，为泼黄鹰，秋黄鹰由于年岁小，个子小，比较温顺，那只泼黄鹰，个头大，毛色发白，警惕的眼睛，很凶的样子，它们从野外拉回，进入了蹲杠阶段。我们在杆子下方，看见一支鼠夹子，夹子上夹着老鼠，一问，是喂鹰用。赵明哲说，鹰要喂牛肉、羊肉、鸡、鸭、耗子，要活杀，要新鲜，要带血才行，猪肉不行，鹰吃了猪肉会上喘，牛肉要8元钱一斤，现在已经花300元买牛肉了。问到鹰的价值，他说如果现在出手，生鹰（未训练出来的）一只能卖一二百元，熟鹰（训练出来的）要一千元以上一只。问他卖不卖，他说不卖，他要训练出来捉野鸡，还说，“你知道他们买回去，干什么？我们养到开春，没野物可捕了，就把它放生了，他们能做到吗？”

鹰拉回来要上“禁子”（上绊儿），蹲杠，训练。喂食在训练中进行，培养鹰对人的依赖性，训练到鹰不端详主人了，那就接近成了。我们观看鹰跑绳训练，赵明哲拿肉作诱饵，诱饵与鹰的距离逐渐远移，鹰紧紧跟随诱饵向前运动……赵明哲显然很满意，说，训练很讲究，还要驯好，还不能驯出毛病，不能上树不下来。赵明哲介绍，训练期20到30天，出猎前饿它四五顿，晌午带上山，放鹰捉野兔，捉野鸡，收获便开始了。赵明哲说他养的鹰飞得高，捕得凶，一天最多能抓12只野鸡，鹰捉的野鸡比药豆药的野鸡好卖，能卖上好价钱，鹰捉的野鸡放血了，好吃。冬天这是一笔不小的收入。

我们去的时候，正赶上渔楼村与大庆狩猎场谈判，他们要50人去大庆放鹰。这又是一笔不小的收入。渔楼村驯鹰，不是八旗子弟寻开心，是乡下百姓一种生产方式。

想想，一秋要拉多少只鹰，又要捕捉多少野鸡与山兔？不少；又一想，鹰，过了冬季放生；野鸡与山兔，是可以通过人工饲养解决数量问题的；再想想，只这一处保留着先祖的习俗，给这方一个特殊政策，是可行的，是可理解的。
来吧，到渔楼来看放鹰吧。

◎摄影参谋◎

鹰长得漂亮，架鹰的姿势很有男子汉气魄，很有满族古风，当不惜花本钱拍照，否则离开这个村，就没那个店了。

【提示】

不要逗鹰，以免被啄伤。

不要买鹰，鹰是保护动物，这里是少数民族地区，享有特殊政策，离开这里就属违法。

有可能，
这是最后一批鹰把式。

<交通与住宿>

从吉林来，坐汽车或乘船下行35公里到土城子乡，再东行10公里到渔楼；从乌拉街来，过江到土城子乡，再东行10公里到渔楼。

住宿村里，应当住上几天。

吉林市博物馆·吉林陨石

票价 40 元（通票）

常年展览，有陨石展、博物展、金意庵艺术作品展；临时展馆，我们赶上松江花浪木、根雕、易拉罐造型展、长白山风光展等。最为值得一看的是吉林陨石展。如同去西安不看兵马俑，不算到西安，那么到吉林来，不看陨石展，不算到吉林。

吉林博物馆在吉林市吉林大街 100 号。吉林陨石，是 1976 年三八节那天从天而降的。大白天（下午 3 时）落在吉林市的人工稠密地区，居然人未伤，畜未伤！所以世人称奇，这位天外来客很友好，还有说别忘了那天是妇女节，天女散花怎会不温柔。吉林下的这场陨石雨有六大特点：数量多、重量大、范围广、有数千人目睹、无一人伤亡、留有准确的记录。

吉林陨石属于球粒结构，它的学名为橄榄石、古铜辉石球粒陨石。内部含数十种矿物，其中有许多种是地球上所没有的，特别值得一提的是陨石中含有多种与生命有关的有机化合物，如氨基酸、赖氨酸、梅酸、脂肪酸等，为研究人类的起源提供了宝贵的资料，有助于天体的起源，生命的起源，元素的起源和空间科学的研究，有助于宇宙射线和基本粒子的研究——陨石，珍贵的宇宙标本。

吉林人善待天外来客，为陨石安了一个漂亮的家——入住吉林市博物馆的吉林陨石陈列设计获全国陈列艺术十大精品奖。令人意想不到的是，吉林博物馆不但允许游客目睹，还可以触摸陨石！

可看穹幕电影《吉林陨石雨》。

吉林陨石雨的数据库

1976 年 3 月 8 日（农历丙辰二月初八），15 时 02 分陨石雨降落；

收集到 138 块陨石标本，及 3000 多块碎块；

最大一块陨石，标号“吉林 1 号”，重量 1770 公斤；最小一块陨石重量 0.9 克；陨石雨收集总重量为 2616 公斤；

陨石雨分布，东西 72 公里，南北 8.5 公里，方圆 500 平方公里；“吉林 1 号”陨石的坑口直径为 2.1 米，坑深 6.5 米；陨石含 43 种矿物，还有 9 种是地球上所没有的吉林陨石形成于 46 亿年前，800 万年前碰撞偏离轨道；

吉林陨石近地距 4 亿 2 千万公里；

吉林陨石 1976 年 3 月 8 日与地球相遇，以每秒 15-18 公里的速度从黑龙江上空冲入地球；

陨石的表面温度达 3000 度，周围空气温度达 20000 度；

陨石约距地面 19 公里的高空发生爆裂，形成陨石雨；

世界五大陨石，“吉林 1 号”陨石 1770 公斤；美国诺顿陨石 1079 公斤；美国长岛陨石 564 公斤；澳大利亚陨石 500 公斤；“吉林 2 号”陨石 400 公斤；

在这里，您能与天外来客握手。

※集邮参谋※

博物馆设邮政支局，出售吉林陨石特种邮票，备有“吉林省吉林市，吉林陨石”字样的邮戳。您可以在这里买上一枚吉林陨石特种邮票，贴到明信片上，然后盖上纪念邮戳，您可以在明信片上这样写：我用刚刚与天外来客握过的手，与您握手。

雾 凇

俗称“树挂”，冬天浮着在树上、草上的连串儿、成团儿的雪花。雾凇千姿百态，像怒放的菊，像盛开的梅，像……美丽极了。不过，它又有昙花一现的特质，当太阳照得温暖了，当风儿吹得猛烈了，它便纷纷扬扬地飘落到地面。这种自然现象，在北方冬季是普遍现象，之所以吉林市较多，因为吉林市有较多形成雾凇的条件。

吉林市紧挨松花湖丰满电站，松花湖水通过水轮机组，经高落差的撞击，使得水温升高，形成不结冻江面，此时外部气温极低，江水与环境温差大，水汽蒸腾，形成霜花儿挂在临江的树木、野草表面，即雾凇。吉林雾凇多于其他地方，是因为吉林丰满电站不间断的运转。

但雾凇也不是每日必有，有三种情况没有雾凇：下雪天没有，暖和天没有，风大天没有。正常情况下，每年的12月上旬到第二年的农历正月十五是雾凇频繁出现的时间。

雪雾经常出现的地点如下：
最佳位置，雾凇岛。
市区：松江东路、中路和西关宾馆一带。
郊区：坐9路车，沿江走丰满老道，红旗岭一带。

雾凇岛

在乌拉街对面的松花江上。
看雾凇最佳地点在雾凇岛。
这里的雾凇有四大特点：雾大凇粗，造型美观自然，天蓝云透，持续时间长。

◎摄影参谋◎

雾凇岛是最佳拍摄雾凇的地方，那里集聚许多国内外的摄影爱好者，您不妨也加入进去。

注意，呼吸与说话躲开镜头，否则镜头会挂霜。沿江走，景点集中江沿。

< 交通与住宿 >

由吉林市到雾凇岛，在岔路乡客运站坐车，到乌拉街路程35公里左右，头班车早6:30，票价5元；在乌拉街，再乘出租车，到雾凇岛或到韩屯，大约10到20元，到韩屯渡口坐渡船到对岸就是雾凇岛，往返4元钱。

如果从吉林市乘出租车直接去雾凇岛50到60元。

韩屯有一个摄影创作基地，可以接待20至30人，条件虽然一般，但主人热情好客，一日食宿30到50元，睡火炕。电话：0432-4911983。

雾凇——美丽的雪绒花

漂河·漂河烟·漂河烟的故事

出蛟河县城，南行70公里，来到漂河镇。听父辈说，关东烟最好是蛟河，到了蛟河才知道，蛟河烟最好在漂河。于是我们寻到了漂河。

漂河，也称漂河川，漂河川发源于蛟河与敦化交界的威虎岭，全长30公里，在漂河镇境内注进松花湖。

至今漂河两岸还流传着一个美丽而忧伤的故事。故事说的是，从前有一对相好的男女，男的叫佟强，女的叫黄胭。二人青梅竹马，终日相伴在一起。两人常到长白山为村里人采药治病。新婚头一天，两人还携手去山上采药，傍晚两人回村，过漂河的时候，**黄胭**不幸被突然暴发的山洪卷走，**佟强**为救黄胭，跳水寻找，也没有爬上岸来，一对恋人双双消失在漂河水里。因为“胭”与“烟”同音，这里的乡亲便家家种起了烟，并取名黄烟，用来寄托对这对年轻人的哀思。日久天长，漂河的黄烟传出了漂河，传到了蛟河，传遍了整个关东山，传进了北京城。漂河烟成了清代皇室的**贡品**。

任何作物无不与水土有关，烟也不例外，漂河烟，因长白山、漂河水的养育，那肥沃的冲积土质，温暖半湿润的气候，滋润得烟叶长得肥硕，味道香辣，甚受烟民们的欢迎。

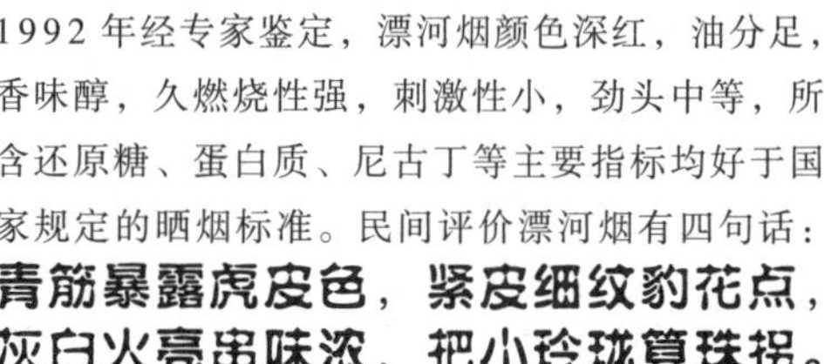

1992年经专家鉴定，漂河烟颜色深红，油分足，香味醇，久燃烧性强，刺激性小，劲头中等，所含还原糖、蛋白质、尼古丁等主要指标均好于国家规定的晒烟标准。民间评价漂河烟有四句话：

青筋暴露虎皮色，紧皮细纹豹花点，
灰白火亮串味浓，把小玲珑算珠拐。

进漂河镇道口处，见到一尊立石碑。碑上刻有爱新觉罗·溥佐的题字：正宗关东烟。

山上下了一场大雪，雪正融化，收割来的烟叶，正搭架晾晒，因融雪的原因，架子上的烟叶用白色塑料布蒙了起来。

镇长介绍，漂河镇有14个村，土地1万公顷，主种玉米、大豆、白瓜籽、烟草。烟草种植面积不多，仅150公顷，烟农只有830户。

过去有亚布力，铁镯子，延晒一、二、三号，现均已淘汰。原始的蛟河烟还保留有“小红花”，自己培育出漂河一号，它的特点是烟劲儿柔软，抽起来不劫火，最受沿海渔民的欢迎。全镇每年生产60到80万斤漂河烟。

关于烟的对话

张孝忠，祖籍山东梁山，今年52岁，爷爷闯关东，到漂河来，种**关东烟**。他种了2亩半烟，种烟比种庄稼收入多，但不是哪块地都能种烟，也不是哪个人都让种烟，这要看地和人是否适合种烟。不能瞎种，砸了牌子。烟吃肥，不怕肥大，一定要上农家肥，有上豆油渣子的，上化肥的能抽出来，辣、呛，我们一闻烟味儿就能闻出来。

问：您是多大年纪开始抽烟的？

答：我19岁学会抽烟的。

问：现在年轻人抽烟的多吗？

答：多，“小半截子”——十五六岁就抽上了。

问：他们抽黄烟，还是烟卷儿？

答：烟卷儿，一色的“长白参”，不过用的不是漂河烟丝儿。

问：您的儿子呢？

答：他在青岛打工，肯定是抽烟卷儿，若不，早写信叫我给他寄黄烟了。

问：您的老伴呢？

答：她早年抽，现在戒了。

问：现在村里的女青年抽烟吗？

答：极少，可以说没有。过去说“十八岁姑娘叼个大烟袋”，现在没那一景了——我的两个姑娘都过十八了，没一个抽烟的。

烟民说烟

抽烟解寂寞——猫冬，抽烟是一种营生。

抽烟交朋友——烟酒不分家，点着把话儿拉。

烟能传情——烟荷包，是爱情的信物。

烟油子防蛇。

烟灰止血。

抽烟防蚊子。

抽烟防瞌睡。

烟反映民俗——**关东山三大怪**，窗户纸糊在外，养活孩子吊起来，十八岁姑娘叼个大烟袋。烟民也承认：抽烟痰多，抽烟咳嗽，抽烟花钱，抽烟人招女人烦，抽烟人得肺癌多，抽烟人没有脸——知道抽烟不好也难戒烟。

$购物建议$

不能做烟草广告——要不要买漂河烟全在您自己。

不过要提示您，市场出售的不一定都是真正的漂河烟，最好的办法是去市场管理所，把您的美好心愿说上一说，请他们为你选择烟床。

<交通>

由蛟河县城来，75公里，有长途汽车。最好当天来，当天走，在县城或吉林市住宿。

延吉及周边交通示意图

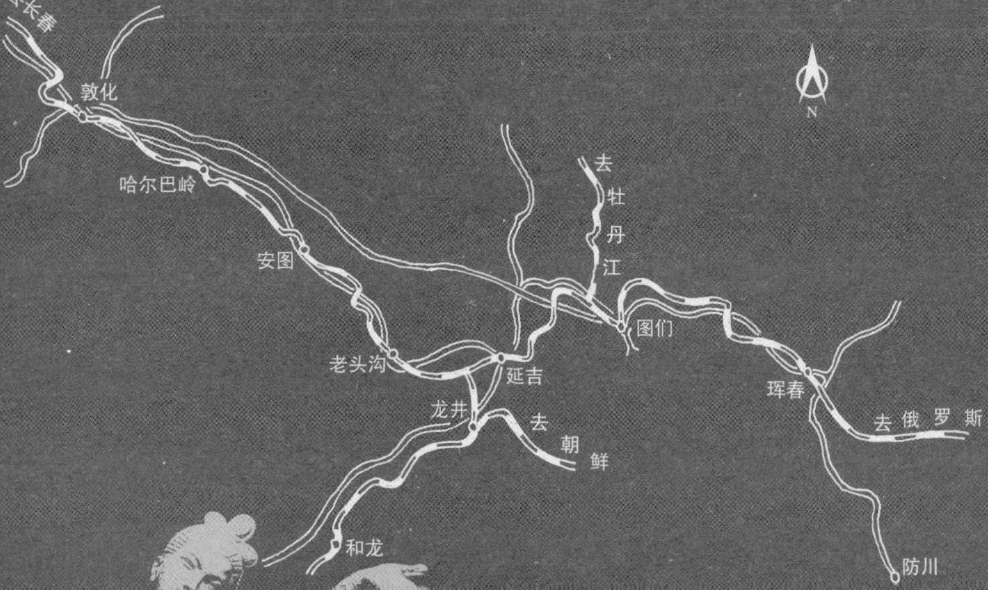

去长春
敦化
哈尔巴岭
安图
老头沟
延吉
龙井
和龙
去朝鲜
去牡丹江
图们
珲春
去俄罗斯
防川
N

第3章

延吉及周边

延边是中国惟一的朝鲜族自治州。中国大陆生活着近200万朝鲜族同胞，其中近90万居住在延边。所以延边各地的告示牌，汉文、朝文并用，许多汉族人，许多朝鲜族人两种语言都能娴熟的使用。

延 吉

延边朝鲜族自治州首府。

延吉，满语野山羊或岩羊生息的地方。当年光绪皇帝设延吉厅时，亲笔御赐，寓“吉林伸展延续”，“大喜大吉”之意。与东北众多古城相比，延吉显得太年轻，100 多年前还是清皇室的“封禁之地”，19 世纪初，随着一批灾民冒禁迁入，才得以开发，后来，清朝在此设屯垦局，延吉才开始有了建制。

延吉，古肃慎之地。汉武帝时期属苍海郡，后属玄菟郡。北魏以后属勿吉白山部。隋属 靺鞨白山部。唐属渤海国东京龙泉府。辽属女真白山部。金属海兰路。元初属南京万户府。明初属建州卫，后属奴尔干都司布尔哈图河卫。清初为宁古塔将军辖地。清光绪二十八年（1902 年）设延吉厅。宣统元年（1909 年）设延吉府。1934 年，侵占我国东北三省的日本，在延吉设立伪间岛省。1943 年又将延吉改为间岛市。1946 年改为延吉市。1952 年 9 月 3 日，延边朝鲜族自治区成立，延吉市为自治区首府。1955 年延边朝鲜族自治区改为自治州，延吉市为自治州人民政府驻地。远郊城子山山城，市内及周边的烽火台，延吉、龙井、和龙三市的古长城，清末延吉边务督办公署遗址……记录了延吉悠久的历史。

延吉市在长白山脚下延吉盆地中部，从西向东的布尔哈通河与自北向南的烟集河在这里呈“丁”字形交汇，5 座造型各异的桥梁，把全市区错落有致地排列在河岸的东西南北。

延吉是有名的“歌舞之乡”、“足球之乡”、“文化之城”。

延吉，整洁、秩序、文明、勇于开创，具有活力。

延吉每 10 万人口中，有大学生 3037 人，是全国平均数的 2.1 倍。全市每万人中拥有大学程度的 945 人，在全国名列前茅。

延吉，一个 30 万人口的小城，却有 2000 多辆出租车，花 5 元钱，可达市区每个角落，即便家庭主妇去河边捶洗衣服，也要“打的”，延吉人“打的”居全国第一。

夜总会、歌舞厅，外部是另类游乐的代名词，这里是地道大众娱乐场所，全家人常常进去唱一阵，跳一阵；大街小巷也有载歌载舞的朝鲜族同胞，朝鲜族喜欢自娱自乐。

延吉朝鲜族风味馆不能不进：狗肉馆、冷面馆、烤肉店遍布全市。

所以有人总结“延吉三多”：出租车多、卡拉OK多，烤肉店多。

全国近50%的朝鲜族居住在这里

◎摄影参谋◎

异域，异族，异俗，您应多备一些胶卷。

【提示】

这里的“韩装照”地道，爱美的女士不妨一试。

建议看一场朝鲜族歌舞。

建议学几句朝鲜话。

延吉可以办理去朝鲜旅游。

朝鲜族

我国的朝鲜族是近代从朝鲜半岛迁移过来的少数民族。在全国56个民旅中，人口居第14位，主要分布在吉林、黑龙江、辽宁三省，全国近200万，吉林省近120万，延边地区近90万。

朝鲜民族移居中国的历史，可以追溯到17世纪初叶。19世纪中叶以前迁入的朝鲜人，几经沧桑，绝大部分都被民族同化。现在被称为朝鲜族的，绝大部分是从19世纪以后迁入的：1869年、1870年，朝鲜半岛遭受严重自然灾害，史称“庚午大灾”，一大批灾民流入延边地区。1910年，日本帝国主义用武力强迫朝鲜王廷签订《日韩合并条约》，朝鲜封建统治者的残酷压迫与剥削，迫使大批朝鲜人移居中国。1931年日本帝国主义侵占东三省，把大批朝鲜农民从朝鲜本土迁到延边种植水稻。

朝鲜族性情豪爽，能吃苦，耐严寒，主要从事农业，尤善于在寒冷地区种植水稻，对东北地区水田开发作出了贡献。

朝鲜族喜欢白颜色，传统民族服饰，女为短衣，长裙；男则着肥大裤子；男女均着船形胶鞋。

朝鲜族喜食大米、打糕、冷面、狗肉、辣白菜。朝鲜族喜欢参加体育运动，男足球，女秋千，朝鲜族尊老爱幼，讲究礼节。
朝鲜族是一个能歌善舞的民族。

朝语与汉语对照

爸爸：阿波吉
妈妈：阿妈妮
老大爷：阿爸吉
您好：安宁哈鞋哟
再见：达西满那西达
您去哪：欧些卡西米嘎
同志：东木
快点：巴力
喝茶：茶马西鞋约

节日

春节、正月十五、端午节、中秋节、清明节、圣诞节、儿童节、老人节（8月15日）……

不管是传统的节日，还是法定节日；不管是民族的节日，还是西方的节日，只要定为节日，朝鲜族便过得认真、庄重、热烈、投入。朝鲜族过节，一个显著的特点是，无论这个节日是为哪一部分人群所设立，只要过起来，这一节日便成为朝鲜族所有人的节日。比如，六一儿童节，在延边，不仅儿童放假，大人也要放假，大人孩子一起走进公园，走向郊外，载歌载舞，欢庆一日。由过节看得出朝鲜族过日子过得认真，过得喜兴，过得优雅。

无论什么节日，朝鲜族少不了两样东西：歌舞和美酒。

朝鲜族食谱

在我们人生经历中，有许多朝鲜族朋友，吃过许多朝鲜族食品，参加过许多次朝鲜族节日，因此推荐朝鲜族饭菜不必请朝鲜族朋友帮助，也不必去朝鲜族饭馆去抄菜谱，我们张口就来，并且是保留项目，尽可以一试。

主食：打糕、冷面、拌饭。
菜谱：辣白菜、桔梗咸菜、盐渍苏子叶、烤牛肉、泥鳅汤、凉拌明太鱼、狗肉全席。
饮品：米酒、大麦茶。

只见《顶水舞》，不见顶水人

到延边来，是不能不看朝鲜族歌舞的。我们没能看上顶尖的自治州歌舞团的演出，看的是成立较晚的延吉市歌舞团的演出。该团1981年成立，学员来自全州8个县市，初中文化，由于朝鲜族歌舞有良好的群众基础，进团学员水准较高，一般培训2年，便登台演出。延吉市歌舞团演员的平均年龄只有18岁。年轻的演员，姣好的容貌，优美的舞姿，精妙的演出，使她们频频获得成功。她们到过韩、朝、日、俄、法、新加坡演出，《长鼓舞》获平壤1997年“四月之春”国际邀请赛大奖;《农家乐》参加1997年香港回归庆典演出……2000年全团进行一次改革，“老”的淘汰到日本演艺界去了，为我们演出的是更为年轻的演员。

那天给我们表演的大型舞蹈是《顶水舞》。表现的是朝鲜族农村妇女泉边汲水的生活。

这个来自民间生活的舞蹈，受到了现代生活的挑战——深入农村去，我们没有发现妇女用头顶水罐，也没有发现有人用头去顶载物体——年轻时候，看到的朝鲜族生活习俗，只能到为旅游者准备的民俗村去欣赏……看罢舞，我们去延吉的农贸市场，在拥挤的人群里，发现一个头顶包袱的阿妈妮，我们赶紧追了上去，无奈人群太厚，眼睁睁见顶包袱的阿妈妮从我们的视线里消失了——我们此次在延边，只见《顶水舞》，不见顶水人。想搞一组舞台与生活对照图片的设想，落空。

◎摄影参谋◎

尽管我们的构思遭到了失败，但不等于您不能成功，毕竟延边的朝鲜族人数多，区域大，毕竟我们深入的不够——我们坚信搞一组原生态的朝鲜族民俗图片是可能的。

黄牛

黄牛在朝鲜族农家很受欢迎：黄牛的圈与主人家的厨房连通在一起；逢繁重劳动，主人会用狗肉团子，打糕团子，给黄牛加餐……朝鲜族有句谚语：“没有爹娘能活，没有黄牛活不了。”

延边黄牛，头大脖粗，前胸宽展，四腿健壮，蹄圆尾长，犄角平直。一头好的黄牛类似一只雄狮。

朝鲜族驾牛拉车与汉族人不同，汉族人是用牛的脊梁驾辕，朝鲜族人则是用牛的脖颈拉车，汉族的车老板是坐在车的左侧赶牛，朝鲜族车老板则是坐在车的右边驾车。

【提示】

看朝鲜族歌舞不难，市里有多家夜总会演出，随便问一个当地人，他都能告诉您到什么地方去看朝鲜族歌舞，而且请您放心，表演是健康的，是够水平的，价格也是适中的。

※集邮参谋※

延吉的邮戳，是中文、朝文并用，且邮戳大于我们在东北所见到的所有的邮戳。

在这里发回一张明信片作藏品。

最好在书写明信片的时候，请您身边的朝鲜族先生，教你写上一句用朝鲜文字写的祝福词（一定要自己写，再拙劣，也是您自己的手迹）。

龙井

龙井，确实有一口与“龙”有关的井，地点在市中心：一株百年垂柳守护着一口不知年龄的老井，井边立一块文余高的石碑，碑上刻有“龙井地名起源之井泉”一行大字。

许是这儿的水好，许是这儿的山好，龙井的**水稻、红晒烟、苹果梨、松茸**四大特产全国有名。我们对其中两样特产情有独钟：一是苹果梨。肉厚汁多，酸甜爽口，且易保存，每当秋季来临，吉林许多人家都要像储存白菜萝卜一样，下到窖里一筐苹果梨。

比起平民化的苹果梨，松茸多了贵族气，它是一种稀有菌类，国宴珍馐，蘑菇之王。非龙井这个地方，长不出龙井这种品味的松茸。龙井建立了2800公顷的松茸资源保护区。产量可谓不小，但是价格仍然居高不下，平民百姓非过节，待贵客是舍不得将松茸入菜的。

龙井之富是诱人的，于是日本侵略者便图谋永久霸占龙井。日本人于1909年在龙井强设“**间岛**总领事馆”，自设管理体系，妄想将龙井及周边五个县从中国分离出去。我们在龙井看到了这座庞大的**伪日本总领馆**，即便是今天看它还感觉得到它的阴森可怖。它的地下室辟为罪行展览，可以一看。

龙井又是延边朝鲜族集聚较早较多的地区，当地的文物工作者，收集了许多相关文物，特别是朝鲜族民俗文物，很令人开眼，值得一看，看过这些文物，再深入朝鲜族村落，家庭，您就具备了相应的知识，不至于太傻。

牛皮与牛皮条儿

传说，日本人在龙井建领事馆，最初只是向满清政府提出，要一张牛皮大的地方，满清政府答应了。谁料得到日本人竟把一张牛皮剪成细细的条儿，然后用这些细条儿圈成一块很大很大的地方，圈成了一个圆中之国！清朝官员方知上当受骗，但无计可施，只好忍痛割让。

这是迄今为止我们听到的最辛辣、最形象、最切"小鬼子"性格的评说日本扩张主义者的故事。

苹果梨

又名吉林甜梨。因外貌像苹果而得名。其实苹果梨不是苹果，是梨。

苹果梨果形扁圆，果实表面黄，麻点，带红润，用带雀斑的红脸蛋小姑娘形容苹果梨是恰当的。

延边苹果梨，系1921年从朝鲜引种来的6棵梨的接穗，与龙井桃源乡小箕村的耐寒山梨嫁接而成的，当时仅活成3棵，后经几代人的精心培植，不断选育，而获成功。苹果梨树喜冷凉湿润的气候，耐高寒，在-32℃的气温下可以安全过冬。宜在海拔300米左右，昼夜温差大的丘陵坡地上生长，地处长白山脉的延边朝鲜族自治州为苹果梨树的生长提供了良好的生态环境。苹果树每年5月开花，9月下旬果实成熟。幼树4到5年即可结果，8到9年进入盛果期。苹果梨果大肉多，果核小，无石细胞，肉色乳白，汁液丰富，甜酸适度，并耐储藏。据分析，水分达到85.9%，总酸0.33%，还原糖8.33%，含丰富的维生素C及维生素B_1、维生素B_2等多种维生素和钙、磷、铁等成分。1985年评为全国第一优质梨。

仅延边地区栽种苹果梨面积达4960公顷，年产量为3400万吨。苹果梨龙井口味最好，仅龙井果树场一家，便栽培苹果梨870公顷，14万株，年产量达1400万斤。

图们

图们因图们江而得名，图们江也叫豆满江，是满族名，万水汇集之意。与朝鲜一江之隔，界江也是图们江。出入境连续多年保持在10万人次以上，图们居东北内陆口岸之首。

图们口岸，是吉林省惟一有铁路、公路与朝鲜相连的国家一类口岸。

早在20世纪30年代，这里便是中日朝苏经济往来的重要通道。

登国门那天遇雨。站在国门顶部，俯视两国边境居民地：图们，繁华；南阳，宁静。

我们沿界桥向朝鲜走，走到中心线便不能再走，每一伙参观者有一名边防战士相随。以桥中心线为国界，跨线为越界，越界犯法。

建于1941年的图们江公路大桥，桥长514.92米，高6米，宽6米。

在桥上我们巧遇藏族同胞，背后是朝鲜，脚下是界桥，与西藏高原来的同胞合影，如此之多的元素结合在一起，挺不容易，挺有趣味。

国门10元／人；走中朝公路桥10元／人。

◎摄影参谋◎

站在桥上，以朝、中两方为背景各拍一张照片。

注意不可邀请随行的战士合影。

族源传说·熊女的故事

在朝鲜族的古籍中，有一个美丽的神话。传说在远古的时候，天神桓雄降临世间，在神檀树下管理世间事务。有一只熊和一只老虎想变化成人，前来找桓雄神，神拿出蒜与艾给它们，说："吃下去，然后一百天不见阳光，你们就能变成人。"老虎心气浮躁，没能变成人。而熊非常虔诚，谨遵神嘱，坚持修炼到20天，就变成了一个美女，这就是熊女。后来熊女与天神桓雄成婚，生了一个儿子，取名檀君王俭，后人则尊称熊女为熊女娘娘。

熊女的神话被视作民族起源的一个动人故事，广泛流传，经久不衰。

——选自《延边风情》，刘明生采集

珲 春

满语珲春，边地之意。也有译为拖床之意，拖床为满族先人，乃至现在也在使用的冬天雪地运输工具，爬犁。古重地。清康熙五十三年（1714年）设珲春协领，隶属宁古塔副都统。同治九年（1870年）设珲春副都统。宣统元年（1909年）撤珲春副都统，设吉林省东南路兵备道，治所在珲春，同年设珲春厅，1913年珲春厅改为珲春县。1988年撤县建珲春市。

珲春地埋位置特殊，地处吉林最东部的中俄朝三角交界地带，东南与俄罗斯的滨海边疆区接壤，西南隔图们江与朝鲜咸境北道相望，南部的防川村以“一眼望三国，犬吠惊三疆”而著称，从这里顺江南下，到日本海仅15公里。从防川沿图们江出海到俄罗斯的波塞图港仅40余公里，到海参崴160公里，到朝鲜的清津、罗津、雄基、釜山港十分方便；到日本的新泻港只有800公里……是联接东北亚与欧亚大陆腹地的枢纽，未来东北亚经济圈的中心地带。

我们见到写有中朝俄三种文字的载重汽车在珲春大街上奔跑，其中号称“小火车”的俄罗斯超级载重汽车给我们留下了深刻的印象。我们在洗车厂“逮住”了俄罗斯三辆“小火车”，端起相机拍摄它的雄姿，意外受到俄罗斯司机的“拒绝”，我们上前说明我们的好意，他们笑着摇头，说，一定要等到他们擦洗干净再照。俄罗斯司机每次完成运输任务，都要将汽车冲洗干净，再开回祖国，我们端着相机等待，他们在等待中，对着车上的倒车镜刮胡须——不把灰尘带回祖国，刮光脸上的胡须去见美丽的姑娘。

如果把中国版图看做是一只雄鸡，珲春便是雄鸡尖利的喙。

龙虎石刻

“龙”“虎”用双钩法镌刻，金文石刻。立在珲春龙源公园。“龙”“虎”二字是清代钦差大臣吴大澂的手笔。“龙虎”二字，是“龙蟠虎踞”、“龙骧虎视”之意，寓意誓死保卫疆土、保卫家园。

吴大澂（1835-1902年）江苏吴县人，字清卿，号恒轩，曾被钦点翰林，做过编修、河北道员、广东与湖北巡抚和河道总督等职。1880年，清廷为抵御沙俄侵略，巩固边疆，任命吴大澂为钦差，督办宁古塔、三姓、珲春防务、勘界和屯垦。在与沙俄多次交涉谈判中，吴大澂据理力争，索回了被沙俄侵占的黑顶子地方、图们江出海口和航海权。1895年吴大澂率部与日本侵略军战于牛庄等地，兵败，被革职。

吴大澂不但是清末一位杰出的军事家、政治家、外交家，还是中国清末金石学家、古文字学家。吴大澂曾撰写过古文字学重要著作《说文古籀补》、《古玉图考》、《十大金符斋印存》。

出自吴大澂之手的龙虎二字，是中国书法艺术上的精品。有传是吴大澂与沙俄交涉，有感而作，直接书写于石头上；还有说，吴大澂与沙俄谈判前夕，在珲春钦差行台留下的墨迹。查吴大澂日记，证明后一种说法是正确的，那一天是光绪十二年四月初五（1886年5月6日），吴大澂共写了8个“虎”字，2个“龙”字。石刻之“龙”“虎”二字，便是从中选择出来的。

由珲春去防川，莫忘观图们江两岸风光。

红莲湖

红莲湖，湖里生长着具有1.35亿年历史的北国珍贵水生花卉——图们江红莲，花大艳丽，每逢7月、8月，几十顷湖面荷花盛开，红、白、粉三色相映成辉，美不胜收，花期60天，花开时节，整个湖泊火红一片。传说每年到莲花湖观赏一次荷花，荷花仙子会保佑你一家四季平安。所以每到荷花盛开季节，前来观花者络绎不绝，已成为当地习俗。

张鼓峰

又名刀峰，坐落在防川村北侧的边境线上，其南面与朝鲜的豆满江里，隔图们江相望，东、北两面是俄罗斯的哈桑湖和波谢特草原，西北2公里为海拔67.7米的沙草峰。张鼓峰海拔151.1米，是扼制中俄朝三国边境地区的军事要地。1938年7月，日本为实现侵占苏联的野心，在张鼓峰制造一次试探性的事件——张鼓峰事件。1938年7月31日至8月13日，日本与苏联双方均出动了数万军队，在坦克、飞机、大炮的配合下进行以争夺张鼓峰制高点为目的的攻防战，战争以日军失败而告终，战争结果，日军伤亡1440人，亡526人；苏军伤亡847人，亡236人，日本承认了苏联关于国境线的划分，中国失去了张鼓峰东侧山麓，整个张鼓峰划归苏联领土。

图们江码头

旅游专用临时码头，游人可乘游船沿图们江而下，行至俄朝铁路大桥附近，观赏图们江两岸风光，由于中朝两国界江规定以河为界，即整个河道两国都可以利用，我们只要不上岸，可以贴朝鲜一侧的江边航行。我们近距离的看到了许多朝鲜景致。

近距离看看朝鲜。

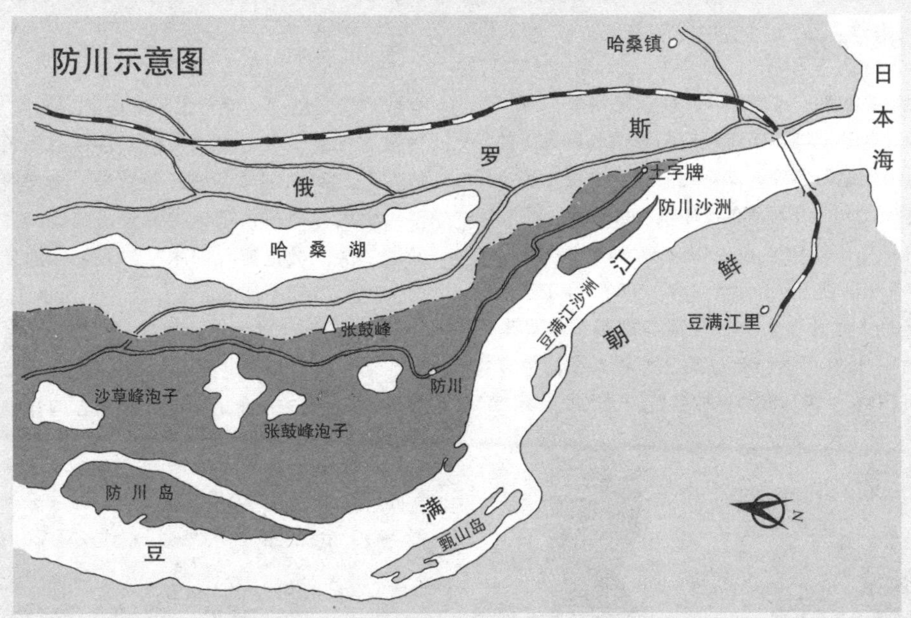

防川

防川是一个小村，距珲春70公里。因地理位置独特而闻名，防川村位于中俄朝三国交界处，东北亚“金三角”的中心点。防川与祖国大陆是通过一条被誉为“天下第一坝”的堤路连接，1957年堤坝最窄的一段被图们江冲断，防川成“海外孤岛”，我国不得不长期借道俄罗斯领土前往防川村。1983年8月8日洋馆坪路通车，防川才又有了自己的通道。这条大堤长888米，宽8米，用青石填江筑成，大堤高出江面2.5米，呈弯月形矗立于图们江畔，大堤左侧是俄罗斯领土，右侧是图们江，江对岸是朝鲜。

望海阁与边防哨所并列，站望海阁楼顶，放眼望去，三国边境美丽的自然风光尽收眼底，左边看到的是俄罗斯哈桑小镇，右望，图们江对岸的是朝鲜的豆满江里。

新老界碑

老界碑，也叫“土字牌”，是俄文字母“T”的中译。这是1886年清政府与沙俄政府标定的界碑。当年立的界碑，仅存此一块。中俄东部边界是根据1860年不平等的《中俄北京条约》划定的，沙俄将界碑均树立在中国一侧境内，沙俄侵占了大片中国领土。光绪十一年（1885年）清政府派吴大澂为勘界大员，与珲春副都统依克唐阿（我们在长春伊通介绍过此公）等人会同俄方代表于1886年四月重勘吉林东界，这次勘界吴大澂与依克唐阿以“一寸河山尽寸心”的爱国斗志，与俄方代表论争，终将被俄人占领的黑顶子要地收回，重立“土”字碑于图们江口30里处，使侵入中国界内黑顶子地方的俄国哨所民房迁回俄址，吴大澂把旧有的木制界碑，全部换成石碑，又添“萨”（俄文字母C）、“拉”（I）、“玛”（M）字三界碑，由于原界碑相去甚远，补其不足，他在11个俄文字头为标志的界碑外，又立26个以汉字一二三四五等记号为标志的界碑，总计设立了37个界碑。

新界碑，编号“422”界碑，与土字牌并列。根据1993年“中俄国界线东段叙述议定书”划定。

“土”字碑只作为文物留存。

由望海阁向南行300米，即是中俄边界的交会点，那儿立两块界碑，老的名曰：“土”字碑。碑高1.44米，宽0.5米，厚0.22米，花岗岩石质，我国一侧刻有“土”，俄罗斯一侧刻有“T”，从土字牌而下沿江约15公里，进入日本海。晴天可以见到海天相接处的银色丝带在天际悬浮。

陪我们的边防战士叫陈涛，22岁，属狗，原部队在兴城，家在珲春，他要求调回家乡工作，目的只有一个，想在部队多干几年，转个军士。他说他刚来不久，不像排长他们陪过江泽民，陪过胡锦涛，他说他陪的官儿都不大。不过坦白地说“我也想陪个大首长走走”。他边陪我们走，便讲“土字牌”，讲得既流畅，又不做作，他说他口袋里有张解说词，揉烂了，也背下来了。我们错以为与他很融洽了，于是提出进一步的要求，没想到一个个被他回绝了：一、规定不能与老百姓合影；二、行到“423”号界碑处，只许在沙滩漫步，不许到界江游逛；三、没有领导指示，不接受记者采访。通常被拒绝是不愉快的，但是被小战士陈涛拒绝，我们很舒心：因为我们遇到了一个忠于职守的边防哨兵。

◎摄影参谋◎

站在望江阁拍一张中俄朝在同一画面的全景照片。

可在土字碑，国字碑前留影，不要邀请战士合影，否则您将遭遇尴尬。

一眼望三国，犬吠惊三疆

金达莱

延边朝鲜族自治州州花。

金达莱，学名迎春红杜鹃，俗名达子香，南方称映山红。属杜鹃花科落叶灌木。株高1~2米，多分枝，树条暗灰，花朵先于叶苞开放。萼片短，花冠平展，呈浅紫红色，直径3~4厘米，花株探出花冠外，开花在5、6月份，金达莱多生于海拔200~600米山坡上，每当春季来临，漫山遍野盛开金达莱，姹紫嫣红，绚丽多姿。金达莱不仅在延边地区生长，在东北三省的山沟里都能见到它的身影。金达莱是白山黑水的报春花。

【提示】

小心毒蛇，小心越界。

<交通>

延吉到珲春，17元。
珲春到防川，11元。

森林山

森林山很诱人，诱人在于，它的原始状态。据说原来山里有通汪清县的山路，由于1946年至今不再有人马行走，于是连那小路都长起了参天大树；诱人在于，北京天文台与紫金山天文台联合认定21世纪中国大陆的第一缕阳光首照珲春森林山，（而不是我们熟知的乌苏里江畔的乌苏镇），是森林山的高度使它抢先与太阳亲近吗？我们想登森林山。但是当我们要出发的时候，被接待部门制止了，理由是，近日，那里连续发生老虎袭击人畜事件！

于是我们才猛然明白，我们去的森林山，属于保护虎豹为主的野生动物自然保护区。

这个时候，我们只好接受，“自由诚可贵，生命价更高”的劝慰。

老虎，拦住了上山的路。

敦化

敦化，有两种解释，一为，满语鄂敦、敖东、敖敦恩、阿克敦，汉译大风口之意；又一说，敦化是取之《四书·中庸》“小德川流，大德敦化”。

敦化历史悠久。

唐圣历元年（698年）靺鞨粟末部首领大祚荣在东牟山（即城子山）筑城自固，作为根据地，建都称王，号震国；713年，唐玄宗册封大祚荣为渤海郡王，始称渤海国。755年渤海都城迁往上京龙泉府（今黑龙江省宁安渤海镇）。敦化改称旧国，也称中京显德府。现敦化有多处渤海国遗址：东牟山城、**渤海二十四块石**、六顶山渤海国古墓群、敖东古城及贞惠公主等国家级文物保护景观。在敦化可以集中了解一下古渤海国。

敦化紧挨满清皇室兴龙之地长白山，清初敦化被封禁二百余年，直至光绪六年（1880年）才设治立县。称之为“千年古城，百年县”。1985年设敦化市。

敦化又是北方佛教朝觐圣地，有世界最大的尼僧道场正觉寺。

敦化森林覆盖率达69%。拥有丰富的自然资源供旅行者徜徉其中。

敦化是个枢纽部，由敦化去松花湖、镜泊湖、珲春、长白山，皆位居中心，如果有继续旅行的计划，敦化无疑是理想的中转城市。

如果由吉林去黑龙江旅行，由这里便可直抵黑龙江的著名旅游地：镜泊湖及地下森林；古渤海国上京龙泉府遗址……

我们登长白山，是从敦化出发的，在敦化买的大煎饼、苹果梨、咸鸭蛋、矿泉水；登山鞋、绒线帽、棉背心；胶卷、油脂护肤膏……准备齐全后，驱车奔向长白山。

正觉寺为佛教尼僧道场。始建于本世纪初，原名娘娘庙，20世纪40年代更名为正觉寺。1992年已故住持兴运法师掌门弟子，**释佛性**法师，从美国归来，这位在美国创建了正觉寺的旅美第一尼僧，出资在家乡重建正觉寺。1993年5月动工，1994年9月大雄宝殿建成，9月10日举行开光盛典。

游寺庙四忌

忌称呼不当。对寺庙僧人应尊称为“师傅”或“法师”，对住持僧人称其为“长老”、“方丈”、“禅师”。喇嘛庙中的僧人称其“喇嘛”，忌直称为“和尚”、“尼姑”、“出家人”。

忌礼节不当。与僧人见面，通常行礼方式为双手合十，微微低头，或单手竖掌于胸前，头略低，忌握手、拥抱等不当之礼节。

忌谈吐不当。与僧尼、道人交谈，避杀戮之辞，婚配之事。

忌行为举止失当。游寺庙，不可大声喧哗，也不要乱动寺庙器物，尤禁乱摸、刻划神像，如遇佛事，可静立默视或悄然离开。

【提示】

与尼僧留影，一要征得同意；二如果是异性，需要“二加一”方式合照。

古墓群与二十四块石

由市区向南，地平线上矗立六顶高山，在六顶山的山坳里，有古墓群安卧其中。这是渤海国的王家坟茔，共有古墓90余座，其中以贞惠公主墓最为著名。贞惠公主是渤海第三代王大钦茂的次女，于公元780年葬于**六顶山**。墓中出土有陶瓷、玉器、鎏金铜饰和墓碑、石狮等。墓碑呈圭形，高90公分，宽49公分，碑文用汉字楷书书写，共21行，700余字，记述了贞惠公主的德行……渤海都城迁往上京龙泉府后，王家墓地仍沿袭在六顶山葬法：灵棺由上京龙泉府南运，经镜泊湖南湖头西运至敦化六顶山墓地，每隔25公里设二十四块基石组成的灵棺停放处。至今黑龙江宁安市渤海镇至敦化之间还保存比较好的二十四块石址，有宁安市镜泊乡湾河北村二十四块石，宁安市镜泊乡庆丰村北房身沟流入镜泊湖之处的**二十四块石**，宁安市镜泊乡复兴村西小沟大犬岭东麓二十四块石和敦化市江东乡的二十四块石，以及官地镇东胜村，林胜乡海青房，大山嘴子乡腰甸子村的二十四块石址。

对于二十四块石，学者们说法不一，有“王室成员死后移棺说”，有“大型建筑础石说”，有“仓库遗址说”，有“纪念标志说”，有“驿站建筑说”，还有一说，为“图腾指路标识说”，说二十四块石是商朝末期殷人东迁美洲的路标……

【提示】

当地人把敦化的“化”发音为“华”。

虽然敦化属延边朝鲜族自治州，但是敦化的景观与延边其他地区有显著不同，它很少朝鲜族特点，这一点从村子的民房、路上的牛车便可以看得出来。

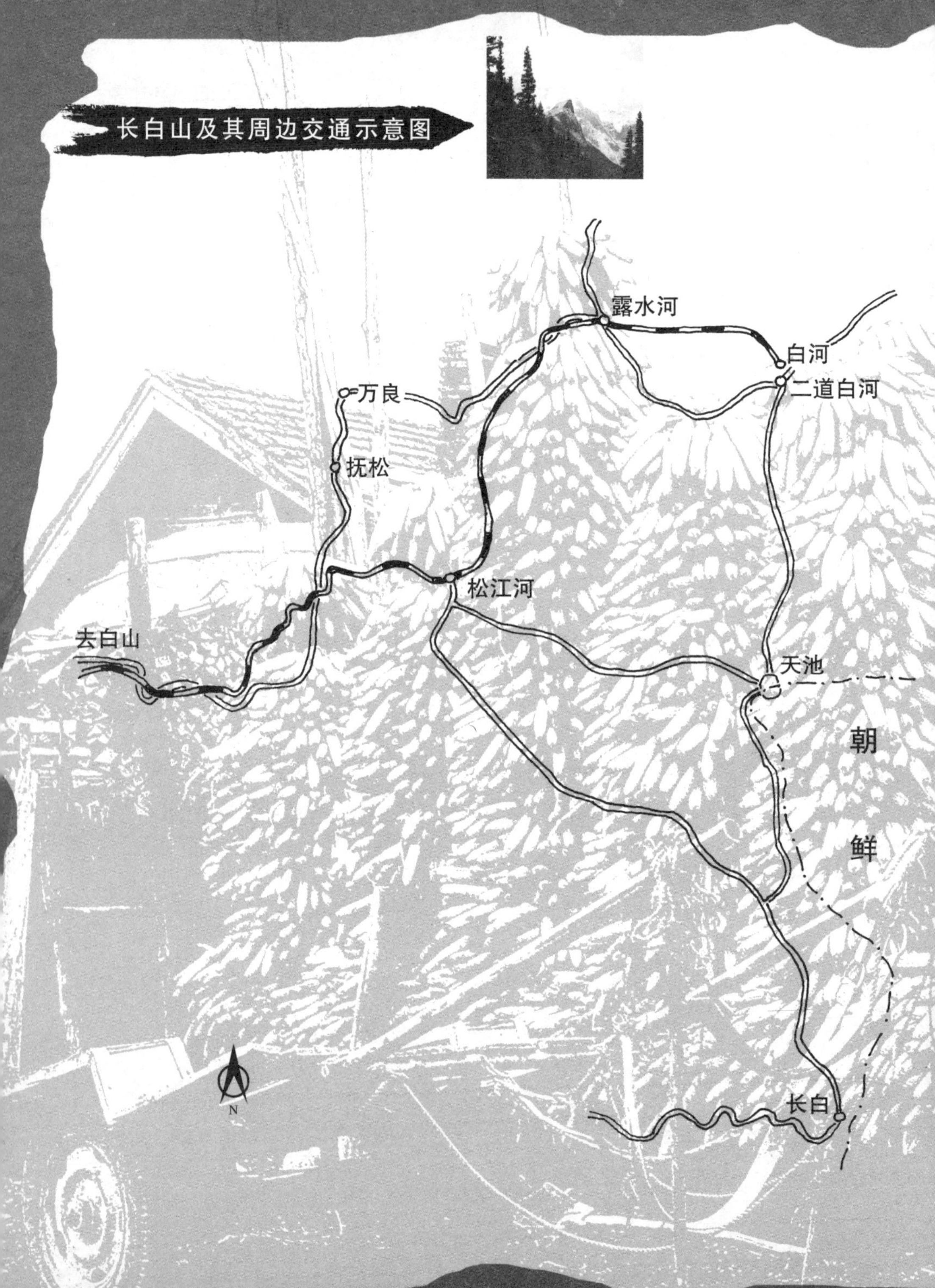
长白山及其周边交通示意图
露水河
白河
二道白河
万良
抚松
松江河
去白山
天池
朝
鲜
长白
N

第4章

长白山及周边

长白山自秦至晋称为“不咸山”；魏称“徒太山”、“太皇山”；唐代称“太白山”；金代始称“长白山”，一直沿用至今。

“长白山周边”有大、中、小周边概念，我们在本章所说的“长白山及其周边”可能连小周边都算不上，只能是三条攀登长白山线路的起始点、大本营、支撑点，即北路的二道白河，西路的抚松县，及南路的长白县。

长白山

长白山为我国东北第一高山，与辽宁的千山、医巫闾山并称东北三大名山。

长白山是一座巨型复合式的盾状火山体，仅海拔达到2500米以上的山峰就有十余座，另有100多座小火山，主峰白云峰海拔2691米，是我国东北最高峰。

长白山是一座休眠火山，据史料记载，自16世纪以来，1597年、1668年、1702年三次火山喷发。岩石裸露，山体裸露，即或有白雪披身，也还是裸露的感觉。

长白山山顶白雪皑皑，群峰环抱一泓湖水——天池。天池是我国最深的湖泊，这泓湖水盛载了数不清的故事，是中外探险家最青睐的湖。

长白山瀑布跌下68米高的巨大裸岩，滚入谷底，成为湍急的小河，它就是松花江之源。天池不同溢出口是不同流向的松花江、鸭绿江、图们江的源头。

长白山温泉星罗棋布，蕴藏着巨大的地热资源。如今利用地热开办了数家温泉旅馆、露天温泉浴池，及可为登山者煮熟鸡蛋的小眼温泉。

长白山海拔虽然不到3000米，但是垂直生长着由温带到寒带四种生态系统的植物：各个不同的生态环境养育着各种不同的生物，长白山有野生植物2540多种，野生动物1500多种。

长白山，被女真人，及其后裔满族人，尊为发祥之地，龙兴之地。金世宗封长白山为“兴国灵应王”，金章宗又册封长白山为“开元弘圣地”，康熙尊长白山为长白山神，每年遣使致祭。

长白山，因其象征意义，而与黑龙江，并称白山黑水，东三省之统称。

长白山雄奇，神秘，使其成为中外旅行者东北之旅的首选高山。

【提示】

长白山自然保护区管理局院内设有长白山自然博物馆，最好在登山前，能进博物馆看看。达到对长白山整体有个了解，对重点部位有个印象，再登山，可做普遍浏览，可做重点采风。

山门前，备有登山物品：靴、棉衣、线帽、墨镜、手杖……可租可买，应有尽有。

备有山地车，专门“倒短”，体力不支者，可从山门直运山顶。

小心滚石，发生过火山石由天而降砸伤游客事件，千万注意。风雨天要特别警惕，勤观察是个好办法。如果累得连观察的劲儿都没有了，那就应当赶紧返程。

长白群峰

长白山以天池为中心，环绕天池耸立着座座山峰。群峰陡峭，直插云天，形态各异，争奇竞秀，这些山峰是：

白云峰（主峰）、芝盘峰、天文峰（原名鹰嘴峰）、玉柱峰、梯云峰（中朝界峰）、卧虎峰、冠冕峰、锦屏峰、观日峰、龙门峰、天豁峰、铁壁峰、华盖峰、紫霞峰等16座山峰。

天池

长白山16峰环抱一泓湖水——天池。位于长白山主峰火山锥体的顶部，是一座火山口。火山口湖。

天池又名图们泊，图们泊为满语，意为“万水之源”。

天池为中朝两国的界湖。
长白山天池是长白山第一胜景。

长白山天池是经过漫长地质年代积水而成的湖，其形状略呈椭圆型，东西宽3.37公里，南北长4.48公里，湖面9.82平方公里，平均水深204米，最深处373米，蓄水量为20.4立方米。湖面海拔2189米。是东北地区海拔最高的湖泊。也是我国火山湖中海拔最高的湖泊。

来自太平洋的海洋气流与西伯利亚的大陆性气流受长白山火山体的阻隔，爬升到火山口上空，形成降雨云层，雨水自天而降，成为天池不竭之水。天池大旱不枯，终年外流，源远流长。

天池深锁云山雾海之中，面孔多变，神秘难测，怪异的故事顺着天池溢出的流水，接连不断地传到人世间。这些故事最引人入胜的是“天池怪兽”，以至于来长白山的旅行者中相当多的人受了“天池怪兽”的诱惑，即或不为天池水怪所惑，也有心在旅行长白山时，见识一下这位长白山神秘的主人。

长白山有一民间组织，名为“水怪探索协会”。

“天池怪兽”传说集粹

《长白山志》的《大事记要》记述：光绪二十九年（1903年）4月，徐复顺、至让、俞福等人，到长白山狩鹿，追至天池，“适来一物，大如水牛，吼声震耳，状欲扑人，众皆俱，相对失色，束手无策。俞急枪击放，机停火灭。物目眈眈，势将噬俞，复顺腰携六轮小枪，暗取放之，中物腹，咆哮长鸣，伏于池中。半钟余……池内重雾如前，毫无所见。”

光绪三十四年（1908年），奉吉勘界委员刘建封在《长白山江岗志略》中记述：“自天池中有一怪物覆出水面，金黄色，头大如盆，方顶有角，长项多须，猎人以为是龙。”

宣统二年（1910年），长白县设治委员张凤台编著的《长白汇征录》记述：“有猎者4人，至天池钓鳌台，见芝盘峰下自池中有物出水，金黄色，首大如盎，方顶有角，长颈多须，低头摇动如吸水状。众惧，登坡至半，忽闻‘轰隆’一声，回顾不见。均以为龙，故又名‘龙潭’。”

《长白山志》记载，1962年8月中旬，吉林省气象器材供应站的周凤瀛用六倍双筒望远镜发现“天池东北角距岸二三百米的水面上，浮出两个动物的头，前后相距二三百米，互相追逐游动，时而沉入水中，时而浮出水面。有狗头大小，黑褐色，身后留下‘人’字形波纹。一个多小时后，潜入水中。”

《长白山志》又记：“1976年9月26日，延吉县老头沟桃胡公社苗圃主任老朴和苗圃工人，以及外来的解放军同志，共二三十人，在天文峰上看见一个高约两米，像牛一样大的‘怪兽’，伏在天池的岸边休息。大家惊讶地大喊大叫起来，‘怪兽’被惊动，走进天池，游到接近天池中心处消失。”

1980年8月21日，作家雷加和几个同伴在长白山天池中发现了喇叭形的阔大划水线，“其尖端有时浮出盆大黑点，形似头部，有时又浮出拖长的梭形体，形似背部。”

1980年8月23日，省气象局两位同志从山上下到天池底端，在距池边只有30米处，有5只头部和前胸昂起，头大如牛，体形如狗，嘴状如鸭的动物，他们边喊边开枪，均未击中，“怪兽”迅速潜入水中，不见踪影。

1981年7月12日凌晨5时05分，朝鲜考察团发现“怪兽”在天池中游动，后据摄影资料考证是一只黑熊。

1988年8月的一天上午，正在天池边巡逻的抚松县边防部队的几名战士，发现天池水面有一条又宽又厚的划水线，并且水线很长，似有动物来回游动，持续一个多小时……抚松县边防大队的战士曾3次发现怪兽钻出水面。于北坡登上天池的游人齐声呼喊，一只怪兽钻出水面，又迅速消失。

2003年7月11日上午，吉林省林业厅副厅长张鲁风陪同甘肃省林业厅副厅长张生贤，一行8人游天池。发现天池有许多黑点儿、白点儿在水中游动，同时池面有20余处有圆圈形、“一”字形，串“人”字形波纹扩散……张鲁风事后对记者说，我对“天池有较大型动物活动”这一点，确信无疑。

时刻准备“怪兽”浮出水面。

温泉鸡蛋·外嫩里熟
内含十多种矿原素风味独特

长白瀑布

天池北面的溢出口。

长白瀑布位于长白山北坡距天池1250米处，是乘槎河从龙门、天豁两峰之间的溢水口。

天池水沿补天石漫出后，形成涓涓细流，十分平稳，但流过千米之后，地势突然陡斜，河水立刻变成“野马”，以1.25~5立方米/秒的流速从两山之间的断崖直立处骤跌，跃入深谷……由于瀑布的两条水流的猛烈冲击，使崖底形成20多米深的水潭，流水漫出深潭，一路向前，注入二道白河，成为松花江源头。

长白山不仅一处瀑布，西坡还有一处同样规模的瀑布，落差合计74米，以及无数的小型瀑布。

松花江源头

◎摄影参谋◎

这是长白山代表性景致，当留一纪念照。拍摄瀑布时快门速度最好在1/250秒以上。

长白温泉

长白山有许多从地下涌出来的温泉。长白山属于休眠火山，最近一次喷发是在200多年前。这些温泉有力地证明，火山喷发后岩浆的余热未尽。长白山温泉大多成群分布，著名的长白温泉位于长白山北坡，大约距长白瀑布900米处，在河谷右岸登山路的两侧。在1000平方米的地域内，有30多眼泉水，这些泉水的温度不一，味道不同。有的味辛辣，有的味甘甜，有的喝过会打嗝，有的则无法下咽……温泉水温常年保持在60~70℃以上，最热的温泉水温高达82℃。当地引外资倚山建起了温泉旅馆，即便小泉眼也被精明的生意人所租借，办起了泉水煮蛋的生意。

一个做泉水煮蛋生意的年轻人告诉我们，他是年初以20.8万元招标拿下这个泉眼经营权的。这个眼泉水温能达到80度，煮出来的鸡蛋八成熟，正符合西方人的营养标准。夏天10元钱买3枚蛋，冬天10元钱买6枚蛋，2003年非典赔了10万，不过公家还讲理，允许他再承包一年。夏天旅游旺季，一天收入3000元不是问题。好嘛，这正应了一句老话，靠山吃山，靠海吃海——他这是“守着热泉吃金蛋”。

尝一尝泉水煮蛋

一个美丽的传说和它的续篇

正篇。《清太祖武皇帝实录》译述：

古时的长白山，山高地寒。冬季里狂风劲吹不停，夏日里环山的野兽憩息山中。长白山东北的布库里山下有一湖泊，名布尔瑚里。传说在很早很早以前从天上降下三位仙女，到湖里野浴，长女名恩古伦、次女名正古伦、三女名佛库伦。三仙女浴后上了湖岸，时有一神鹊衔一朱果放在三女佛库伦的衣服上。这朱果颜色鲜美，佛库伦爱不释手，含口中入腹，并感而怀孕。不久，佛库伦生下一个男孩。据说，这个男孩生下来就会说话，并很快长大成人。这便是满族先世肃慎人的祖先。

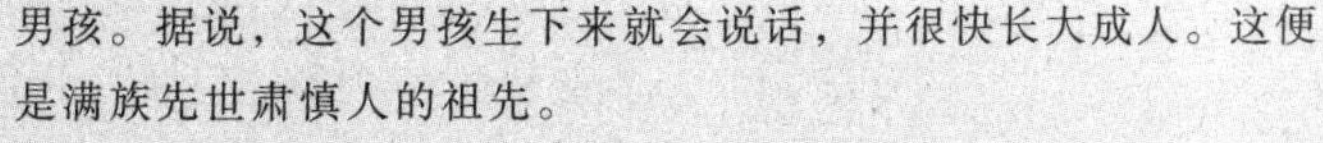

续篇： 佛库伦生下那男孩之后，给他取名布库里雍顺（因山），定姓为爱新觉罗（金子的意思）。佛库伦对他说：天生下你是为了治定乱国，你应该去那里治理国家，说完便凌空而去。小布库里雍顺只好乘着母亲留下的刀形小船顺流至河，在河岸折树枝和野蒿为坐具，端坐在上面等待着。时长白山东南鄂谟辉地方有三姓（努雅喇克、宜克勤、祜什哈哩三族）争为族长，互相仇杀。有一个人去河边取水，见小库布里雍顺坐在枝蒿上，回村对大家说：你们都不要争斗了，适才我在河边见一男子，看他的相貌不像一般人。众人听说都去河边问他，他说：我是天女所生，是天帝让我来治理你们的混乱，并把自己的名字告诉了来人。大家听后说：这是天生的圣人，不能让他徒步走。于是便把手交叉起来，抬举他到家里。三姓族人经过商议推他为国主，把女儿嫁给他，奉他为贝勒，居住在长白山东鄂多理城，建国号为满洲。布库里雍顺，就是努尔哈赤的直系先祖。

——正篇、续篇皆引自马清福所著《东北文学史》

乾隆《御制全韵诗》

天造皇清，发祥大东。山曰长白，江曰混同。
峻极襟带，福萃灵钟。山顶有潭，达门名扬。
三天女者，降而浴躬。神鹊含果，吞以娠中。
赐之姓名，母遂凌空。有取水人，见讶异征。
交手舁归，推为主国。三姓定乱，鄂多城崇。
号建满洲，开基肇宗。

美丽的传说，生龙的圣地。

垂直生物景观

长白山从下到上，随海拔高度的递增，气候、土壤、湿度等生存要素出现了差异，植被呈现出明显的带状分布，生成从温带到寒带四种生态系统植物。分布于2600米垂直线上的植物如同从温带到极地的全程演化。

针阔混交林带 长白山海拔1000米以下，生有原始针阔混交林。乔木、灌木、藤本植物、草本植物，种类齐全，品种繁多。代表植物为红松，另有针叶树落叶松、红皮松、臭松、鱼鳞松、长白松等。阔叶树包括春榆、蒙古栎、水曲柳、胡桃楸、山杨、白桦、大青杨等。灌木有毛榛、五加、忍冬、悬钩子、刺玫、蔷薇等。藤本植物，有葡萄、狗枣子、软枣子、五味子等。草本植物，有蕨、阴地苔、山茄子、棉马等。针阔混交林带，有多种动物，兽类有东北虎、黑熊、黄鼬、梅花鹿、马鹿、野猪。鸟类，有鸳鸯、白腹蓝翁鸟、大杜鹃、三宝鸟等。爬行类，有腹蛇、松花蛇、草蜥等。两栖类，有林蛙、田鸡。鱼类，有细鳞鱼、青鳞子……

针叶林带 在海拔1000~1899米分布针叶林带。植物种类较针阔混交林贫乏，针叶占绝对优势。树冠封闭，林下阴暗潮湿，地上是“苔藓世界”。红松自下而上逐渐减少，在海拔1600米以上近乎绝迹，而鱼鳞松与臭松则由下而上逐渐增加。苔藓植物特别发达，苔藓厚度可达10厘米以上，世界少有的加拿大茱萸亦有分布，由于林内空气极度潮湿，树冠披挂有大量的地衣松萝。紫貂、松鼠为这一带兽类的代表，鸟类有三趾啄木鸟和代菊莺等。

岳桦林带 在海拔1800~2000米之间。岳桦林带是针叶林带和高山苔原带之间的过渡林带，是高山苔原和森林成分的特殊结合，并有自己的特殊植被岳桦林植被类型。其中以岳桦为主，另有云杉、冷杉、落叶松、东北赤杨。灌木有牛皮杜鹃、越橘等。动物稀少，惟七八月间有马鹿、野猪等动物到这里来避暑消夏。由于岳桦林带位于火山锥体的下部，地面较陡，气温低，风力大，岳桦林呈低矮曲生状态。岳桦，属桦木科多年生落叶乔木，高5~10米，树皮白色易剥落，红褐色树枝上有许多腺点和皮孔，叶呈卵形，交互生长在枝丫上，叶片长2~6厘米，宽1.2~4厘米，基部圆润，前端渐尖，叶边缘有锯齿和尖刺，叶片因抵御寒冷长了许多短状毛，叶面深绿，叶背浅绿，叶背有硬毛和腺点，六七月长有短圆柱形球果直立单生在叶腺处。

高山苔原带 海拔2000米以上，气候严寒，湿度大，降水多，土质为覆盖很厚的火山灰、火山砾、浮石等。植物分布由下到上逐渐稀疏，高大乔木已经绝迹，仅有矮小的灌木，多年生的草本、地衣、苔藓等，形成了广阔的地毯式苔原。这一生境带有掘洞穴居的鼠兔，天空有白腰雨燕，悬崖有岩鹨定居。

在高山苔原带，海拔2500米以上，生长长白山特有树种，长白柳等三种柳树。

锦江大峡谷

锦江大峡谷是长白山西坡一大景观。距天池西南20公里。

1100年前，长白山发生的火山喷发，使大量的玄武岩浆覆盖了整个山谷，随着时间推移，岩石沉淀，风雨剥蚀，形成了新的地貌——火山熔岩大峡谷。

长白山锦江大峡谷可与“克罗拉多大峡谷”媲美。

大峡谷位于北锦江上游，长达70公里。壮观的熔岩林景观集中于上游，长近8公里。如此大面积的火山熔岩林世界罕见：平缓的大山密林突然砍出一道雄奇的峡谷深沟，两岸宽约300米，谷深近达200米，谷坡70度角，呈标准的“V”字型。谷底溪水胜似一只巨蟒，蜿蜒而行，消失在迷雾的远方。座座岩体拔地而起，造出种种奇峰异岭，任后人遐想飞驰，冠以种种美名。

锦江大峡谷，是1992年经山民引导，旅游部门才得以发现。自然景观原始状态。引来无数前来探险的旅行者。

梯子河

梯子河是河流经过狭长的悬崖峭壁形成的大深谷，由于上窄下宽，类似老乡家用的梯子，顾名梯子河。梯子河在长白山有两处，一处在距长白瀑布不远的二道白河上游，较短；还有一处，也是最为著名的一处，在长白山西坡，抚松县境内，维东边境工作站附近——南锦江和北锦江，形成大小两道梯子河，每条长达十多公里。

梯子河多奇妙，它虽属地上河流，却深藏地下；但它又不是地下暗河，拨开茅草，俯身探望，便可窥见湍急的河流；梯子河很深，30余米，却很窄，最宽处也不过3米，两岸架起的桥不足2米宽，多数人一步便可以跨过，但绝不可以轻举妄动，小心栽进深潭。梯子河还有一名称叫“猎物河”，很多动物不知脚下有河、有深潭，一不小心跌进河里，再也爬不上来……梯子河水凉，温度最高不过摄氏三四度，驻在梯子河附近的边防战士，把它当做“天然冰箱”，将山下运来的鱼肉蔬菜，用篮子吊起来，放到河里保鲜。

梯子河也是长白山的新景观，先睹为快，不少旅行者涉足了梯子河。

北路门票、住宿

门票60元；买保险5元；租大衣20元；租鞋30元；山门到景区车80元；
9月15日降雪后，旅游车不许登天池，景区有专门登山车，1人100元。

运动员村4人屋，每人100元（无卫生间）。标准间，夏560元，冬360元。

长白三路聚天池

北路开发较早，由延边安图县境内登山，从延吉乘旅游大客，经5个小时，到安图县二道白河镇；通化有“长白山号”豪华旅游列车，抵二道白河镇；长春、吉林、延吉旅行社，大多安排这条路线登山。这条线路经营多年，业已配套成型。由这条路线登天池，一些长白山代表性的景观都可以看到。

西路开发较晚。长白山西坡风景区，16峰可观7峰，锦江大峡谷、锦江瀑布、梯子河都是北坡所没有的景观。从这一角度看天池，视野广阔，可窥天池全貌，还可下到池边，鞠一捧天池圣水，洗面畅饮。由长春乘火车或汽车，到抚松县松江河镇下车，再转乘旅游车或出租车行31公里，抵原始森林，当日可往返，镇上食宿十分方便，价格也很便宜。

南路是新开发线路。由长白朝鲜族自治县境内的横山站出发，经47公里等外公路，沿鸭绿江，登长白山。下汽车走十几步路即可俯看天池。一路之上自然风光险峻秀丽，还可隔岸观朝鲜居民的生产生活情况。南坡地势较高，在这里观群峰，16座山峰挤到了一起，看天池，天池尽收眼底。

长白

鸭绿江源头第一县。全国惟一朝鲜族自治县。行政归属白山市。

南坡登长白山，由县城去横山自然保护站，再从横山站驱车47公里，直抵天池。比之北坡、西坡，由南坡登长白山只是近几年的事情，但它所具有的独特景观，使越来越多旅行者选择这条登山路线。

长白也应当留住一天。

作为长白山风光的一个部分，这里有一独特景观，在距县城40公里的十五道沟，有一条千米长的峡谷。峡谷怪石林立，形成于万年前的玄武岩条石，呈根柱状，四棱、五棱、六棱、八棱条石组合排列，有的如立柱擎天，有的如圆木堆砌，其状奇特，其势雄浑，真乃鬼斧神工，这条沟除奇石怪岩，还有小溪、泉水，无数溪水在通过不同的地形时形成多种多样的瀑布，有蘑菇泉瀑布，母子泉瀑布，珍珠瀑布，九叠瀑布……山水相映，是纳凉赏景的好地方。

长白县有一座灵光塔，是国家级文物保护单位，灵光塔是唐代渤海国时期的建筑。灵光塔证明渤海国，这个唐代地方政权广阔的行政管辖区域，及长白县悠久的历史。

长白县东南以鸭绿江为界，与朝鲜的一市五郡隔江相望，县城对面的惠山市是朝鲜两江道首府所在地。有兴趣可到朝鲜惠山市进行一二三日游。长白县的朝鲜族同胞有许多祖籍在朝鲜的两江道，把两处的习俗做对照比较，会有新的发现和体验。

长白县是冷水性鱼类自然保护区，由这里培育出的虹鳟鱼遍布全省各地。

白山市友好旅行社	0439-3224385
白山市长白山假日旅行社	0439-3290777
抚松松江河森林旅行社	0439-6318820
抚松县松江河三江源旅行社	0439-6313410
长白县旅行社	0439-8228639
长白县天池旅行社	0439-8236399

<交通>

由白山市到长白县城，有长途汽车，早7时发头班车。

二道白河镇位于延边朝鲜族自治州安图县境内。二道白河林业局所在地。是由北坡登长白山的大本营。

二道白河也有一景，镇中心留有一片原始状态的松林。特意保护下来的这片松树林，全部是长白山美人松。我们住到一家家庭旅馆。哦，好大一铺炕，睡10人不是问题，我们一行4个人，可以在炕上打滚。吃罢饭，烫完脚，钻进干净的被窝，热热乎乎地睡到大天亮，疲劳消失，精神振奋。

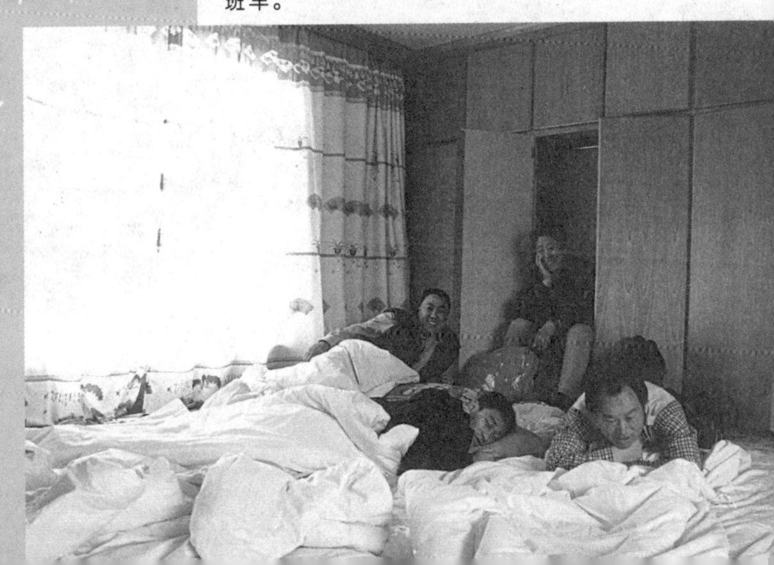

抚松

抚松是有名的人参之乡。万良镇有“长白山人参市场”，是全国十大药材市场之一。是亚洲最大的以人参为主的中药材集散地。抚松每年9月1日举办人参节，现已经连续举办了17届。我们参观了万良镇的人参大市场，真可谓大开眼界，谁见过人参像萝卜土豆一样，用麻袋装，用撮子撮？这里就是这样。如此，便没有了人参的贵族气，没有了人参的金子一样的身价。然而，人参就是人参，把人参当胡萝卜一样买卖，觉得不对味儿，于是有关人参那些神秘的故事，都不神秘了；而随着神秘的消失，便也没有了珍贵之感。这是我们这两个旅行者旅行到这儿的一点感受，仅供发展人参经济的当地领导者参考。

【提示】

由山上下来，可投宿抚松仙人桥铁路温泉疗养院：
连住宿带洗浴4人间10元／人，2人间50元／人。

应当买几棵人参带回去。如无人作购物参谋，应慎买。

人参

人参是多年生草本植物。主根肥大，肉质，黄白色，掌状复叶，小叶卵形，花小，淡黄色，果实扁圆形，根和叶都可入药，有滋补作用。

人参被誉为**“百草之王”**，**“补药之王”**，具有壮身抗衰老作用。

从人参皂甙的测定来看，长白山人参（吉林人参）中含量为5%，比外国人参含量高，吉林人参能明显地提高人体的活动能力，有抗疲劳、耐缺氧、抗低温、抗炎症等方面的作用。

人参成长有阶段性，即生态特征，其阶段名称为三花子，巴掌子，灯台子，四品叶，五品叶，六品叶。

长白山周边的天候地理，为**“九州之上腴”**，除野山参在原始生态中发育外，即便是参农栽培的人参，也讲究天然成长——中国参农不用农田栽参，不施用化肥，人参在长白山区新开垦的肥沃的林地里，在千年腐殖土，及同野山参一样的生境带生长发育。

抚松人参数据库

3000年采野山参历史。
400年人参栽培历史。
1992年，出土12苗“六世同堂”野山参，最大一苗为连体参，主杆七品叶，重达300克，生长期500年以上。
1994年出土特大野山参，体长130厘米，重390克，比人民大会堂展出的人参还重105克。生长期600年以上。
长白山参中的人参皂甙含量为5%。
全县人参日上市量30吨。
全县人参日成交量30吨。
日上市人数达4.5万人。
人参交易额，万良镇占抚松县60%；抚松县占吉林省60%；吉林省占全国60%。
人参及人参产品销售30多个国家。

←人参种植园

通化地区交通示意图

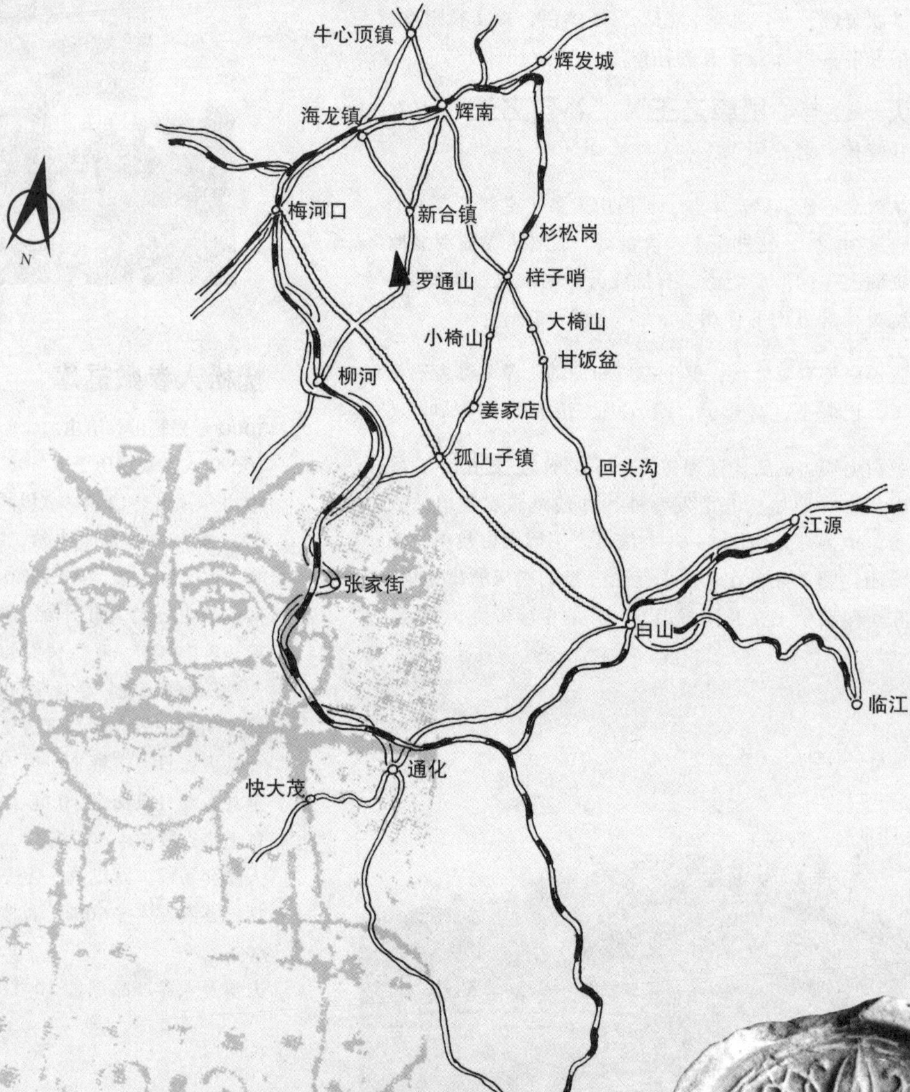

牛心顶镇
辉发城
海龙镇
辉南
梅河口
新合镇
杉松岗
罗通山
样子哨
N
小椅山
大椅山
甘饭盆
柳河
姜家店
孤山子镇
回头沟
江源
张家街
白山
临江
通化
快大茂
集安

第5章

通化地区

通化位于吉林省东南部的长白山山麓。地处长白山区和鸭绿江开发带，是由南部通往长白山天池的枢纽。

高句丽文化集中在有“塞北小江南”之称的集安古城；那里的所有遗存，皆因2004年申报世界历史文化遗产的成功，而身价百倍。

此外境内的辉发河两岸，是满族发祥地之一，女真扈伦四部之一——辉发部的地域，今天那里还残留着古城的城廓；还有坐落在柳河县境内的罗通山，那里流传着许多神奇的传说……

“王八脖子”

通化的历史沉积于一座叫“王八脖子”的丘陵之中，阅览“王八脖子”的出土文物，等于翻看通化历史连环画。

有关部门嫌“王八脖子”这名不雅，而改为“万发拨子”。我们旅行到通化，没有人知道“万发拨子”，所以我们入乡随俗，还叫它“王八脖子”。

“王八脖子”，是一个山丘的名字。坐落在通化市浑江东南岸，那个不小的山丘，长长地伸向江南平原，因其酷似一只鳖的脖子，而被当地群众称为“王八脖子”。

1956年首次发现“王八脖子”聚落遗址。
遗址造型呈前方后圆三环阶梯式结构，东北至西南长130米，西北至东南宽110米，圆丘高21米。1995年又在王八脖子发现古祭坛群址，这是已发现的规模最大的史前**三环祭坛**建筑。引起考古界的重视。

经吉林省文物考古研究所历经3年，进行6015平方米面积的发掘，基本上揭开了“王八脖子”的尘封之谜：

“王八脖子”遗址有文化堆积13层6期，一期为新石器遗存，早段年代距今6000~5500年；晚段距今为5500~5000年；二期、三期、四期、五期、六期相当于中原地区的商周、春秋战国、两汉、魏晋和明代。其中四期遗存过去在考古中从没有发现过，是国内首次发现的可确定高句丽早期的文化遗存。因地名为跃进村，而定名为“跃进文化”。**“跃进文化”**是以古祭坛、古聚落、古墓葬布局为内涵特征的考古学文化，地理分布上以通化浑江中游为中心，广泛分布于浑江、富尔江、辉发河上游的辽东长白山地区。

“王八脖子”的文化堆积，将长白山文明史由3000年的旧说推前到距今6000年，证明浑江流域是中华文明的发祥地之一。

首次发现高句丽建国前的早期历史文化遗存，22座不同年代的古房址，为魏晋时期高句丽人所建。证明中国自古以来是一个统一的多民族的国家。高句丽是中国的北方的一个古老的民族。其中与北方生活联系最为紧密的是，石板石块搭建的烟道与火炕——被称为**东北最早的火炕**。

发现春秋战国、西汉、魏晋、明代不同时期的各类墓葬56座，类型有土坑墓、土坑石椁墓、大盖石墓、大盖石积石墓、积石墓、**阶坛积石墓**7种。其中坑墓数量多达28座，高句丽早期方坛积石墓1座。M21墓葬有35人，年龄从6个月到50岁不等，男女比例相近，在33具人骨的陪葬中心，是两位年龄约30岁的女性，学者认定为战国时期的丛葬墓。M21号墓中心的两位尊贵的女性，或许就是氏族首领兼祭司“左巫”、“右巫”一类的神权人物。此外，出土陶、石、玉、骨、蚌、青铜、鎏金、银、铁、瓷器6942件。这些物件，既有日常生活用品，也有生产工具；既有祭礼神器，也有各类兵器和装饰物品。

发现春秋战国时期**冶炼作坊**，出土了青铜短剑、青铜矛、青铜锭、青铜环、青铜斧和一批制作青铜器的陶范，证明青铜文化在北方的普及水平，“王八脖子”周边是古代北方青铜冶金工业的摇篮。

此外还在“王八脖子”周围发现十分密集的原始社会至汉代的**古聚落**、古墓群和山城址。

“王八脖子”实际上就是一座建于商周时期，兴盛于秦汉时期的**古祭坛**；是北京天坛、地坛、月坛的原始形态。

“王八脖子”负载的历史年代跨越了整整6000年。

“王八脖子”遗址名列1999年度全国十大考古发现之一。

还叫“王八脖子”好

湾湾川
“人参之路”的起点

湾湾川，位于通化市郊，通往快大茂公路的路边，由通化到湾湾川约5公里路程，是进入长白山的南大门。

清顺治帝定都北京，将长白山一带视为祖先的发祥地，而定为封禁地。湾湾川设有台兵巡边把守，任何人没有衙门官家发放的腰牌，严禁入山采集、游猎、打柴和放牧。长白山盛产名贵药材人参，引来无数采参人，湾湾川便成为“人参之路”起点，这里修有采参老把头孙良的坟茔，一代代采参人由湾湾川进山采参，都要到孙良的坟上进一盘果，倒一盅酒，烧一炷香，磕一个头，求老把头保佑安全进山，安全下山，保佑进山采到人参，采到卖大价钱的人参。

在我们的印象里，长白山里已经无野山参可采了，人参已经大面积栽培了，且进入新时代，老百姓挣钱的道道儿多了，不需要背井离乡，钻长白山采参，但是我们还是在孙良墓前看到了供果、酒瓶、香蒂……是进山挖参人来拜把头？还是对孙良及其早年挖参人的奠祭？

看着，想着，觉得挺悲壮，有一种同为天涯沦落人的感觉。

同是天涯沦落人

【提示】

如果由这儿进山旅行，一定要拜谒孙良墓，阅读一下采参诗。这是一个习俗，也是一种文化。

人参之路

人参之路是清朝时采参祖师老把头孙良进山探险采宝的路。孙良墓在通化市西南方向 7 公里的湾湾川水电站喇蛄河边，沿河西行 35 公里，经过英额布水库，便进入棒槌山。

孙良挖参诗

家住莱阳本姓孙，
漂洋过海来挖参；
路上丢了亲兄弟，
沿着喇蛄河往上寻；
三天吃了个喇喇蛄，
不找到兄弟不甘心。

集安

集安，地处吉林省东南部，鸭绿江畔。
集安是国家命名的历史名城。

集安是两千年前我国北方一个古代民族建立的地方政权——高句丽国的国都。国都的名字，叫国内城。遗址在集安市区。

高句丽以国内城为都，统治高句丽424年，遗留大量高句丽文物古迹：2004年世界第28届遗产委员会会议审议通过中国申报的“高句丽王城、王陵和贵族墓葬”列入“世界遗产名录”。我们来到集安，看到了这些珍贵的历史遗产：国内城遗址，及其同时代建成的陪城丸都山城遗址；为第十九代王建立的好太王碑；将军坟等王陵墓葬；及可与敦煌壁画媲美的集安墓室壁画……

集安具有独特的地理环境，境内有横亘全境的高山老岭，老岭是长白山西南部的支脉，如同一道天然屏障，老岭把集安隔成南北两个世界，老岭挡住来自西伯利亚的冷风寒流，使岭南有较长的时间沐浴在和煦的日光中，南方的暖流沿鸭绿江河谷，长驱直入，给集安带来几分海洋性气候，使集安的岭南地区有着江南气候的特征，这里的年平均气温6.5度，年平均降水量1000毫米，是吉林省的高温多雨地区，外面春雪未化，这里的花草开始泛红吐绿……

我们进出集安，两次翻越老岭，深感集安气候两重天：

时值10月末，集安古遗址边缘带种植的绿化麦苗，青翠油绿；老岭五女峰大雪飘飘，雪压枝头。

早知有集安，何必下江南。

【提示】

“高句丽”一词中的“句”字，念“勾”不念“句”。

有关高句丽

高句丽既是国名，也是民族名称。
高句丽是公元前 1 世纪至公元 7 世纪生活在我国东北地区的一个古老的民族。

高句丽政权是公元前 37 年，由高句丽人建立的地方政权。

学术界普遍认为高句丽和夫余属同一祖先，其族源说一模一样，见高句丽第二十代王为其父十九代王所立好太王碑碑文，“惟昔始祖邹牟王之创基也，出自北夫余天帝之子。”邹牟，即朱蒙的转音。史证朱蒙为夫余王的七子。因权势斗争，**朱蒙**出走朝廷，自立为王，汉元帝建昭二年（公元前 37 年），朱蒙在西汉**玄菟郡**地内建立地方政权，号高句丽。高句丽公元 668 年灭亡，存在 705 年。

高句丽初期都城为**纥升骨城**，位于今辽宁桓仁县下古城，同时期建有五女山山城。

西汉元始三年（3 年）高句丽迁都国内城。北魏承光四年（427 年）高句丽移都平壤。高句丽强盛时期，其势力范围包括了中国吉林省的东部，辽宁省的东北部，及朝鲜半岛。

在高句丽政权存在的 705 年当中，高句丽主要活动在中原王朝管辖范围内，并与历代王朝保持着隶属关系，是受中原王朝制约和管辖的地方政权。

高句丽经济以农业为主兼营渔猎。通用汉字记事，现存的好太王碑、中原郡碑、冉牟墓志及大量铭文瓦上面皆为汉字。高句丽创造了具有民族特色的文化，中后期受中原文化影响较深，儒、佛、道文化盛行；高句丽城邑、陵墓建筑、古墓壁画，皆为华夏文明的重要组成部分。诚如高句丽专家魏存成教授所言：“中国境内的高句丽古迹反映了高句丽政权早、中期的历史文化。高句丽山城与平原城共存的‘附和式建筑’开创了中世纪都城建筑模式的一个先河。”

中国境内的高句丽文化遗产**“能为一种已消逝的文明或文化传统提供一种独特的至少是特殊的见证。”**

——联合国教科文组织

国内城

高句丽第二代王，琉璃明王（儒留王）二十二年（3年）十月，从纥升骨城，迁都来到这里。高句丽以国内城为都，长达424年，历经19代王。

国内城建于公元3年，是高句丽王朝的第二个都城。这座高句丽都城历尽1500余年沧桑，昔日宫殿寺庙已不存在，惟留有残存的城垣。早在战国末期至西汉时期这里便建有城池，西汉属玄菟郡辖下的城邑。现存的国内城遗址，呈长方形，方向为155度，东墙长514米，西墙长699米，南墙长749米，北墙长779米，周长为2741米，墙基厚10余米。城墙内外两面全部以长方形石条或方形石条垒砌。城墙呈阶梯形，逐层内收。每隔一定距离构筑马面。四角设有角楼。现存残墙宽7~10米，最高处3~4米不等。原有城门6处，南北各一处，东西各两处，均有瓮城。1921年重修三座城门，东曰辑文门，西曰安武门，南曰襟江门，其余三门被封。解放后随着城市建设的发展，所有城门已不复存在。

今集安市区建在国内城旧址之上，由于年代久远，市区没有保留下来高句丽时期的地上建筑，根据专家推测，当时的宫殿位于今市政府、检察院附近。市区西南方尚有一座古寺庙。城东和城北，为高句丽时代贵族居住地及官署所在地。国内城，为地表保存有石筑城墙的平原类型都城遗址。

丸都山城 门票 50元

丸都山城位于集安市区北2.5公里处，修建在起伏险峻的丸都山上。是高句丽时代最为典型的早中期山城之一。

丸都山城与国内城同为西汉元始三年（3年）所建。丸都山城始名尉那岩城。它既是国内城的军事守备城，又为高句丽王都。两城相互依附，互为都城，形成世界王都建筑史上独具特色的“附和式王城建筑”模式。

丸都山城凭借自然山势走向构筑城垣，城墙高低起伏。丸都山城东、西、北三面城垣所在山脊最高海拔676米，外临陡峭的绝壁，内绕平缓坡地，北高南低，呈不规则四边形，城周长为6395米。全城有城门6处，谷口处有一处瓮门，东北面城墙各发现两处门址，南墙西部尚有一处城门址……山城有泉两眼，城内有地面遗址3处、蓄水池1处、墓葬37座……宫殿遗址在东山坡下。山城南门以北200米，有一座石垒瞭望台，登瞭望台可远望洞沟通平原和国内城。城内还有大量兵营遗址。

丸都山城丛山为屏，山腹为宫，谷口为门，充分体现了中国传统的“风水”理念。

丸都城下，有一片小“金字塔”状的堆积石，那便是著名的以积石坟为主的高句丽古墓群。

在长约16公里，宽2~4公里的范围内，共有古墓11289座，现存7627座，构成一个庞大的墓葬群，即闻名中外的洞沟古墓群。

洞沟古墓群从东到西依次为下解放墓区、禹山墓区、山城下墓区、万宝汀墓区、麻线墓区……墓区古墓数量之多、规模之大、种类之全、内涵之丰富，堪称我国古墓葬之冠。

好太王碑 门票 30元

好太王碑是高句丽二十代王——长寿王（巨连）为其父十九代王，“国冈上广开土镜平安好太王”立的功德碑。

高句丽十九代王，名**谈德**。东晋孝武帝太元十六年（391年）即位，安帝义熙八年（412年）逝，在位22年。好太王统治时期，是高句丽国家政治、经济、军事力量空前发展的时期。好太王为扩大疆域，不断征伐百济，多次击败倭寇，夺得百济64座城，1400多村庄，死后被谥为**“国冈上广开土境平安好太王”**。其子长寿王为纪念父亲的功绩，铭记守墓烟户，于义熙十年（414年）在好太王陵东200米处竖起了这座巨大的好太王碑，至今碑立近1600年。

好太王碑是一块天然的角砾凝灰岩，方柱体，碑体高6.39米，幅宽1.34~2米不等。四面环刻碑文，碑文为汉字隶书。每面文字横竖成行，碑文44行，1755字，除去剥落磨损，目前尚存1590字。碑文记述了高句丽起源和建国的神话传说；记述了好太王一生东征西讨的战争功绩；以及守墓烟户的摊派情况。

好太王碑是研究高句丽国家的形成和发展的极为重要的史料，好太王碑书法艺术是中华民族艺术宝库中不可多得的珍品。

好太王碑中关于高句丽族源段

惟昔始祖邹牟王之创基也，出自北夫余天帝之子，母河伯女郎剖卵降出，生子有圣德。（邹牟王奉母）命驾巡车南下，路由夫余奄利大水，王临津言曰：“我是皇天之子，母河伯女郎，邹牟王，为我连葭浮龟”，然后造渡，于沸流谷，忽本西，城山而建都焉。

译文 高句丽的远祖邹牟王（朱蒙）是北夫余天帝的儿子。其母河伯女儿生下一个肉卵，一男娃破卵而出，他便是远祖邹牟。邹牟王奉母命驾车南巡，路遇夫余国水患，邹牟王面对泽国道：“**我是皇天之子，母亲是河伯女，我是邹牟王。**赶紧命水族为我建造渡桥。”渡桥造毕，邹牟王登西城山建国立都。

国为高句丽，国都为高句丽初建都城纥升骨城，今辽宁省新宾县五女山城。

将军坟 门票30元

距好太王碑1公里处，下五女峰进集安市区，便看到远处一座雄伟壮观，呈金字塔状的古墓，它便是被誉为“东方金字塔”的将军坟。

“将军坟”是后人取的俗名。实为高句丽二十代王——长寿王的王陵。

将军坟背依龙山和大禹山，处于两个山头连接之处。将军坟是典型方坛阶梯石室墓。石墓用1100余块花岗岩石条砌成。墓高12.4米，底边长31.58米，墓底部用大石条铺垫的基础与地表齐平，其上有七级阶坛，整个陵墓结构严谨，虽历经沧桑，仍巍然耸立，在陵墓五级中部有墓室。室内有长方形石棺两副，整个墓室呈方形，边长5米，高5.5米。四壁共用六层石条砌筑，墓顶覆盖着一块完整而巨大的石板，重量约50吨。

将军坟另有四座陪坟。现仅存一座。

石墓王陵，有镇石助力，才得以完好竖立，但是偏偏陵的后侧缺一镇石，于是那地方的基石就凸显出来，我们担心如果没有办法将凸显的部位“顶”回去，顺其凸下去的话，会不会一侧坍塌？1500年前的建筑，这样精致的数学计算，这样高超的建筑工艺，令人赞叹。比较我们曾经见过的，诸如清太祖努尔哈赤的封土堆宝顶墓地，高句丽王陵这一金字塔样式的积石坟是惟一所见。高句丽墓葬丰富了中国的殡葬文化和墓地建筑。

东方金字塔

◎摄影参谋◎

将军坟是集安代表性景观，当用心将它拍摄下来。

景观链接

辽宁省桓仁县五女山古城，为高句丽政权初建都城——纥升骨城。

【提示】

市迎宾路88号，建有博物馆。馆藏文物可以帮助您了解高句丽的历史。不过价钱不菲，一张门票60元整。

老岭五女峰

出入集安，都要翻越老岭。

老岭是长白山西南部的支脉，它像一道天然屏障，阻断了北方吹来的寒风。当岭北雪花飘舞，银装素裹时，岭南山谷平原仍然暖意融融，绿色一片。

由将军坟做起点，过五女峰景观带，爬老岭高峰，其丰富多彩的自然植被，展示了一年四季不同的风貌。

五女峰国家森林公园，距集安23公里，奇峰秀景占地10.3万亩，园内有五女峰、洞天皓月、幽谷银瀑、藏心洞、望峰台、仙人台、怀古亭、天工神韵、空中悬佛、高句丽采石场（考，将军坟及其他王陵的石料来源于此）等36处自然景观和人文景点。

五女峰最引人瞩目的是园中的五女峰景区，五座山峰陡峭挺拔，恰似五位身披绿装的窈窕淑女。五女峰为天女峰、玉女峰、参女峰、秀女峰、春女峰。当地人称五女峰有黄山之奇，青城山之幽，华山之险，峨眉山之秀——可谓谁不夸俺家乡好。

不过就东北地区来讲，五女峰的确是一个很不错的地方。并非盲目夸赞。

【提示】

五女峰不是五女山；

五女峰是集安境内的风景山，名曰五女峰国家森林公园；

五女山，高句丽第一国都，在辽宁省桓仁县境内。

→五女峰下养峰人家

柳河·罗通山

门票 15 元

罗通山，原名骆驼山，女真语“勒科”。相传唐代名将罗通扫北到过此山，故名罗通山。

罗通山位于柳河县东北部，距县城 35 公里，地处柳河、梅河口、辉南三市县中心。

罗通山海拔 1090 米，面积约 6000 公顷。罗通山集喀斯特地貌熔洞群、文物古迹、险峰峻崖和森林公园四位一体景观。

著名的罗通山城为汉代高句丽修筑的古城，此后延用六朝，有 1700 年历史，留有大量历史遗存，其中最具价值的有渤海穴居遗址、渤海古墓群、金代打箭铁炉，古演兵场、古兵营……

罗通山西城保存完好，石砌山城，城墙残高 1~3 米，辟有 4 处城门。西门最为险要，门宽 6 米，门外有人工开山劈石修成的十八盘古道，有“一人当关，万夫莫开”之势。一旦进到城来，放眼一亮，大有柳暗花明又一村之感。

相传公元 668 年，罗通在此勇战高句丽女将骆驼女：罗通被其刺中软肋，肠子外流，罗通用战袍盘裹受伤的身体继续战斗，终将骆驼女擒获。这一段成为有名的历史传说——罗通扫北盘肠大战。

山城建有罗通庙，庙门对联：罗家虎将威北塞；通晓韬略镇东夷。

给我们讲“罗通扫北盘肠大战”的是号称“罗通山人”的高占一先生。

高占一，又名高游，65 岁，是罗通山镇中学退休教师，对罗通山很有研究。他生在此，长在此，从没离开罗通山。从小时候进山捡到第一枚大钱（古钱）开始，高占一就迷上了罗通山；当教师，搞热爱家乡教育，编乡土教材，他带学生系统考察了罗通山。经高占一的游说，省考古研究所把考察罗通山付诸于行动；县里通过了开发罗通山决议……高占一成天泡在山上，穿山越涧，灵巧得如同孙行者；他开口诗文，闭口诗文，有自己的创作，也有他人的作品。炫耀难免有溢美之嫌，我们拿不准他的介绍能否入书？巧了，似乎为了打消我们的疑虑，当晚下榻柳河，吉林省电视台播映了有关《高游献宝》的节目。

【提示】

有关罗通山的学术文章不多，可以说罗通山还隐有许多历史之秘，值得旅行者涉足。

<交通>

通化 201 国道到白山，白山高等级公路到罗通山。

四平高等级公路直抵罗通山。

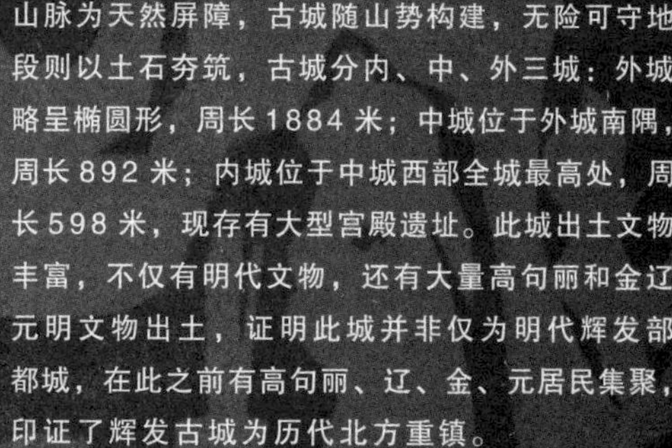

辉南·辉发古城

辉发古城在吉林辉南县城东北 17 公里的辉发山上，辉发山又名**扈尔奇山**。

辉发城是明代女真扈伦四部之一的辉发部都城。辉发部族本姓益克得利，原系**萨哈连乌拉**江尼马察部人。辉发始祖星古力，传位至旺吉努，势力大增，征服了邻近诸部，于明嘉靖年间在辉发河畔的扈尔奇山筑城建都。万历三十五年（1607 年）九月被**努尔哈赤**率军攻陷后废弃。辉发部由建都到灭亡共 37 年。万历四十二年（1614 年）清太宗皇太极与孝瑞文皇后在扈尔奇山举行婚典。古城南、北、西三面临辉发河，以山脉为天然屏障，古城随山势构建，无险可守地段则以土石夯筑，古城分内、中、外三城：外城略呈椭圆形，周长 1884 米；中城位于外城南隅，周长 892 米；内城位于中城西部全城最高处，周长 598 米，现存有大型宫殿遗址。此城出土文物丰富，不仅有明代文物，还有大量高句丽和金辽元明文物出土，证明此城并非仅为明代辉发部都城，在此之前有高句丽、辽、金、元居民集聚，印证了辉发古城为历代北方重镇。

我们徜徉在古城荒弃的田野里，不经意中，拾到了残砖断瓦、陶瓷碎片、及两个网坠，离城而走的时候，找不到管理人员，便聚拢一堆，摆在文物保护牌下。想想，颇有解放军吃了老百姓地里的红薯，找不到地的主人，在地头留下一张钞票的样子，而得意。

景观链接

吉林乌拉古城；梨树叶赫古城；辽宁开原哈达古城；皆为女真**扈伦四部**的部落都城。

<交 通>

火车到辉发城。

四平、梅河口、吉林、长春都有长途汽车到辉发城。

【提示】

有喜欢文学者，可查阅清诗，其中有几位皇帝源自辉发古城的诗作：

康熙《行围辉发诗》

雍正《侍从兴京陵二首》

乾隆《辉发故城怀古》、《登辉发古城赋》

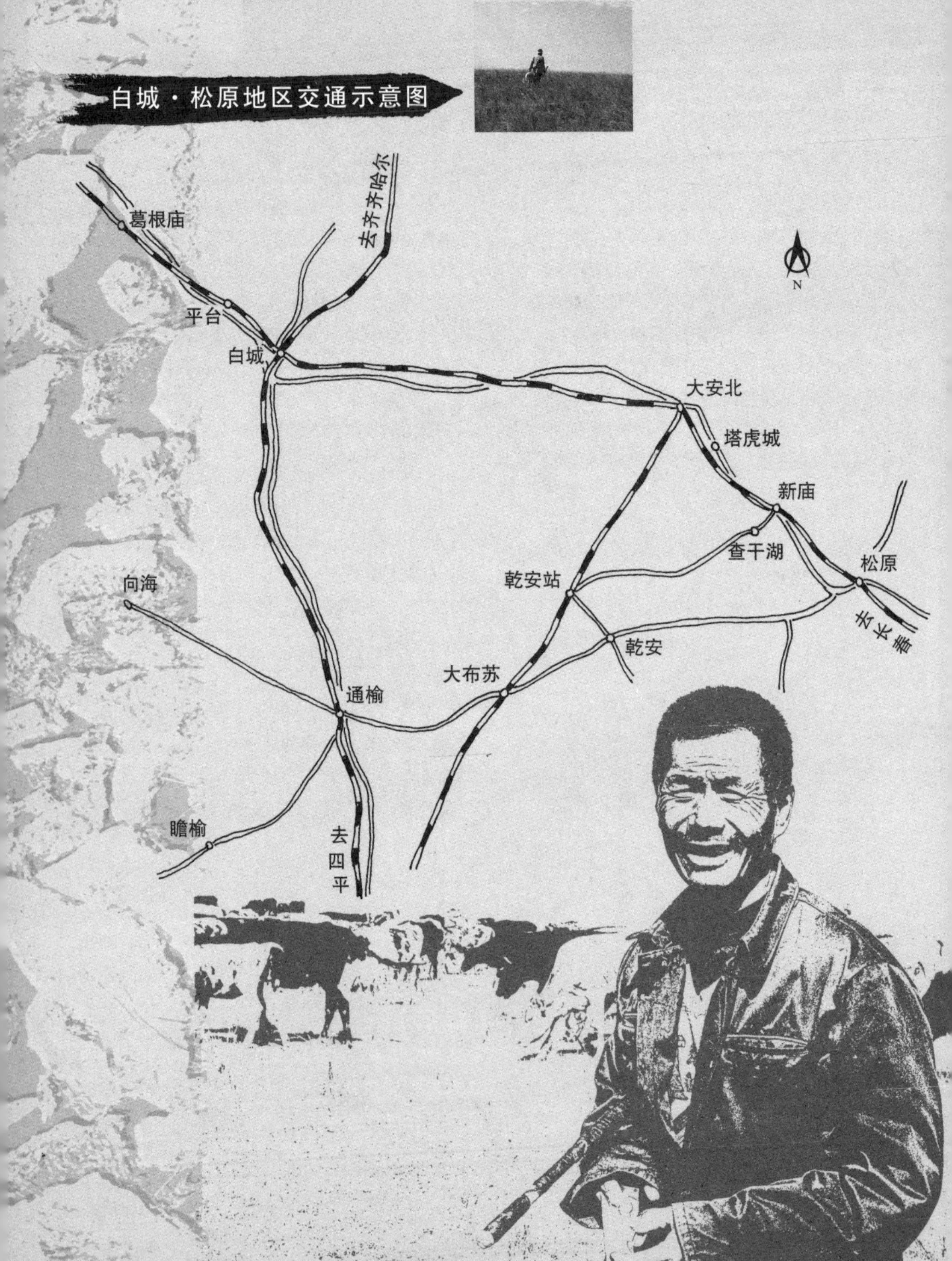

白城·松原地区交通示意图
去齐齐哈尔
葛根庙
平台
白城
大安北
塔虎城
新庙
查干湖
松原
去长春
乾安站
乾安
大布苏
通榆
向海
瞻榆
去四平
N

第6章 白城·松原地区

白城与松原，原为一个行政地区——白城地区。地处科尔沁草原、松辽平原，地势较为平坦，多为草原、耕地、泡塘、沙丘，原以放牧为主，农业为副，现在以农业为主，放牧为副。

松原地区

松原，一个1992年才设立的城市的名字。

从前这个地方不叫松原，蒙古语叫伯都纳，汉译鹌鹑鸟生息地。1914年改为夫余县，1987年更名夫余市（县级）。1992年，白城地区一分为二，设松原市（地市级），市治设前郭县城，松原市辖前郭尔罗斯蒙古族自治县、乾安县、长岭县、夫余县、宁江区。前郭县政府原地未动，市区既有松原市政府，也有前郭县政府。

<交通>

由长春乘汽车、火车均2小时30分到松原。

查干湖

位于前郭县的西北部，距松原市60公里。

查干湖，蒙语查干诺尔，意为白色的湖。湖区南北长37公里，东西宽17公里，面积420平方公里，平均水深2.5米，最深6米，蓄水量7亿立方米，是全国十大淡水湖之一。

查干湖盛产天然鱼类，如鲤鱼，鲢鱼，鳙鱼、鲫鱼等，共15科68种。其中以红鲤子最为著名。近年来，人们又在湖区放养了德国的矿镜鲤、俄罗斯的散鳞镜鲤和武昌鱼。这里也是水禽的栖息地，有天鹅、丹顶鹤、野鸭、大雁、灰鹤、鹭鸶等80余种。

查干湖是草原中的湖泊，郭尔罗斯草原环绕查干湖，查干湖宛如绿野平畴中的一块明镜。历代帝王看好查干湖的富饶美丽：建军事重镇塔虎城于湖畔，历朝延用而不衰；辽帝不远千里，到这里大摆“头鱼宴”、“头鹅宴”犒赏群臣；下嫁科尔沁达尔罕巴图鲁郡王的努尔哈赤次子的长孙女和硕公主死后安葬在查干湖的北岸；清帝顺治也看好这块风水宝地，将外祖父母的墓地修建于查干湖畔……

今查干湖，还是那样美丽富饶，没受现代工业污染的湖水，成为天然的渔业生产基地、芦苇生产基地和旅游胜地。

最吸引旅行者的是观看查干湖冬季捕鱼。寒冬腊月，零下30多度气温，人们凿冰打眼，用钢钎穿透近2米厚的冰层，把长达200米的大网通过冰眼放到冰层之下，冰层上千余人作业，有数台拖拉机牵引盛满鱼儿的网缆，几十辆机动车昼夜运输，数十万斤鲜鱼破冰浮出水面，场面极为壮观，令南方来客不可想像。

我们是初秋来到查干湖，没能见到大部队用大网捕鱼，只看到湖边一个年过七旬的老人用自家制的小拖网，捞湖虾，一个上午，便捞满了篓子，沉沉地少说也有10斤。做为拍照的回报，也为了尝鲜，我们决定买他的湖虾。我们问他要多少钱，他说就给20元吧，我们又问不少吗，他说不少不少，你们嫌多，还可以再少给几个，我们说不能不能，您老这么大岁数不容易，买卖成交，老人家揣20元回家，我们拎着湖虾找烹煮的地方……湖边午餐多了一道菜。

查干湖，没有污染的湖。

◎摄影参谋◎

湖水浩淼，水天一色，拍全景，不知是何处，当取有地方特点的参照物，如湖边的蒙古包，芦苇，树林；拍局部，湖边芦苇，湖中野鸭，渔人捕捞……都是极美的画面。

<交通>

距长春160公里，距白城子135公里。

长春有火车直达查干湖，沿查干湖岸有松原、新庙、八郎、塔虎四乘降站。

与铁路并行有公路，有长途客运，到查干湖。

忠亲王暨忠亲王贤妃碑

“追封忠亲王暨忠亲王贤妃碑”原立于前郭县新丰乡库里屯，因此亦有库里碑之称。现此碑移入孝庄文皇后祖陵陈列馆园内，该园以碑为中心建立了碑亭、展室。

孝庄文皇后祖陵陈列馆，在查干湖畔，长山电厂西侧。

此碑碑额呈长方体，高145厘米，宽130厘米，厚40厘米，正背面各由相互盘绕的蟠龙组成；碑身呈板状长方体，高292厘米，宽125厘米，厚34厘米。碑身正面四周为云龙浮雕图案。碑面上并排刻有内容相同的满蒙两种文字，共十五竖行383个字。

忠亲王**寨桑**，原是科尔沁蒙古贝勒，他的女儿，是那位著名的历经三朝的太后——孝庄皇太后。清室为了巩固其统治地位，对蒙古族一贯采取“**联姻政策**”，忠亲王寨桑将女儿嫁给皇太极便是极好的例证。我们旅行到查干湖畔，可瞥一眼庄妃的故里家园，看一眼**顺治皇帝**为他的姥爷、姥姥立的石碑，并可借机体味一下那个时代人们的伦理道德，政治家的政治艺术。

碑文（汉译）

追封忠亲王暨忠亲王贤妃碑

帝王恭贤尊功，必崇封宏世，宪前而存后，广开亲亲之道，铭铁石，宜究本以示意。圣母明圣仁上恭恂皇太后：王考妣育吾者也，思稽其本，祖获福而子来端，祖母荣贵而福生焉。尔子后济此封王，授以洪恩，今理祖母遗体，念德崇恩，并立册文，追封祖父为忠亲王，祖母为忠亲王贤妃，立碑于墓，永存后世，仁亲荐恩。

大清国顺治十二年五月初七立

清朝皇室

“满蒙联姻”列举

清蒙古族6皇后

太宗：孝端文皇后、太宗孝庄文皇后；世祖：废后、孝惠章皇后；宣宗：孝静成皇后；穆宗：孝哲毅皇后。

清蒙古族9皇妃

太祖：寿康太妃；太宗：敏惠恭和元妃、懿静大贵妃、康惠淑妃、侧妃、庶妃；世祖：淑惠妃、恭靖妃、端顺妃。

清廷下嫁科尔沁12公主

太宗：靖端长公主、雍穆长公主、永安长公主、和硕公主（太宗抚从兄克勒郡王女）、和硕公主（太宗抚从兄贝勒女）；世祖：固伦端敏公主（世祖抚从兄简亲王女）；圣祖：和硕敦恪公主、固伦纯禧公主（圣祖抚弟恭亲王女）；世宗：和硕淑慎公主（世宗抚兄理亲王六兄）、和硕端柔公主（世宗抚弟庄亲王女）；高宗：固伦和敬公主；仁宗：庄敬和硕公主。

庄妃

孝庄文皇后本名布木布泰，是科尔沁部寨桑贝勒的次女，后金天命十年（1625年）二月，后金定都辽阳东京城时，**布木布泰**嫁给了时为后金四大贝勒的皇太极，时年12岁。当时皇太极的大福晋**哲哲**是布木布泰的亲姑姑。崇德元年（1636年）皇太极改元称帝册封五宫后妃时，封布木布泰为永福宫庄妃，她与**关雎宫**的宸妃为亲姐妹，她们姑侄三人同侍皇太极。

庄妃像

崇德三年（1638年）正月，庄妃在盛京永福宫（今沈阳故宫内）生下了皇太极的第九个儿子福临，福临6岁登基称帝，是为顺治皇帝。庄妃由此成为皇太后，史称孝庄文皇后。

庄妃聪明美丽，极富政治头脑，极具强权谋略。她辅佐了三代皇帝，夫皇太极、子福临（顺治），孙玄烨（康熙）。蒙古族学者**苏赫巴鲁**对庄妃给予高度评价：“昭君出塞，带来和平；文成通藏，带来繁荣；孝庄出嫁，带来昌盛。”大凡风云人物多传闻，正史之外派生出许多有关庄妃的政治传说，比如“下嫁皇叔多尔衮”，“劝降明将洪承畴”……于是庄妃为今日文学家、戏剧家所青睐，以她为主人公的作品一部接着一部。

庄妃生于**科尔沁**，死于北京城。康熙二十六年（1687年）12月25日孝庄皇太后寿终正寝，寿75岁。庄妃对于她的归宿留有遗嘱，她对她的孙子**康熙**说，太宗（皇太极）皇帝的梓宫安葬已经很久了，不要再为合葬而打开地宫，惊扰业已安眠的太上皇，而我的心里放心不下你们父子（顺治与康熙），就让我陪着你们吧。庄妃死后安葬于今河北遵化清东陵之昭西陵。

由科尔沁走出来的杰出女性

蒙古族

蒙古族分布在东北三省北部、西部，及内蒙古大草原上。蒙古族的先世为**东胡、乌桓、鲜卑、契丹、室韦**，都曾在北方建立过地方政权，如北魏、辽国等。吉林省蒙古族主要集中在西部白城、松原地区，前郭尔罗斯蒙古族自治县、通榆县、镇赉县居多。史料记载，蒙古族是**蒙兀室韦的后裔**，有蒙古、塔塔尔、克烈、蔑儿乞、乃蛮**五大部落**集团。其中的蒙古部落在首领成吉思汗的领导下征服其他部落统一了黑龙江上游地区，并于1206年建立蒙古汗国。从此蒙古改为民族名称并成为中华民族的一员。蒙古军曾征服中亚、西亚和东欧。1271年忽必烈统一中国，建立元朝，1368年被明太祖朱元璋所灭。

现蒙古族有人口480多万，吉林省有15.7万人。设有内蒙古自治区。吉林省有前郭尔罗斯蒙古族自治县及10个蒙古族乡。

蒙古族有自己的语言和文字，目前依然通用。蒙古语属阿尔泰语系蒙古语族，分内蒙古、卫拉特、巴尔虎－布里亚特三种语言。13世纪元帝国时期形成通用的蒙文，经长期发展，语法先进，词汇丰富。蒙古族集中的地区学校开设蒙语课，高考，对蒙族考生的蒙语成绩有加分政策。

蒙族会话用语

母亲(额吉)
父亲(阿爸)
您好(鲜边诺)
再见(拜日贴)
我要住宿(哈侬干志拉额了)
我要吃饭(依得干志拉额了)
喝酒了吗？(乌色媚？)与男人打招呼，习惯用语是“喝酒了吗？”犹如汉族人见面，说“吃饭了吗？”

生活在吉林西部的蒙族同胞几乎都会说普通话。

蒙语也有地区方言，地方蒙语与标准蒙语有些许差别，上面列举的会话用语只在当地适用，离开吉林西部不一定适用。

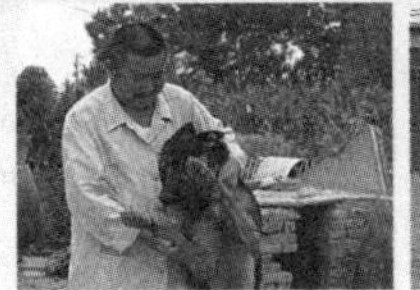

鲍老五家的菜谱

烤全羊	66元一只(要提前一天打招呼)
烤羊腿	25元/斤
烤羊排	22元/斤
香酥羊排	20元/斤
扒羊头	32元/个
水煮羊肉	18元/盆
羊杂汤	18元/盆
荞面肠	10元/碟
蒙古酱饼	15元/斤
荞面合烙	15元/盆
牛肚汤	20元/盆
猫耳汤	15元/盆
荞面饼	10元/斤
牛奶玉米饼	16元/份
奶酒	10元/瓶
奶茶	10元/壶

◎摄影参谋◎

不易在吉林的西部拍到大草原的景致，然而，又有可能在局部拍到蒙古族风情——从生活出发，如果能拍摄一组这一特定地区的蒙族同胞的生产生活画面，也不失为有价值的题材——就看您的眼力了。

※集邮参谋※

前郭尔罗斯蒙古族自治县各邮政所的邮戳均使用蒙汉两种文字，可留作纪念。

狼牙坝泥林·大布苏湖

狼牙坝泥林，亦叫乾安泥林，前者是根据地貌取名，后者是根据处所地址取名。同是一片泥林。

狼牙坝泥林与大布苏湖紧挨着。位于乾安县西部。距县城35公里。

泥林在大布苏湖东岸，南北5公里，东西2公里范围内。放眼看去，石柱突兀，丘陵起伏……仔细观察，石柱也好，丘陵也好，皆非岩石，也无草木，构成这片特殊地貌的材料是土泥巴。特有的材料，筑成了特别的风景：有的层层垒垒，酷似古埃及金字塔；有的鳞片罗列，弯弯曲曲，如同游龙攀援；有的云朵翻花，直冲天空，状如凝固了的核爆蘑菇云……当晚霞染红西天的时候，有霭霭云气由坝底升腾而起；当天空密布乌云的时候，有陈陈的凉气从谷底袭来；当暴风雨刮起来的时候，深谷中会传来呜咽吟泣，伴之骇人的声响，浑浊的水流像黄褐色的长蛇巨蟒，奔突而来……

狼牙坝泥林的成因，是由于充足的水流长期冲刷，使碱性泥土失去保护层而形成的怪异形状。何故这茫茫大草原会如此严重泥土流失？请进泥林博物馆，那里展出的出土文物回答您。

2000年，当地老百姓、科考工作者和几个文化人，在泥林徜徉时，在名叫北泉沟的地方，发现了大量脊椎动物化石群，在面积只有92平方米的范围内，披毛犀、野牛、野马、野驴、鬣狗、骆驼……20多种古脊椎动物化石，计600余件！古脊椎动物学家胡长康称乾安泥林为"披毛犀之乡"。这证明2万年前这里是水土肥美的地方。另，狼牙坝密集的文物层告诉我们，三千年前狼牙坝这里便有人类活动，一千余年前，鲜卑人、契丹人来到这里开辟荒坡，修筑房屋，依山面湖而居。由于烧荒芟草从事农耕，大面积植被遭到破坏，裸露的泥土受雨水冲刷，年深日久终于形成沟壑，形成泥林。

大布苏湖的资格比狼牙坝泥林老得多，早年的大布苏湖水丰鱼肥，生机勃勃，只因为出现了泥林，那被冲刷掉的极富碱性的泥水汇入湖水，鱼儿死了，大布苏死了。

现在的大布苏尽管还是蓝蓝的水，绿绿的草，但是它养活不了鱼，养活不了虾，只能在浅滩处种植芦苇，不过近些年，对大布苏进行了开发，利用湖水含有丰富的盐、碱、硝，进行净化加工，制成纯碱，上个世纪末便建成了年产万吨的纯碱化工厂。

两处景观连为一体，给我们的感觉，很苍凉，犹如来到戈壁沙漠，犹如踏上另一个星球，无人的感觉，恐怖的感觉，令人既想探查，又心中忐忑的感觉……我们的这种感觉，与著名作家乔迈互为印证，他参观泥林之后题词为："外星人之雕"。

泥林之谜何其多

为什么同样的地质条件，只有大布苏的东南岸有泥林分布？

为什么在不足一百平方米的面积内，出土了大量不同种类，且食肉与食草类动物相拥的脊椎动物化石群？

为什么泥林出土的古墓葬，古尸呈竖立状态？

为什么赤脚走泥林，会使脚疾（如脚臭，脚气，烂脚丫）得以消失？

为什么无生物的大布苏湖，会有近百种鸟类绕湖栖息？

人类应当拒绝泥林

◎摄影参谋◎

泥林景致，全国少有，世界少有；泥林的景致不会恒久不变，每遇雨水冲刷就会改变旧的模样，呈现新的变化。

泥林色调灰暗，若想拍出层次，用光显得十分重要；此外，还建议能用亮的物体做反衬，进入画面的人物，或着红衣，或着白衣。

<交通>

火车，通让线，在大布苏站下车，坐小公共汽车，2 元钱可达泥林及大布苏湖。

【提示】

如果您的胆子不够大，那么就晴天来，白天来，结伙成伴来。如果您想寻求一种刺激，那么就雨天来，傍晚来，自己单独来——不过，要注意安全。往坡下走，一定要注意安全，防止滑脱。在大布苏湖东岸台地上，建有"中国乾安泥林博物馆"，可以全面了解狼牙坝泥林及大布苏湖。

白城地区

白城，蒙古语查干浩特。查干：白色；浩特：城堡；查干浩特：白色城堡。白城，俗称白城子。

<交通>

长途汽车：

葛根庙	40分钟一班	8.3元
乌兰浩特	40分钟一班	12.3元
阿尔山	7时10分	60.5元
大布苏	8时20分	17.2元
向海	13时50分	12.3元
松原	每1小时30分一班	32.3元
长春	每小时一班	58.3元

向海

向海自然保护区，地处科尔沁草原东部，松辽平原边缘。白城市通榆县向海乡境内。向海自然保护区总面积为1050平方公里，水面18万亩，沼泽苇塘35万亩，林地55万亩，草原沙丘40余万亩。独特的自然条件形成了有别于其他保护区的生境带。

沙丘榆林带　占保护区面积三分之一的沙丘榆林是世界上少有的生态景观。连绵起伏的沙丘上生长着各种榆树，有家榆、有腊条榆、有蒙古黄榆……其中以蒙古黄榆最为珍贵。蒙古黄榆属世界珍贵树种，它的树冠酷似人工修剪的蘑菇伞，十分夺人眼目。沙丘榆林是猛禽的栖息地，鸢、鹗、金雕、燕隼、红角隼等多种猛禽在广阔的沙丘榆林中捕食密布的鼠类、兔类。

湖泊水网带　自然保护区内有20多个湖泡交错相连，形成天然的水的屏障。其中以向海水库面积最大，70平方公里，容量2.4亿立方米，可以灌溉22万亩良田，养育两万亩芦苇，养殖大量淡水鱼，有红鲤鱼、鲫鱼、鲢鱼、鲶鱼、鳊鱼、武昌鱼……

蒲草苇荡带　　芦苇荡是向海自然保护区一大景观，蒲草与芦苇丛中栖居着大量水禽，除丹顶鹤、白鹤、灰鹤、蓑羽鹤等鹤类水禽，还有天鹅、大鸨、白鹳、鸿雁、豆雁、白额雁、野鸭……及蛇、青蛙、黑斑林蛙等爬行类、两栖类动物。

湿地草原带　　芦苇沼泽连着湿地草原，面积达3万公顷，是保护区的核心。向海湿地是世界A级湿地，中国六大湿地之一，湿地草原是鹤类、大鸨、凤头麦鸡、蒙古百灵、角百灵、凤头百灵的栖息地。

此外向海这块土地，还有着悠久的历史，在乌兰塔林、团结两处新石器时期遗址，证明距今五千多年前，有人类在这里生活居住，又有大量辽金时期遗迹遗物，说明这里曾有过较大的发展，到了清代这里是满蒙两族的游牧之地。

◎摄影参谋◎

独具特色的沙丘榆林是摄影好题材。

<交通与住宿>

火车，平齐线，通榆站下车，搭乘长途汽车直达向海。

向海有不错的宾馆，标准间180元。

【提示】

通榆县的烤兔肉不亚于新疆的羊肉串，可品尝。

瞻榆观榆，包拉温都吃杏

瞻榆镇，从前叫**嘎拉毛都**。传说奉天省王道台来此巡视一遭之后，随口吟出两句诗来："**瞻榆修耒，望杏耕田。**"其意是，农夫在古榆泛绿之时，修理农具备耕忙；杏花怒放之时，农田里一派春耕景象。不知应了诗句，还是诗句反映了自然景色，瞻榆地面上的古榆、山杏真的称奇于世。历史上瞻榆曾设县治，在瞻榆为县时，县内嘎拉毛都有400年的古榆，及一片**蒙古黄榆**林；包拉温都有连绵百里的山杏树林。现在虽然瞻榆与包拉温都同为乡镇，但是人家还习惯做这样的概括。

我们由白城市出发，上高速公路，向南直达通榆县，然后拐向西南到瞻榆镇。

在瞻榆镇西南4公里处，我们见到了这株古老的榆树。高18米。

我们下车，向古榆靠拢……古榆雄壮伟岸，独立在沙丘的低洼处，周围有**红柳**作伴，有它的子孙作伴——由它的身上飘洒下来的榆树钱儿（籽）落地生根，成长为大大小小的榆树。古榆的树干，需要四个人伸臂才能合拢；它的躯干，它的臂膀都很粗壮，都很苍劲；他的华盖似发冠，蓬蓬勃勃，飘飘洒洒……真的，我们的确把它当做了长者、老翁、历史老人，站在古榆面前，顿生一种敬畏之感，这种感觉使我们几乎不敢为它拍照，不敢对它仔细地端详。古榆身上有几

处洞穴，有人说那里面住着蛇仙，于是便有人做了一个蛇仙的牌位供在树窝里。据当地群众讲，每年三月三，便有许多和尚，尼姑来这里念经；修路的承包主开工前带着全部人马，前来烧香磕头；众多的百姓在榆树结“钱儿”的时候，前来求几枚“钱儿”，回家栽到庭院，求古榆衍生，降吉祥幸福；政府尊重村民的信仰，对古榆严加保护，2004 年春旱，镇政府专门派人去县城租来两辆洒水车，给古榆灌水抗旱……我们深为错过了古榆结“钱儿”的时间，没有求到吉祥的种籽而遗憾。

由古榆向西，再走 10 公里，便见到一片蒙古黄榆林。蒙古黄榆，十分稀少，是受保护的物种。这种榆树的木质特别坚硬，而形状却格外柔美，它的树冠似人工修整，呈漂亮的弧形蘑菇状，支撑树冠的树干笔直微斜，给人以跃动感，远远看去，沙丘中的蒙古黄榆似女人挥纱舞蹈。蒙古黄榆是不可多得的风景树，但是蒙古黄榆移地难以生存，这一来只好在这里开上一个蒙古黄榆公园。

由瞻榆再往西南走 30 公里，便到了**包拉温都**。包拉温都，蒙语**紫色的山冈**。在包拉温都 20 余公里连绵起伏的沙丘上，生长着一百多万株天然次生山杏树，占地 1 万亩。五六月份这里是花的海洋，馥郁的花香沁人心脾；七八月份青杏转黄，到了杏核成熟的季节。包拉温都的山杏树浑身是宝。最为有名的是它的杏仁，入药可治癌症。有人做过调查，包拉温都乡半拉格森的村民，从清朝初起至今未发现一例癌症患者。包拉温度的山杏，是自然生长，它所产的杏仁是纯正的绿色食品，每年包拉温都的**山杏**林都有数万斤杏核被收购。我们没有赶上杏花开，也没有赶上杏核收获，只是想像着它的花，它的果……竟也觉出了它的不俗的美。

◎摄影参谋◎

古榆、蒙古黄榆、杏花海，都是入镜的好景致。注意：选好季节，选好角度，选好光线，一定会出好作品。

【提示】

春天到古榆树下拾几枚榆树"钱儿"，回家种起来，留个纪念，据说，凡试种者都成功了。

草原深处有座喇嘛庙

我们知道草原深处有座喇嘛庙，名字叫葛根庙。虽然这一来，我们要越过吉林省界，进入内蒙古，但我们还是越界了。总觉得旅行草原没见到喇嘛庙，少了点内容，而藏传佛教，是许多蒙古族人民的信仰——看看蒙族同胞的宗教活动，是盼望已久的事情。这一来，我们就顺着图乌公路（图们到乌兰浩特）向西挺进……越省界5公里，见**葛根庙**，葛根庙距白城市54公里，属内蒙古兴安盟科尔沁右翼前旗。

葛根庙曾经是内蒙古东部地区较大的藏传佛教圣地，建筑具有西藏喇嘛庙风格。

葛根是**活佛**，是低于班禅一级的佛教领袖，葛根庙从建庙到1954年，共有**七世葛根**。

七世葛根叫阿旺却吉旺斯格，生于1938年，7岁时坐床，1947年上小学，1959年入内蒙古医学院学习，改名为满拉哈。毕业后先后在赤峰市、通辽市和兴安盟蒙医院从事医生工作。他成家立业并加入了中国共产党，于1995年逝世，时年56岁。现八世葛根尚未降生，庙中一切事务暂由住持喇嘛主持。

葛根庙依山坡而建，远远看去，庙宇连片，金碧辉煌，而形成鲜明对照的是山脚下，那片废弃的土屋，那是20世纪80年代，刚刚修复葛

根庙时期喇嘛们的居所，短短二十几年，喇嘛庙规模又上了一个新台阶。这一景观，给我们留下了深刻的印象。

葛根庙的喇嘛都很年轻，二十左右岁年轻人的占绝大多数，那位主管全庙日常事务的住持也不过40岁，也有个别喇嘛超过50岁。新时代的新庙宇，新喇嘛，注入了新的风习，即现代因素，我们瞧见老喇嘛端着装满茶水的保温瓶在庙内小径行走；看见小喇嘛手持手机正在与外界通话；电灯、电视、电话，葛根庙一应俱全。葛根庙以《甘珠尔》和《丹珠尔》为主诵经典，其中《丹珠尔》中的“医去明部”，是当今喇嘛医界和蒙古医界所用的主要医学经典之一，因而，前来上香的蒙古族人，多以求佛主保佑身体康健，求医祛病为主。

前来上香的蒙古同胞络绎不绝，多为女性携带儿女，她们说着我们听不懂的蒙语……

住持特别批准，允许我们在殿内进行拍照。不过，镜头是绝不允许对着供奉着的葛根七世入主葛根庙时的那幅稚嫩的少年黑白照片的。年轻喇嘛解释说，问题出在照相机那道闪光，这是对葛根大不敬的。我们只有遵从的份儿。

【提示】

旅行不应让专题与区域限制行踪，应顺其自然，满足需要。我们的每一次越“界”，都是这样。

◎摄影参谋◎

少见的喇嘛庙，可以拍照一些喇嘛的生活，蒙古同胞的宗教活动。

庙内不许拍照，您如果对某件法器感兴趣，采访法事活动，可去请示住持，只要您能出示相关证件，通常会得到允许。

景观链接

如感兴趣，可继续前出，去兴安盟首府乌兰浩特，那里有一座宏伟的成吉思汗庙；去阿尔山，那里有美丽的自然风光。

< 交通与住宿 >

白城至阿尔山铁路，葛根庙是一站。

白城市，有长途汽车到葛根庙。

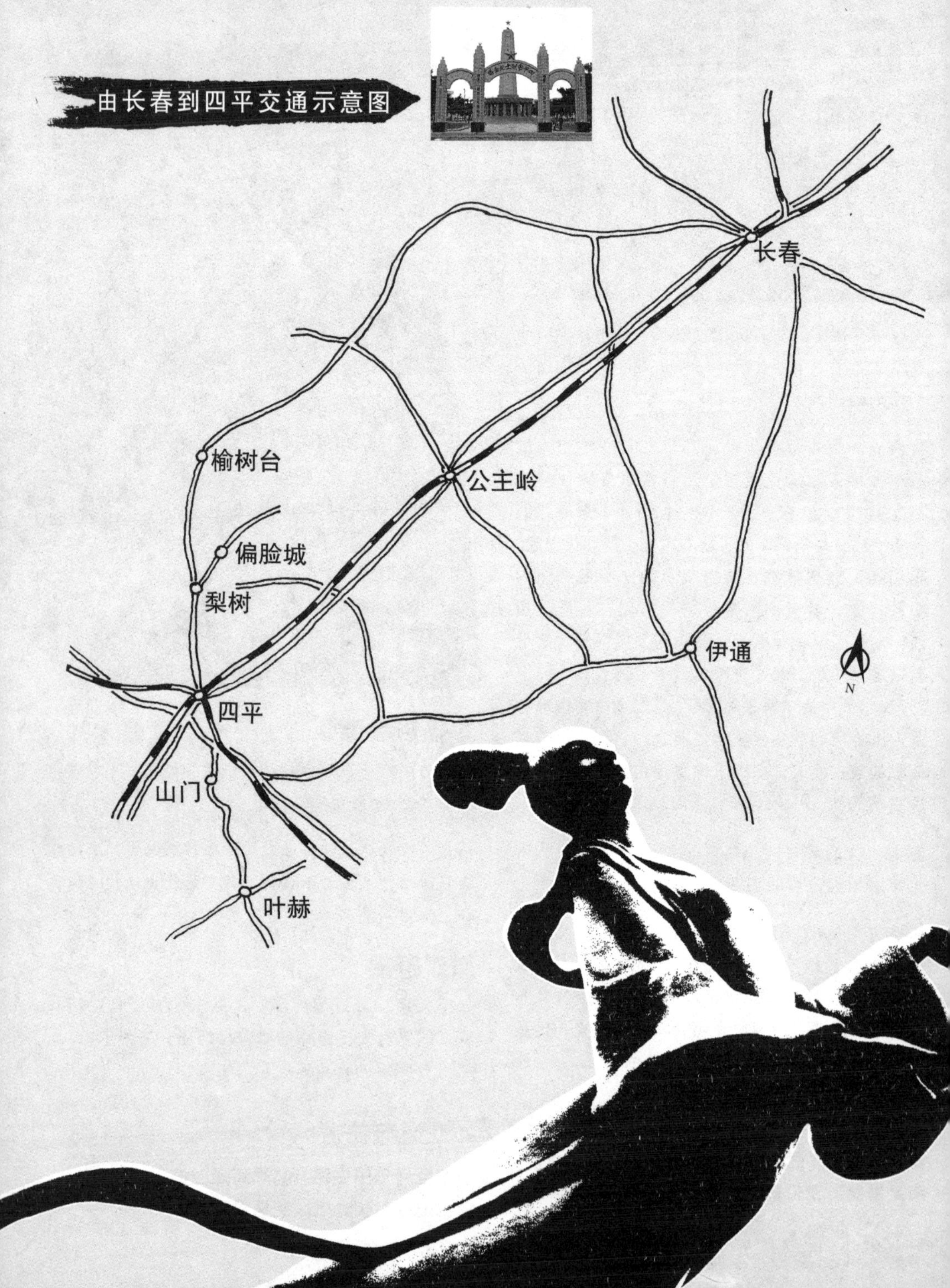
由长春到四平交通示意图
长春
公主岭
榆树台
偏脸城
梨树
伊通
四平
山门
叶赫
N

第7章 由长春到四平

公主岭——公主陵

坐火车（含高等级公路）由长春出发，向南，第一大站便是公主岭。

公主岭，县级市，一度是怀德县的县城，现归四平市管辖。

公主岭这个名字很能引人遐想。民间流传说法不少：有响铃公主殉情说；有蒙王之女命归西天说……据怀德县志记载，是**“清高宗（弘历）三女，达尔罕王色布腾巴尔珠尔之妻和敬公主的陵墓”。**

和敬公主是乾隆皇帝的三女儿，生于清雍正九年（1731年）系孝纯皇后富察氏所生。其名字满语为耐日勒吐贺其相贵，汉译和敬。乾隆十年（1745年）选蒙古科尔沁达拉汉亲王罗十赞衮布之子和硕亲王色布腾巴尔珠尔为额驸（驸马），1746年公主下嫁，时年16岁。和敬公主死后葬于北京。色布腾巴尔珠家族出于政治、经济的需要，将和敬公主的衣冠冢设于自己的领地内，乾隆允之，这就是今公主陵遗址。按照清朝惯例，只有皇帝之墓称陵，此处所以称公主陵，其原因有二：其一是和敬公主生前深受乾隆皇帝宠爱，其夫战功卓著，敢于胆大妄为；其二是葬于东北边疆蒙王领地，山高皇帝远，即便身为驸马者有越轨的行为，无大碍，朝廷也就睁一只眼闭一只眼了。

公主岭做地名有个过程，光绪二十九年（1903年）中东铁路扩南满支线，在此设站，初叫“三站”，后俄国人知城北有公主陵，便将“三站”改为公主陵，后日本人从俄国人手里接过中东铁路的管理权，觉得城镇称陵不吉利，遂将“陵”改为“岭”。

我们顺102国道，冒小雨，驱车向四平市北疾驶，车停烈士陵园处。有田野小道通公主陵，因实在泥泞，便隔着农田看在地平线上隆起的和敬公主陵。这时打玉川三屯过来一位40多岁的于姓农民。我们上前求教有关公主陵的方方面面。

于姓农民告诉我们，父亲小时候到陵里玩过，屯里还有老段头、老韩头到陵里玩过，到陵里去过的人多了。老辈人跟孩子们说，陵里很好玩，进里面藏猫猫、挖野菜、掏老鸹窝、捡带花纹的砖头瓦块……父亲还说，他小时候见过看坟的老蒙（蒙古人），守陵的老蒙啥活不干，有吃的，有喝的，隔三差五就有老蒙从老远老远的地方前来公主陵，给看坟的老蒙送吃喝，送灯油。于姓农民说，现在陵里没啥了，“文化大革命”都破坏了，也不见看坟的老蒙了，不过，还常会发现陵上有上坟的纸、香、酒、果……

公主陵——和敬公主的衣冠冢

四平

四平的地名由来有两种说法，一种说法是，清乾隆十九年（1754年）乾隆巡幸吉林途经四平街（老四平）见此处地势平坦，四望无垠，因而以“四平街”名之；另一种说法是，老四平距四周较大的集镇里程相同，故名四平街。

四平虽然历史悠久，但是它的闻名，多为50余年前国共军队在这里进行的战役。

四平，看一下地图，便可以得出结论：乃军事要地。四平扼吉、黑两省通往辽沈之咽喉，无论想继续扩大战果，还是想巩固既得的地盘，非占据四平不可。四平既是军事要地，又是产粮大市。

四平市烈士纪念塔

位于四平市中心广场，建有“四平市烈士纪念塔”。

1950年5月7日动工，1953年6月30日竣工。塔园分牌楼与塔身两个部分。塔基底座圆形，周长75.6米，九级台阶，20颗圆柱，钢筋水泥结构。塔高23.25米。塔白色，顶端是一颗红星。设计构思是，塔基圆形，象征太阳，20颗圆柱，象征道道光芒，寓意为解放四平英勇献身的烈士，是在党的光辉照耀下成长起来的。

修建此塔是当时东北最高军政机关，即东北行政委员会、东北军区于1949年9月19日联合作出的决定。

此塔耸立50年，受时代的影响深深地打上了时代的烙印：

塔正面：为人民而奋斗牺牲的烈士永垂不朽（林彪题）

南面：日月同光，山河并寿，人民战士永垂不朽 （高岗题）

西面：成仁有志花应碧，杀敌留红土亦香（陶铸题）

北面：中华人民优秀儿女万古千秋（林枫题）

1954年春，“高饶事件”后，将塔身上高岗的名字涂掉，题词保留。

1957年将林枫的名字涂掉，题词保留。

1966年“文化大革命”开始后，将高岗、林枫的题词和陶铸题词、名字先后涂掉。

1971年“九一三”事件后，将林彪的名字和题词涂掉，之后，仿毛泽东手书体在正面刻“人民英雄永垂不朽”，代替林彪的“为人民而奋斗牺牲的烈士永垂不朽”。

牌楼：

对联，革命业绩垂千古，烈士光辉照山河。 （阎宝航题）

1966年，“文化大革命”初期，将阎宝航题写的对联改为“为有牺牲多壮志，敢教日月换新天”。

深刻的历史印痕

◎摄影参谋◎

拍下纪念塔的文字，说不定什么时候再变化，您预先留了一批图片资料。

半拉山门遇门丁后裔

位于四平市东南7公里，山门镇。

半拉山门为俗称，正规的名称为“布尔图库苏巴尔罕门”，简称**“布尔图库边门”**。边门是在柳条边墙修筑的关门，关卡。半拉山边门建于康熙十年（1671年）。边门为青砖砌墙，小鱼鳞瓦顶，砖木结构，上面是起脊的房盖，从房脊到地面有七八米高。门洞宽5米，长10米，高3米，可并排通过两辆车，驭者可以甩鞭通过门洞。门洞置两扇对开大门，漆朱红色，为启动方便，门的前角各装一个轱辘，守门人每日早开晚闭。在门的上方悬挂着宽半米，长两米的木匾，上书满汉文字：“布尔图库边门”。

边门内侧40米处有门衙。布尔图库边门衙门，设防御员1人，笔帖式1人，满汉八旗兵20人，壮兵150人。当年山门街是一个繁华的集市，逢五排十，五天一集，是附近村屯的贸易中心。“没有四平街就有半拉山门街”。半拉山衙门十分威风，衙门口前立着红棍，四五个兵丁轮番换岗，戒备森严。现留有衙门遗址，一个院套，三间青砖**鱼鳞瓦房**。

我们端详衙门时，一个近50岁的汉子端着一把铁锹走上前来，锹上盛着抹墙的稀泥。他自报家门，说自己姓刘，从前是这个房子的主人，1985年市文物所给了他7000元钱，把他全家请了出去，他现在就在门衙的后院。他说他的太姥姓冯，当过看边门的门丁，这房当年是太姥的，是太姥将此房卖给父亲的。说这房子别看陈旧，但是冬暖夏凉，养人，他出生在这屋，在这屋长大，在这屋成家，他家姊妹8个，有6个是生在这屋……

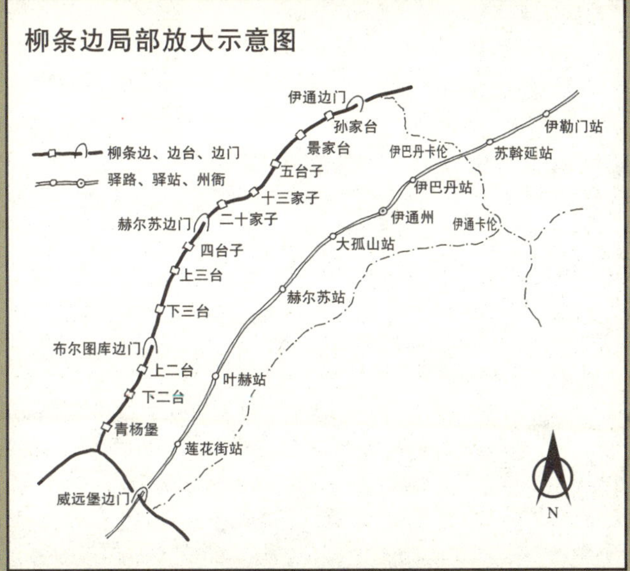

柳条边

柳条边，又称盛京边墙，柳墙，条子边。于清代顺治年间分段修筑，至康熙中期陆续完成。柳条边，南起今辽宁凤城南，东北经新宾折西北至开原北，又折向西南至山海关北接长城，全长950余公里，是为**老边**；自开原东北威远堡起至吉林市北法特东亮子山，全长345公里，是为**新边**。构筑于辽吉境内全长一千三百余公里的柳条边，以威远堡为中心交叉点，分为东西南三段，新老两边，相交成为一个大大的“**人**”字形封禁篱笆。

清才子杨宾在所著《柳边纪略》中说，塞外“皆插柳条为边，高者三四尺，低者一二尺，若中土之竹篱，而掘壕于其外，人呼为柳条边，又曰**条子边**。”杨宾是目击者，他告诉我们柳条边的筑法。

修筑柳条边的目的，是当时的满族贵族统治集团为了保护清皇室的发祥之地，独占东北地区的经济利益，而设置的一条禁界线。同时柳条边还是盛京和宁古塔及蒙古几个行政区的分界线。

柳条边设边门，控制进出，管理边务。老边有16边门，新边有4个边门。这4个边门是：布尔图库边门，即四平半拉山边门；赫尔苏边门，位梨树二龙湖；伊通边门，位长春市南伊通河西岸；法特哈边门，夫余与黑龙江往来之道口处。除边门外，还随柳条边的走向置有众多边台。新边的头台在吉林舒兰县的头台村；二台是法特哈门；三至九台俱在今九台市境内，九台市名由此而来。

边门管理甚严，规定凡进出边门之各色人员均需从指定的边门验票出入，否则以私入禁地论罪，如有偷越“扒边”者，当“解刑部治罪”。

清朝后期，随着政治、经济形势的发展变化，清王朝在东北施行的封禁政策受到挑战，柳条边逐渐废弛，成为历史陈迹。今，柳条边不在，边门不在，边台亦不在。因而耸立在四平半拉山门的布尔图库边门衙门显得弥足珍贵。

偏脸城

偏脸城位于梨东公路招苏太河大桥北，白山乡岫岩村。

偏脸城，辽代名九百奚营，是金代咸平府韩州城遗址。金天德二年（1150年）韩州城由八面城（今辽宁昌图）迁至九百奚营。金人王寂在《辽东行部志》中，记述“韩州，辽圣宗时并三河、榆河二州为韩州……故城在辽水之侧，常苦风沙，移迁白塔寨，后为辽水所侵，移迁今柳河，又以州非冲途，即徙于旧九百奚营，即今所治也。”北宋皇帝徽、钦二帝被金人掠来，羁押韩州两年后解往五国城。

偏脸城，又名梨树城，当地人以城内外多梨树，而为城命名。

偏脸城，之所以得此俗名，是因其古城地势西北高东南低，方向23度，因城垣依山势修筑，方向不正，地势不平，形似偏脸，故称为偏脸城。

偏脸城垣宽阔，周长4318米，顶宽1米，基宽12米，除南墙破坏较严重外，其余三面城墙保存尚好。城垣东墙长1078米，其中部城门两侧约80米长的一段已毁，北段保存较好，最高处达6米，南墙长1071米，大部已残破不堪，最高处为2.5米，中部已为一自然屯落隔断。西墙长1077米，依山取势横卧高岗之上，保存完好。北墙长1092米，高7米，其东段筑于平地之上，向西依地势逐渐升高，墙东西两端较高。古城有4座城门，门外屏有马蹄形瓮城，东、西城门，正当东西两墙正中，南北城门则开在南北两墙偏东部。四隅筑有形制相同的角楼，角楼台基平面皆为圆形，高出墙头1~2米，其中西北角楼地势较高，保存最好，墙高8.6米，顶部直径3米。

我们沿途看了许多古城遗址，惟偏脸城规模最大。古城里有大片耕地，数个村庄。时逢深秋，穿牛仔裤的农民开着袖珍拖拉机，穿运动衣的村姑采摘玉米……古老城垣里的现代农村景象使我们浮想联翩：想起1983年在这片农田里发现石棺墓葬，棺内尸骨一具，女性，头向西北，仰身直肢，在头骨左侧放置两件铁器，一为安柄铁刀残部，一为环柄双股铁剪刀，口含一枚北宋真宗时铸的“祥符通宝”铜钱……专家判断墓主为随同宋徽钦二帝，流放来的嫔妃——数千王公贵族，一路之上，走走停停，生生死死，再由韩州启程去五国城，死了的，做奴的，嫁人的，已没有多少远徙五国城了——那宋人的后裔今在哪里？偏脸城里有否？眼前穿牛仔裤的男人，着运动衣的女人是否？

谁也回答不了，任凭我们瞎猜胡想……

叶赫城

全称叶赫那拉城。叶赫满族镇。

从四平出发，走四叶线，梨扬公路，直达叶赫。

叶赫那拉城，是清**孝慈高皇后**、努尔哈赤之妻、皇太极之母的出生地和清末**慈禧太后**的祖籍地。叶赫素以两代皇后的故乡闻名于世。

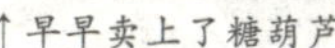

↑早早卖上了糖葫芦

叶赫古城是明末女真扈伦四部之一的叶赫部的都城。是满族的重要发祥地之一。

叶赫东城位于叶赫村河西屯西南约500米河左岸台地上，距乡政府1.5公里，叶赫西城位于东城西南2公里处。东城做了修复，西城，还荒弃着。看过荒弃的，多了点历史的苍凉与悲壮；而修复了的，因无从思索而无感可发，反而运目城外的山水，城之上的蓝天白云……这个时候，反而觉得叶赫西城那一片废墟有味儿。

叶赫镇设有民族展馆，在这里可以丰富历史知识，了解当地民俗。

叶赫那拉城，两位皇后的故里。

此地图为作者在辽宁省所走过的地方。

第三篇

辽宁省

辽南皮影　张永夫提供

由四平到沈阳交通示意图
四平
老城
昌图
康平
威远堡
开原老城
开原
法库
调兵山
腰堡
铁岭
新城子
N
沈阳

第1章 由四平到沈阳

开 原

开原是个老县，现在为开原市，归辽宁省铁岭市管辖。

早在明代，女真扈伦四部之一的哈达部便设治开原，初设今天的八棵树镇哈达村，后又移李家台乡王杲城村。哈达部通过开办马市，从明朝输入铁制农具等大批先进生产工具和生活资料；又将采捕来的人参、貂皮等大批土特产品通过开原马市出售给四面八方来的客商，从而繁荣了部落经济。开原马市不但在那个时代，即便在民国时期，也是东北有名的大市场，现在开原老城还有大市场，大市场里还可见到商贾遗风；开原境内有清代建立的柳条边，柳条边有老边与新边之分，**老边与新边交会点**便在开原的威远堡；开原老城还遗有大金国正隆元年修建的崇寿寺……我们计划到开原看看老城，及老城新貌——能够看到的，我们都看到了，并自以为圆满完成旅行计划。但是没有想到的是，我们在开原竟然有了意料之外的收获——我们赶上赵本山在开原拍摄电视连续剧《马大帅》，我们不但观赏了拍戏，还会见了赵本山。

我们并非是追星族，但是，有关赵本山在开原拍摄《马大帅》的信息，密集地轰炸我们的脑袋，我们不能不借旅行开原之机，试着接近赵本山——旅行，有计划之内的内容，也有计划之外的发现，后者更具诱惑力，一个够格的旅行者是不避诱惑的。

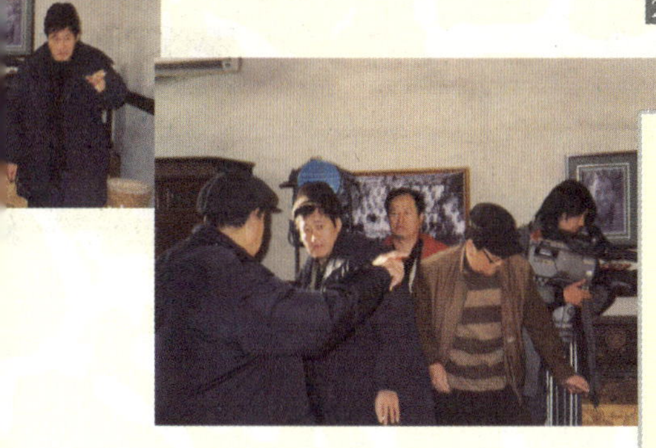

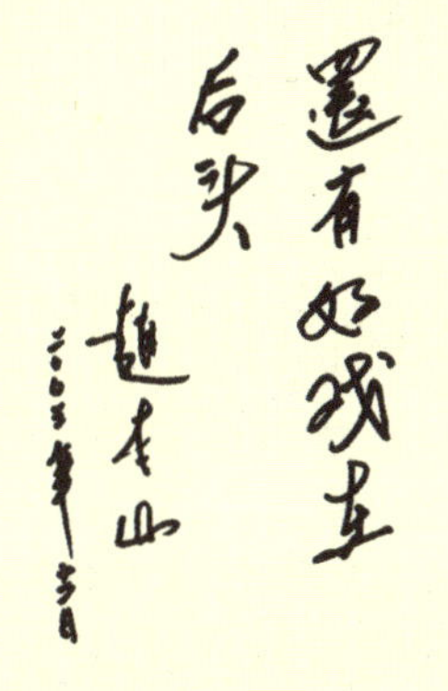

看赵本山拍《马大帅》

2004 年春节前的开原城，叫赵本山的《马大帅》闹得红红火火。

赵本山 1959 年出生在铁岭市开原县莲花乡石嘴沟村。5 岁母亲去世，父亲因打掉生产队长两颗门牙，怕报复，远走了北大荒，是爷爷拉扯他，“吃百家奶，千家饭”长大，是瞎子叔叔教他二人转，教他拉弦、吹唢呐、说笑话、演二人转……1978 年赵本山首次参加剧团演出，这个剧团就是莲花公社的文艺宣传队……所以赵本山说，我是吃家乡的高粱米水饭，小葱蘸大酱长大的。每年春节晚会结束，赵本山都回开原给乡亲们拜年，给全屯子大人小孩发红包。赵本山在外地拍《刘老根》，开原人民强烈希望赵本山能回家乡拍戏，赵本山在家乡拍戏的愿望也很强烈，于是《马大帅》落户开原——无疑这是赵本山在 2004 年春节，给乡亲们发的一个大红包。

我们在一幢欧式老房子里，见到了赵本山。这是赵本山吗？一副脱了相的感觉：进入我们视界的赵本山，个子不高，猫猫着腰，皮肤白而细腻，脸很瘦，精神疲惫得形同“赵老蔫”。他左手夹烟（这与他

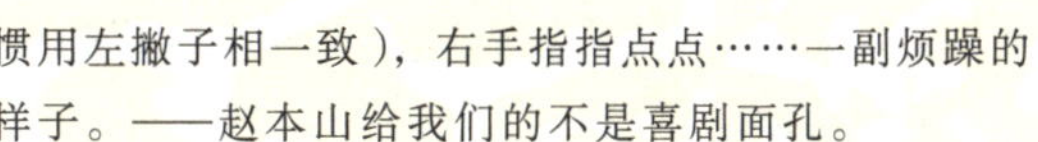
惯用左撇子相一致），右手指指点点……一副烦躁的样子。——赵本山给我们的不是喜剧面孔。

我们请赵本山为我们这本书写几个字，赵本山想了想，写下了：“还有好戏在后头”。

看赵本山拍戏

◎摄影参谋◎

一路上，不要刻意会见名人，那样会很累，会影响行程；但是撞上了，不要错过。所谓人文景观，人是一个部分，人文景观有名人出场，会更精彩。旅途中遭遇名人，想精心雕琢肖像是不可能的，只能快速地抓拍、连拍。

铁岭

铁岭历史悠久，文化沉积丰厚。

明洪武二十六年（1393 年）设置铁岭卫，自此有铁岭之名。现为辽宁省铁岭市。用赵本山的话来讲，“铁岭是个大城市”。地处辽北的铁岭，管三县两市，出了许多文化名人，一部《红楼梦》的两个作者曹雪芹、高鹗，祖籍地均为铁岭；现代，以赵本山为代表的一批艺术家出自铁岭这块黑土地；体育，一个铁岭般的大城市出现阎红、陈跃玲、孙福明三个奥运会冠军，全国罕见……

当火车接近铁岭车站的时候，一定要注意铁道两旁的景致：

过柴河大桥，能看到上个世纪30年代日本守备队修建的碉堡。

铁岭火车站，既有共和国新建的车站，又保留了日伪当年的车站。

出铁岭火车站，铁道边有日本守备队修筑的蜗牛式地堡。

最能引起旅行者兴趣的，莫过于《红楼梦》的两个作者与铁岭的关系。

高鹗祖籍铁岭，已有定论；曹雪芹祖籍铁岭，是近几年学术界的倾向，以《红楼梦》权威学者周汝昌为代表的一大批学者，在曹雪芹祖籍这个课题上，改**“辽阳说”**为**“铁岭说”**，周汝昌写下“此是雪芹真祖地，当年深愧认辽阳。”诗句，表达了修正这一认识的艰苦心路历程。此前有“辽阳说”，现在又出了个“铁岭说”，我们旅行到铁岭，不自觉在心里介入了两说之争——进入铁岭还很茫然，离开铁岭便清晰了许多，也许同样的情况会在辽阳发生。因为我们毕竟不是研究《红楼梦》的专家，游移是可能的。

腰堡，曹雪芹祖居地。

我们乘长途汽车，由铁岭南行24公里，去腰堡。腰堡有曹氏后裔，有曹氏族茔。

论起来，曹氏居铁岭腰堡为一世祖**曹端广**，随清宫入关的曹振彦为曹雪芹的第十世祖，曹雪芹为曹端广的第十四世孙。

冷眼看腰堡，是一个普通的村子，深入进去，才发现这是一个不同一般的村子。外围是常见的红砖灰瓦小巧平房，内里起码有一条街是青砖青瓦高高大大的老式家居。正是这些陈旧破败打了补丁的家居，昭示了腰堡昔日的盛况。

接待我们的是腰堡村党支部书记，他的名字叫曹国平，是铁岭曹氏的第二十世孙，曹雪芹是他的第十四祖。曹国平今年57岁，生在腰堡，长在腰堡，听过老人讲过曹家出了许多大官，还有一个大作家，名叫曹雪芹。“小的时候家里有**《红楼梦》**这部书，但是认字不多，读不下来；到能读下来的年龄，父母怕我们读不懂，迷上男女之间的事情，而将书藏了起来；到了可以读的时候，找父母要书，父亲说‘扫四旧’的时候，烧了……后来又是电影，又是电视连续剧，这才知道《红楼梦》是部大书，才知道祖宗是个不亚于将军的有历史地位的人物，但不瞒大家说，现在书倒是有了，但是凭我这点文化读《红楼梦》，难，现在也看不下来，看着看着，就打呼噜了。”曹国平很直率，我们喜欢直率的人。我们与曹国平在村委会的办公室里交谈，我们惊异的发现，在办公室的墙壁上贴着一张“预防非典领导小组”的组成名单，为首的便是“组长：曹国平”——我们觉得十分有趣——曹雪芹的后人是故里预防一场特大疾病的指挥员。

曹国平为我们作向导，带我们看了位于小西山的曹氏祖茔，他说小的时候，他和小朋友到这里掏过老鸹窝，捡过铜钱；长大不敢来了，知道害怕了，觉得这里发森；成人后便离得远远的，因为阶级斗争，怕说我们与封建地主阶级划不清界限；今天我们常来，常为那些专家、教授介绍祖坟的情况。

返回村里，曹国平又带我们参观腰堡百户城旧址，曹氏占据半个村子，村子里有不少曹氏老宅、古井，及残破的石碑。

曹雪芹后人指挥抗“非典”

重修祖茔碑记

辽东曹氏祖茔位于腰堡小西山南麓，自明永乐以来，历五百余载，至上世纪中叶，以平坟还田故，夷为耕地。盖吾始祖叔振铎，周文王而武王弟也。武王克商，封之于曹。子孙遂以国为氏而曹氏兴。后世虽辗转迁徙，而揆文奋武辅国济世者众焉。汉丞相曹参，魏武帝曹操皆著籍谯郡，宋武惠王曹彬著籍灵寿。至明，曹端广自河北移籍辽东铁岭卫，卜居邑南腰堡，并择宅兆于斯也。其始，腰堡居者只曹、崔、赵三氏，后，聚居者日众，正统间置百户城。至万历，清太祖崛起，吾氏多被虏归旗而远徙者。至是，曹氏则有汉人、旗人之分也。著《红楼梦》之曹霑雪芹者，旗人而端广之十四世孙也。夫《红楼梦》，世界不朽之巨制；曹雪芹，名腾宇宙，中华民族之骄傲也。嗟乎；世事沧桑，吾氏谱牒时续时断，至令今之族裔于家世知者甚少，幸赖红学界专家据残牒口碑，历时十载，考证详明，吾氏举族莫不由衷感念之。今家乘复明，爰立石于祖茔故址，且为之记，以明崇慕祖先功业，勉后世自强不息之志也。时辛巳正旦，曹忠本记于沈阳。

公元二〇〇一年清明铁岭腰堡　曹忠本　曹国平　曹强敬立

祖谱简录

考定曹雪芹的辽东祖先是曹端广——曹端广为《辽东曹氏宗谱》中的一世祖，其祖先世系为：

曹端广→曹俊→曹升→曹智→曹□→曹佐→曹□→曹篮→曹世选→曹振彦→曹玺→曹寅→曹頫→曹雪芹

铁岭曹、高著“红楼”。

景观链接

辽阳有曹雪芹纪念馆，详细论证了曹雪芹故籍在辽阳。可去阅览，可做比较。

<交通与住宿>

铁岭火车站前有长途汽车，到腰堡一人3.5元，由早8时首班车，此后每二个半小时一班车。乘火车在乱石山站下车。

【提示】

如您对《红楼梦》考证感兴趣，可拜访铁岭《红楼梦》研究会的研究者。

电话 0410-811773、2812083

《红楼梦》中的铁岭方言举例：

今儿晚上得空我回了他。

（今儿，即今天。）

改日无事，只管来逛逛，方是亲戚的意思。

（改日，过几天的意思。）

你们这夜书多早晚才念呢？

（多早晚，什么时候的意思。）

见金训仍在那里晒日阳儿。

（晒日阳儿，即晒太阳。）

高高孤拐，大大眼睛，最干净利爽的。

（孤拐，即颧骨。）

这个事虽不算甚大，里头大有藏掖的。

（藏掖，埋伏的意思。）

他们等你，你还坐着闲打牙儿！

（闲打牙儿，即闲聊。）

还这么涎皮懒脸的，连个道理也不知道。

（涎皮懒脸，纠缠不休的意思。）

把头碰得生疼。

（生疼，很疼的意思。）

衣裳虽是旧的，我也没大很穿。

（没大很，非经常的意思。）

不如趁空留下这一份，省得到了跟前扎煞手。

（扎煞手，束手无策的意思。）

我因为到老祖宗那里，鸦没雀静的……

（鸦没雀静，鸦雀无声的意思。）

必定还要妄口巴舌血淋淋的起这样恶誓么？

（妄口巴舌，胡说八道的意思。）

你妈恨得牙根痒痒，要撕你的肉吃呢。

（恨得牙根痒痒，即痒极了。）

你竟是个平白无辜之人，拿你来顶缸。

（顶缸，即顶替。）

怕又像上次招得凤姐儿说他们失惊打怪的。

（失惊打怪，故作惊讶的意思。）

你不用和我花马吊嘴的，清水下杂面，你吃我看见。

（花马吊嘴，即花言巧语。）

他又没有亲爹热娘，只有一个醉泥鳅舅哥哥。

（亲爹热娘，即生身父母。）

从今咱们丢开手，省得鸡声鹅斗的。

（鸡声鹅斗，争吵的意思。）

沈阳交通示意图

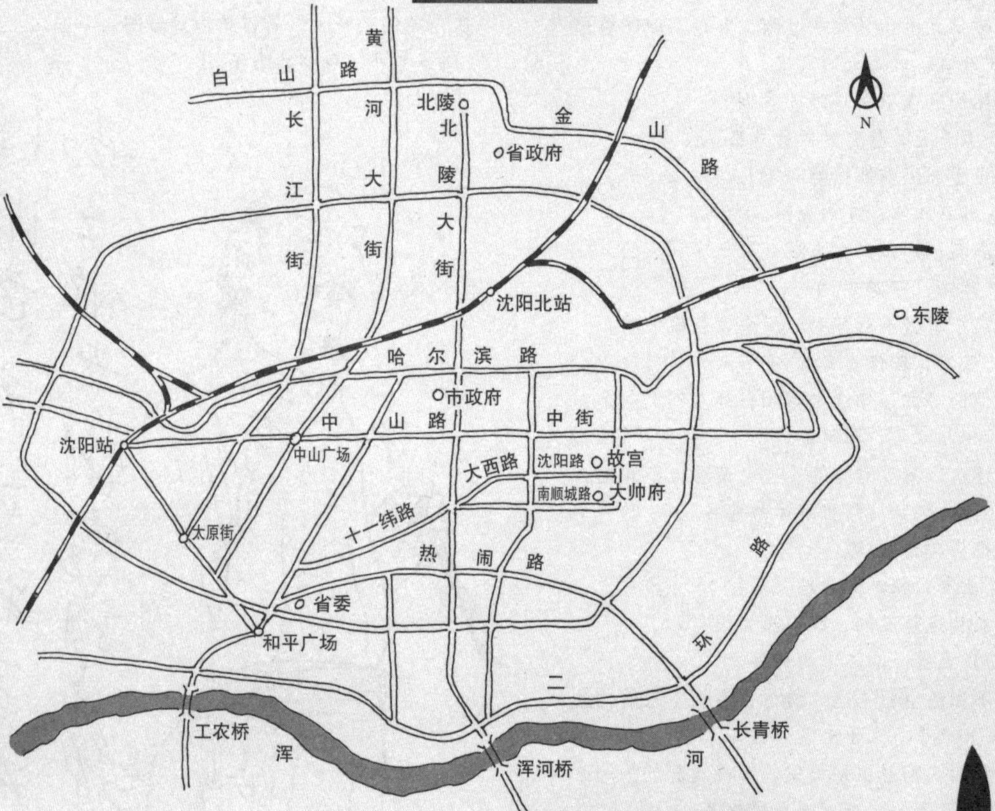

N
白山路
黄河大街
长江街
北陵大街
北陵
省政府
金山路
沈阳北站
东陵
哈尔滨路
市政府
中山路
中街
沈阳站
中山广场
大西路
沈阳路
故宫
南顺城路
大帅府
十一纬路
太原街
热闹路
环路
省委
和平广场
二
工农桥
浑河
浑河桥
长青桥

第 ② 章

沈阳

沈阳，古往今来，城名多变。

古称候城、盛京，元元贞二年（1296年）金代以城居浑河支流小沈河之阳，设沈阳路，明洪武二十年（1387年）置沈阳中卫，沈阳之名正式出现在中国史册上。清太祖努尔哈赤移都沈阳，取名盛京，清顺治一度改盛京为奉天，民国又改为沈阳。

沈阳

早在7200年前，沈阳人的先祖便在这里农耕渔猎，繁衍生息，位于沈阳城北新乐遗址出土的木雕鸟——太阳鸟便是原始部落的图腾，它是沈阳最早先民用聪明才智创造出来的艺术珍品。《史记·匈奴列传》记载了辽东设郡的历史："燕有贤将秦开为质于胡，胡甚信之，归而袭破走东胡，东胡却千余里。燕亦筑长城，自造至辽东郡以拒胡。"燕昭王十二年（300年）燕国设立辽东郡，燕将秦开袭走东胡，建长城，设郡县，创建候城。这段史实又被《汉书·地理志》做了证实，史学家通过对18个辖县的文献分析和考古证明，候城遗址就在沈阳老城中心。2000年，沈阳市隆重举行了建城2300年庆典。

1625年，清太祖努尔哈赤迁都沈阳，留下了**"一朝发祥地，两代帝王城"**的佳话。清顺治元年（1644年）清八旗军占领关内大部，基本上完成了统一中国的大业，由于盛京地理位置明显偏北，故将都城迁至北京，**盛京改为陪都**。在盛京设盛京将军，统管东北的政治经济旗务。随着京都地位变化，盛京地位逐渐淡化，以后相继在东北的北部增设宁古塔将军、吉林将军、黑龙江将军，盛京失去统管东北地区的地位。共和国成立之初，沈阳一度作为东北行政区的中心，现为辽宁省省会。

沈阳在中国近代史亦占有重要地位，民国期间奉系军阀张作霖统治东北，进驻北京，征战中原，皆以沈阳为基地，为战略大本营。

1931年9月18日，日本军国主义在沈阳发动**"九一八事变"**，侵占东三省，随即东北进入了灾难沉重的历史时期，东北人民度过了长达14年的亡国生活。

1948年共产党领导的解放军打赢了辽沈战役，沈阳成为全国最先摆脱蒋家王朝统治的区域中心城市，沈阳成为管辖东北政治、军事、经济、文化的行政中心。

新乐遗址、故宫、张氏帅府……代表不同历史时期的一大批遗址得到了很好的保护，其中以彰显清文化为宗旨的故宫、**福陵、昭陵**，在2004年被联合国认定为世界历史文化遗产，为旅行者莅临沈阳，圈示了重点。

沈阳城标

新乐遗址位于皇姑区黄河北大街龙山路1号。新乐遗址发现于1973年，此后经10年发掘，清理出40余处古人类居住址，从中发现各种石器、骨器、陶器等极其重要的历史文物千余件，经中国社会科学院考古研究所测定，其历史年代上限为7200年。这个时代在古代历史划分上，属新石器时期。

遗址出土一件木雕艺术品，学者认为木雕是鸟的形象，因此称其为**木雕鸟**，此雕刻品长38.5厘米，宽4.8厘米，厚1厘米，造型讲究、图案美丽、线条流畅、刀法简练，今日观赏也是上乘之作。

专家认为木雕鸟为原始部落的图腾象征，似太阳神哺育万物，遂将沈阳先民创造出来的这件艺术珍品命名为太阳鸟，并经相关部门审定，作为沈阳城市标志。以创作《走向世界》而闻名的雕塑家**田金铎**为首，一批艺术家通力合作，将太阳鸟放大，涂以金色，立在市政府广场上。

在我们见过的城标里，沈阳这个城标，象征准确，意义深远，形象生动，理由有三：一、原作出自沈阳先民，作品出于本土；二、原作非具像而抽象如鸟，适于作标；三、借助沈阳城名“沈水之阳”而冠名的太阳鸟，寓意祥和——太阳鸟下的沈阳城阳光普照，前途充满阳光。

沈阳城标——太阳鸟

◎摄影参谋◎

在太阳鸟下拍一张纪念照，将7000年前的太阳鸟与今天市政府楼上的国徽合在一张画面，让历史与现实相呼应，便使薄薄的相纸有了历史厚度。

故宫 门票50元

后金天命十年（1625年），后金第一代汗努尔哈赤兴建故宫，1626年，农历八月十一日，宫殿尚未完工，努尔哈赤病逝，皇太极即位，继续修建，直至竣工落成。天聪元年（1627年）正月初一，沈阳故宫正式启用。

沈阳故宫是后金由辽阳（东京）迁都沈阳（盛京）至大清迁都北京前（1625-1644年）的帝王宫殿，也是清迁都北京后皇帝到东北巡幸和祭祀祖陵时使用的行宫。

清崇德元年（1636年）皇太极在这里宣布政权的名称——从后金改为大清。皇太极在这里即位，顺治在此即位。皇太极在这里驾崩。

沈阳故宫与北京故宫是我国仅存的两大宫殿建筑群。

沈阳故宫占地6万多平方米，房屋三百余间，十余个院落，宫内建筑保存完好。

沈阳故宫的建筑布局分为三路：东路为清太祖努尔哈赤时期建造的大政殿和十王亭，长190米，宽75米，古建筑14座；中路属大内宫殿，院落三进在一个中轴线上，为清太宗皇太极时期续建的大内宫阙，包括大清门、崇政殿、凤凰楼以及清宁宫、关雎宫、麟趾宫、衍庆宫、永福宫等，长280米，宽125米，50余座建筑；西路则是以乾隆时期增建的文溯阁为中心，有戏台、嘉荫堂和仰熙斋等，长137米，宽55米，古建筑15座。

乾隆时期（1736-1795年）在原有宫殿区域内增建了崇政殿东、西两排院落，即东宫西宫。东宫，有琉璃门、垂花门、太监房、颐和殿、介祉宫和敬典阁；西宫，有琉璃门、垂花门、迪光殿、保极宫、继思斋、崇谟阁和七间房及附属建筑。乾隆时期还运送10万件宫廷文物至此收藏，使沈阳故宫成为当时中国最著名的皇家文物宝库之一。

崇政殿

通称正殿。俗称金銮殿。位居故宫中路前院正中。

崇政殿，为五间九檩硬山式宫殿，俱辟隔扇门，前后有出廊，围以石雕栏杆，望柱下饰吐水螭首。宫殿顶盖黄琉璃瓦镶绿剪边。墀头、硬山式博风板及正垂脊筒，均为五彩琉璃，极为壮丽。殿内砌上明造，椽间满绘飞云流水，梁架全部为“和玺”彩绘。殿内明间位于两个金龙蟠柱之间，有贴金雕龙扇面大屏风及宝座。殿前有宽阔的丹墀、日晷，西设嘉量亭。

后金天聪十年（1636年）四月，皇太极将国号改为大清，典礼便在崇政殿举行。清移都北京后，历朝皇帝东巡时，都把此处作为临时听政之处。崇政殿，东为飞龙阁，西为翔凤阁，后面还有东、西七间楼，均为乾隆改建，为清宫最重要的藏珍蓄宝之处。

皇太极在这里宣布，大清立国。

皇太极

皇太极于明万历二十年（1592年）十月二十五日，出生在佛阿拉城，在今天的辽宁新宾县永陵镇二道河子村附近。其父是清太祖努尔哈赤，母亲是叶赫部首领扬吉砮之女孟古姐姐，皇太极是努尔哈赤的第8子。皇太极自幼才华出众，善于骑射，青年随父南征北战，屡立战功，被封为和硕贝勒。在著名的萨尔浒之战中，皇太极显露出杰出的军事才华和胆识，成为诸王中的佼佼者。此后在兼并女真叶赫部以及攻打沈阳、辽阳等重大战事中屡建功勋，后金天命十一年（1626年）努尔哈赤驾崩，皇太极在众贝勒推举下登上后金汗宝座，改年号为“天聪”。1636年在崇政殿称帝，改元崇德，建立清王朝。是存世300年清王朝正式当皇帝的第一人。

皇太极执政不久便排除众贝勒势力，取消共同主政制度，一人面南独坐，接受百官朝贺。

在对抗中原明朝的军事斗争中，皇太极对于“与满洲本为一国”的蒙古各部，采用“慑之以兵，怀之以德”的方针，使蒙古十六部全部归顺，满蒙联合，势力增强，皇太极亲率大军攻明，松山大捷，降洪承畴、祖大寿等名将，又以反间计除掉有杀父之仇的袁崇焕……皇太极终于取得彻底战胜明军的胜利。

皇太极具有政治家的远见卓识，他积极倡导学习汉族先进文化，革除满族陋俗，建国前后，完善了其父创造的八旗制度，不仅满人在旗，还建立了蒙古八旗、汉军八旗，扩充了八旗组织，使八旗制度更臻完善。

皇太极在位17年，建立和完善了清王朝的政治制度，鼓励耕畜，发展经济，废除奴隶制，缓和满汉民族矛盾，为巩固发扬大清基业和入主中原、全面统一中国奠定了基础。

崇德八年（1643年）八月初九皇太极卒于清宁宫，终年52岁，火化后葬于昭陵。

大政殿·十王亭

大政殿原称大殿。故宫东路主体建筑，两翼辅以方亭十座，名曰十王亭，大政殿与十王亭组成一个完整的建筑群。

大政殿与十王亭建于清太祖时代，是皇帝举行大典的地方。崇德元年（1636年）定名**笃恭殿**，康熙年间改为今名。

大政殿，为沈阳故宫标志性建筑。

大政殿与十王亭采用的是帐殿式建筑。是东北游牧、狩猎民族的帐幄与汉族的建筑技术和建筑材料的经典融合，是我国古建筑艺术的范例。

进入东路，映入眼帘的是开阔的广场，运目四野，大政殿端坐北方，一座双层屋顶的八角亭格外显眼。大政殿的八角八面体现了清代的八旗制度，以及八面来风之象征。顺治元年（1644年）福临在此举行登基大典。

大殿共有内外两圈32根红柱，正门外两柱上的金龙引人注目，昂首探爪仿佛正欲争夺中间的火焰宝珠。殿内，8根十余米高的彩绘金龙大柱直插殿顶，屋顶正中是圆形的木雕金漆**降龙藻井**，周围天花彩画。地面上设有宝座，屏风及熏炉、香亭、鹤式烛台等。

大政殿前广场，南北长195米，东西宽80米，正中辟为甬道，东西排列十王亭。自北向南，东为左翼王亭、镶黄旗亭、正白旗亭、镶白旗亭、正蓝旗亭；西为右翼王亭、正黄旗亭、正红旗亭、镶红旗亭、镶蓝旗亭。是左右翼王和八旗大臣办公的地方。这种出自**八旗制度**的建筑布局，是沈阳故宫的特色。

清仁宗嘉庆作诗云：**"大政殿当时，十亭两翼张，八旗皆世胄，一室汇宗潢。"**

十王亭里，现陈列着八旗的标志物品，在正黄旗亭里，我们看到了都统旗、努尔哈赤的棉甲胄、皇太极的马鞍、刀、箭等。

广场经常举行皇家礼仪大游行，分别展示清太宗皇太极时期举行的政治礼仪庆典、婚嫁典礼和皇帝巡视都城的盛大场面。

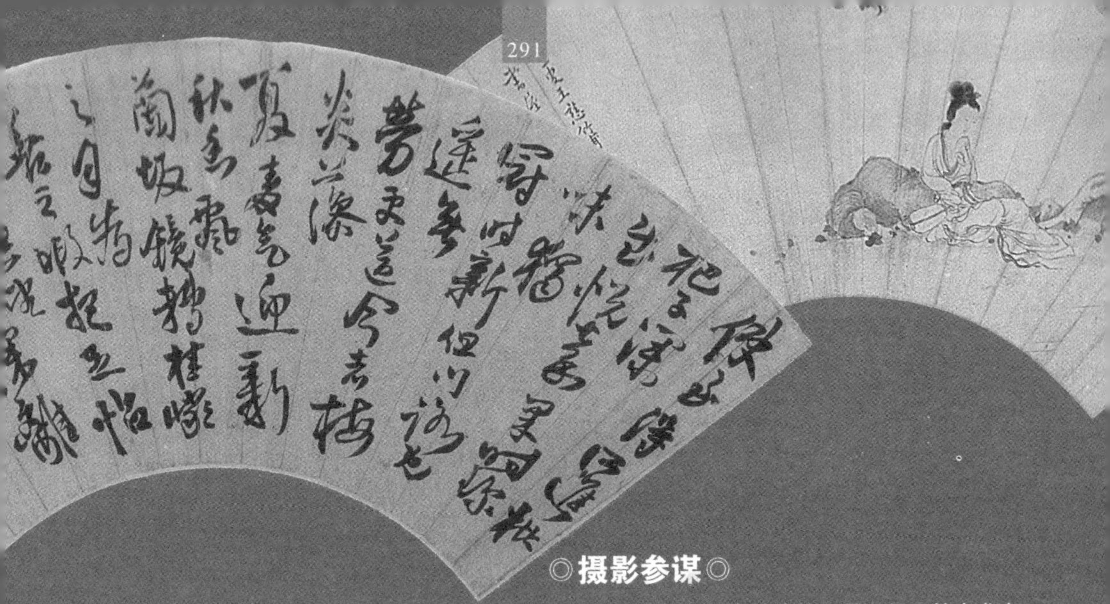

◎**摄影参谋**◎

大政殿，为故宫标志性建筑；殿正门两柱金龙布局独特；大殿与十王亭构成的古建筑群，全国惟此一例，应当一一收进镜中。

如能赶上皇家礼仪大游行，在古典建筑群中，拍穿上古装的俊男美女，则古风更浓。

沈阳故宫珍藏文物举要

沈阳故宫藏有努尔哈赤与皇太极的文物；亦藏有康熙、乾隆、嘉庆、道光诸帝多次东巡、祭祖谒陵、在此临朝而留存的珍贵宫廷文物。

最有名的是清太祖努尔哈赤的宝剑，皇太极的御用腰刀。

努尔哈赤的玉宝、玉册、玉牒、宝玺。

太祖、太宗、世祖、圣祖、世宗，五朝“圣容”。

皇太极的龙常服，及刻有乾隆御笔诗的鹿角宝座。

康熙御书梅花诗扇——康熙亲笔，一为行书，一为楷书，抄录的是北宋林浦所作《山河小梅》诗两首。

还有乾隆八年（1743年），乾隆东巡用的描金双龙戏珠纹编磬、编钟，及那件清代皇帝用的冰箱，等等。

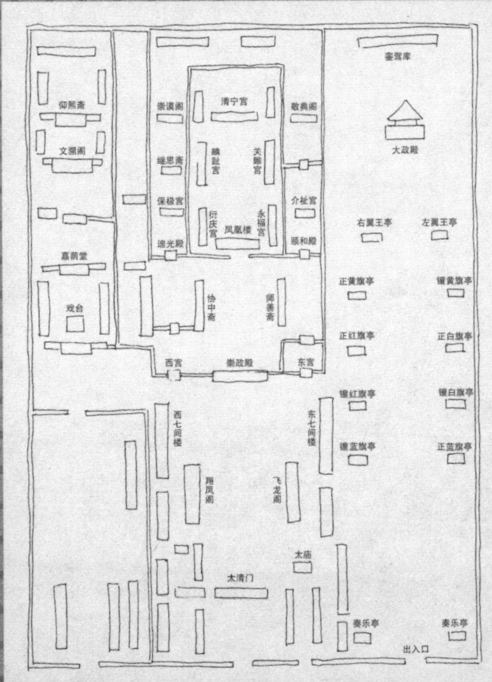

→故宫平面图

凤凰楼

原名“翔凤楼”。在故宫中路后院，为清宁宫的门楼，是皇帝**计划军政大事和宴会之地**。后金天聪元年（1627 年）建成，清康熙二十一年（1682 年）重建，乾隆八年（1743 年）改名为凤凰楼。

凤凰楼位于故宫中部，前有崇政殿，后为清宁宫，是宫与殿通连往来的惟一建筑。楼三层，高耸于台基之上，歇山四面出廊式结构，楼顶满铺黄绿琉璃瓦，雕梁画栋，金漆彩绘，宏伟壮观。此楼最初是清太宗皇太极与其**后妃们登高玩赏之处**。清入关后被用来恭贮帝王像、行乐图及宝玺。

凤凰楼当年不仅是故宫的最高建筑，也是整个盛京城的最高建筑。

凤凰楼楼额处的“紫气东来”牌匾为乾隆御笔亲题。下层通往高台有 24 级台阶，象征一年 24 节气。

凤凰楼底层是通往清宁宫的门道。

清宁宫与东西配宫

清宁宫，即正宫，在故宫中路后院正中，后金天命十年（1625年）前后修建。宫院建在3.8米台基上。四周有高墙围绕，前有凤凰楼为门，独为一座大院。

凤凰楼高台上，正面是清宁宫，由孝端文皇后居住；东西两侧翼展关雎宫、麟趾宫、衍庆宫、永福宫，为皇太极的贵妃们居住。

清宁宫，典型的满族传统建筑风格，口袋房，万字炕，烟囱建在地面上。此烟囱最具满族特色，方筒，由下而上逐级上收，共10层，负责几间寝宫排烟，取意为“一统（筒）天下”。室内分两部分，东侧一间是皇太极和皇后的寝室，也是皇太极“端坐无疾而终”的地方，现在屋门紧锁，不供参观；外间是客厅，皇太极曾在此召见王公大臣议事，宴请重要宾客，举行萨满祭祀。

东北地区居民住宅强调御寒保暖功能，厚重的墙壁，宽阔的窗户，室内三面相连的转弯火炕和地面下通有烟道的“火笼”……所有能用来取暖的条件都利用上了。一座清宁宫，把东北地区民居建筑理念展示得淋漓尽致。

皇帝也极会享受，并且聪明的发明了享受的器具，那时代便发明了冰箱（现展于故宫珍藏文物馆）。清代冰箱，为铜胎铅里，中用木板做夹层。每当冬季来临，宫廷派役工驱车去城南十里之外的浑河凿冰，入藏箱中，做夏天保鲜之用。

清宁宫两侧为东西殿宫，西配宫有麟趾宫、衍庆宫；东配宫有关雎宫、永福宫。均为妃嫔寝馈之所。

看清宁宫，别漏掉永福宫；永福宫主人庄妃，导演了清廷三世活剧。

文溯阁与《四库全书》

西路的主体建筑是文溯阁，阁前有戏台、嘉荫堂，后有仰熙斋，始建于乾隆四十七年（1782年），是专门用来收藏《四库全书》的建筑，也是皇帝东巡盛京时读书看戏的地方。

根据“五行相克”之说，涂文溯阁墨绿色以克火。且墨绿沉静凝重，营造出文溯阁之书卷气息。

文溯阁仿宁波“天一阁”之制。

乾隆三十七年（1772年），乾隆下令编撰《四库全书》。负责编撰的有乾隆的3个皇子，20多个政要大臣，及各类人员达4400人。《四库全书》修成后，又调集3800名落第举子，用工整小楷缮写了相同的7部，止乾隆五十二年（1787年）最后一部抄完，历时15年。《四库全书》第二部抄写完毕后，于乾隆四十七年（1782年）秋，分5批陆续运抵沈阳故宫文溯阁。1914年，袁世凯将沈阳故宫文溯阁本《四库全书》运往北京，存放在北京故宫保和殿。1925年，张学良等有识之士积极奔走，同年8月将《四库全书》押运回沈阳。此后一直存放在沈阳故宫文溯阁中。这是仅剩下的三部半《四库全书》中惟一为“书阁合一”的一部，可谓世界一绝，无价之宝。

1966年，处于“备战”需要，沈阳故宫文溯阁《四库全书》本，被转移到兰州图书馆。现正争取“书阁合一”，请《四库全书》再回归故里。

福陵

门票 30 元

又名东陵，位于沈阳东郊 11 公里的丘陵山地。它是清太祖努尔哈赤及其孝慈高皇后叶赫那位氏的陵墓。为清朝关外三陵（永陵、福陵、昭陵）之一。前临浑河，后倚天柱山，万松叠翠，大殿凌云，构成独具风格的帝王山陵。

福陵始建于后金天聪六年（1632 年），至顺治八年（1651 年）建成。占地 19.5 万平方米。

走进正红门是宽阔的参道，两侧排列着石兽群。依山而上砌一百零八蹬台阶。寓意，墓主凌驾于一百零八个天罡地煞星之上。沿一百零八蹬而上至顶端正中，便是康熙于 1688 年增建的碑亭，内立刻有满汉两种文字的“大清福陵神功圣德碑”。碑亭后是城堡式的方城，城前是三屋重檐歇山式门楼，称之为隆固门，四角设角楼。隆恩殿后是大明楼，楼后是月牙城和宝顶，宝顶之下就是埋葬棺椁的地宫。

福陵的整个建筑巍峨庄严，红墙黄瓦，飞檐斗拱与陵园内的华表、石牌坊、石兽群等交相辉映，不仅增添了陵园的庄重气氛，同时也充分体现了清代建筑艺术。

福陵特点有四：一、一百零八蹬台阶少见；二、门前立东西两座牌坊，亦罕见；三、福陵周围以古松为主的古树林，多为珍稀物种，原始状态，入林如入原始森林；四、至今福陵周边村屯还有守陵人的后裔，他们珍藏着许多有关陵主及陵园的故事，感兴趣者，可以前往挖掘。

历史上有四位清朝皇帝，康熙、乾隆、嘉庆、道光前来福陵祭祖（雍正即位前曾代父祭祖陵）。今福陵经常以康熙首次祭祖，做“甲申祭祖”表演。

昭陵

门票6元，陵园30元。

昭陵，因位于沈阳市区北部，又称“北陵”。

陵主为**清太宗皇太极**和**孝端文皇后博尔济吉特氏**。

昭陵是关外清代三陵之中，规模**最大**和**最为完整**的一座皇家陵寝。

昭陵始建清崇德八年（1643年），顺治八年（1651年）建成。占地18万平方米。

陵寝周围绕以7米高的红墙，红墙之外设红、白、青三层椿木界桩。昭陵以碑亭为中心，所立康熙御笔“大清昭陵神功圣德碑”，高5米，重50吨。碑亭两侧立有华表、望柱和石兽群，排列有石狮、獬豸、马、骆驼和大象。其中“大白”、“小白”两匹白马，象征皇太极生前的心爱坐骑。红门设在陵寝方城的南端。门前建有高大的雕石牌坊，为四柱单檐歇山式、仿木制斗拱，正脊雕行龙，上下梁之间透雕栏板。后部方城内隆恩殿是祭祀的场所，殿后是陵寝中最高的建筑——大明楼，内有赑屃驮石碑。石碑以汉满两种文字刻着**“太宗文皇帝之陵”**。陵寝的最后部分是宝顶，下面埋葬着皇太极和皇后博尔济吉特氏。宝顶再向后则是人工堆成的假山，名曰隆业山。

昭陵，是难得的城市绿地。人们去北陵，呼吸新鲜空气，游戏玩要，也有一些老年人与北陵的古松、树上的松鼠交上了朋友，保护树木，喂养松鼠，成为老人们的自觉行动，成为沈阳昭陵的佳话。冬季有冬泳爱好者下湖游泳。

◎摄影参谋◎

在我们见过的昭陵摄影作品中，最具感染力的，出自雪后昭陵。

顺便可以在昭陵拍到沈阳民间娱乐镜头，如秧歌、口琴协奏、老年乐队演奏等。

【提示】

游昭陵，备野餐，古松林下聚众野餐，是昭陵一道风景线。要注意卫生，保护绿地。

锡伯族家庙与西迁节

又名太平寺，是全国惟一一座锡伯族家庙。

锡伯族为**鲜卑人后裔**，生活在大兴安岭。16世纪末叶被清政府编入满洲八旗和蒙古八旗。平时生产，战时出征，锡伯人被征调到东北各地，甚至远达云南、新疆。乾隆二十九年（1764年），清政府为充实西北边防，从盛京等地征调锡伯族官兵1081人，连同他们的家属共3275人，西迁**新疆伊犁**地区。这一年的农历四月十八日，出发队伍集聚在盛京的锡伯族家庙，祭奠祖先，告别父老，次日清晨踏上漫漫西迁路。经过1年零5个月艰苦跋涉，到达驻地，即现在的新疆伊犁地区的察布查尔锡伯族自治县。此后两地的锡伯族人便把农历四月十八日这一天定为**西迁节**。

锡伯族家庙坐落在沈阳市北市场，始建于康熙四十六年（1707年），建有东西配殿、前殿、中殿、大殿、禅堂、山门等建筑。是锡伯族民众祭祀祖先的场所。2004年，在锡伯族西迁移240周年前夕进行了整修，整修后的锡伯族家庙，重新将"借居"在故宫博物院里的一块记载锡伯族由大兴安岭南迁盛京这一历史事件的石碑请回家庙。现在锡伯族家庙不但是居住在沈阳市的5万锡伯人的祭祀祖先的场所，家庙门前广场还成为周边市民举行文娱活动，举办节日庙会的场地。

景观链接

沈阳郊区新城子区，为锡伯族主要聚居区。

兴隆台

由沈阳乘中巴，向西北行驶30公里，到达新城子区兴隆台锡伯族镇。

锡伯族目前全国有17万余人，主要分布在辽宁、新疆两地，留居在东北的锡伯族，主要聚居在沈阳、开原、凤城、义县、法库、新民、复州等地，计5万余人，其中最为集中的地区是沈阳市的新城子区，只新城子区便集聚锡伯族2万人。新城子锡伯族多数集居在兴隆台镇，有数家锡伯族人保留有10代以上的家谱，家谱证实了，辽宁与新疆的锡伯人是亲戚关系。住在兴隆台的锡伯人主要从事以水稻为主的农业生产。居住在辽宁的锡伯人，由于长期同汉族杂居，而不及新疆锡伯民族色彩浓厚，原本有语言、文字，业已消失，许多民族习俗已经不再存在。为此兴隆台镇政府，去新疆走亲戚的时候，从伊犁察布查尔锡伯族自治县请来对锡伯族文化艺术有深厚造诣的阿吉肖昌及伊文兰到兴隆台来教授锡伯族文化艺术。我们在2004年落成的兴隆台锡伯族学校会见了阿吉肖昌。这位西迁人的后裔在这所学校担任锡伯族语言与文字、锡伯族音乐两个学科的教学任务。我们在他的带领下观看了学生进行的锡伯族乐器——鹿头琴（绰伦）演奏。在他的办公室里，他向我们讲解了锡伯文与满族文字的异同；还在他的引导下参观了设在镇上的锡伯族民俗馆……阿吉肖昌在兴隆台教学，妻子伊文兰在黄家锡伯族乡教学，二人通过五年教学，使这一地区的锡伯族文化在近乎消亡的情境中得到了恢复与发展。阿吉肖昌应我们之邀，在我们的旅行笔记本上用锡伯文写了四个字：一路顺风。

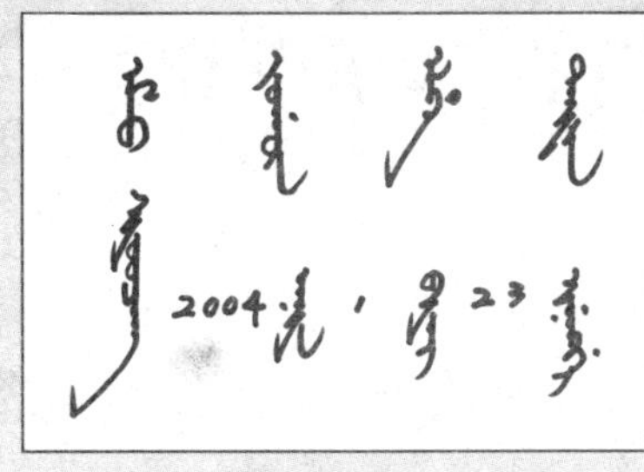

锡伯文“一路顺风”——阿吉肖昌 书

<交通>

在北行大市场有去市郊的中巴车站。搭乘“沈阳—石佛”的中巴，70分钟到兴隆台，票价6元。

张氏帅府

门票 20 元

故宫南 1 公里处，有一座规模庞大的民国时期的建筑群，它便是张氏帅府，亦称大帅府、帅府。

张氏帅府是奉系军阀首领，号称**“东北王”**张作霖及其长子、著名爱国将领张学良将军父子两代主政东北时的官邸和私宅。张作霖称**大帅**，张学良称**少帅**，故此建筑群，名曰张氏帅府。

张氏帅府 1914 年兴建，1933 年修建中止。总占地面积 3.6 万平方米，总建筑面积 2.76 万平方米。张氏帅府，由中院、东院、西院和院外建筑四部分组成。张氏帅府是保存最为完整的民国军阀建筑群。张氏帅府既具有中国建筑传统，又吸纳了西方建筑风格——中西结合、**中西合璧**成为该建筑群一大特征。这一显著特征体现在：充分反映中国传统文化和建筑风格的三进四合院；中西合璧式的小青楼；西方建筑主体，中国传统浮雕图案的大青楼；中国传统假山、亭榭与西方几何图案造型映称的帅府花园……张氏帅府被建筑界誉为我国近代优秀建筑群之一。

读懂张氏帅府便读懂了东北近代史，进而成为中国民国史的半个专家。张氏帅府盛载了太多太多的中国近代史的大事件：东北新建设的谋划地；东北易帜中央的策划地；武装调停中原大战的发兵地；日本发动“九一八事变”，侵占东三省的见证地……

张氏帅府是张作霖父子办公、会客，文化、礼仪活动处所，及张作霖与六位夫人的住宅；还有张学良为尚未结为夫妻关系的赵四小姐购置的袖珍小楼……我们在参观张氏帅府时，了解政治事件之外，还领略到了张作霖父子的日常工作与生活，严肃之外，感受到了浪漫：小楼，老屋，在给您讲述往日的故事，这些故事不仅激越悲壮，亦凄婉缠绵。

不仅激越悲壮，亦凄婉缠绵。

大青楼

1918 年，已升任东三省巡阅使的张作霖，官升，派头大，用处多，遂盖大青楼。1922 年大青楼建成后，张作霖将权力中心移到东院。张作霖皇姑屯遇难后，张学良主政，仍在大青楼处理军机大事。

大青楼建筑面积约 2460 余平方米，共 3 层，楼高 37 米。与故宫的凤凰楼相对，是当时奉天城的制高点。大青楼是**仿罗马式建筑**，上有观光平台，下有地下室。一层前出列柱遮阴廊，柱顶垂穗。美轮美奂。大青楼是帅府标志性建筑。至高权力象征。

张学良办公楼大青楼。张学良主政东北做的第一个重大决策，就是彻底摆脱日本人长期控制东北的不利局面，毅然宣布改旗易帜，归顺南京国民政府。张学良在大青楼接待了中央国民政府的代表，举行了易帜仪式。为了树立自己的绝对权威，排除老臣干政，1920 年 1 月 10 日，张学良以“破坏统一，阻挠易帜”这一莫须有的罪名，将无视张学良的张作霖时代的重臣**杨宇霆、常荫槐**击毙于大青楼的“**老虎厅**”。这便是震惊全国的“杨常事件”。我们旅行到大青楼，遇到了常荫槐的家族成员，问及感慨，他们说：“张学良干了一件蠢事。”不过由此东北官吏再不敢轻视少帅，也是史实。

看建筑讲故事

三进四合院

1915年秋季竣工。此时，张作霖升迁为奉天督军兼省长，三进四合院建筑面积为3900平方米，房屋13栋，计57间。

一进四合院的正房，是张作霖接待重要客人，举行重要礼仪的地方。随着张作霖在政治地位扶摇直上，直皖等各派军阀的代表往来如梭。孙中山先生的特使也多次往来帅府，寻求同张作霖共同组成“奉、粤、皖”讨直三角同盟，张作霖在这里接见了汪精卫、路孝忱、孙科等一大批历史人物。

二进四合院的正房，是张作霖的居室及办公用地。上书“**望重长城**”四字。

三进四合院是帅府的内宅，张作霖的眷属都住在此院：东屋为张作霖的二夫人卢氏居住；西屋原为三夫人戴氏居住，后戴氏出家为尼，张作霖于1918年迎娶五夫人寿氏，曾暂住此屋；三进院的东厢房是四夫人许氏及其子女的居室，共和国海军参谋长张学思将军就出生在此屋；三进院的四厢房为张学良与**于凤至**婚后的**新房**，他们的女儿张闾瑛和三个儿子闾珣、闾玗，闾琪均出生在此屋。

张作霖原配夫人，赵氏，张学良生母，未入住帅府，住新民老宅。张作霖的六夫人未入住四合院，等到她被迎娶到帅府，已盖起了小青楼，她与五夫人寿氏住在小青楼。

张作霖治家亦体现出个性，严格的家法使性格、年龄各异的夫人规规矩矩。帅府内一律统一用餐，饭菜在大厨房烧好后，送往各夫人房里用餐，几位夫人如果需要另开小灶，则必须先支付饭钱，单点另做。严禁夫人干政，一切遵守礼法，惟夫是从，各夫人“**划屋而居**”，不允许夫人聚在一起闲聊，以滋事端。只有逢年过节或遇上祝寿、宴请，夫人们才能凑在一起。夫人们大都和睦相处，家事安宁，和谐。

小青楼

小青楼在帅府东院，是一座楼体呈“凹”字形的两层砖木结构的小楼，因其青砖青瓦俗称“小青楼”。1918年建成。面积450平方米，最初是张作霖五夫人寿氏与张作霖几位女儿的住屋。

寿夫人，名寿懿，系清末黑龙江将军寿山与一个外室王姓所生的女儿。名**王雅君**。寿夫人年轻美貌，精明能干，张作霖喜爱有加，几乎达到了专宠的地位。小青楼盖好后，张作霖特意安排寿夫人单独居住。引起其他夫人的嫉妒，寿夫人洞察秋毫，采取了尊崇诸夫人的**怀柔政策**，如把张作霖的几个大女儿接到小青楼来住，并把最好的二楼让出来，自己住在一楼一个见光不多的东屋。此举既得张作霖欢心，又避免与众夫人尴尬对立。即使张作霖后来娶了六夫人，她也能接受，她把六夫人由天津接到奉天，安置在小青楼与她一起居住。由此小青楼又有“**小姐楼**”之称。

到了1928年6月4日，张作霖被炸身亡，寿夫人在张学良不在奉天的情况下，全力支持东北政要秘而不宣的决定，将已经毙命的张作霖安卧在小青楼，自己守在身旁，精心“护理”，强忍悲痛，以沉着与机智掩过了日本人的耳目，为张学良回奉奔丧主政赢得了宝贵的时间。

赵四小姐楼

正规名字叫“赵一荻故居”，在帅府东墙外，是一座日式小楼。是张学良与赵四小姐最初生活的场所。

赵一荻，名绮霞，祖籍浙江兰溪人，出身官宦之家，父亲赵庆华是北洋政府的交通部次长。赵庆华有6男4女，一荻最小。故人称“赵四小姐”。两人相识在一次私人舞会，旋即坠入爱河。1929年，张学良秘约赵一荻到沈阳，在北陵别墅同居。为了家庭的和睦，两人达成默契，赵一荻无夫人名义，对外国人称她为英文秘书，对中国人称为侍从小姐。为了能与自己所爱的人相恋相守，赵一荻一一答应。张学良夫人于凤至是一位贤惠、识大体的女性，她感念赵四小姐的一片真情，力主买下了帅府东墙外，原奉天省长王永江的一幢小楼，请赵四小姐来住。这就是现在开放参观的赵一荻故居。赵一荻在这里与张学良生下了二人惟一的男孩，美籍华裔航天高级工程师张闾琳。

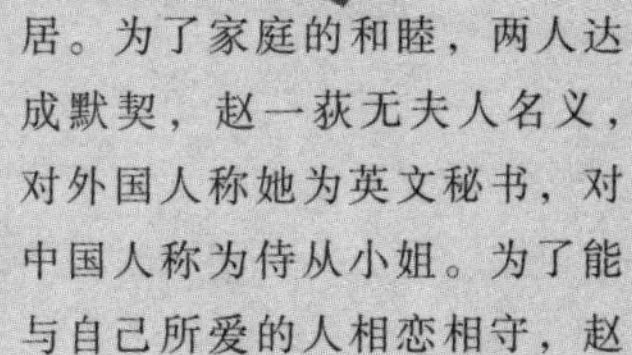

此后赵一荻，一直伴张学良身旁，二人一起度过长达50年的幽禁岁月，于凤至受感动，同意与张学良解除婚约，1964年7月4日，64岁的张学良与53岁的赵四小姐在台北完婚。

1995年二人移居美国夏威夷。

2000年赵四小姐逝世，一年后，张学良谢世，二人合葬于美国夏威夷的**“神殿之谷”**。

砖雕木雕 石雕艺术

在东、中两院的墙壁上、门楼上……有多件雕刻艺术作品：砖雕 116 件，木雕 158 件，石雕 184 件。

表面看雕刻是花草树木，羊马鹤鹿，然而当你认真审视画作，细嚼题句，便幡然领悟内中潜藏玄妙。让我们一起赏析其中 4 件作品：

其一，二进院正房窗下，一件“四匹自由自在的骏马”：一匹在远眺，一匹在打滚，两匹在互相啃痒，题款为“春风得意”。这是张作霖踌躇满志的情绪写照。

其二，三进院正房西侧，一件“两匹骏马驰于树下”：其中一匹马背上骑着一只猴子，一群马蜂追赶猴子，猴子策马急驰向前。题款为“马上封侯”。“猴”与“侯”谐音，意在自我督促：尽早完成大业，称雄于世。

其三，在二进院东厢房上，雕有大小两只狮子，两只狮子正全神贯注吞食地上的水果，题款为“太少英狮吃各果”。

其四，在张作霖办公的二进院，正房，有一幅雕刻：花瓶里插牡丹，果盘里盛裂嘴的石榴，题款是“榴开百子”，寓意比较直露，期望多子多孙，准确地反映了张作霖的居家理念，张作霖，一生 6 位夫人，8 个儿子，6 个女儿。每一儿女皆有不凡的经历，都是一本书。张作霖的 6 位夫人，依次为赵、卢、戴、许、王、马；8 男，依次为学良、学铭、学曾、学思、学森、学俊、学英、学铨；6 女，依次为首芳、怀英、怀瞳、怀卿、怀曦、怀敏。再加上孙辈、重孙辈可谓“榴开百子” ……

◎摄影参谋◎

反映张氏帅府的摄影作品不多，佳作更少，应当下功夫拍出好的摄影作品，与以张氏父子为题材的影视作品相媲美。

【提示】

由张氏帅府建筑群延伸开去，沈阳还有一大批张氏父子执政东北留下来的建筑。其中最为有名的是“四大公馆”：赵尔巽公馆、杨宇霆公馆、常荫槐公馆、孙烈臣公馆。

领略“东北王”风采

走出张氏帅府，一个立体的张学良立在我们面前。

太原街

太原街是日本人搞的商业街。日本名叫春日町。

太原街是日本殖民者在铁路“附属地”内建的新市街，以沈阳站（日本名，奉天驿）为中心，修建了千代田通（中华路），浪速通（中山路），浪花通（民主路），若松町（胜利大街），春日町（太原街），富士町（南京街）……今天位居沈阳和平区的沈阳站和太原街都是最初的布局。

开放以后，太原街的面貌年年发生变化，昔日日式小楼陆续被高楼大厦所取代，不变的是太原街的地位，依然是沈阳最繁华的街。

这两年太原街不停地改建，以致不晓得改建后又要出现什么样的高楼大厦，又要在那些高楼大厦上挂起什么样的招牌……猜测与等待也是一种心境，应当体验。此外，您还能看到保留完好的日式建筑：太原街口那片三角地、老邮政局等；您还能敏感的发现太原街的时尚风习，比如地下商场的爱情角……

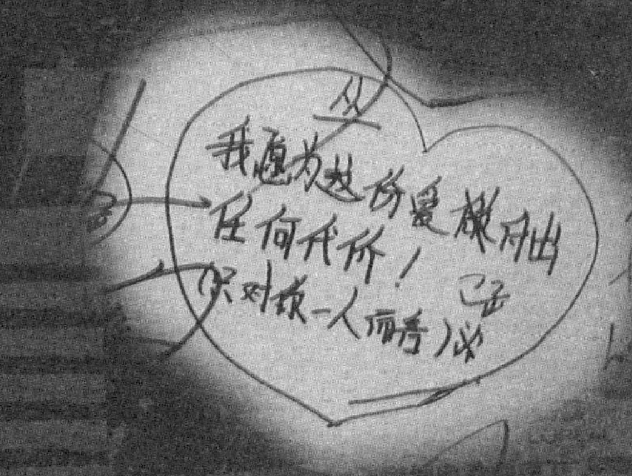

“爱情角”情话

在太原街地下商城东部北出口的上下楼通道、墙壁处写满了爱情寄语。我们亲眼见到不少恋人来到这里，觅一空白处，写下爱情誓言，成为沈城一种时尚。

每一段爱情词句的背后都有大喜大悲的故事。现辑录如下：

咱俩感情咣咣的。

如果在世只剩一分钟，我会对你说60次“我爱你”。

路婷发誓永远爱德龙，希望你永远不会变。

老公，我要和你一起去看流星雨——老婆叶子。

老公峰，五年之后，我等你娶我。

瑞，我会缠你，爱你一辈子。

在我最困难的时候，是你帮助了我，现在分开了，我真舍不得。

冻结了时间，冻结了初恋那一天；冻结了饭店，冻结了吻你的一瞬间。

我要更加努力工作，为老公减轻负担，但我真的好累，老公要早点娶我，我不想这么累。

太原街有个爱情角

中街

古老的商业街，挨着故宫，挨着张氏帅府。

大概是在皇宫建造的同时，皇宫后面的街区也开始热闹起来。钟楼在东，鼓楼在西，人流通过钟鼓二楼的孔门，拥进城里。连接的是长173.8丈，宽3.5丈的马路。考证出来的店铺有，1643年的天朗药房，1824年的天益堂药房，1882年的中和福茶庄，1896年关锡龄开的萃华新银楼（今天的萃华金店）；在各筒子胡同里，有铜市、果市、灯市、书市、木行、金银市……后来，军阀张作霖在这条街上立了电线杆，于是又有一批大买卖出现，如吉顺丝房（今第二百货）、老天合号（东风商场）、同义和（金利来商厦）、泰和商店（荷中商贸有限公司）、吉顺隆丝房（二百车王商场）……现中街留下许多民国时期的建筑。在新字号“沈阳春天”商场里，挂有许多中街老照片，对照新旧街区建筑，比较古今习俗，也成为了旅行者逛街一个内容。

今日，早年的钟鼓楼不在了，1931年7月由于扩建城市，妨碍交通，少帅张学良下令拆除钟鼓二楼。其他，保留完好，它是沈阳的王府井。

看罢故宫、帅府，逛逛中街，逛完中街，再进“刘老根剧场”看二人转——不动窝便把沈阳好光景看了个够。

寸土寸金——真有这么一个店铺，只占用了“一寸地”，可惜没叫我们取的店名。“一寸地”的两侧是大买卖，大房子，它夹在中间，我们用步量了，不到一米五。开门脸做生意，小店正二八经地挂着招牌，上面写道：“利升 / 钟表眼镜 / 老技师 / 验光配镜 / 精修名表 ”。

我们由西向东，沿步行街走，依次记下部分新旧店铺的名称：萃华金店、天益堂药房、新广利鞋店、大天地服饰店、兴隆大家庭、老精华钟表眼镜、东北大药房、亨得利钟表店、鹏达体育用品商店、沈阳春天、女人世界、星期六鞋店、麦当劳、吉野家、光陆电影院、北京同仁堂、玫瑰大酒店、老边饺子馆、沈阳商业城、盛京风味楼、大京九快餐、跳蚤市场、新玛特……

拐角处，有一家秀英旗袍店。

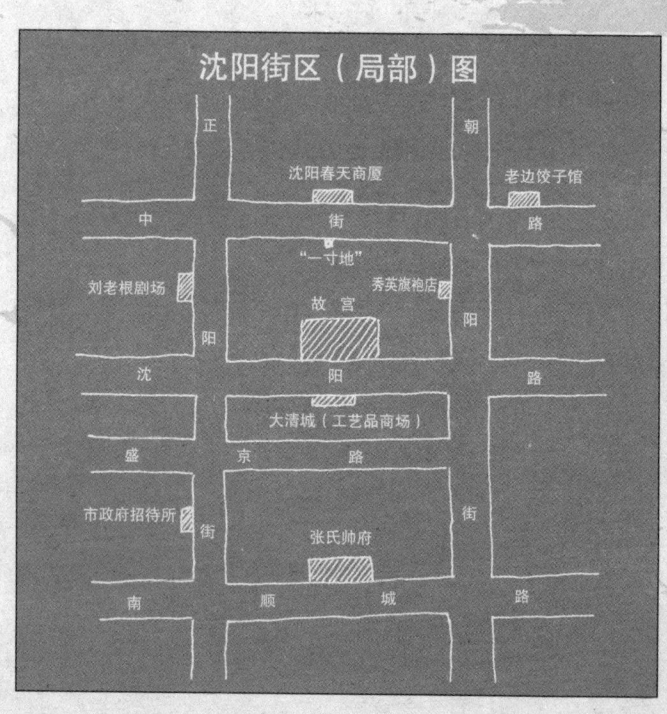

一寸地

老边饺子

老边饺子源于170余年前，一位来自河北省任邱县边家庄名叫边福的人，在沈阳经营的饺子馆。正宗老边饺子，是烫面蒸饺。

老边饺子的独到之处是制皮和调馅。饺子皮是精粉烫面，和面时掺入大油，这让制出的饺子皮柔软、透明、筋道；饺馅，菜肉比例为三七或四六，且肉馅要经过一道水煸。这样制出来的饺子，皮薄肚饱、馅鲜味美。

最初“边家饺子馆”立号在沈阳小津桥一座马架房，生意红火后，只沈阳便开了三家分店，分别由边家三兄弟，边跃、边义、边霖执掌。改革开放后，边家只有年逾古稀的边霖还在，老人家重整旗号，再展雄风，生意越做越大，现在中心店由北市场移至中街，品种花样翻新，除蒸饺之外，又增添了煮、烤、煎、炸，及酒锅饺子。

当地第一美食

地址：中街与朝阳街交叉路口东北侧

◎摄影参谋◎

老街新貌，老店新招牌，有和谐的，也有不和谐的，在这当中寻求时代意蕴，“沈阳中街”是好题材。

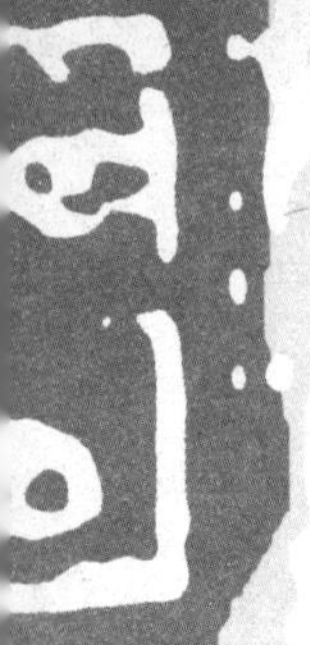

旗袍

旗袍的名称与满族的八旗组织有着直接关联。由于八旗成为满族社会组织的基本形式，所以他们便被称为“**旗人**”，“在旗之人”穿的衣服，便被称之为旗袍。有一点现代人绝想不到，清初，无论男女都穿旗袍。现代旗袍，是由东北的满族妇女带进关内并经演变而成今日模样。

旗袍以简练典雅，适于体现东方女性的形体美而著称于世。

清初旗袍的基本式样是圆领、窄袖、掩襟，长至脚踝，下摆左右开气儿，质料有皮有棉，用途有常服有礼服，季节区分有单有夹有棉。

旗袍与满族人的生活习俗和东北地区的气候环境有直接关系。上下连为一体的掩襟长袍，既可遮挡前胸后背，也可盖住双膝两腿，左右开气儿又便于上马下马，而窄袍袖在射箭时灵活利落，可以套上坎肩，马褂，接上护手的毛皮袖头（马蹄袖）。

这种长袍随清军入关，很快普及民间，汉人男子接受最快，直至民国年间成为男人最普遍的中式服装，而汉族女人穿旗袍则是民国以后的事情。

清朝满族妇女把袍子向华丽演变，乾隆以后，皇帝**后妃**和**八旗贵族女眷**的袍子，不仅面料讲究，而且身前背后都装饰着彩绣，绣着花卉、蝴蝶、彩凤、福寿等图案；襟口、袖口、下摆、开气儿等边缘的绦子亦有织有绣；此外，式样也有所改变，最明显的是袖子由窄变宽，靠袖口的里子绷上了一尺多宽的绣花缎片，穿上的时候翻卷过来露在外面，称为大挽袖，颇显华丽富贵之气。

民国以后，特别是1925年，末代皇帝溥仪被赶出紫禁城，旗袍便在中国广大妇女中普及开来。带头的是照相馆，有了着旗袍照相的业务，广大非旗籍妇女也去试个新鲜，随后上海等地的女学生、女记者等“摩登女性”开始把旗袍作为时装穿上了街。经她们领导潮流，追随者多了起来，到了20世纪三四十年代进入极盛时期——旗袍成为中国妇女普遍服装。民国以后的时装旗袍对清末旗袍有了许多改变：腰身变瘦，更显女性之曲线美；开气更高，走路时丝袜大腿时隐时现，增添了不少**女性魅力**；以及，袖子变窄变短，甚至无袖，领子样式、制作方法、使用的面料等许多方面都有变化。旗袍发展到上个世纪60年代，成为共和国主席刘少奇夫人**出国的礼服**。有高潮便有低谷，到了“文化大革命”，旗袍被当作“四旧”，而遭摒弃。“拨乱反正”之后，旗袍又回到了女人的身上，不过，现代人追求时髦、简洁，作为常服，女人极少着旗袍，旗袍作为礼服，常出现在各种礼仪上。

满族家庭祭奉的祖宗形象

$购物建议$

旅行者中的女士，应当在“**旗袍的故乡**”定做一件旗袍。一件中档旗袍480元，特体定做一日便可完成。

北市场巡礼

北市场、南市场，是沈阳有名的两个地方。东北不少城市有北市场、南市场。凡是叫这样名字的有些像北京的大栅栏、天桥，繁华、杂乱，小生意人多、小买卖多，杂耍的、卖唱的、开窑子的……五行八作，样样有，因此沈阳又有一个名字，叫北市场、南市场为“杂八地”，顾名思义，杂七杂八的地方。当然这是指的旧社会。 新社会北市场、南市场还是杂，不过杂得干净了些。现在，南市场正改建中，北市场初露面貌——只有半条街还是旧的，小楼、地摊、杂货铺，正等着动迁呢。

改造过后的北市场，还是杂，不过杂得丰富多彩，杂得上升了品味。

在不足百米方圆内，实胜寺修复了，锡伯族家庙修复了，中共满洲省委旧址修复了……还新建了杂货大厅、美食广场，及“十二清帝铜像”……

实胜寺，俗称喇嘛庙，也称皇寺。称皇寺的原因是该寺与清帝存在着密切的关系：清太宗皇太极征服蒙古察哈尔国得到玛哈噶拉金佛后，于1636年勒令修建实胜寺，1639年实胜寺竣工时，皇太极亲率贝勒大臣及留居沈阳的朝鲜世子参加落成大典。实胜寺建筑按西藏佛教传统格式修建。1985年、2002年市政府两次拨款全面维修，修复以来，香火一直很盛。

“十二清帝铜像”，由清太祖爱新觉罗·努尔哈赤，清太宗爱新觉罗·皇太极，到顺治、康熙、雍正、乾隆、嘉庆、道光、咸丰、同治、光绪、宣统。十二位清朝皇帝都端坐在宝座上，每人脚下都铸有一块铜牌，记述着简单的传记及历史功过。我们看到不少人站在铜像前俯首抄写，那种求知之渴望，令人感动。

专演评书、相声、大鼓、“二人转”等曲艺节目的小剧场建起来了，看来，下次来沈阳，进北市小剧场听上一段评书是有希望的。

逛累了，肚子饿了，我们走进美食广场，要了两碗馄饨、两个烧饼、四个小菜、一壶烧酒，两人饱餐了一顿。酒足饭饱，反过乏来，继续逛……

耍“嘎拉哈”

东北比较普及的游戏，女孩子的游戏。源于满族，后扩展到东北的各个民族。

“嘎拉哈”，满语，膝盖骨。耍“嘎拉哈”用的是猪、羊膝盖骨。“嘎拉哈”四面形状不同，叫法不一，棱起如云叫“珍儿”，对面叫“轮儿”；仰面称“背儿”，俯面称“壳儿”。

耍“嘎拉哈”有许多种玩法，最为简单的是，四人分别要自己的“面”，然后抛出若干个“嘎拉哈”，谁的“面”多，谁就先开始耍；耍时，抛起绣花口袋，捡拾其中相同“面”的“嘎拉哈”，再接着落下的口袋。最后看谁捡拾得多。技术高的女孩，在绣花口袋悬空的瞬间，手疾眼快，一次捡拾三个，或四个“嘎拉哈”；初学者，往往手忙脚乱，在绣花口袋悬空的时候，手把整盘的“嘎拉哈”搅动了，这一来不但拾不起来几个，还违反游戏规则，触动了不是同一“面”的“嘎拉哈”，或者，捡拾“嘎拉哈”的手，没有接住空中落下来的绣花口袋，而无效。

耍“嘎拉哈”，是锻炼反应能力的游戏，讲究思维与动作协调一致，且有成果感，就地取材，所以很受东北各族人民欢迎。因此耍“嘎拉哈”，一直延续至今。

通过耍“嘎拉哈”游戏，我们能够从中了解到，满族生产与生活方式——狩猎、饲养之余，用野兽、家畜的膝盖骨，作耍“嘎拉哈”游戏。

【提示】

沈阳火车站，分沈阳站、沈阳北站、沈阳南站、沈阳西站、沈阳东站。沈阳站，老百姓习惯叫“南站”；而铁路运行图上的“沈阳南站”，则是从前的“苏家屯站”。因此提醒旅行者千万不要搞乱，最简单的记忆应当是：

沈阳客运，始发与终点，大量在“沈阳北站”，少部分在“沈阳站”。

以客票上的站名为准，不能听从习惯用语。

耍“嘎拉哈”的“耍”在此发“chua”三声音。

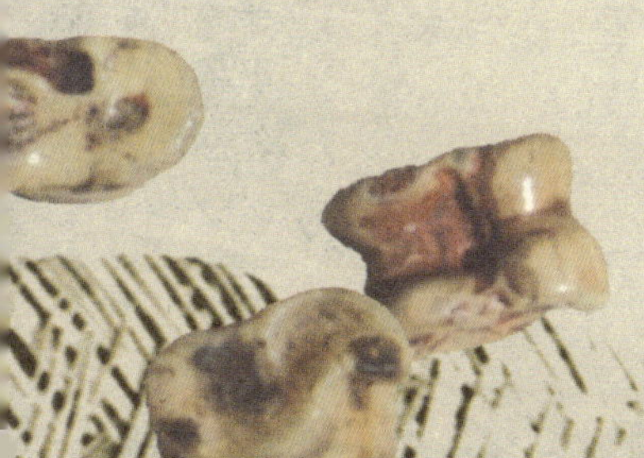

辽东交通示意图

抚顺
新宾
永陵
五女山
本溪市
本溪
桓仁
望天河
灌水
宽甸
凤城
N
丹东
朝鲜
东港
大东港
大鹿岛
黄　海

第3章 辽东

辽东、辽西、辽南……非政区划分，是我们借助传统称谓，为“辽宁篇”的各章命题。

抚顺

抚顺早在几百万年以前，是一个巨大的淡水湖，后来出现了茂密的大森林。由于地壳变迁，被埋在地下的林木沉积成煤炭。抚顺煤田早在西汉时期就被开采使用。公元前3世纪，抚顺归燕国襄平县管辖。秦时期归辽东郡管辖。汉魏时期，属辽东郡高显县和玄菟郡的高句丽县。当时的玄菟城，便设在今抚顺市劳动公园内。北燕以至南北朝、隋唐时期，抚顺为高句丽管辖。今抚顺浑河北岸高尔山上的山城遗址，便是隋唐时期的高句丽城。高挺于山顶的八角密檐砖塔，则是辽代的建筑。

抚顺得名于明代，意思是“抚绥边疆，顺导夷民”，所谓“顺导夷民”，是顺导女真部落。17世纪，女真族首领努尔哈赤建立后金，定都赫图阿拉，即现在抚顺辖区的新宾县。努尔哈赤以新宾为根据地，占据辽河流域，进而占据白山黑水。赫图阿拉城，命名兴京，为清王朝的启运之地。今遗址尚存。

王朝兴衰，轮回故里，并不多见，清王朝偏偏是画了这样一个圆圈：清太祖努尔哈赤率先走出启运之地，后十二世在沈阳、北京做皇帝，到了末代皇帝溥仪，本该在北京城的某一座四合院里落户为民，他却偏偏以伪满洲国战犯的身份，回到祖宗的启运之地，住进了一座高墙围堵的“四合院”，这座“四合院”名为抚顺战犯管理所，溥仪在这里，完成了由皇帝到公民的转化过程。今抚顺战犯管理所旧址仍在。

进入新宾，便进入山城古寨。

由抚顺去新宾，只有一条路。这条路由西而来，沿途要闯三关：头道关，扎喀关；二道关，代珉关；三道关，雅尔哈关。这三关，为建州女真据守新宾建立的关隘，所以也叫“建州三关”。

新宾四面环山，中间有苏子河流过。

在肥沃的平原谷地里，依山建有若干山寨古城，最为古老的为六祖城。那是努尔哈赤的先祖由长白山转战苏子河畔建立的山寨。

六祖城　满语称宁古塔。六祖是努尔哈赤曾祖福满所生的六个儿子，长子为德世库，据觉尔察城；次子为刘阐，据阿哈伙洛城；三子索长阿，据和洛嘎善城；四子，即努尔哈赤的祖父觉昌安，据赫图阿拉城；五子包郎阿，据尼玛兰城；六子宝实，据章甲城。六子称为六王，也叫六祖，他们各立山寨，分居六处。每座城寨都在苏子河上游永陵一带，远的距赫图阿拉城不过10公里，近者三四公里。

赫图阿拉城 努尔哈赤祖父觉昌安居住的赫图阿拉城最为有名，清太祖努尔哈赤、清太宗皇太极皆出生在这座城里。早在明正统三年（1438年），建州卫首领李满柱率部由五女山城迁居这里。两年后，努尔哈赤的六世祖和五世祖也率建州左右卫300余户由**阿木河**辗转来这里与李满柱会合，从此这里便成了女真人的栖息之地。此后，1616年努尔哈赤在这里创建后金，登基称汗，立赫图阿拉城为都。努尔哈赤在这里进行了一系列的改革，并以此城为据点，进行针对明朝统治者的军事斗争。当时赫图阿拉城有3万户，10万余人，是一座不小的城。移都辽阳后，这里仍很繁荣。日俄战争中，俄国人火烧赫图阿拉城，使它成为一片废墟，如今在残墙、地宫、老井基础上进行了复原。（门票30元）

觉尔察城 遗址尚存。按照当时女真人的习俗，儿子成年后必须与父母分居另过。福满的这位大儿子德世库就来到了这里，该城北临苏子河，东依山崖，南对陡坡，西连山冈。德世库以酋长的身份管束地方事务。进觉尔察城，可以从中看到女真人的足迹。他们来到**苏子河**畔，烟筒山下，仅百余年，便跨越了氏族社会、奴隶社会，迅速进入封建社会，并成为一统天下的主人。觉尔察是女真人姓氏，努尔哈赤大祖父德世库的后裔一直沿用觉尔察为本支姓氏，而其他五支都以爱新觉罗为姓氏。

佛阿拉城 位于今永陵镇二道河子村的哈尔萨山北麓。明万历十五年（1587年），努尔哈赤所建的女真都城。佛阿拉城建有套城、外城和内城三层城墙。从城北到城南约5公里。外城方圆5.5公里，有门6座。内城设有木栅，栅内为努尔哈赤及其家族居住地。努尔哈赤以佛阿拉城为大本营，东征西讨，统一女真各部；利用良好自然条件，修武备、重农耕，壮大经济实力，建立起一支纪律严明的军队；并在此创制了满族文字，为他**“开基立国”**做好了准备。佛阿拉城是那个时代女真人政治、经济、军事活动的中心。努尔哈赤在此16年，明万历三十一年（1603年）才迁到新都赫图阿拉城。

古勒城 位于今上夹河镇胜利村东南，明代中叶建州女真右卫的活动区域，建州右卫女真人以古勒城为中心，壮大起来。明辽东总兵李成梁率大军清剿古勒城，在这次大战中努尔哈赤的先祖死于战火之中，从而为努尔哈赤兴兵创造了条件。此外，还有若干有名的山城古寨。

新宾，启运之地。

死了的城 活着的树

新宾古城的山寨、城堡，皆因历史的原因、战争的原因、“文化大革命”的原因而遭至近乎毁灭性的破坏，今之“复原”，也只能是面对残垣断壁，以今人的理解，用今天的材料，搭建起来古代的建筑——古老的城寨死矣。但是有比这些古老的城邑还古老的物种存活在这片古老的土地上，那便是古城的古树。

地名半道沟，山腰间有一棵赤松，又名启运树。人称**“赤松王”**，它树高21.5米，直径1.4米，树冠直径30余米，树枝主干35条，立木蓄积量12.1立方米，荫地面积700多平方米。它独霸一方，占山为王，旁若无人，一派王者风范，人们给了它种种美名：赤松王、神树、启运松……而今神树犹如一巨型华盖，巍巍耸立于青山之间，它依然枝叶繁茂，仪态万千，树干赤红靓丽，上下光洁如洗，光艳异常，我们站在它的下面，崇敬油然而生，看那缠满周身的红索绳，我们也默默许了愿。

木奇镇东，旧公路两侧的古榆，令人想起整齐排列的兵马俑，兵马俑是逝者的卫士，而古榆今天还活着。这条旧马路，曾经是清代皇帝东巡祭祖谒陵的御路。康熙、乾隆、嘉庆、道光四位皇帝曾先后九次经过这里去永陵祭祖，这些古榆为诸位皇帝养路、遮阳、充礼仪、作卫士。现在这些树还是老高老高的，还有许多许多的阴凉。

考证，这些古榆高20余米，直径1.5米，树龄380余年，它们犹如仪仗队，夹道迎送历史过客。

谁见过四位皇帝的尊容，我们；
谁见过10万近卫军士兵，我们；
谁见过近四百年风云变幻，我们——我们，是御路上的古榆。

<交 通>

启运松，过新宾加油站2.5公里有启运松路标，按路标行走，10分钟到启运松地。古榆，木奇镇东老路口。

汗王出世说

努尔哈赤15岁的时候，带着弟弟舒尔哈齐寄居到古勒寨外祖父王杲家里。王杲有无视朝廷、屡次犯边之前科，但是他聪慧过人、勇于进取、崇尚中原文化。**王杲**的优秀品质对努尔哈赤产生了深远的影响。不幸的是，在明朝总兵**李成梁**血洗古勒寨的激战中，王杲被哈达部贝勒父子出卖，押解京师，斩首示众。努尔哈赤和弟弟也在这次劫难中成了明军的俘虏。

努尔哈赤被俘后，李成梁得知他是**觉昌安**的孙子，便对他十分照顾，收在帐下，充做亲丁。原来觉昌安早已投靠明军，暗中为明军做事。从此，努尔哈赤便生活在李成梁身边。

有一天，努尔哈赤服侍李成梁洗脚。李成梁道，我之所以能够当上总兵，是因为脚上生有三个黑痦子。努尔哈赤不以为然地说，我的脚上有七个红痦子！说者无心，听者有意。原来皇宫钦天监夜观天象，有紫微星下凡，东北方向出现天子相，皇上下旨严密缉捕，格杀勿论。李成梁决定天明之前除掉努尔哈赤。命运该着努尔哈赤不死，李成梁的小妾**喜兰**得知密裁努尔哈赤的消息，立即告诉了他，并为他备好一匹大青马，让他连夜逃走。努尔哈赤谢过之后，骑上大青马，带上大黄狗，向长白山方向逃去。

李成梁带兵追赶，努尔哈赤被围在一片苇塘，李成梁士兵火烧苇塘，昏倒的努尔哈赤，多亏**大黄狗**，往他身上泼水，才没有被烧死，但大黄狗活活累死了；昏倒中，有一大群**乌鸦**在他的头顶盘旋，“乌鸦不对活人”，李成梁判定努尔哈赤已死，便收兵回营。

努尔哈赤脱险了，由此出世，成了大业。

上述有正史记载，有民间传说，一眼便可看清。不过民间传说引申出来满族习俗，至今还保留着，耐人寻味儿：

汗王立下规矩，喜兰妈妈，永世奉祭。

感恩坐骑大青马，登基立业，国号取名大清。

那只通人性的大黄狗，是大救星，传令族人，忌杀狗、忌吃狗肉、不许穿狗皮衣服、不许戴狗皮帽子。

封有功的乌鸦为神鸟，喂食乌鸦，以敬神灵。

摘自《新宾旅游概览》

永陵 门票 20 元

永陵，建于明万历二十六年（1598 年），原名兴京陵，清顺治十六年（1659 年）改称永陵。陵内葬着努尔哈赤的六世祖、曾祖、祖父和父亲等家族成员。陵园由前宫院、方城、宝城三部分组成，四周绕以红墙。陵院朝南，正中为正红门，四座碑亭映入眼帘，分别立有“肇祖原皇帝”（六世祖猛哥帖木儿）、“兴祖直皇帝”（曾祖父福满）、“景祖翼皇帝”（祖父觉昌安）、“显祖宣皇帝”（父亲塔克世）神功圣德石碑，誉为“肇兴四祖”。2004 年申报世界文化遗产成功，而闻名于世。

永陵是清关外三陵之一（另为沈阳福陵、昭陵），是最古老的陵、最小巧的陵。也是最能反映原始满族文化的陵。

木栅栏 永陵的正红门有别于清代其他皇陵，它采用了木栅栏门扇。充分展示了满族祖先的生活特征：先祖世世代代游猎，至苏子河流域定居下来，以木栅栏围成城寨而居，迁往赫图阿拉城后，努尔哈赤等满族贵族的宅院仍以木栅栏做围墙，自成院落，安居乐业。木栅栏，又称**板障子**、**篱笆墙**，不但起蔽障作用，还是很好的民居装饰。至今东北农村及小城镇，还有这种木栅栏。

坐龙 永陵四座牌楼前后门左右的石壁上雕有 16 条龙头狗身的浮雕，呈坐姿。坐龙，两只前爪直立撑地，尾部卷坐壁底。罕见在于，所见之龙，不是飞腾，就是狂舞，而这里的龙是坐着的龙。据权威解释，道理在于满族人对狗的崇敬，**义犬救主**，狗救过努尔哈赤的性命。满族尊狗为天龙，于是就把龙与狗合为一体。“坐龙”由此诞生。

地宫 所谓地宫，只是平地起券的砖砌墓室，内置**骨灰罐**，顶覆盖封土，估计四位陵主地宫大同小异。这种形式的墓室与民间坟墓无大区别。永陵陵主皆为火葬，且多为二次葬、三次葬。火葬是承袭女真先祖的葬俗，女真多游猎生活，居无定所，遇到亲人亡故，弃之不忍，携之不能，故将亡者套上华丽的服饰，把生前喜好之物置于身旁，一并火化，骨灰置罐内随家族迁徙携带。

<交通>

沈阳至新宾的旅游观光车，始发站在市府广场西侧。

◎摄影参谋◎

“一宫三陵”同为世界文化遗产，根据特点，可专题拍摄一宫三陵。永陵以小巧、古老，与周围景观和谐而著称。细部描写，别丢掉栅栏与“坐龙”。有雪会更美。

末代皇帝的囚禁地 门票 20 元

末代皇帝溥仪作为伪满洲国战犯，1950 年从苏联引渡回来，便关在抚顺战犯管理所的大墙里。直到 1959 年特赦，他才从这里返回北京。进来的时候溥仪是“皇帝”，走出去便是共和国的公民。

溥仪与他的随从关在一间囚室，这间囚室是面对面两张大铺（恰是满族的对面炕），一张铺（从门到窗排列）住着妹夫万嘉熙、润麒、弟弟溥杰、溥仪、岳父荣源；另一张铺住着族侄毓喦、毓嵣、毓嶦、医师黄子正、侍卫李国雄。

溥仪的监号是“981”号，他在这里是战犯，与其他战犯，包括他的随从一样要吃大锅饭，住大通铺，一起参加学习、劳动、娱乐。

只有一样与众不同，溥仪可以同妻子李玉琴同居。

李玉琴共探视溥仪 5 次，前 4 次还是不可以同居的，第五次来，李玉琴提出与溥仪离婚，战犯管理所感觉“皇帝”离婚，事关重大，立即报告上级，上级答复，想尽一切办法密切二人关系，于是管理所便为溥仪营造了一间合宿室……结果不如人意，走出管理所的李玉琴还是与溥仪离异了。

现在我们到抚顺战犯管理所陈列馆参观，还能看到溥仪住的囚室、参加劳动的温室、学习中医的医务室、上台演出的俱乐部，及与李玉琴密切夫妻关系的合宿室。

这里拍过许多电影与电视剧，最为有名的是曾获得奥斯卡奖的、意大利人贝托鲁奇导演的《末代皇帝》。

末代皇帝由这里走向社会

景观链接

抚顺战犯管理所，除伪满战犯，还曾关押日本战犯、国民党战犯，可一并参观。

◎摄影参谋◎

以“末代皇帝囚禁地”为题，搞一组照片。

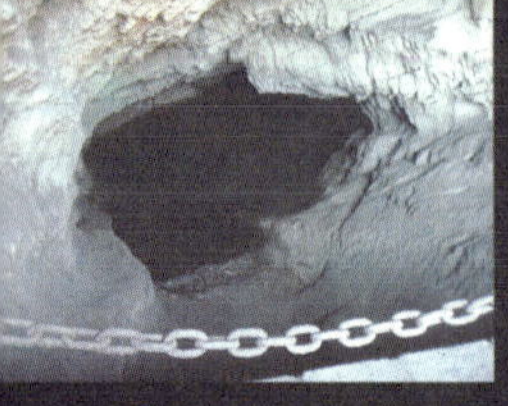

本溪与本溪湖

本溪在沈阳至丹东84公里处，太子河南岸。本溪“山中有城，城中有山”，八山一水一分田，名副其实一座山城。本溪城市建筑随山就势，错落有致。城区最高点为平顶山，海拔657米。本溪有煤有铁，本溪钢铁厂的烟雾笼罩城市上空。

本溪四周的山是辽东山地的一部分，属长白山地的延续。

本溪，得名于本溪湖。本溪湖名为湖，实为水洞。水洞高7米，半圆形，湖在洞内，面积不足20平方米，是我们所见过的最小的湖。雍正年间称其“**杯犀湖**”，可见早年间湖水亦不大。不过丰水期又是一种风景，湖内地下水以昼夜2万吨流量，穿山出洞，流入人工湖，再经水渠汇入**太子河**。本溪人喜爱本溪湖，湖水清冽，水气凉爽，本溪湖之水滋润了一方水土，养育了一方百姓。光绪三十一年（1905年），盛京将军赵尔巽奏请皇帝：“本溪湖一带毗邻兴京，应另设知县。”翌年，正式设本溪县，解放后定名本溪市。

我们乘公共汽车到本溪湖公园。园内有慈航寺。寺内有峭壁，壁上刻有“辽东本溪湖”五字；峭壁之下有一水洞，洞中有水，即有名的本溪湖。

<交通>

火车，沈丹线本溪站，8元；长途汽车，沈阳火车站西侧长途汽车客运站搭乘，15元。火车站前乘公交车到北溪湖公园，应在“后湖”站下车，不要在“溪湖”站下车。

本溪水洞　门票80元

站前乘汽车，东行35公里，便到达**世界第一大暗河**——本溪水洞。

本溪水洞是典型的石灰岩充水溶洞。形成于800万年前，第三纪后期。水洞全长2500米，暗河5800米，容积36万立方米；温度在摄氏10度左右，冬暖夏凉；洞内水流平稳，视野开阔，水深平均2米，最深处7米，洞顶距水面最高处38米，可供游艇行驶的水域达1700米。人们依据钟乳岩的形态，取了许多好听的名字：莲花盆、宝莲灯、福寿星、玉米塔、麒麟岩、独角犀、斜塔、玉象、倚天长剑……

看钟乳石一定要坐船，别为迷彩灯所迷惑，漂亮的钟乳石一经迷彩化处理便失去了真面目，反而觉得那些被迷彩冷落的钟乳石风景独好……我们觉得参观水洞，不能只看奇石异景，在难得一见的新异地貌巡游，增长科普知识最为宝贵。本溪水洞1983年对游人开放，水洞的发现，打破了北方无钟乳岩洞的记载，从此北方人不必再到广西去看溶洞……

2004年北京人张健，到本溪水洞渡**暗河**，他在暗河中畅游1小时39分01秒。这位“公开水域游泳活动”的积极推广者，继横渡琼州海峡、渤海海峡、英吉利海峡、云南抚仙湖、青海湖、长白山天池，又征服了世界第一大暗河——本溪水洞。

穿越史前隧道之感

◎摄影参谋◎

拍钟乳石因洞内光线角度皆难调度，除非与管理者达成协议，否则只拍一般纪念照好了。

【提示】

洞内温度低，尽量自备外衣，一旦忽略，可租棉衣，一件10元。

望天洞

门票 40 元

由小市去桓仁，路过小镇湾湾川，望天洞就在这里。

望天洞也是一条不小的溶洞，它虽然没有本溪水洞那么长的暗河，但是它具有本溪水洞全部的钟乳岩景观，且溶洞多变化，开发较晚，少人造的东西，故保留着原生态的古朴与自然。我们深入望天洞进行了差不多是“古洞探幽”式的旅行。

望天洞只能步行，不能乘船，长长的溶洞里面游人少得可怜，常常是走着走着，前无人，后无影，伴之而来的是蝙蝠飞翔，洞水滴嗒，好不害怕……悚惊中，突然眼前一亮：一束阳光照进洞内，顿生柳暗花明之感，整顿思绪，再看洞天，发现一条巨大的光带，由通天的洞顶照进来，聚光灯式地直射在一块巨石上，好一道景致，口中不禁吟出：望天洞，望天之洞，名字取得不虚，名字取得恰到好处。望天洞，湿顶，湿地，湿滑路，行走要格外小心。

骑马上山，至洞门，10 元。

感受地下探险

壮美五女山 悠久古卫城

门票 50 元

五女山，因古有**五女镇守山关**而得名。五女山北部为自然景观区，南部为山城建筑遗存区。

五女山城，城掩山中，远远望去，一座平顶的高山直耸蓝天白云，给人以天上宫殿之感，不由肃然起敬，不由心生敬畏，登云朵缠绕的五女山城，有登天宫赴王母娘娘的蟠桃会之感。

五女山位于桓仁县城东北，距县城 8 公里，海拔 821 米，山城略呈长方形，依山势起伏。西高东低，城西北以峭壁为天然屏障，东南**石块筑垒**城墙。南面下临悬崖，残壁时断时续，总长约 1500 米。城设三门，西门在西面山崖中部的一个豁口处，另两门，一个设在山的东面中部，另一个在山的东南，均建在城墙之外，东门已毁，南门尚好。门借山势，依垂直相交的豁口而建，守军可从两面夹击攻城之敌；城墙下宽上窄，呈梯形，外高 6 至 8 米，内高 1 至 2 米，顶宽 3 米；山顶南部中心地带，有古建筑遗址，为宫殿区，附近有水池，水池南有一处长方形石质地面及数处圆形遗址，分别为仓库和兵舍；山城残留点将台等建筑遗址。西门内发现有古遗址，内有炕、灶。城中曾出土过高句丽以及辽、金时期的铁兵器和陶瓷残片多种。

根据五女山城的历史与地理特点，学者们认为五女山城是一座卫城。**卫城**，是西方古建筑语汇，特指**建在高处的国家都城**。卫城对外利于防守，内部建有宫殿、神庙、粮库、卫兵住所与水源。足见建在五女山的这座古城，是一所典型的卫城。

五女山城，是夫余王子朱蒙于汉建昭二年（公元前 37 年）所建立的地方政权高句丽的第一个都城，时称纥升骨城。作为高句丽的第一座都城，设都五女山城 40 年，汉平帝元始三年（3 年），朱蒙的儿子，琉璃王离开五女山城，迁都今吉林省集安市的国内城，时称**尉那岩城**。

五女山城也是满族先世的活动中心、建州女真部族的根据地。明永乐二十二年（1424年），建州女真第三代首领李满柱率众进入今辽宁省境，居住在浑江中游五女山一带，五女山成为建州女真在辽宁最早的居民地，建州女真在此生息繁衍，发展壮大，为努尔哈赤崛起于赫图阿拉奠定了基础。

五女山城，在其后的朝代中，以防守山城的面目出现。

2004年，五女山城被列入世界文化遗产名录。

现今，五女山周围为千亩板栗田，壮美的五女山与浩翰的桓龙湖相辉映，绿水青山，令人流连忘返。

《黄鸟歌》和它的故事

高句丽第二代王，**琉璃明王**（亦称儒留王）类利，于公元前17年，在五女山城写了一首诗，诗名《黄鸟歌》，载于《三国史记·高句丽本记·琉璃王》，诗云：

翩翩黄鸟，雌雄相依。念我之独，谁其与归？

诗寄情，这里有一段故事。类利在纥升骨城执政21年，国泰民安，惟家事难为了类利。鸿嘉四年冬十月，王妃松让氏死，续娶高句丽人禾姬和汉家女**雉姬**为继室。二女争宠不和，分居东西二宫。一次，类利外出打猎，**禾姬**骂雉姬："汝汉家婢妾，何无礼之甚！"雉姬含恨离宫出走。类利闻讯策马急追，百劝不归，只好只身返程。途中在一棵大树下休息，见黄鸟雌雄相伴，翩翩来去，心中好不惆怅，感慨之余，写诗一首，取名《黄鸟歌》。这是现存五女山城最早的一首诗，距今2000余年。

两性之爱，古今无异，这首比兴之诗，琅琅上口，通俗易懂，一句"谁其与归"把深切、复杂的感情表现得淋漓尽致。

现在还能见到这样的小鸟，现在这样的小鸟还叫黄鸟；现在两性之爱也有这种无奈，当年的帝王如此，今日之百姓也是同样。一首2000年前的小诗，今人还吟，还品，足见这位高句丽王有生活体验，有感情抒发，做成了一首可以代代相传，雅俗共赏的好诗。

参考白冰《高句丽的诗（导读）》而作。

东方第一卫城

景观链接

此去吉林省集安市159公里，那里有高句丽的第二个都城遗址，有保留完好的国内城、丸都山城、好太王碑、将军坟，洞沟古墓等世界文化遗产。桓仁有长途汽车，直达集安。

【提示】

桓仁山区发现有狼出没，注意狼的形象，形似狗，总是夹着大尾巴，似乎怕人，但比狗可怕，不过您不招它，它不会招你。狼，也是保护动物，严禁猎杀。

丹东

丹东，沈丹线终端站。隔鸭绿江，与朝鲜新义州市相望。

丹东，旧名安东。

鸭绿江，源自长白山，在这里入黄海。早年间，伐木人沿鸭绿江放排，在丹东登岸：在这里将原木出手；在这里，将所得金钱消耗掉……丹东早年便是热闹的水陆码头。

丹东，自古以来便是我国的边陲重镇，位于丹东市西南35公里处的“前阳人”洞穴遗址表明，早在1.8万年前，这里便留下了人类祖先的足迹。丹东最早的城址是位于市东北角的尖城。

中日甲午战争以后，日本侵入丹东，划七道沟为日本市场，大兴水陆交通；随着日本势力侵入，英美也插足这块丰腴之地，丹东沦为半殖民地商埠，今天我们还能够在丹东市区看到殖民地建筑遗址。

自然风光当属凤凰山景致最美，历史又在这片美丽的土地上留下了虎山长城，及大鹿岛那湾冲不掉的血红海域。

当代丹东，有许多自己的特点：绿化很好的山，少污染的水，洁净的小街及盛开杜鹃花的居家窗口……但这些似乎都抵不过朝鲜战争留给人们的记忆，现在丹东还留有不少朝鲜战争的遗址，及抗美援朝的故事，它们使这座清丽的袖珍小城，多了撼动人心的壮丽之美。

清丽的袖珍小城

< 交通与住宿 >

沈阳至丹东，有铁路，有高速公路。

站前军分区招待所，一个普通房间（二张床）100元。

鸭绿江，从端桥到燕窝村

门票：端桥，10 元。游船，10 元。

鸭绿江从丹东身边缓缓流过，对面是朝鲜一个不小的，名字叫新义州的城市。

鸭绿江流经市区的江段，辟为江畔公园。

公园起点于端桥，端桥也叫**断桥**。一目了然：那座伸向对岸的大铁桥，铺到江心齐刷刷的断了，谁都知道，桥断的原因——朝鲜战争期间，美国空军飞机投下的炸弹给炸断的，美军炸断的战略意图也是显而易见的——阻止中国人民志愿军抗美援朝。现在断桥是开放的，站在桥上能看到折断钢轨的茬口，也能看到江面泛舟的景致——和平与战争在这里对撞，令人百感交集。

江畔建有不少饭店，其中有几家是朝鲜与我们合资的。中朝合资饭店最大的特点，是正宗的朝鲜饭菜，及来自朝鲜的女服务员服务。**三千里**饭店便是其中一家。它以独特的“广告”吸引了我们的目光：上午 9 时，别人家饭店尚未开业，“三千里”门前就热闹起来，十余个女孩子跳着健美操。那健美操的动作幅度很大，很有力度，很有青春气息，使人不得不驻足观看，使人不能不想着接近她们，自然便也进了她们为之服务的餐馆。餐馆的饭菜很精致，风格有些像上海老城隍庙的小吃，但价格不菲。服务因为有了朝鲜国土来的女青年，而有了朝鲜饮食文化的韵味儿。

江畔公园只是市区一段，沿鸭绿江再往前行，是土坡江堤，江堤把我们引到燕窝村，燕窝村前的鸭绿江水里钉着很多木桩，由于年代久远，木桩已呈黑褐色，并且由于江水及风雨的剥蚀使得木桩细瘦了很多，然而它依然挺立着，10 余木桩为一桥墩，10 余桥墩由中国这岸直排列到朝鲜那岸——**抗美援朝**，中国人民志愿军从这里跨过鸭绿江。

【提示】

参观者中，日本、韩国游客居多，涉外语言，友谊为重。

中朝合资饭店中的朝鲜女服务员，多受过高等教育，她们长得特白净、特细嫩、特温文尔雅、特费心思琢磨——您在感受一种不同于我们的服务。这是一种不可多得的体验，应当抓住在丹东的机会体验一下，但同时我们也要提醒旅行者，在朝鲜女青年面前要格外彬彬有礼。

江畔小摊有朝鲜工艺品出卖，价格便宜，颇具民族特色，可选几样带回去。

虎山长城

门票 长城 30 元；长城博物馆 10 元。

乘汽车由丹东向宽甸行驶，出市区不远，就看到耸立于鸭绿江边，虎山之上的长城，它令我们眼睛一亮，心里一动：啊，与八达岭一样巍峨的长城！

我们与丹东市民一样自豪：啊，我们这里也有长城！

辽东不但有长城，虎山长城还独具万里长城其他各段无可替代的位置——**东部起点**。

虎山长城，地址在丹东市宽甸满族自治县境内的虎山村，距丹东 20 公里。

虎山原名**马耳山**，因两个并列山峰状似竖立的虎耳，又称虎耳山。虎山突起于鸭绿江边，平地孤耸，视野开阔，作为军事制高点，位置十分重要，因而古人将长城建于虎山。明巡抚都御史王之浩登临虎山要塞时，曾写下《登马耳山望朝鲜》一诗："高头极目海云东，指点扶桑可挂弓。衰柳迷烟如驿古，寒鸦带日揽开空。江山不尽关山迥，帝德无私雨露同。却笑楼船成底事，海边枯骨战图功。"

丹东远在战国时期，开始修筑长城；秦统一六国，丹东续建长城，史称秦长城；明朝再修长城，为明长城。

虎山长城，依山势起城池，城池筑有水井、栈道、索桥……作为防御一体工程，虎山长城一侧还建有海拔 146.3 米高的烽火台。

1990 年 12 月，辽宁省、丹东市两级政府邀请全国的长城学者、专家举行虎山长城学术研讨会，会议为虎山长城做了历史定位：长城东端起点。著名长城专家罗哲文教授论证会上赋诗一首："清清绿江水，巍巍虎山头，长城从此始，万里壮神州。"翌年全市人民行动起来，将坍塌的虎山长城进行彻底修复，时过两年，虎山长城巍峨如初，傲然于鸭绿江畔。

<交通>

丹东乘中巴，5 元。

↑"一步跨"国界

辽东长城

辽东长城，亦称辽东边墙。

辽东长城是万里长城的一部分，皆为明代重新修复的长城。

明长城是明太宗朱元璋接受朱升**"高筑墙，广积粮，缓称王"**的建议，在秦代古长城的基础上修建的，其中也有不少长城线路是重新开辟的。明重修长城，前前后后修了一百年，在 1.27 万余里的沿线上，自西而东，设有甘肃、宁夏、固原、太原、榆林、大同、宣府、蓟州、辽东等九个军事重镇，是为"九边"。其中西起山海关，东到鸭绿江的虎山，长达 1960 余里，名曰辽东长城，也称辽东边墙，它是万里长城最东边的一段边墙。辽东长城的指挥中心先后设在辽阳与北宁。

辽东长城，是明王朝为防备蒙古兀良哈部和女真各部的侵扰，以保证东北边地安定而修建的，整个长城分为西部边墙、辽河边墙和东部边墙。

西部边墙，明正统七年（1442 年）筹建，自山海关外铁厂堡起，经兴城、凌海、义县、阜新的清河门，直到北宁。

辽河边墙，明永乐年间，从北宁向东沿辽河东西两岸伸展，先由黑山白土厂转向东南，经台安、盘山；再由三岔河过河入海城，沿辽河东岸北上，经辽阳、沈阳、铁岭，直到开原东北的威远堡。

东部边墙，自明成化五年（1469 年）修筑，边墙从开原折而南下，经铁岭、抚顺、本溪、凤城，直抵丹东鸭绿江边的虎山。

现在辽东长城大多坍塌，只有遗迹保留。虎山长城是在遗址基础上修复而成。

万里长城始于虎山

凤凰山

门票20元

我们在来丹东的路上，看到了凤凰山，它伴着我们走了很远很远，它在伴我们行走的时候，不断变幻着自己的身姿，使我们多侧面的领略了它那迷人的风采。

凤凰山，在本溪至丹东的路上，距丹东50公里，距凤城2.5公里。

史料记载，凤凰山南北朝称为“乌骨山”，也叫“屋山”；隋末唐初改称“熊山”，后又叫“唐山”。传说，唐太宗李世民慕名而来，看到一只美丽的大鸟在天上飞翔，其形象酷似传说中的凤凰，遂赐凤凰山名。

凤凰山属长白山余脉。为辽东第一名山。方圆36平方公里。

凤凰山以峦石见胜，它像一块硕大的顽石凸显辽东大地。凤凰山上，那些奇异的景点，多为山石所创造，如巨石棚、一品洞、老牛背、天下绝。点缀石景的植被与山石争奇斗妍，松、柞、榆、槐古色古香，难得一见的天女木兰，在婆娑起舞中，向天地间释放出奇异的花香……凤凰山庙宇亦为山石堆砌建筑，建在峭壁上的观音阁，最为雄奇，此外还有紫阳观、朝阳寺、药王庙、斗姆宫、碧霞宫、三官庙、三霄殿散布于群峰险崖之中。

凤凰山留下了许多文人骚客、达官显贵的遗迹：“亘立中天”、“山高水长”、“云程初步”等40余处石刻留在巨石之上，最为有名，年代最为久远的石刻，是明嘉靖十六年（1537年），云南人龚用卿所书的“攒云岩”。

凤凰山，听其名，观其景，秀美得令人沉醉，但是，入山观景，才领略到凤凰山性格的另一面：雄险，奇绝，慑人魂魄——凤凰山的秀美，是献给勇敢者的，胆小鬼莫来。山险，多陡崖，衣物要紧身，鞋子要防滑，最为重要的是相互扶助，最最重要的是不能在通过险段时开玩笑，逗笑话，提倡严肃认真走险途。

秀美，勇敢者独享。

<交通>

铁路，沈丹线，凤城为一站。

公路，本溪、丹东都有直达凤城的长途汽车。

大鹿岛·目击甲午海战

由丹东驱车，沿海边公路西行 80 公里，到孤山镇；由孤山镇去海边码头，登船行 19 海里到大鹿岛。

大鹿岛地处黄海，面积 6.6 平方公里，居民 847 户，人口 3223 人，行政为东港市（原东沟县）大孤山镇下辖的一个自然渔村。大鹿岛有港、有村，还有一条小街。

大鹿岛与其他岛相比无多少特殊，与附近海岛一样，无大鱼捕捞，渔民利用临海的大片滩涂养殖贝类，肥硕的**黄蚬子**是这里的特产。养殖蛤蜊出口，是大鹿岛的主要经济来源，大鹿岛成为丹东地区贝类出口创汇基地，年产达 7000 吨，占全村总收入 80%。

大鹿岛之有名，是因为地处中日**甲午海战**主战场，每年接待游客达 10 万人次。光绪二十年（1894 年）九月十七日，在大鹿岛西南的黄海海面爆发了一场震惊中外的中日海战。北洋水师参战 10 艘军舰，4 艘鱼雷艇；日本参战 12 艘军舰，海战从午后列阵激战到傍晚，历时 5 个小时，海战重创日舰比睿号、赤城号、吉野号 6 艘；北洋水师**致远号**、经远号、超勇号、扬威号 4 艘战舰沉于大鹿岛前 5~20 海里水域；爱国将领邓世昌及 700 名官兵为国捐躯。

100 余年过去了，当地渔民还祭奠着为国捐躯的英烈。现在岛上建有致远号管带邓世昌墓、邓世昌塑像、甲午海战无名将士墓。还有数名八旬以上的老人，能够讲述海战故事，及亲自参加安葬邓世昌遗骨。

安葬邓大人遗骸

——于永灵老人的述说

海战，我爷爷赶上了，那年他有70岁。爷爷说，那天家里饺子都包好了，没等煮，海上开战了……日本军舰在西南，上风头；咱们在东北，下风头，日本兵能看到咱们，咱们看不到日本舰，咱们就吃亏在这上了。

海战过了50年，再次侵略中国的日本兵，打仗没了钢铁，便打上甲午海战沉船的主意。他们从大连开来机动船，还找来潜水员，雇了不少岛上的居民，打捞当年沉在这里的四艘战舰上的物品和钢铁。他们边拆边捞，边往外运，一共折腾了两年，大鹿岛的东口港简直成了仓库。

他们带来的**潜水员**里有个叫**王绪年**的，当年50多岁，身体很好，人也很好，在我家前屋邻居于景言家住宿。由于我家与于家住得近，加上我年轻好奇，经常到王潜水员那里玩，时间长了就熟了。有一天，王潜水员从海上回来，手里拿着一块直径一尺左右的椭圆形的铜牌子，我问，大叔你拿的是什么东西？他说，你看看，我接过牌子一看，上边虽然生了锈，可字看得清清楚楚，写着“致远”。我问，你拿这个牌子有什么用？

他说，日本人要它。说来也怪，身体好好的王潜水员，这天晚上病倒了，连续两天没有潜海。第三天我去看他，他说，永灵啊，我作业时在致远舰邓大人的指挥舱里发现了邓大人的遗骨了，你说是不是邓大人见怪了？我一闭眼就是邓大人遗骨，闹得我吃不好睡不好，老打不起精神来。我当时肯定地说，那一定是邓大人见怪了，他问怎么办？我说买些香、纸，到海边烧一烧，病就好了。果然王绪年烧了纸，病好了。不过王潜水员还有想法，病好下海，他拿了一条布袋子，潜入海底作业时把遗骨装进袋子，回岛后，他找到李桂仁和我，一起摆上香案，举行了个正宗的拜祭仪式，仪式过后，我们三人将邓大人的遗骨安葬在**东口哑巴营**内，我们三个人跪在地上，连磕了三个头。从此岛上乡亲按当地习俗，每逢春节、清明、旧历七月十五到邓大人坟前烧香烧纸……

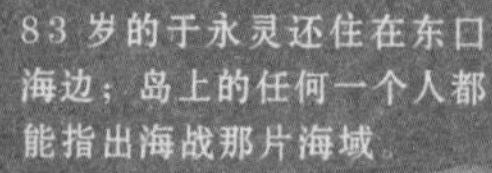

83岁的于永灵还住在东口海边；岛上的任何一个人都能指出海战那片海域

大鹿岛，目击甲午海战

◎摄影参谋◎

海战水域，在大鹿岛西南海域。

※集邮参谋※

村委会办公楼一层，有邮政所，可加盖大鹿岛邮戳。

< 交通与住宿 >

大孤山码头，至鹿岛，快艇每人 40 元，客船 20 元。

岛上有设备齐全的大鹿岛宾馆
0415-7598088 7598018

此外还有许多家庭旅馆，价格，因季节与设施不同而不同。

景观链接

大孤山，风景兼山水之胜，山有上庙、下庙两大古建筑群；水有黄海、河口两大秀美水面。

去大鹿岛，必经大孤山，可将两个景观，一并游览。

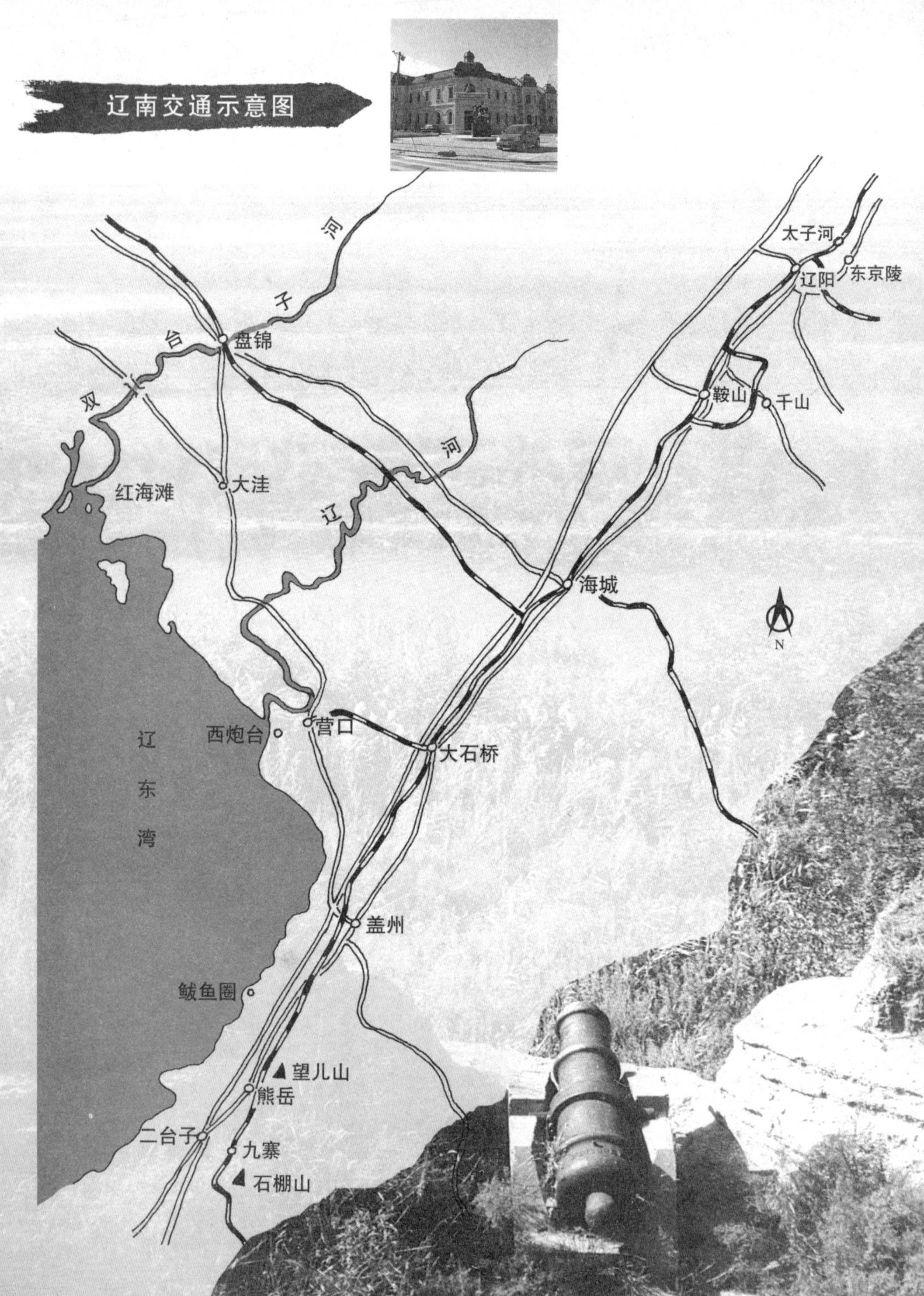
辽南交通示意图
双
台
子
河
盘锦
红海滩
大洼
辽
河
海城
太子河
辽阳
东京陵
鞍山
千山
N
辽
东
湾
西炮台
营口
大石桥
盖州
鲅鱼圈
望儿山
熊岳
二台子
九寨
石棚山

第4章

辽南

辽 阳

由沈阳向南，乘汽车走高速公路 40 分钟到辽阳。

“先有辽阳，后有沈阳”，辽阳有2400年历史。清代以前，辽阳一直是东北的行政中心，秦代辽阳叫襄平，沈阳叫候城，襄平管着候城。努尔哈赤由新宾赫图阿拉城向外扩展势力，先移都辽阳，建东京城，后移都沈阳，建盛京城。

辽阳留下了大量古代遗迹：汉魏壁画群，唐代燕州城，辽代白塔，后金东京城及东京陵……

辽阳市中心的广佑寺，2004 年复建竣工，寺中的白塔是原建筑，即辽代白塔。辽代白塔是辽阳的标志性建筑。

辽代白塔，是**舍利佛塔**，因塔身涂有**白垩**，日照生辉，故称白塔。白塔为密檐式砖塔，八角十三层，高70.4 米，是全国六大高塔之一，为东北之最。白塔以它那磅礴的气势，古朴的风姿，悠久的历史闻名于世。

辽阳有许多历史传说，有悲壮的“荆轲刺秦王”故事；有“美丽的**木鱼石传说**”……不以为多，今天辽阳仍不知疲倦地开掘历史文化遗产，如开放翰林院；复原广佑寺；积极参与“曹雪芹祖籍辽阳”的论争……以其打造辽阳——历史文化名城。

【提示】

太子河，在辽阳市东南，依河建有太子河公园，过江有中华大桥，去东京城参观穿过太子河。

太子河与“荆轲刺秦王”

据说，春秋战国时期，壮士荆轲在国家危难之际挺身而出，赴秦献图，借机刺杀秦王。燕国太子丹满怀激情在**易水**河畔送别荆轲。荆轲行刺失败，壮烈牺牲。是年秋天，秦国发兵攻燕，燕太子丹被秦兵驱至**衍水**河畔杀死。后人为悼念燕太子丹，就把衍水改为太子河。

从地名学上考证，流经辽阳的这条太子河，满语叫塔恩哈毕拉。塔恩哈，汉译“比虎小一点儿的猛兽”，这种猛兽当地人称为“土豹子”，毕拉，汉译河之意。即土豹子生息活动之处。太子河即塔恩哈之音转。**太子河**，是浑河支流。南源称南太子河，发源于辽宁省本溪县东部。北源称北太子河，发源于辽宁省新宾满族自治县南部平顶山。南北两源汇合后西流，经本溪、辽阳、海城，在海城市三岔河附近入浑河。全长464 公里，流域面积 1.38 万平方公里。中游建有葠窝水库。

太子河不但是一条浇灌万顷良田的大川，还是一条盛载历史故事的长河。

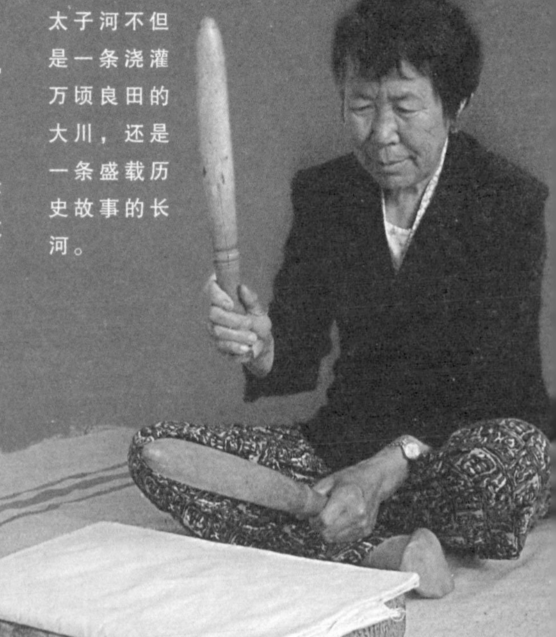

东京城与东京陵

门票 东京城10元；东京陵5元。

东京城位于辽阳城东太子河右岸，距市区2.5公里，去沈阳公路左侧。现为新城村址。它是后金汗王、清太祖努尔哈赤建立的国都。

后金天命六年（1621年）努尔哈赤率八旗军大败明朝军队于**萨尔浒山**下，取得了与明朝军队交战的决定性胜利，八旗军乘胜占领辽阳、沈阳，将辽河以东明朝属地尽纳入后金版图。是年，努尔哈赤决定将都城由地处偏僻的赫图阿拉迁至辽阳，因为辽阳旧城破败，选址城东八里，太子河畔另建新城，后金天命七年（1622年）四月新城竣工。努尔哈赤以**东京城**为大本营，向辽河以西进军。

东京城为砖石结构，东西长890米，南北长886米，四面设有八门，每面开有二门，门的位置，南北相对，东西相对，城内努尔哈赤议政的八角殿，仍有遗址可寻。城廓由于年久失修，多已坍塌，八门之中，仅南面的正门（天佑门）尚存，城中发掘出来的碑石、匾额及宫殿遗物，收藏在辽阳博物馆。

东京陵位于东京城北2公里。是努尔哈赤定都辽阳后，于后金天命九年（1624年）所建，规模较小，只有**缭墙**，山门和碑亭等。定陵之初，努尔哈赤派族弟**铎弼**、王肯、**贝和齐**三人前往赫图阿拉，将祖茔内所葬的先祖及族亲迁至东京陵。这次迁葬的有努尔哈赤的祖父觉昌安及其福晋、父亲塔克世及其福晋、努尔哈赤的大福晋叶赫那拉氏，继福晋富察氏、同时迁葬的还有努尔哈赤的伯父礼敦、叔父**塔察篇古**、努尔哈赤的胞弟舒尔哈赤、从弟穆尔哈齐、努尔哈赤的长子褚英、侄子**祜尔哈齐**。

后金天命十年（1625年），努尔哈赤决定放弃东京城，迁都沈阳。清太祖福陵建成后，继位的皇太极将葬在东京城中的叶赫那拉氏孟古姐姐（孝慈高皇后）及富察氏遗骨迁至太祖陵与努尔哈赤合葬。顺治十五年（1658年）接受“兴京永陵为天下第一福地”之说，顺治将景祖、显祖迁回永陵安葬，随景、显二祖墓迁出，东京陵祭典废止，此后，只有庄亲王**舒尔哈齐**、太子褚英及穆尔哈齐及其子大尔差等葬在东京陵，东京陵事实上成为一座贝勒坟，并保存至今。

现东京陵保留完好。

东京城，是一座复原城。将旧基与新墙一齐展示给参观者，实事求是。搞学问的看遗存，看景的看复原城，各得其所。

穿过城门便是城里，城里有现代农家，您仔细观察，会发现许多家的围墙房屋是用古城墙的青砖搭建，这些农民多数是满族老户，追溯起来与老汗王有血脉关系。

王尔烈与寿屏图

王尔烈故居（翰林院）门票10元

辽阳博物馆（彭公馆）门票20元

辽阳博物馆，有一件藏品——寿屏图很吸引人。

寿屏图，是一件九扇组合的木制屏风。屏风高200厘米，全长288厘米。寿屏，是清嘉庆元年（1796年），庆贺王尔烈70寿辰时，他的同事、好友赠送的寿礼，所以又有人称百寿图为王尔烈寿屏。王氏后代奉为传家宝，1953年王尔烈六世孙将寿屏献给辽阳人民政府。原保存在王尔烈故居——辽阳翰林府，今收藏辽阳博物馆。

王尔烈，字君武，号遥峰，生于1729年，卒于1801年，系辽阳县兰家乡风水沟村人，清乾隆癸酉（1753年）拔贡，辛卯（1771年）进士，殿试二甲第一名，选入翰林院，任编修，参加《四库全书》的编纂。曾以内阁侍读大学士，为嘉庆帝教师。乾隆末年王尔烈曾提监江南学政，放任陕西道监察御使，顺天府府函等官职，嘉庆元年参加千叟宴，嘉庆四年（1799年）以大理寺少卿职致仁回乡，被奉天将军聘为沈阳书院掌教，二年后病故，葬于辽阳县兰家乡风水沟祖茔。

寿屏图，以“寿”为题，真草隶篆，书法各异，山水花鸟，栩栩如生。其中有一幅楷书“寿”字无署名，民间传为嘉庆皇帝所书。寿屏图计126幅作品，每幅14×14厘米，有124位社会名流、学者题字作画，其中有纪晓岚，刘墉的作品，足见王尔烈这位文人不一般。

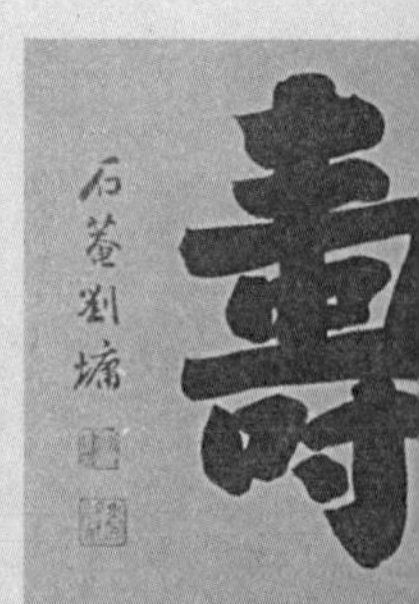

辽阳人以王尔烈为自豪。不但王尔烈的故居保存完好，连以王尔烈为题材创作的文艺作品也成为辽阳人的最爱：市场，取名“木鱼石大市场”；人人会唱那首《有一个美丽的传说》……

乾隆偶得王尔烈

传说乾隆年间，王尔烈赴京赶考，有一天在酒馆喝酒，时逢乾隆皇帝微服私访也在这家酒馆喝酒。有位老学究看不起东北来的王尔烈，有意难为他，出了一个上联：
冰凉酒，一点水两点水三点水。

王尔烈向身边的乾隆谦让，乾隆摇了摇头，说："还是请你对吧。"

王尔烈，稍作构思便提起笔来，一气呵成下联：
丁香花，百字头千字头万字头。
（"万"字繁体为"萬"。）

老学究叫好，乾隆帝称妙，乾隆遂令侍卫记下王尔烈的姓名。后乾隆启用"关东才子"王尔烈为翰林院翰林，职授编修。

选自《东北俗文化史》

歌曲《有一个美丽的传说》

有一个美丽的传说，
精美的石头会唱歌。
它能给勇敢者以智慧，
也能给善良者以欢乐。
只要你懂得它的珍贵呀，
山高那个路远也能获得。

有一个美丽的传说，
精美的石头会唱歌。
它能给懦弱者以坚强，
也能给勤奋者以收获。
只要你把它爱在心中啊，
天高地久也不会失落。

电视连续剧《木鱼石的传说》
主题歌　张名河　词

【提示】

王尔烈故居，乘公交车在"木鱼石"站下车即是；临近有"木鱼石大市场"。博物馆有《王尔烈寿屏图录》等地方史资料出售。

◎摄影参谋◎

寿屏图，集中了那个时代120余位政要、名人的书画作品，除整幅寿屏应当拍照，还应当为每一幅留下存照，结为专集。

鞍 山

提起鞍山，人们首先想到的是钢铁，的确具有80多年历史的鞍钢，今天仍在共和国的钢铁产量、品质上名列前茅，举足轻重。因此为了满足旅行者的心愿，鞍山开辟了**“钢铁旅游”**，我们在导游小姐的引导下，徜徉在花园一样整洁美丽的“步行街”上参观钢铁工人冶铁炼钢（请注意，我们在这里用的形容词，是恰如其分的）。参观鞍钢，除了增长知识，还改变了我们对工业生产的印象，现代工业生产的人性化管理，给我们打上了深刻的烙印。

鞍山不但远郊有闻名的千朵莲花山——千山；市内还有东山风景区和**“二一九”**公园，这两处的绿地，面积之广阔，保存之完好，足可以担当起因大量喷吐工业烟尘而需要补氧的重任。鞍山还有不少锦上添花之作，其中最为有名的，是那块在岫岩县发掘出来的玉石王，不但被雕作巨型玉佛，又为安置玉佛而建寺院——玉佛苑，不但成为旅游热点，还成为佛事胜地。

此外，当代评书大腕**刘兰芳、单田芳**均出道于鞍山，二人的同门师姐师弟，现在仍活跃在鞍山的书馆茶社里，您游逛一日，晚上可以到那里去休闲一下。

千山

门票旺季 50 元，淡季 40 元，游山电瓶车 5 元。

原名**千华山**，又称**千朵莲花山**。

千山在鞍山东 17 公里，占地面积 300 平方公里，海拔 700 余米。

千山属长白山支脉，计 999 座山峰，以其近千，故名千山；又因奇峰状似莲花，而曰千朵莲花山。

千山最高峰为**仙人台**，第二峰为**五佛顶**。千山一年四季有美景：春赏梨花，夏游古寺，秋观红叶，冬踏白雪。千山共辟有五个游览区：天上天、五佛顶、大佛、鸟语世界、仙人台。

据有关史料记载，早在 1400 多年前的北魏时期，千山就有佛教徒活动的踪迹；唐代开始建庙宇，辽金发展成著名的**佛教圣地**。清代道教传入千山，千山形成释道同源的独特宗教文化。号称五寺、八观、九宫、十二庵，至今仍完好保存着龙泉寺、祖越寺、中会寺、大安寺、香岩寺；无量观、圆通观、青云观、慈祥观、武圣观；南泉庵、鎏金庵、木鱼庵、伴云庵、大皇庵、西明庵等庙宇；近年，又发现一奇峰状如弥勒，“佛是一座山，山是一座佛”——赵朴初命名题书“千山弥勒大佛”，觉光法师命题“天成弥勒道场”，2003 年农历正月初一由**照元**法师主持弥勒圣诞法会开光大典。这一佛场的建立，使原本密集的千山庙宇，又多一圣境。每逢宗教活动，整个千山香烟缭绕，钟磬低鸣，一派仙山福地景象。

旅行者在饱享佛国幽境之余，还可以欣赏到多姿多彩的古代建筑艺术。

自古以来千山吸引了历代众多王侯将相，文人墨客，留下大量**摩崖石刻**和丰富的传说：唐太宗李世民，清朝康熙、乾隆等皇帝都曾游历千山，名贯三江的关东才子清太史王尔烈读书于千山龙泉寺。

无峰不奇、无石不峭、无寺不古。

【提示】

注意关山门的时间，不可逗留，小心迷路。

纪念品，除拐杖，多木斧，“斧”、“福”同音，求福（买斧）者日众，木斧价格不等，10 元一把适中。

岫岩玉·玉石王·玉佛王·玉佛苑

岫岩玉很有名，上个世纪70年代出土的西汉中山靖王和皇后窦绾的金缕玉衣上的2498片玉片，便出自于岫岩岩瓦沟和细玉沟。1960年在岫岩发掘出土的这块巨玉重260.76吨，此前世界最大的玉石出自缅甸，重40吨，岫岩玉石王，是它的7倍！

玉佛苑坐落在鞍山市东山风景区内，占地面积4万平方米，三面环山，一面临水。以玉佛阁为主体，玉佛苑由三洞式山门、玉带桥、荷花池、花果岛组成。玉佛阁供玉佛，玉石王似乎专为琢佛而面世，它集深绿、浅绿、绿、黄、白、黑、蓝为一体，丰富的色彩便于雕玉大师创作，释迦牟尼脸部正好雕在一块洁净无瑕的深绿色玉块上，佛面灵光四射，而头上的金冠适逢一块黄色的玉石，辉煌无比，倍增神韵，佛身从左到右闪射两道印痕，又恰似佛祖所披的袈裟，整个画面与佛陀在世时的面色、形态完全吻合。巨大的玉佛像从莲花座上不断弥散开来的七彩烟雾一样，色彩神奇，耐人寻味。

在玉佛两侧的黄褐色岩包玉上，刻有中国佛教协会会长赵朴初用工整楷书书写的佛教著名经典《般若波罗蜜多心经》，及十世班禅额尔德尼·却吉坚赞的藏文《赞美诗》。

世界最大的玉佛
比北京故宫金銮殿面积还大的玉佛苑

有关玉佛的数据库

门票50元

1960年7月22日，岫岩满族自治县哈达碑镇玉石村花玉岗矿区发现玉石王，35年后，琢成玉佛。

1982年，辽宁省计量研究所测定，玉石王，体积为100.68立方米，比重为2.59吨/立方米，重量260.76吨。整块玉石高7.265米，宽6.88米，厚4.1米。

1992年10月28日将玉石王运往鞍山，经过8天8夜，于11月5日运抵目的地。动用大型牵引车6辆、军用坦克4辆、各类运输车150多辆，途经2市，12个乡，40个自然村，4座山，5条河，76座桥梁涵洞，运输总里程172公里，参加运输人数400余人。

1995年10月17日下午3时55分，经过18个月雕刻，玉佛诞生。

玉佛高5.23米，莲花高0.56米。120名玉石雕刻师琢成。

上海玉佛禅寺，坐佛高1.9米；卧佛，长94厘米。

福州西禅寺，坐佛高2.95米，重8吨；卧佛长3.7米，重10吨。

鞍山玉佛阁高33米，加上殿顶高达35.2米，是全国新建的最高古典建筑。它的进深58米，宽66米，比北京故宫金銮殿太和殿面积还大。

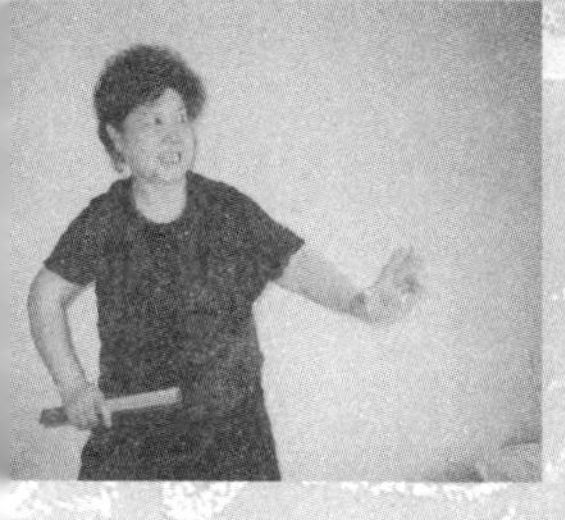

到鞍山，听评书

到鞍山不能不进茶社，进茶社不能不听评书。鞍山的评书全国有名，大腕级的评书艺人：一位是说**《岳飞传》**的刘兰芳；一位是说**《乱世枭雄》**的单田芳。二人至今还活跃在书坛上，有人做过统计，近五年，全国省（市）以上的电视台、广播电台，未断过两人的节目。

我们每到鞍山必去听书。鞍山说书人多在茶社献艺。茶社集中在铁西区的老市场。老市场周围犹如北京的天桥，各种各样的民间艺术形式在这里竞相争艳。经时间筛选，评书成了鞍山人们的最爱。到了改革开放年代，鞍山的说书人刘兰芳、单田芳，先后从茶社走进了广播电台和电视台，听众不仅是鞍山市民，而是全中国，乃至全世界的华人。

老市场如今换了新模样，在人们指点下，路过机电城，在繁荣小学的背后，我们寻到了茶社，茶社在一座楼房的底层，窗口处挂着一块节目告示牌，节目内容是用白色粉笔写的："特邀著名评书演员萧月娥演出《三侠剑》"。萧月娥，久闻大名，她是著名评书艺人萧浩然的女儿，现任全国曲艺家协会主席刘兰芳的师姐，她的拿手好书正是**《三侠剑》**。我们这是来着了。

茶社不大，舞台依墙而设，壁上挂着一把打开的折扇，两边是一副木质对联：暖风微微说今古，竹影潇潇慢品茶。观众席是几条长椅，椅子上坐满了听众，听众多为中老年人，大家品茶听书，仿佛跟着说书人进入了另一时空……

萧月娥，是一位精精神神的老太太，她站在书案后，表情丰富地讲述着传奇故事……

听评书的大都是老书迷，谈起鞍山艺人如数家珍：赵玉峰、孙惠文、萧浩然、杨天荣……一串人名说完，才说到刘兰芳、单田芳……然后，再给他们接关系：赵玉峰是爷爷辈，单田芳便是跟着赵玉峰学的艺，而赵玉峰先生是东派西河大鼓的创始人，从河北到鞍山，他带出了一批徒弟……

现在鞍山评书已经走出鞍山，走出了茶社，走向了全国，走进了视屏，但是老听书的，还愿意进茶社，当着说书人面儿听书别有韵味，那味道，是由说书人勾魂的语言，听书人痴迷的模样，及服务员倒进杯里的茉莉花茶的水汽儿勾兑出来的。

地点

繁荣小学背后，老市场茶社，此外，市内还有多处。

价格

一场 2 小时，加茶水 3 元钱。

营口

大龙邮票述说了营口的开埠史

由省会沈阳去营口，没有快车；由首都北京去营口，也没有快速列车，这让去营口的人感到十分别扭，当我们结束营口旅行时，这种感情升腾起一种“情绪”：这是慢怠营口了。

集邮爱好者不能不知道，中国最早发行的大龙邮票。时间是光绪四年（1878年），北洋大臣李鸿章委派中国海关总税务司赫德，在上海、北京、天津、芝罘、牛庄5地开办海关邮政，发行我国首枚邮票——大龙邮票。大龙邮票首发5城中的芝罘，为今之烟台；牛庄，便是今日的营口。

营口何以叫牛庄？咸丰八年（1858年），英帝国主义逼使清政府签订《天津条约》，条约规定开放牛庄等十地为通商口岸。牛庄，明清之际为辽河东岸较为发达的内河港口，距营口45公里，但那里只能停靠木帆船，不能吞吐大型货轮。1861年5月英国驻牛庄领事馆的窦斯乘军舰巡察辽河口，发现营口水面宽阔，水深浪稳，建港条件优于牛庄，便一口咬定《天津条约》中的牛庄就是营口。于是把领事馆迁至营口，并着手建港，三年后，营口港正式投入使用。营口——牛庄，随即成为东北第一大商埠。自1861年到1897年，继英国之后，又有德国、法国、日本、俄国、瑞典、挪威、荷兰等8个国家在营口设立领事馆。此次，我们到营口，看到不少早年的西方建筑，这些建筑是牛庄海关、牛庄邮便局、牛庄居留民团役所、俄国领事馆、天主教大教堂等旧址。

甲午战争之后，日军占领营口，大批日本人移居营口，现在到营口西城区，还能找到当年的日本町，及破败的日式民居商行……随着帝国主义掠夺加剧，营口港受自身条件限制，很难担当东北货物吞吐重任，随着大连港营运，营口港失去东北第一大港的地位，并逐渐败落……到了国共两党决战，国民党军队败退辽沈，从营口码头跳上军舰，营口港亦随即告别繁荣……人民共和国修复营口港，但依旧满足不了货物运输需要，上个世纪80年代在营口海岸线的西南端建鲅鱼圈深水港，现在一个营口，两个港口，海上运输遂繁荣起来。

大龙邮票在这里首发

※集邮参谋※

中国第一枚邮票——大龙邮票，并不是发行在邮政部门，而是发行于海关，当时海关设邮政，又称海关书信馆——海关邮政是中国近代邮政发展的萌芽。营口市集邮协会，有中国大龙邮票发行110周年纪念册，请营口集邮协会会长在纪念册上签个名，再盖上一个印有“营口”字样的邮戳，便成为一件具有收藏价值的邮品。

◎摄影参谋◎

解放前的买卖街，那些旧楼还是旧日模样，应当抢拍，进而搞一个专题。

还有国民党军队撤离时登舰的码头，目前虽遭遗弃，但水泥框架还泡在海里，当拍摄，为当年从这里去台湾的国民党老兵留作纪念。

<交通>

去营口有火车，有汽车。火车最好乘到大石桥，然后坐中巴，6元钱到营口市区；也可几人合租一辆出租车，每人只需七八元钱。两个方案结合起来，不会耽误行程。

西炮台镇守辽河口　门票10元

西炮台，在营口西郊7.5公里处。

光绪八年（1882年），根据清政府指示，在辽河东岸修筑炮台；随即盛京将军派前营管带**马筱昌**带兵250名来营口驻防，兼修炮台；1883年，根据**李鸿章**的奏请，营口炮台设马步练兵营，分前、中、后、左、右列等哨位驻守炮台，管带乔干臣，马步兵合计540人；1884年，又在营口创设水雷营，并在海口布雷，同时调辽阳靖边前营步队进驻营口；1888年，营口炮台竣工，因地处西海口，俗称**西炮台**。

炮台建筑材料，取材于当地砂土、白灰，加黄土灌浆夯筑而成。整座炮台，由护台壕、围墙、炮台、吊桥、营房、军械库、火药库、电线库、哨楼、防潮坝等组成。炮台整体呈凸字形，大炮台居中，两侧各一小炮台，占地约6万平方米。主炮台，台基全高6米，分上下二层，下层长52米，宽54米，高2米；上层长44米，宽43米，高4米，台顶四周筑有矮墙，矮墙周围设炮眼8处，一条62米长的坡道通达台上，顶围墙外修有马道，以做调兵之用；小炮台在大炮台左右，台长16米，宽14米，高4.7米；围墙内有兵营200间，各种口径大炮52门。

由地平面至炮台上层，三层火力纵横交叉，成一立体火力网，可谓钢铁堡垒，固若金汤。

中日甲午战争中，清军在此阻击日本侵略军，炮台发挥了很大作用，史料记载，“日人欲进营口，夺我炮台，海防练军管带**乔干臣**率兵500人发炮猛击，日兵没有得逞。”

完整的古炮台

景观链接

登西炮台，顺便观看辽河入海口。

◎摄影参谋◎

一座难得完整的古炮台，值得专题拍照，特别是炮台依托大海，它的威虎之势与清秀之景，令人拍起来，相当过瘾。

出营口赴盖州，走的是晒盐场的柏油路，正是收盐季节，两厢满目洁白。

盖州石棚——远古巨石文化遗迹 门票5元

去盖州，一看石棚，二看皮影。

石棚，顾名思义，是用巨石建造的类似棚屋的建筑。这种建筑在辽宁南部，特别是辽东半岛有许多处：海城**姑嫂石村**、盖州**石棚山村**、复县台子村、岫岩兴隆沟、金县**亮甲店**……这些建筑历史悠久，被史学家称为“**巨石文化**”遗迹。

由盖州市乘长途汽车，向南行45公里，便到了二台子乡石棚山村。

这是一个摘苹果的季节，石棚被掩映在枝头压满苹果的树丛里。我们在一座苹果园里见到了石棚，哦，好大的石屋！以人做参照，那间屋里足可以装30人！

盖州这座石棚，高3.1米，顶盖长8.6米，宽5.7米，厚0.5米。巨石中供奉着菩萨，壁上刻有文字，顶棚绘有图腾。盖州石棚，又名“古云寺”，香火极盛，十分灵验。盖州石棚是辽东石棚群最大的一座，已列入全国重点文物保护单位。地方政府专门派人守护。石棚的守护者是58岁的吕老汉，他不但守卫尽职，还兼售票、讲解，他先给我们报了石棚的长宽高，接着便给我们讲了一段**三女建石棚**的故事，叙事前提，则是将石棚定位庙宇，他说，早年间这村里住着姐仨。姐仨决定在山上立一座庙，老大立庙，让老三半夜学鸡叫，给搅了；老二立庙，立差不多的时候，被一个孕妇撒尿给冲了；只有心眼儿多的老三，把庙立起来了。

吕老汉的解说，除了石棚的长宽高引用了文字记载，其他之言，均为乡野传闻。

对盖州石棚，及辽南石棚解读不一，《三国志·魏志》上说，东汉末年，“襄平延里社生大石，长丈余，下有三小石为足。”并附会为“此汉宣帝冠石之祥。”故有“**冠石**”之称，距今2000年；多数考古学家认为石棚是用来埋葬氏族部落首领的巨石墓；个别学者认为是古代用于祭祀的建筑物，属青铜时代的建筑，距今3000年左右。

“巨石文化”遗迹

因为解读不一，笼罩神秘色彩，多少年来吸引了许多旅行家前往探密。我们无探密企图，只有猎奇的心境。身临石棚，陡生拜神的感觉。不仅是石棚，不仅是棚中的菩萨，以至小园里的一草一木，也都以为神之造化，这种感觉，最后变成对园中苹果的崇拜，我们一定要“请”下一个苹果带走，吕老汉卖我们一元钱一个，我们不以为贵，只以为宝，装进旅行袋，踏上旅程。

说一说辽南皮影

皮影戏，群众称为本地影、东北影，辽宁以盖州皮影为基础创造了地方戏——辽南影调戏。

辽南皮影至今已有五六百年的历史，据辽南皮影艺术家张永夫介绍，辽南皮影，为明万历年间，一位“兰州秀才”，因考举不第，走从艺之路。此人满腹经纶，不但会写，还会画，还会刻。由于这位秀才的引导，明末崇祯年代皮影在辽南传播开来。以至后金汗王努尔哈赤发现了皮影戏，并给予了特别关注，马市唱影，兵营唱影，皮影戏成为满族人的最爱，清朝入关，八旗军将皮影带到关里……东北皮影，有南北派之分，南派，复县、盖州、岫岩、庄河较为普及，其中盖州最好，称之为辽南皮影。辽南皮影自成一格，无论音乐、造型和操作都与其他地区不一样。

“文化大革命”前辽南皮影较发达，改革开放后，有些“墙内开花墙外红”，张永夫等一批皮影艺术家很少国内演出，却偏偏受邀赴比利时、美国、日本、意大利演出与讲学。

现在无论是辽南皮影，还是辽南影调戏，都不景气。现在盖州能演皮影的不足10人，10人中，年龄最大81岁，最小49岁。

值得宽慰的是，国家重视地方剧种的保留与发展，辽南影调剧团，纳入国家剧团编制，全部养了起来。

近些年，经学者深入考察，得出一个令盖州人自豪的结论：那位全世界华人都会吟唱的爱国歌曲《苏武牧羊》是源自本地的创作歌曲，创作时间为1916年，词曲作者是同时代盖平中学的教员，词作家是蒋荫堂，曲作者是田锡侯，曲子的基调是采用辽南皮影的“大悲调”。

【提示】

到盖州看皮影，可以给张永夫打电话(0417-7805500)，张永夫的妻子便是皮影表演艺术家，夫妻俩会邀集皮影演员前来献艺，价钱面议，不会太高。

《苏武牧羊》

蒋荫堂 作词

苏武留胡节不辱，
雪地又冰天，
苦忍十九年。
渴饮雪，
饥吞毡，
牧羊北海边。
心存汉社稷，
旄落犹未还。
历尽难中难，
心如磐石坚。
夜坐塞上时听笳声，
入耳动心酸。

苏武留胡节不辱，
转眼北风吹，
雁群汉关飞，
白发娘，
望儿归，
红妆坐空帏。
三更同入梦，
两地谁梦谁？
任海枯石烂，
大节定不亏，
敢叫匈奴胆战心惊，
共服汉德威。

盘锦

盘锦曾经叫“南大荒”，一度归营口管辖。盘锦地处双台子河口，江河纵横为水网地，为亚洲最大的芦苇荡；上个世纪50年代末开发**“南大荒”**，盘锦成了著名的水稻产区，“盘锦大米”，至今还是百姓餐桌上的名牌食品；20世纪70年代盘锦发现石油，共和国继克拉玛依、大庆，在盘锦又进行了一场著名的石油会战，“辽河油田”诞生……现在，盘锦与营口并列为地级市，管辖那一片富饶的土地。

双台子河口自然保护区

双台子河口，距盘锦市30公里，顺双台子河向海边运动，直抵保护区。保护区大小河流纵横交错，芦苇蒲草一望无际，在丰美的水草间，栖息着鹤鹳雁鸥、鱼虾蟹蛤……

尤为旅行者所青睐的是河口入海处的那一片滩涂，秋天那里的水草“一夜之间”变成火红的颜色。一株不为奇，连成海天一片，令人叹为观止。于是这片滩涂得了个**“红海滩”**的美名（亦有称之为“红地毯”），旅行者慕名而来。我们造访红海滩的时间是**9月20日**。

我们乘一辆轿车，司机边走边问路……天际间终不见红，满目皆绿，芦苇是绿的，河水也是绿的，偶有红色淡出，那是河边卖河蟹打出的红布招牌……这个时候，便想到报上的报道，红海滩由于人为的原因，面积一年年减少，难道我们没有这个眼福？终于我们的车触到了保护区的门口，我们急不可耐地问，红海滩在哪里？看门人说，在那里。那里是哪里？顺他手指的方向看去，还是一片绿。我们顺着看门人手指的方向前进……左拐右拐，除了绿色，就是黄色，除了黄色，还有黑色，绿色是植被，黄色是烟尘，黑色是滩涂……没有红色，难道……忽然红霞跳进眼帘！实在是太突然了，它似给我们惊喜，似给我们一个冷不防，道路太玩弄我们的感情，那个看门人太会卖关子了，一抹红过后，便散射开一片红，末了，整个视野全是红色！红得看不见绿，看不见黄，也看不到黑，惟有几点白在红色中跳动，那是什么？那是白鹤！好鲜明的色彩搭配，有了这几点白，红海滩更红了，红地毯更有生气了。

红海滩的衬景是蓝色的大海和黑色的滩涂。点缀红海滩的，除了鹤鹳，还有油田的机械与管线。会不会是油田开发使红海滩缩小？舍哪个？要哪个？哪个都不能少，谁能拿出好的办法来，我们给他磕头。

走遍关东，惟此一景。鹤乡苇塘红海滩。

◎摄影参谋◎

请记住我们看到红海滩的日期：9月20日，据说这之前一个星期颜色浅红，之后一个星期，颜色深红。可以保留两个月。拍照时，最好有白鹤相衬，画面生动。拍照时，不要排斥小溪，小溪介入会使画面富有生活气息。

最好在附近村庄住一个晚上。因为临海有雾，不一定每日每时都能见到大面积的红海滩。

<交通>

沿双台子河公路走到尽处。最好叫上一辆出租车，直达保护区。

沙俄战舰“勇敢号” 门票5元

盘锦市双台子区有一座湖滨公园，公园里有一件珍贵的文物——沙俄时代的战舰“勇敢号”隐藏在湖岸的草丛中。

1904年，辽东半岛打响了“**日俄战争**”，海战中，俄舰“镇海侯号”和“勇敢号”战败突围，两舰向营口方向退却。退到辽河口附近，正逢海潮灌进河口，两舰被迫逆河口上溯45公里，待海水落潮，河面变得狭窄，河床显露淤泥，两舰已不能再返航。俄军指挥官为了不让日军缴获舰上的物资，将一些重要物资从吨位大的“**镇海侯号**”搬到吨位小的“勇敢号”上，并自行炸沉了“镇海侯号”。然而“勇敢号”由于负重过大，驶出不远，便溺于水中。1958年8月盘山县政府用两个多月时间，打捞出了长80米，宽40米的“镇海侯号”；1994年，又用12天时间，从地表至舰底17米深处，将“勇敢号”挖掘出土，放置于湖滨公园岸边。

我们进公园，打听“沙俄留下来的战舰”，逛公园的人告诉我们，那艘破船就停在湖边。我们看到它了：“勇敢号”被脚手架框了起来，惟有舰上的铁质烟囱和木质桅杆探出框架，原本有尼龙丝编织布蒙着舰体，随着光阴流逝，那些遮体的编织布破碎了，舰体只有少许部分还蒙在布里，大部分暴露在外。我们拨开杂草凑近舰体，仔细观看（对照手头的资料）：“勇敢号”是一艘铁木结构的战舰，吃水线以下为钢板装甲，舰身长22米，舰宽4米，烟囱顶部距甲板3.85米，重约60吨，该舰是以煤炭为燃料的蒸汽机动力，双螺旋桨驱动，判断服役15年。当时是先进的战舰。据说“勇敢号”打捞上来锅炉完好，门窗折页还活动如初。但是，摆在我们眼前的“勇敢号”，近乎要散架了，甲板上的铁舱已经锈蚀，舰体木板已经开裂，舰帮木板与舰体铁甲已经分离……正应了人们告诉我们的，这是一艘货真价实的破船。

2002年辽宁省文化厅组织专家对“勇敢号”进行现场勘察和实地论证，专家认为，“勇敢号”是至今辽宁省发现的**最大**一件**近代历史文物**，是在中国发生的日俄战争遗留下来的外国百年沉船，是日俄对中国领土进行侵略的罪证。

【提示】

“勇敢号”现在暂放湖滨公园的岸边，以后地点不详，不过有两点是肯定的：一会保留下来；二会放在盘锦一个更便于观览的地方。

要想了解战舰的原貌，建议找同时代的俄舰对照，我们找的是契诃夫《萨哈林群岛旅行记》渡海的船。

◎摄影参谋◎

被脚手架框起来的“勇敢号”也值得拍照，因为不会再有第二个这样的实物。建议与舰体成45度角拍摄，这样可拍出前进中的战舰，有动感，突出那探出框架的桅杆和铁烟囱，否则垂直拍摄，战舰像个破房子。

↑1994年出土时的“勇敢号”

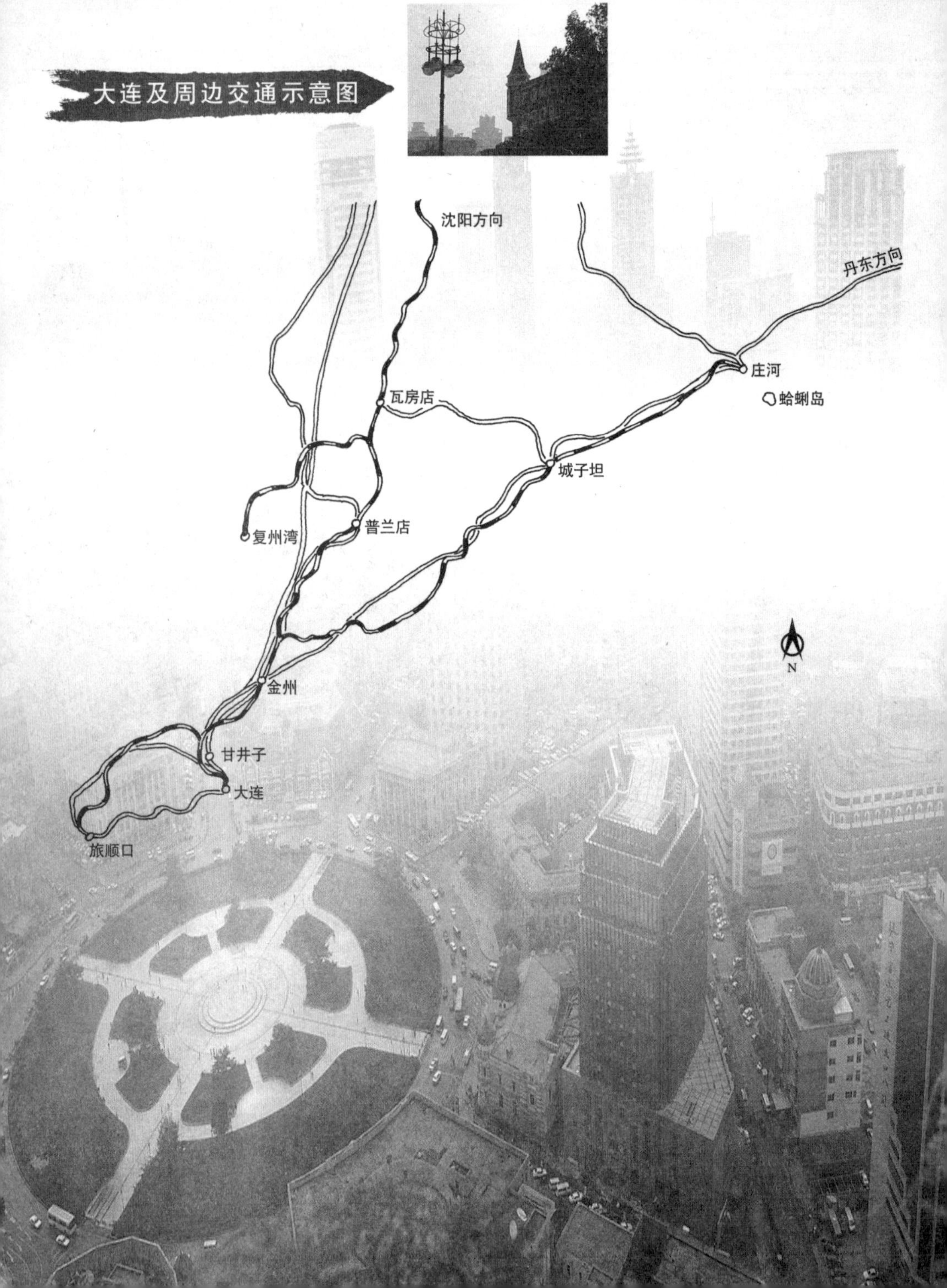

大连及周边交通示意图

沈阳方向
丹东方向
庄河
蛤蜊岛
瓦房店
城子坦
普兰店
复州湾
金州
甘井子
大连
旅顺口
N

第⑤章

大连及周边

大连，城市历史仅有百年，但大连地区的文明史，可以追溯到6000年前的新石器时代。

大连百年历史中近二分之一的时间是处在外国殖民者、侵略者的统治之下。

大连

从“大连”的名字说开去，大连地名源于大连湾。光绪二十四年（1898年），沙俄强租旅大，选中大连湾南岸一个名字叫**青泥洼**的小渔村，1899年沙皇尼古拉二世敕令在此建港筑城，命名为达里尼市。**“达里尼”**，音译，与“大连”谐音，意为遥远的城市。当年的市政厅在今胜利桥北的**俄罗斯风情**街上。经俄国7年殖民开发，大连商港、城区粗具规模。

1905年，日俄战争后，沙俄将旅大租借权转让给日本，直至1945年，苏联红军解放大连，大连才归中国政府管辖。如果说东北人民当了日本帝国主义14年亡国奴，那么大连人民则当了日本帝国主义40年亡国奴。

解放后大连一度叫**旅大**，1981年重新恢复“大连”名称。现在大连，是包括旅顺口区在内的，六区三市一县的副省级城市。历史给大连留下许多西方建筑及欧陆风习，现在当我们在码头、广场徜徉，迎面走来外籍海员，背衬西式建筑，恍惚中令人产生错觉：这是俄罗斯的海参崴，还是波兰的格但斯克？欣赏建筑之美，品味欧陆风情，无疑是旅游大连的一大内容。

再从地理上看，大连地处辽东半岛的尖尖上，三面临海，被黄海、渤海，两大海洋所拥，有1906公里的海岸线，226个岛屿。到大连来看海、玩海、吃海鲜、与满口**“海蛎子话”**的海碰子打交道，是旅行大连必不可少的人文活动。

我们以建筑与海洋为内容，玩了个痛快，我们的经验是，您能把其中五个广场逛完，一条海滨路玩遍，基本上浏览了大连市区风光。

大连，欧风习习的海滨城市。

大连的广场

大连有大大小小70多个广场。现在让我们一起走近其中的5个广场。

中山广场

始建于1899年，初称“尼古拉耶夫卡亚广场”。广场形似舵盘，直径200米，面积2.2万平方米，以广场为中心辐射出十条街道。这是仿照法国巴黎放射线城市布局，兼交通疏导和文化休闲双重功能。环绕广场有十座欧式古典建筑，大部分为日俄时期遗迹，现为大连金融区，有“北方华尔街”之称。中山广场的欧式建筑群，列为国家重点文物保护单位。

横滨正金银行大连支店旧址。建于1909年，典型的意大利15世纪建筑风格。现为中国银行大连支行。

日本大连市役所旧址。为日本殖民统治大连的地方行政中心，折衷主义建筑风格，现为中国工商银行大连分行办公楼。

大和旅馆旧址。属巴洛克与文艺复兴相结合的欧式建筑。现为大连宾馆。

早晚，有许多中老年人在这里进行健身活动。衬西洋建筑，着民族服装，扭民间秧歌，虽欠和谐，但是想想从前，看看今天，一种大连回到人民怀抱的自豪感油然而生——扭吧，唱吧，咱是这座城市的主人，愿意干啥咱就干啥。

◎摄影参谋◎

整个广场，及广场周围的每一座建筑，都值得拍照，最好将“中山广场建筑”拍一专题。
根据光线，安排每座建筑的拍照次序。

【提示】

广场周围的每座保护建筑，都钉有保护铜牌，那上面写着每一座建筑的历史。

友好广场

沙俄时期称为“西广场”。面积9600平方米。广场中央立有巨型水晶球，球体直径15米，重117吨，由3120块镀膜玻璃拼成。水晶球由黄红黑白棕五种肤色的大手托起，意为五大洲人民和平友好，托起人类共有的星球。每当黑夜降临，水晶球便射出红绿黄三色光芒，十分夺人眼目。水晶球虽为新材料新建筑，但与广场洋建筑基调相和谐。这一点给我们留下了深刻的印象。

星海广场

是亚洲最大的广场，面积176万平方米；是临海的广场，广场毗邻星海湾。星海广场是数个小广场的综合体：星海广场里有华表广场、葵花广场、城雕广场等小广场；广场四周有现代博物馆、贝壳博物馆、会展中心等建筑；临近海边立有一件别出心裁的现代雕塑艺术品，它以大连市民的足印，概括了大连百年历史。

我们在岸边遇见了畅游南极、北海道及泰坦尼克号沉船水域的冰游爱好者、大连理工大学教师王刚义博士。一个美好的心愿立刻涌进我们的脑海，我们决定与王刚义一起畅游，与许多同我们一样有这种心愿的年轻人一起拥着王刚义跳下不太暖和的大海……

↓用王刚义的“更衣袋”换泳装

大连的节日

烟花爆竹迎春会	农历正月初二到初六	星海广场
樱花会	4月中旬	旅顺
步行节	5月上旬	滨海路
赏槐会	5月中旬	金石滩
国际动力伞飞行节	6月	星海广场
国际钓鱼节	6月	长海县
国际啤酒节	7月	星海广场
国际服装节	9月第二周开幕	大连市区
国际马拉松赛	10月最后一个周日	大连市区
国际冬泳节	11月	金石滩

【提示】

王刚义的家就在星海广场附近，他每天都要到这片水域来训练，只要他身在大连，遇到他是完全可能的。王刚义的训练时间：每日早6时到7时，风雨不误，冰雪不误。

大连女骑警基地 门票20元

大连女骑警基地的地址是大连市中山区中青街9号，在一处马鞍似的山梁下，占地3万平方米。

女子骑警大队始建于1994年12月19日，主要担负中央首长、外宾的礼仪警卫；大型商贸文体活动的执勤和礼仪表演；繁华路段的治安巡逻和110报警的先期处置等任务。

女子骑警大队的姑娘们平均年龄只有24岁，身高1.76米，英姿飒爽、活泼漂亮又不失女骑警训练有素的威严气质。她们爱马、知马、驭马，把马当成忠实的朋友和伙伴。

女骑警基地的马是从香港赛马场购来的英纯血马，是一些极可爱极通人性的精灵。它那水灵灵的大眼睛可以与你进行心灵的沟通：你对它好，它的目光就显得和善和亲昵；你对它不好，它的目光就显得警惕和惊恐；你手里拿着胡萝卜或苹果接近它，它会投过来一种乞求的目光……据了解，马的伙食标准一天30元，饲料里有鸡蛋、豆油（不是色拉油）、骨粉、燕麦等多种营养品。

女骑警基地对外开放，游人可以进入基地参观跑马场、马厩、陈列室；可骑马、购物、拍照、摄像；可观摩女骑警的骑术表演，还可以同女骑警合影留念。

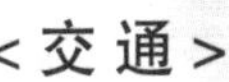

<交通>

市内乘524、402、703路公共汽车在海港医院下车，乘712路公共汽车在山屏花园下车，按路标指示上山。

【提示】

大连女骑警是城市的一道亮丽的风景线，和服装节、足球一起成为这个海滨城市的名片。

营业时间：8点~17点。表演时间：上午10点，下午3点（雨雪天不表演）。

人民广场

建于1914年，面积10万平方米，初称“长者广场”，解放后曾称“市府广场”、“斯大林广场”。广场的主体建筑为当年日本人修建的关东州厅，现为大连市政府办公大楼；一侧原为日本关东州特别高等警察课，今为大连市公安局办公楼；另一侧原为日本关东州地方法院，今为大连市人民法院。叫**斯大林广场**期间，广场建有大连解放纪念碑，碑前耸立一位端冲锋枪的苏联红军战士雕像，后来，这座雕像挪到旅顺苏军烈士陵园那里去了。现在在“苏军战士”原来耸立的地方建起一座声控喷泉。人民广场真正成为人民的乐园，广场不但有喷泉，有绿地，有鸽子，有风筝，也有自己的形象代表人物——耸立于广场中心点上的女警察，便是这座城市的雕像。

女交警，**女骑警**是大连市的一道风景线。但人们不要产生错觉，她们绝不是“花瓶儿”，她们与男警察一样担任执勤任务，不信，你到人民广场看看，那个繁忙的交通指挥岗叫她们包了；除了这个岗位，每天当车流高峰到来时，她们要起早贪黑，在全市各个角落做疏导交通的工作……这些还不算，她们还有“特殊使命”，担当大连的“**亲善大使**”，凡遇到对她们爱慕的人（当然其中以男同胞居多），提出与她们合影留念，她们都会在不影响执勤的情况下，笑容可掬地满足人们美好的心愿……

◎摄影参谋◎

与女交警合影，要有眼力劲儿，瞧准休闲的瞬间，马上凑上去。

拍摄女交警执勤，一定要注意来往车辆。

可拍一组与雕塑互动的照片。比赛一下，谁的构思更为奇妙。

婚礼过后，到这里拜见“亚当与夏娃”。

“你悔棋！”那天所有拍对弈的照片，都不如我们的有创意。

海之韵广场

是海边广场，东海公园的一部分。它是由海洋、花圃、雕塑、游人等元素，结构出来的具有现代风格的海之韵。它成了青年人的最爱，它是情侣的伊甸园。我们很喜欢广场上的雕塑，可观赏、可互动、可合照，是这些雕塑的特点，您只要瞧一瞧那些被游人摩擦出光亮的雕塑，再看看眼前，还有游人在继续与之互动，便会赞成我们的评价。瞧，《对弈》的棋子被摸光了；《海龟》的脊背被踩亮了；裸体的**亚当**与**夏娃**，成为披上婚纱小夫妻的最爱，小夫妻凑上前去，拍下一张“与亚当夏娃在一起”的照片……

门票

海之韵广场是东海公园的一部分，进东海公园每人10元。

滨海路

东起海之韵广场，西至凌水河口，全长42公里。沿途有棒棰岛、石槽、老虎滩、燕窝岭、秀月峰、傅家庄海水浴场、森林动物园、白云山、星海广场等名胜园林。

这一路，可以说包括了大连海边最精美的景致，如果您有一部车，沿滨海路，走走停停，该看的看，该玩的玩，你便领略了大连作为海滨城市的全部情趣。这样的旅行，已经在驾车族中悄然兴起。不过最为惬意的是沿滨海路徒步旅行，同样的内容，在紧赶慢走，又要中途打尖的时候，细细地品味了其中的味道，做这样的旅行者日众，最为集中的是每年春天，大连有一个徒步行走节。那一天不仅是大连，还有全国各地、世界各国的徒步行走爱好者前来滨海路行走。数万人由星海广场出发，沿滨海路行进，男男女女、老老少少、中国人、外国人、单个儿的、倾家出动的……一个个都那么意气风发，都那么笑容满面，都那么团结友爱，笑着、说着、唱着、走着、跳着、跑着……向前，向前……海滨路又是情人路，在一段情人用爱心踏寻的路上，情侣远离人群，贴着海边，相拥漫步，这个时候，汽车不再鸣笛，行人远远回避……哦，浪漫的大连人，是因为有这样一个浪漫的好去处。

$建议$

除两端的海之韵广场、星海广场，滨海路还值得驻足的地方有：

东海公园，包括海之韵广场、十八盘、怪坡、绿之梦广场、鹿苑。门票10元。

棒棰岛，海水浴场，高级别墅建筑群。门票20元。

老虎滩，海洋动物园，看日出。老虎滩公园门票15元；极地海洋动物园门票90元；海兽馆门票30元。

傅家庄，海水浴场。门票10元。

白云山，滨海路第一峰，森林动物园。门票80元。

星海公园，海水浴场。门票10元。

<交通>

出租车30元游滨海路全程。

公交车没有贯通全路，只能分段行进：海之韵广场到棒棰岛，电瓶车10元；星海广场到棒棰岛中巴10元。

旅顺口，举世闻名的军事要塞

旅顺口，位于辽东半岛的最南端，它三面环山，南临黄海；左有黄金山，右有**老虎尾**。港内宽阔，冬季不冻，战略地位十分重要。早在康熙五十四年（1715 年），清政府便在此设立了水师营，随着各帝国主义国家不断入侵渤、黄沿海，旅顺口军事地位愈发显得重要。从光绪六年（1880 年）到光绪十六年（1890 年）的 10 年间，清政府命直隶总督李鸿章筹建**北洋海军**，兴建**旅顺军港**，使旅顺口成为闻名于世的军事要塞，为当时世界五大军港之一。当年沿旅顺海岸线筑起了 9 座新式炮台，设置德国**克虏伯厂**制造的各种口径大炮 48 门；配备一个水雷鱼雷营，军港内外布设水雷；出资购买先进挖泥船，对海口航道进行了彻底疏浚；1888 年至 1890 年，用两年时间，从山东运来方块大石砌筑起大船坞；同时修筑石港、**丁字码头**、地下自来水管道和铁路专用线、厂房、仓库等配套设施；水陆军械总局、工程局、电信局也相继落成……我国近代史上一座颇有防御能力的军事要塞在旅顺口诞生。旅顺口成为北洋海军及其舰队的重要基地。

1894 年中日甲午战争爆发，腐败的清政府致使北洋舰队全军覆没，日本侵略者强占旅顺口。

俄、德、法三国干涉还辽，1898 年沙俄强租旅大，旅顺口成为俄军太平洋分舰队的基地。1904 年日俄战争，以俄国失败而告终，旅顺口再次沦入日本帝国主义手中；1945 年苏联红军解放旅大，苏联红军驻守旅大，1955 年苏联红军移交旅大军事防务给中国人民解放军。现旅顺口是我海军北海舰队的基地。

我们站在白玉山，便可以一览军港全貌。
走街串巷您会惊异地发现：小小的旅顺口，布满了日俄建筑。

军港远眺　那狭窄的港口，该没有日本的沉舰吧？

旅顺，日俄战争的主战场

1904年2月8日晚，旅顺俄军基地灯火辉煌。这天是俄军太平洋分舰队司令**斯达尔克**将军夫人命名日，基地正在举行盛大庆祝舞会。与此同时，**东乡平八郎**指挥日本海军联合舰队，借夜幕遮掩，向旅顺口逼近，午夜时分，日舰突然开火，将锚地里的三艘俄舰击毁……9日，迫于无奈，俄军对日宣战；日军也于翌日正式对俄宣战。在中国领土上进行的日俄战争打响。

俄军采取消极防御战略，日军无法进行决战。对此，日军联合舰队决定用沉船阻塞旅顺口航道，将俄军封锁在港内。连续三次闭塞作战，日军沉船17艘，以失败告终。交战中，俄太平洋分舰队新任司令马卡洛夫中将随旗舰“彼得罗巴甫洛夫斯克”号出海迎战，结果触水雷葬身海底。

海战同时，陆战随即展开。日军第二军的10万兵力攻战金州，截断俄军后路，然后北上辽阳。6月6日，**乃木希典**中将率日军第三军5万人在大连湾登陆，直捣旅顺。此时，在旅顺29公里海陆防线上，俄军布兵4万，加上太平洋分舰队的1.2万人，俄军总兵力达5.2万人。8月10日，俄太平洋分舰队受沙皇之命向海参崴突围，途中遭遇潜伏的日本联合舰队的堵截。舰队继任司令**维特格甫狄**被炸身亡，失去指挥的舰队溃不成军，18艘突围军舰，只有10艘返回旅顺口，日军彻底夺取了制海权。

8月19日，5万日军在300门大炮支援下发起总攻。俄军进行殊死抵抗，其后4个月里，日军对俄军实施蚕食战略。1905年1月1日，日军攻破东线制高点望台炮台，俄军见回天无术，不得不挂起白旗投降。2日，日俄双方代表在水师营签订停战协议，1月5日，俄军旅顺要塞司令**斯特塞尔**中将与日军代表乃木希典会见，举行停战议式，正式投降。俄军由此撤出旅大，日本代替沙俄占领旅大。

在日俄战争中，清政府迫于外敌压力，宣布“中立”。日俄战争，累计双方投入兵力20万，伤亡10万，作战329天，俄国太平洋分舰队全军覆灭，日军联合舰队损失战舰15艘，重创16艘。

以旅顺口日俄战争为题材，留世不少文艺作品，我们比较熟悉的有俄国长篇小说《旅顺口》，苏联电影《瓦良科巡洋舰》，日本电影《日本海大海战》……这些日俄作家的作品大都站在殖民主义的立场解读那场在中国领土上进行的战争。

日俄战争留下的遗址，是对两个帝国主义国家血染旅顺口，侵略中国的控诉。

这些遗址有：旅顺口军港、东鸡冠山北堡垒、二〇三高地、电岩炮台、二龙山堡垒；日俄监狱、万忠墓、白玉山塔、沙俄墓地；关东厅旧址、关东军司令部……这些遗址大多对外开放，供游人参观。

门票

二〇三高地：30元；东鸡冠山北堡垒：20元；日俄监狱旧址：20元；电岩炮台：15元；白玉山：10元；万忠墓：10元；军港公园：5元。

苏军烈士陵园 门票10元

这个名字不准，因为它没有概括陵园的全部内容。这块占地4.8万平方米的陵园，既有苏联红军烈士墓，也有日俄战争战死沙场的俄军将士墓，还有俄国人占领旅大期间的平民公墓……准确的名称，应当是“苏军烈士、沙俄死难者墓地”。

由凯旋门进陵园，陵园的前半部，安葬着1945年8月苏联红军出兵东北，与日本关东军作战而牺牲的红军烈士；苏军驻防旅大期间死亡的官兵及其家属；抗美援朝战争中牺牲的部分苏军飞行员。计1323座墓，安葬1408人。

陵园的后半部，是1898年沙俄占领旅大后修建的公墓，及1904年日俄战争旅顺争夺战中战死的俄军官兵墓。日俄战争中的俄军战死者遗骸，由日军战后迁葬到这块墓地，共有14873具残骸，分葬在12座刻有“**露兵之墓**”碑文的墓穴里。

这座陵园，是建在中国土地上最大的外籍烈士陵园。凯旋门、纪念塔、小教堂、雕像、十字架……

烘托出浓烈的俄罗斯风情和东正教色彩。陵园内的1600余座各种形状的墓碑、塔，以及碑塔上的雕塑，充分体现了俄罗斯的雕塑艺术，反映了俄罗斯独特的墓园文化。

给我们留下深刻印象的有三个纪念建筑及两段碑文。
凯旋门与红军烈士纪念塔，是1955年苏军决定将旅大防务任务移交我人民解放军，临撤军回国的时候所建立。红军烈士纪念塔，塔座平台两侧，分别为陆军和海军战士，二人脱帽，行跪拜礼，那凝重的气氛反映出鲜血凝成的战友深情——啊，这一次告别，可能是终生的告别了，再见了，我们明天将踏上归国的旅程……

墓碑饰有红星的都是“苏联红军”身份，他们战死异国达半个多世纪，远离千山万水，又有两国不相来往的30年，他们的墓地几乎成为无人过问的坟茔。两国关系正常化之后，终于见到俄罗斯人前来墓地，但他们大多是老战士代表团，及驻华使领馆工作人员，不见他们的亲人……鲜花干枯，野草丛生，一样的红星，一样的墓碑，忽然，我们看到一块异样的墓碑，碑上不但镶有死者的相片，还有它的生平纪事。我们赶紧上去细细端详，从墓碑上雕刻的飞机图案，我们判断这位烈士是在朝鲜战场上牺牲的苏联飞行员，他的名字叫**弗拉吉米尔·费特罗维奇**，1924年生，1953年牺牲，烈士的相片是崭新的，崭新的相片上浮现出一张年轻英俊的面孔。解说员告诉我们，这是2001年死者的家属来到这里制作的。是他的妻子，还是他的儿孙？解说员也回答不了。无论是妻子，还是儿孙，50年未泯的这份骨肉情，足以令天下人感动。

另一块墓地里，并列两座墓，解说员说“这是**情人墓**”：一座墓地安睡着**鲍里斯·彼德罗维奇**将军；依在他身边的是爱他的女护士。将军1935年病逝，女护士倾其全部积蓄，为他建了一座水磨花岗石墓碑，她守着他，直到1946年去世。女护士没有给自己留下修墓的钱，只留下“请将我葬在他的身边”一句话，女护士的生前友好帮助她实现了心愿，将她葬在将军的身边，为她立起一块墓碑。现在墓地完好，从两座墓生长出来的树，已经枝枝想交，叶叶相通。

苏军烈士纪念塔碑文：“为苏中两国人民的自由和幸福而光荣牺牲的烈士们永垂不朽！”

日军为日俄战争中俄军战亡者书写的碑文：“这里是在保卫旅顺港的战斗中悔过的、阵亡的俄罗斯士兵的遗骸。”

细嚼两段碑文，前者是确切的；后者怎么也读不明白，特别是那个“悔过”……

◎摄影参谋◎

下功夫拍摄“中国旅顺俄罗斯墓园雕塑艺术”，然后结集出版。

光线、植被对墓碑图案可视程度影响很大，拍摄时要把季节、时间安排好。

【提示】

我们效仿俄罗斯前总统叶利钦，他只在纪念碑前放了一束鲜花，它代替了应当代替的……

大连语言中的“海蛎子味儿”

这十几年没少来大连。大连对我们来说，什么都是清亮的，天哪、海呀、街道哇……惟有张口说话有点儿“荤”，有句口头语“荤”到了极致——“×养的”。可以说每来大连，走街串巷，“×养的”充斥耳朵……这次又来大连，数日走街串巷，交往男男女女，末了，盘点起来，忽然发现少了什么？语言，还是那种具有特殊韵味的“海蛎子味儿”，只是语言中没有了那句“×养的”了，真的，这句口头语，孩子与孩子间没有了，大人与孩子间没有了，大人与大人间也没有了，玩笑中没有了，愠怒中没有了，吵架中也没有了……真的，大连语言清亮得没有那个“×养的”。

不知道，大连“精神文明办”是否注意了这个变化？不知道大连市民的语言净化是用了什么方法？单就大连人嘴巴上没有这个“×养的”，就能判断出大连的文明，大连的进步。

我们赞美一个城市改变了它的痼疾。

大连地方语言拾零

潮——笨，愚之意。
彪——呆，傻之意。
洼——水平低。
毁了——糟透了。
哈乎——斥责。
闲乎——厌烦，瞧不起。
撒嘛——四处张望。
赖玄——吹牛皮。
真姿势——很出众。
有张逞——有能力。
玄了——差别大，“空中楼阁”之意。
嗑了——办事不顺，跌了筋斗。

“吃肉”说成“吃‘又’”；
“乳房”说成“‘羽’房”；
“春天”说成“‘衬’天”
“孙子”说成“‘深’子”
“机务段”说成“机务‘蛋’”；
“天热”说成“天‘叶’”；
“支援”说成“‘资’援”。

<交通与住宿>

通往大连的火车、汽车、客船、飞机，有许多。全国各大城市几乎都有到大连的飞机、火车、汽车。每逢长假，节日，还会加开旅客列车。
大连饭店价格受季节调节，旅游旺季价格要高出平时一倍，甚至更多。建议住小旅店。大连的小旅店卫生条件不错，其中几家军人招待所卫生条件好，安全也令人放心。

军人招待所（靠近星海广场），三人间50元／人，标准间200元。电话：0411-85851902。
沈阳军区黑石礁招待所 普通间50元／人，0411-84691278 84675084。

吃在大连

大连人喜吃海鲜，喜吃面食。

海鲜一定要鲜，不管是什么鱼，什么蛤，但一定要新鲜；大连对海鲜的要求，达到苛刻的地步，海鲜通过车辆运输，哪怕是镇以冰块，大连人也不买账。

大连喜欢吃面食，会吃面食，他们认为面食能够花样翻新，而米饭则单一，少了厨艺含量。大连喜欢往面食上描花绘草，即便是简单的白面馒头，也要点上一个红点儿。

大连最有名的小吃，是闷子。淀粉块，用油煎，然后拌上芝麻酱、蒜泥、盐、味精，2 元钱一碗，就这么简单，就这么便宜。大人小孩都喜欢吃，最喜欢吃闷子的是女孩子，一个时髦的女孩子，身上穿着 4 位数字一套的衣服，手上端着 1 位数字的闷子，吃得坦然，吃得投入，吃得香甜无比。

到大连不能不吃海鲜，吃海鲜要接受大连人的观点，当以鲜为主，不必吃海参、鲍鱼（经济条件允许例外），也不必非吃蟹子、对虾，这些哪里都可能吃得到。我们建议，吃海虹、扇贝、鸟贝、海肠、虾爬子。4 个人要这 5 样，一百元钱，既尝鲜了，也吃足了。

提示，吃海鲜，最好能吃几瓣蒜，以防肠炎发生。

$旅行建议$

选一个节日，服装节，花车游行竞展异域服饰。逛一个广场，中山广场，那儿欧风扑面。

洗一次海澡，星海广场，您会见到冰泳泰坦尼克号海域的王刚义在那儿晨练。

听一场音乐会，位于中山广场的音乐厅经常有国内外知名乐团演出。

看一场足球，市体育场，您同球迷一起观看郝海东领军的大连实德队的表演。

登一个海岛，蛤蜊岛，那儿有原生态的海洋美，去的人不多。

拍一张合影，大连的女警官从不拒绝旅行者合影的要求。

蛇岛，多腹蛇，腹蛇属毒蛇，出于保护人身安全及保护蛇岛的自然状态，蛇岛不对旅行者开放。我们一定要遵守规定，不要登蛇岛。假如您对岛上的毒蛇感兴趣，可到设在旅顺的蛇博物馆参观，看蛇展。门票 40 元。

蛤蛎岛上蛤蛎多

大连海域有100余个海岛，其中长海县所属的长山群岛有87个海岛。长海县几个大岛开展旅游业较早，我们“反其道而行之”，专门找了个陌生的，开发较晚，岛上没有居民的，且隶属庄河市的蛤蛎岛作为旅行目的地。

庄河海岸很有内容：有甲午战争时期日本军队的登陆滩头——花园口；有八路军先遣队渡海接收东北的渡口**套拉腰渡口**……时间有限，一晃而过，我们直奔蛤蛎岛。蛤蛎岛离陆地很近很近，于是人们便将一条长堤修到岛了，人们可以不乘船，不涉水，开着车儿径直登岛，迈动脚板在岛上巡游。

为何叫蛤蛎岛？身临蛤蛎岛便得到了答案——蛤蛎岛盛产蛤蛎。围绕海岛有大面积的**滩涂**，一旦海水落去，滩涂更生动地袒露在人们的面前。大片的滩涂，冷眼看去，只是平滑、湿润的稀泥，但是当您仔细运目，您会发现稀泥中布满了许多“黑眼睛”，如果您手里有架望远镜，您会看清那些**“黑眼睛”**是活动着的，时而睁大，时而缩小，“黑眼睛”似乎在注视一片新异的世界。当您一旦挽起裤管走近“黑眼睛”时，你会发现“黑眼睛”全部闭上了眼睛，滩涂上只留一堆堆被眼睛拱起的泥巴——这是蛤蛎鲜活的生存状态，先前是在呼吸，现在当危险降临，它合上贝壳，沉入穴底……看看吧，一大片滩涂，密集分布蛤蛎的洞穴，这儿俨然是一座繁华的蛤蛎城。这里怎么有这么多的蛤蛎？

民间传说，黄海龙王的女儿蛤蛎公主，看上了名叫庄郎的小伙子，妒忌庄郎的海龟精将这个情况报告了龙王，龙王大怒，命海龟精发兵庄河，捉拿庄郎。眼看庄郎的田地房屋，被海水冲毁，蛤蛎公主奋不顾身，抢到海浪的前面，用身体挡住了海浪，海龟精无奈，只好退兵，钻进海底。海水退去，庄郎看到一只巨大的美丽的花蛤立在海滩，在花蛤的身边，还有许多许多花蛤、文蛤、扇贝、沙蚬、黄蚬、白蚬、毛蛤……庄郎从那花蛤鲜艳的纹路，认出了它便是蛤蛎公主的化身，那些肥美的蛤蛎，是蛤蛎公主送给庄郎的礼物。

科学的解释，是黄海这一方的滩涂面积大，且海水滩涂适于蛤蜊生长，从前蛤蜊自然繁殖，现在大面积人工养殖。蛤蜊岛滩涂有30多种贝类，有**“世界贝库”**之美誉。蛤蜊岛成为大连市重要蛤蜊养殖基地。

蛤蜊岛海岸线“三原色”：**蓝色**的海水，**金色**的沙滩，**银色**的装饰带。那银色的装饰带是蛤蜊壳儿集聚形成。蛤蜊壳层层叠叠，拥拥挤挤，经年累月，海浪将蛤蜊的壳儿打圆磨亮，赤脚踏蛤蜊壳，如踩石子儿，既绊不倒你，也划不着你，只是轻轻的撞你一下，使你低下头来瞧它一眼，它在提醒你注意：它是蛤蜊岛的主人，小岛因为它才有了这个美丽的名字。

蛤蜊岛，东西长1500米，南北宽500米，面积0.75平方公里，岛上无定居人口，只有养蛤的渔工和旅行管理人员。岛上林木繁茂，野花鲜艳，礁石多姿，海景多彩。其中母女拜佛（又像海豹情侣）、莲台观音、神龟探海、潮音壁，是礁石与海水数千年通力合作，献给人们的美丽景观。

票价，30元。

售票告示，特别提到，作家、画家、书法家、记者与政协委员、人大代表享受军人同样的待遇——免费登岛游玩。

◎摄影参谋◎

蛤蜊养殖，是一个独特的选题。

小岛风光，也是好题材，但需要精心构思，力争超过同类题材。

<交通与住宿>

大连至庄河，火车早6:23，14元，长途汽车，25元。

庄河至蛤蜊岛，出租车可以直接由庄河市里开到岛上，20元。

旺季，设在庄河黄海大酒店门前有接待站，大客车免费送到岛上。

岛上设度假小屋，价格随季节调整，每间小屋，幅度在100元到200元之间。

辽西交通示意图

北票
阜新
朝阳
义县
医巫闾山
泥河子
八塔子山
沟邦子
凌海
锦州
南票
N
塔山
葫芦岛
葫芦岛市
兴城
绥中
小河口
前卫
九门口
前所
万家
山海关

第6章 辽西与辽西走廊

一个历史悠久的地方；
一个文化积淀厚重的地方；
一个……

辽西走廊

辽西走廊的形成始于辽代。公元907年，辽国建立，辽国频频发动进攻中原的战争，俘获来大批汉人，辽太祖“以汉俘建锦州”，将汉俘安置于辽西地区。929年设锦州为临海军节度使州，管辖辽西沿海一带。到辽代中叶，辽西临海一带从山海关到锦州，州县村镇陆续增多，辽西走廊粗具规模。锦州是辽西走廊的中心城市。

辽道宗清宁三年（1057年），在锦州建**广济寺塔**、在兴城建**白塔峪塔**、在绥中前卫建**瑞州塔**、在绥中永安堡建**妙峰寺双塔**，以及葫芦岛安昌建舍利塔等，古塔坐落辽西走廊沿途，不仅仅表明辽代统治者倡兴佛教，更重要的是这些塔作为路标耸立于辽西走廊之上。其中锦州广济寺塔辽西最高，百里可见，是锦州城雄伟的标志。

让我们对辽西走廊人口流动做一个历史性的盘点（仅限入关）：

金代，辽西临海道，成为东北联系中原的主要干线。

明代，沿辽西**临海道**设10余处驿站，辽西临海道成为沟通南北的重要驿路。

清代，摄政王**多尔衮**统领八旗军，过广宁城（今兴城），抵山海关，在山海关侧翼九门口击败李自成农民军，浩浩荡荡开进北京城——清通过辽西走廊，移都北京，君临天下。

“九一八事变”，日本人占领东北，东三省百余万难民，通过河西走廊流亡全中国。

国共决战，人民**解放军**打赢辽沈战役，第四野战军沿辽西走廊，一路奏凯，入关南下，解放全中国。

“文化大革命”期间，**红卫兵**大串联，近百万辽吉黑三省的学生通过辽西走廊，进北京接受伟大领袖检阅。……

还有我们，从洛古河到山海关，要通过这条狭长的185公里，做一个总结，做一个冲刺，做一个升华，然后进入关里，进入河北，进入北京……不过，且慢，一定要沉下来，这条走廊是历史长廊，是艺术长廊，丰富得很，独特得很——不把辽西走廊搞明白，不知大东北。

辽西走廊，是历史长廊，是艺术长廊

笔架山海岸采风

笔架山，又称大笔架山。笔架山是临海之小岛。

小岛因形似笔架而得名。笔架山岛位于市区西南26公里。笔架山岛距陆岸1.8公里，岛呈棱形，南北斜长1200米，东西最宽处220米，面积13平方公里。最高点海拔78.3米。小岛与陆岸有一条道路相连接，不过道路时隐时现，涨潮登岛之路全被淹没，**退潮道路又浮出水面**。

我们那天没有赶上退潮，所以无路登岛，虽然有船，但觉得登笔架山岛，该是开动铁脚板的，因此而未去，其实真正的原因，是我们被岸边——**小王家窝棚**渔港，渔民准备出海捕鱼的景致给迷住了。

渔民有的在补网，有的在修船，有的在往船上搬运给养……我们徜徉在繁忙的渔港：看着锈迹斑斑的渔船在海浪中颠簸；嗅着并不难闻的海船散发出来的味道，与晒得黑得发亮的男人与女人进行三言两语的对话……

一个没有告诉我们名字的渔民，允许我们为他和他的船拍照，条件是要把照片给他。我们说没有问题。他说，他这条船明天就要启航，出海去打黄花鱼，我们有在那片海域捕鱼的手续，船上的网是专门打黄花鱼用的，别看船不大，也不新，但设备齐全着呢……我们这条船一共九个人，今晚是出海前最后一个晚上，我是昨晚回的家，今天，不能再回去了，轮着那七个人回去，这次出海，先打三个月**黄花鱼**，接着再赶新的渔场，半年后才能回来……“那么给您拍的照片，怎么寄您？”“到时候我会打电话告诉您，接到电话，您就知道寄到哪里，寄给谁。”还是没告诉姓名。没关系，反正我们把名片给了他。再见吧，出海去打黄花鱼的朋友。

广济寺古建筑群

以广济寺命名的古建筑群，位于锦州市古塔区北街，包括广济寺塔、广济寺、天后宫、昭忠祠。如今市政当局在保留古建筑的基础上，依傍古建筑群修建了市博物馆和古塔公园。广济寺古建筑群集中展示了锦州悠久的历史和丰富的人文沉积。可以说看罢广济寺古建筑群，便等于走过了辽西走廊的**历史隧道**。

广济寺

广济寺，又称**大广济寺**。

广济寺是辽西肇建最早的寺庙，誉为辽西地区佛教寺庙的祖庙。史料记载，大广济寺原名**普济寺**，建于隋大业辛未年（公元611年），开山祖师是玄元老和尚。辽道宗时将普济寺改名为大广济寺。后历经战火，几次重修，古寺内建筑均属清道光年间所修。广济寺的建筑格局，是前塔后寺的布局——沿中轴线由南向北依次建有广济寺塔、天王殿、关帝殿、大殿。两侧建有角门、碑亭配殿、朵殿等。天王殿，正中供奉弥勒佛，两侧供奉**四大天王**：东方持国天王、南方增长天王、西方广目天王、北方多闻天王。关帝殿，殿内供奉关帝、关平和周仓塑像，东西山墙绘有关云长故事壁画。大殿，亦称大雄宝殿，殿内供奉释迦牟尼佛、药师佛、阿弥陀佛，佛前塑立式菩萨，两侧塑金身**十八罗汉**像。

寺中无和尚，无法事。只有古建筑供观赏与研究。

以广济寺命名的古建筑群，其古旧之貌，似不曾修缮，如此感觉，原因在于没有施以现代材料进行“油”饰，虽然无金碧辉煌之外表，却给以历史厚重之感受，我们犹如站在历史老人面前，毕恭毕敬，小心挪步，恐有冒犯先贤之举，而进入油饰过的殿堂，其历史再悠久也没有这种心境。奇也。

辽西的大多数古建筑都是这样的面貌。只要有利保存，我们倒是乐意它们是现在这个模样。

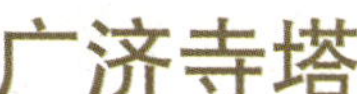

广济寺塔

早些年，无论您是坐火车，还是坐汽车，走过锦州的时候，老远就看见了这座古塔。现在看不到了，现在古塔被水泥浇注的高楼大厦挡住了它那壮美恢宏的身躯。但是古塔，从它耸立的那一日起，到今天，一直是这座城市的标志。

史料记载，辽崇圣皇太后萧挞里得到宋仁宗皇后赠送的白、黑、赤三色佛舍利子，崇圣皇太后命辽道宗耶律洪基在锦州市临海军肇建佛舍利塔。耶律洪基选在普济寺（大广济寺）山门前玄元老和尚灵骨塔遗址建造佛舍利塔。辽清宁三年（1057 年）动工，清宁九年（1063 年）竣工。耶律洪基为此塔取名“八方镇餐浮屠——无垢净光舍利塔”，俗称大广济寺塔。

现广济寺塔，于1993 年至 1996 年，历时 4 年维修而焕然一新。维修后的广济寺塔，塔高 71.25 米，塔刹 13 米，为东北第一高塔。广济寺塔为八角十三级实心密檐式砖塔。塔身八面，每面雕有一佛二胁侍，三个宝盖及两位飞天；塔檐十三级，每级各角有楠木挑梁，上托檐角，下缀铜铃，后多已脱落，现安装了 104 个塔角风铃，296 块铜镜，加上八面佛身镶嵌的 48 块铜镜，共有 344 面铜镜布满塔身，阳光普照，熠熠生辉。

现代锦州人不乏浪漫情怀，他们告诉我们，维修后的广济寺塔，塔顶上放置了今天锦州市长给 500 年后市长的一封信；还放置了锦州小咸菜、沟帮子烧鸡、北镇猪蹄、道光廿五贡酒等锦州市的名优特产。我们难得求证，查相关资料，言，维修后的广济寺塔，的确在塔顶的古刹天宫放置了给未来锦州人的物品，是什么？不具体，只说“将锦州市高科技产品、传统工艺品、名人书画、优秀文学作品、报纸、市志置于天宫，做永久封存，供后人考古。”这亦够浪漫的。这一浪漫为我们观瞻古塔添了内容，多了情趣。

木酒海
与木酒海中之酒

木酒海，古代盛酒的器皿。

1996年见过有关木酒海的报道，报载，锦州市的凌川酒厂出土了古代穴藏地下的木酒海，木酒海中还盛着满满的白酒。这次旅行到锦州，我们便有意探询了一番，朋友说，该酒厂已经列入锦州旅游景点，木酒海保管在该酒厂，可去参观。

车临酒厂，看到厂标写着“道光廿五集团”，“道光廿五集团”与凌川酒厂什么关系？“道光廿五”与**凌川酒**又是什么关系？

解说员把我们领进一座戒备森严的库房，我们的问题在那里几乎得到了全部解答。

我们看到了最想目睹的木酒海。

1996年6月上旬，凌川酒厂南迁，工人在施工中，发现了位于地下80厘米处的木酒海。木酒海是百年前盛酒的容器，现代锦州人没人认识。起初还以为是棺木，当木板被橇开，扑鼻的酒香从那容器里散发出来时，才判定容器里盛的是酒！继续扩大挖掘，连着挖掘出4个木酒海。每个木酒海都盛有1吨重的酒，四个木酒海盛4吨酒。考古工作者、质量检验权威、品酒专家、新闻工作者……该到场的全部到了现场，结论很快便做了出来：

木酒海的木料为红松木板，木箱内层由宣纸裱糊，裱糊木酒海的宣纸是用**猪血**泡制的，共有300封（5层为1封）。宣纸上有浅淡的文字，只要涂抹上少许白酒，字迹便明亮地显现出来，宣纸上的字是满汉两种文字，有**“同盛金”**、“大清国”、众多姓名，及“封于大清道光乙巳年”等字样。参考厂史，这些文字便解读出来：凌川酒厂是百年老厂，初创的字号就叫“同盛金”，“同盛金”的东家高士林，满族正蓝旗人，高士林开烧锅（酒厂）因其酒质上乘，专供朝廷，木酒海中的酒是握有龙票的贡酒。贡酒采用地下贮藏，即穴藏法，三年为一贮存周期，贡酒则周期更长，封条**“道光乙巳”**近乎直白地告诉了专家，木酒海中的酒是道光廿五年穴藏！道光廿五年，即公元1845年。如此算来，出土木酒海里盛的是151年前的贡酒！

这消息，通过新闻媒体很快传遍了全中国、全世界。国家文物局下发文件：“道光廿五为出土文物，属国家所有”，“同意你省按照少出高汇，细水长流的原则，销售50~100公斤道光白酒 。”英国伦敦吉尼斯总部颁发证书，认定，道光廿五年贡酒是世界上目前发现的窖贮时间最长的穴藏白酒。

这是中国出土的独一无二的百年老酒，可谓惟一**液体文物**。出土的木酒海与原酒被中国历史博物馆收藏。

此外，锦州市文物部门，收藏一个木酒海（现在市博物馆展览），20公斤原酒。

余之两个木酒海及原酒，全部藏于酒厂——原同盛金烧锅。

因酒易挥发，不宜大量长久保存，遵照国家文物局的批示，“少出高汇，细水长流”的原则，原酒进行了两次拍卖，价格高达每公斤6万元人民币。

看罢木酒海，我们参观了满族工艺酿酒车间，这里对“道光廿五”作了具体演示，热情的酿酒工人还将蒸馏出来的酒花端来，请我们品尝。在车间的一个角落，设了同盛金老东家**高士林**的居室，居室中多件文物是高士林家居原件，我们为颇有满族风情的门帘所吸引，门帘左右绣着两句话：**“雪满山中高士卧；月明林下美人来。”**解说员直言不讳地说，老东家是个喜欢女人的人。

现在，该酒厂严格按照道光廿五年的酿造工艺酿造“道光廿五”，2003年“**道光廿五**”与茅台齐名，成为中国名酒。同时它还创造了一个佳话——世界以君主命名的酒，法国有“路易十三”，中国有“道光廿五”。

拍卖出土原浆贡酒价格：

1999年10月26日，拍卖86公斤，350万元成交，折合每公斤4.07万元。

2003年7月6日，拍卖93公斤，558万元成交，折合每公斤6万元。

试问，哪一位酒仙喝得起3万元1斤的白酒？

【提示】

可买几瓶“道光廿五”品尝兼送礼。“道光廿五”有多种包装，价格也不一样，我们以为50元一瓶可矣。

“同盛金”生意警句

一进门来苏东坡，
坐下韩信问萧何；
苏秦舌巧来讲话，
徐庶不语是白说；
赊账如同三结义，
要账好比请诸葛；
不是本号不赊账，
只因要账太啰嗦；
现钱交易有两益，
佃办不起利又薄。

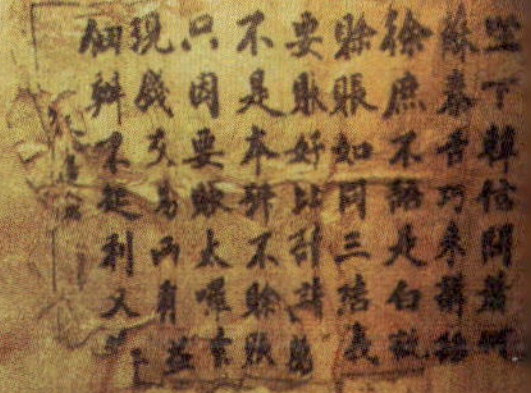

义县

奉国寺

门票 10 元

奉国寺建于义县县城。义县，古称宜州。辽圣宗**耶律隆绪**开泰九年（1020 年）建奉国寺，太平六年（1026 年）大雄宝殿落成。史料记载，辽圣宗耶律隆绪为了缅怀母后萧绰（952–1009 年），在萧绰去世 10 年后，下诏，在宜州肇建咸熙寺。**萧绰**，即赫赫有名的萧太后，这位光耀辽史的政治家、军事家摄政临朝 27 年，是北宋著名将领杨继业为首的“杨家将”的主要对手。萧太后发祥地在宜州，去世后，葬医巫闾山，祭祀于咸熙寺。

古云“宜州咸熙寺潭潭大厦，楹以千计，隆楼杰阁，金碧辉煌，定殿崔嵬，俨居七佛，法堂宏敞，可纳千僧……名冠 34 部。”咸熙寺是契丹统治下的北半部疆土最大的佛教寺庙。咸熙寺历经圣宗、兴宗、道宗三朝营造，占地 300 余亩，殿宇 900 余楹。

令我们称奇的有二：一、现大雄殿为寺内仅存的一座辽代建筑，千年大殿竟然是木构建筑，难怪古建筑家称大雄宝殿“是我国建筑史中一项极为光辉的成就”；二、大雄宝殿内佛坛上一组大型辽代彩塑，自东向西为**迦叶、拘留孙、尸弃、毗婆尸、毗舍浮、拘那舍牟尼、释迦牟尼**，一殿供奉七佛，实属罕见。

千年古寺盛载了丰厚的史实，辽道宗惠妃萧坦思遭奸臣陷害，被废为庶人，从大康八年（1082 年）到天庆六年（1116 年）在咸熙寺隐住 34 年，惠妃以“罪人到此反省”为要旨，天天和僧人一起在大雄宝殿做功课。天庆六年，除奸平反，惠妃还宫，被封为太皇太后，**萧坦思**将天祚帝所赐悉数捐给咸熙寺，使修长廊。

金代咸熙寺更名为奉国寺，一直延用至今。

今奉国寺维护如初，遗憾不见僧人住持，空为一处古建筑，仅供游人欣赏，有寺无主，似有缺少魂魄之感。

◎**摄影参谋**◎

七佛并奉，实属罕见，且皆为辽代彩绘精品，当拍摄。拍摄前应当与管理者打一个招呼，希望能得到允许，并给以便利。

七佛，两侧有护佛武士雕塑，如何利用这尊雕塑，表现七佛之生动形象，是一个难题，我们也没有处理好。

万佛堂石窟 门票 10 元

万佛堂石窟位于义县城西 9 公里大凌河北岸的万佛堂村东福山上。石窟分东西两区，共 16 窟，430 余尊造像。西区是北魏**平东**将军营州刺**史元景**（契丹人）凿于北魏太和二十三年（499 年），现存 9 窟，第一窟与第六窟保存较为完整；东区是慰喻奚丹使、散骑常侍**韩贞**联络同乡 74 人凿建于北魏景明三年（502 年），现存 7 窟。两窟中间遗有明成化十年锦义参将**王锴**为其母祝寿而建的小塔一座。

万佛堂石窟与云岗石窟、龙门石窟同为北魏时期的艺术造像建筑，是东北地区年代最久、规模最大的石窟群。万佛堂石窟有**四宝**：一为西区一窟的中心柱和飞天；二为西区六窟的弥勒大佛；三是东区释迦牟尼造像；四是西区第五窟东南角的元景造像碑和东区第五窟面窗内壁上方的韩贞造像碑，两碑之文字皆为北魏**书法精品**，**康有为**见碑拓后，评价“乃元魏诸碑之极品也”。

登上福山，纵观石窟，虽年久风化严重，又经人为破坏，所剩造像已构不成万佛之称，且形象完整者也为数不多，但是那气势，那韵味，那残留肢体所表述的信仰的力量，皆紧紧缚住了我们的躁动的心，令我们不能不驻足端详，令我们不能不在端详之余思索……

洛阳有龙门石窟，锦州有万佛堂石窟。

八塔山

八塔山位于义县城西南11公里处的前杨乡八塔子村。八塔子村后山有一座呈西北一东南走向，状似巨龙的山丘从丛山峻岭中岔出来，伸向平川，伸向村庄。在这条**巨龙的脊梁**上，并排耸立着八座**青砖宝塔**，远远望去，气势磅礴，慑人魂魄，这便是中外有名的辽代八塔。

这是我们遍走东北，看到的惟一一处古塔建筑群。

登山临塔，认真端详：建在水成岩山峰上的八座宝塔形象各异：由东向西，1号塔建于独立峭壁上，方形，高2.5米，塔尖成葫芦状；2号塔，亦建于独立的峭壁上，高2.78米，形制与1号塔相似，塔身东侧刻有**"菩提树下成佛塔"**7字塔铭；3号塔，高2.07米，塔座圆形，塔身呈六角形；4号塔，高2.3米，塔座下呈圆形，上为两层重叠交叉五角形，塔身为十面体；5号塔，高2.04米，塔座、塔身皆呈八角形；6号塔，高2.3米，塔座、塔身皆为六角形；7、8号塔，为1984所重新修建，仿1、2号塔呈方形。

这座建于辽代的古塔群，传有多种建塔缘由，比较有说服力的有两种：一为辽代建八塔，是为了纪念释迦牟尼一生的**八个阶段**；另一说，八塔山建塔前原为一条草龙，殃及一方百姓，连年灾荒，后经先人指点，在山上修建了八座宝塔，立塔之后，草龙得到镇压，**灾荒远去**，祥和降临。史实佐证，八塔子村无灾害记录。

◎摄影参谋◎

八塔连座，是异常壮观的景致，且作品不多，值得摄影爱好者下功夫创作。春夏秋冬，山前山后……一个季节一个样，一个角度一个样。

<交通>

火车，汽车，义县下车，搭机动三轮车，中巴，直奔八塔子村，八塔即在眼前。

旅程上惟一两次造访的景观

医巫闾山

医巫闾山，又称**广宁大山**，简称闾山。医巫闾山自阜新市中部向西南延伸，经九仙洞山进入义县和北宁两县（市）交界地带，呈东北—西南走向。北段山体高大，海拔约在500~800米，主峰望海山海拔866.6米；南段山势较低，海拔多在200~400米之间，是义县与凌海市的界山，止于凌海市的石山，总长90余公里，为东北最早见于典籍的名山，是东北三大名山（长白山、千山、医巫闾山）之一。"医巫闾"为东胡语的译音，意为**"博大"**。唐尧虞舜时期，全国设九州，每州封一山，闾山即为幽州之镇山，后，全国封五岳五镇：东镇青州沂山（今山东省境内）；西镇雍州吴山（今陕西省境内）；中镇冀州霍山（今山西省境内）；南镇扬州会稽山（今浙江省境内）；北镇幽州医巫闾山（今辽宁省北宁市境内）。

医巫闾山核心旅游区在北宁市城西北5公里处。南北绵亘45公里，周围约120公里。金人蔡珪《医巫闾》诗云："幽州北镇高且雄，倚天万仞蟠天东"，"谁道营丘笔有神，只得峰峦两三处"，从古代起就是幽州的镇山。辽金以来，山上修有很多建筑，据《辽史》记载，山中有辽东丹王读书之**"望海堂"**和他死后埋葬的显陵，以及辽景宗、世宗、天祚帝及萧太后的陵墓。今日辽金建筑早已荒废，四帝及萧太后之陵亦难以确认。现存建筑多为清代所重修，著名的风景区在观音阁一带：有大石棚、圣水盆、旷观寺、老爷阁、古佛龛、万年松等景观；有天象奇景：吐云寺的白云、鹅头峰的浓雾、望海山的佛光、圣水盆的月色、旷观寺的朝霞、老爷阁的夕照……

闾山是一座儒、释、道**三教合一**的文化名山，山上山下御笔墨迹随处可见，众多的道观、寺庙无不为闾山增添了浓重的文化色彩。元代宰相**耶律楚材**在此隐居读书，清代康熙、雍正、乾隆、嘉庆、道光五位皇帝先后十余次来闾山祭祀览胜。

医巫闾山支脉，名胜甚多，同样吸引了我们，著名之处有镇山庙、青岩寺，以及抱在名山怀里的幽州北镇——北宁城。

门票

单一门票30元；通票40元。

索道往返30元，单程20元。

镇山庙

门票 10 元

有名山必有镇山之庙，五岳五镇，惟医巫闾山镇山庙保存完整，不可多得。

在通往闾山山门的路上有一座规模宏大的古建筑群，即镇山庙，距北宁市 2.5 公里。北镇庙建于隋文帝开皇十四年（594 年），当时名为医巫闾山神祠，是古代祭祀闾山的山神庙。其南北长 280 米，东西宽 178 米。建筑面积约 5000 平方米。现存各殿皆为明清所建。建筑群从冈下到冈顶依天然地势排列而建，布局合理，气势恢宏。庙内有神马殿和钟鼓二楼。出神马殿有一片碑林，内有清康熙皇帝登极 50 周年所立的“皇帝万寿无疆碑”；依次还有康熙、雍正、乾隆年间朝廷祭祀闾山山神的御碑；北镇庙共有石碑 56 座。皆为元、明、清所立。在碑林环绕的台基上，坐落着 5 座殿堂，依次是御香殿、正殿、更衣殿、内香殿和寝宫。正殿为镇山庙的主体大殿，雕梁画栋，飞檐斗拱，殿中端坐山神，面目威严，慑人魂魄。

庙内东北、西南角各有一座小石山，东侧为棋盘山，西侧名为补天石。

医巫闾镇山庙为全国最大的山神庙，山神庙列为国家级文物保护单位，惟此一家。

我们拜谒山神庙，赶上阴天，游客无几，古庙古风，如同梦中踏入另一空间，战战兢兢走完堂殿，再出庙门，仿佛回到人世。这种感觉是游览其他古建筑所没有的，这缘于古庙修复没有搞金碧辉煌，否则又是参观者的身份，而我们是登山拜神，由身子到心灵全部融入古庙。

古庙古貌古风

◎摄影参谋◎

罕见未经油漆的古庙，一定要拍出古庙的沧桑感。

庙门四尊石狮，造型独特，四尊石狮，四个表情，分别是拟人化的喜怒哀乐。可做镜头特写。

幽州北镇三景

石坊与鼓楼

北宁市区中心，有鼓楼，鼓楼前有石坊。透过石坊见鼓楼，是幽州北镇的城标。

北宁这座石坊，是明朝神宗皇帝在万历八年（1580年），表彰辽东总兵李成梁的功绩，命辽东巡抚周咏等为之修建的。**李成梁**（1526-1615年）字汝契，铁岭卫人，隆庆四年（1570年）以都督佥事为辽东总兵。他大修战备，多次击退外来侵扰，万历七年被封为宁远伯。石坊采用暗紫微青花岗石仿木结构，为**四柱三间五楼式**，单檐庑殿顶，高9米，宽13米，额上竖刻“世爵”二字，横刻“天朝浩券”及“镇守辽东总兵官兼太子太保**宁远伯**李成梁”等文字，还有“万历八年十月吉日立”款，两面文字相同。石坊饰有鲤鱼跳龙门、二龙戏珠和四龙、四鹿、四季花卉以及人物等浮雕，中柱柱脚前后各立石狮一尊，均具有较高艺术价值。

崇兴寺双塔　门票5元

崇兴寺位于市区东北角，建于辽代天祚帝年间。时称“万古千秋极乐净土福德智慧双塔”，为国内现存辽金砖塔中惟一完好的大型双塔，它与医巫闾山共享盛名，誉为**“禅塔双标”**。双塔呈东西相峙，距离为43米，东塔高43.85米，西塔高42.6米，两塔造型相同，均为砖筑实心八角十三层密檐式结构。塔基高3米，每面长7.3米，塔基上是塔座，仰莲座，上方是第一级塔身。各级塔身的每一面均有拱楦佛龛、砖雕坐佛、胁侍、华盖、飞天等雕饰。每层塔檐各面都镶有铜镜，檐角悬铜质风铃。塔顶是砖砌的双层莲座及宝瓶，宝瓶上直竖铁刹杆。

双塔元明两代曾维修，清光绪年间加固塔基，各面都用花岗岩石条包砌，今东塔维修如初，西塔尚未维修。试问缘由，答财力不足。想点什么办法呢？我们能想得到的，肯定有关部门也想到了……好在，不会再遭破坏了，等待经费到位，西塔也会同东塔一样焕然一新。

一寺双塔

←手磨花生豆腐是这里的特色小吃

青岩寺

到医巫闾山不能不去青岩寺。

青岩寺始建于北魏，盛于中唐，香火绵延1500余年。至今香火旺盛，以至沈阳、大连、丹东、锦州等城市都开了专线长途客车，专门接香客前来进香，这是罕见的。青岩寺以供奉**“歪脖老母”**著称。据民国《东北古迹轶闻》载：“南海落潮，现一青石佛像，请至青岩山云中古洞，群工人移石像及门不能入，有戏之者曰：‘老母若一歪脖则可入’，言毕，佛像之脖即歪。众皆骇，从容移入，肃然起敬而出，忘请老佛正脖，故至今尚歪。”佛家解释，此乃**观世音菩萨**三十二化身之一。

人性化，个性化，是造型艺术感人的要素。青岩寺“歪脖老母”形象塑造的出发与归宿，都是为了营造佛与人之间的亲和感。佛的这一化身，令人亲近，艺术，有了这一个，令人过目难忘。

拜“歪脖老母”不容易，要踏千余级台阶，这是对心诚者的考验，愿意接受这种考验的人，可以说人山人海，这是大多数寺庙所不及的。参拜者少部分本地人，大多数来自南方，其中有许多港澳台同胞及海外华人。其虔诚，令人感动。

登青岩古寺，拜“歪脖老母”。

<交通>

锦州站西有直达车，20元，连门票都有了，否则一张门票便要20元。

推荐一套锦州美食：北镇猪蹄、辽西驴肉、沟帮子烧鸡、锦州小菜、辽西水豆腐、羊杂汤，一瓶“道光廿五”。4人120元。

朝阳

朝阳是一座历史古城，秦汉时期名**柳城**，东晋十六国时期名龙城，北魏、隋、唐时名营州，辽、金、元时称**兴中府**，清初称三座塔，乾隆四十三年（1778年）称朝阳。

随着考古发掘和城区改造，朝阳市及朝阳所辖地区有许多惊世发现。最有名的有三大发现：

红山文化遗存在朝阳大量而精彩的面世——“凌源县牛河梁新石器时代遗址”成为2003年度全国十大考古发现之一；

2004年，朝阳城区发现“十六国**三燕龙城**宫城南门遗址”，使朝阳再次成为全国十大考古新发现地点之一；

当旅行者走出山海关，沿京沈高速公路向北进发的时候，会看到路两侧高高耸立着辽宁各市的旅游招牌，其中朝阳的招牌最为抢人眼球——“朝阳——世界第一只鸟飞起的地方！”

广告所指，系1996年考古工作者在朝阳北票发现世界最早的鸟类化石——**中华龙鸟**。

每个发现都诱惑着我们，我们选了又选，选了三燕故都——龙城遗址，及中华龙鸟的故乡。

<交通>

沈阳、锦州有铁路、公里通朝阳，高速公路最为便捷。

三燕故都——龙城

2003 年考古工作者在朝阳市老城区北大街及周边地区进行拆迁改造时，在位于老城中轴偏北发现了城门遗址。这座门址坐北朝南，残留的城门墩大约 2 米高，四个大墩间有三条门道，中间的门道铺着整齐的石板，整个城门墩东西宽 30 余米，南北长 20 余米。按中国古代等级制度规定，惟有都城的城门才可开设**三道门**。考古工作者未费多少考证便判断此门为三燕都城龙城的宫城城门。这座宫城城门始建于前燕，彻底废弃于元代，共经历了前燕、后燕、北燕、北魏、唐、辽和金元，算起来，有 1600 余年的历史。

朝阳市志记载，“东汉末年，三郡乌桓被战败，北方另一支少数民族鲜卑族乘势发展，经无数次兼并战争，东晋时期的中国北方形成了**五胡十六国**的局面。**鲜卑族慕容氏**建立的前燕、后燕和冯氏建立的北燕，都曾以龙城为都城，前后统治达百年之久。”“**前燕王朝**成为北方惟一强大的政权，燕都龙城成为东北政治、军事、经济和交通中心，中原文化、东北亚文化，草原丝绸之路的会聚之地。”

三燕历史涉及到中国东北边疆历史的主线，但是一致有史无城，“龙城”，只是见于历史文献中的名词，由于辉煌浮出地面，回答了许多问题。

我们最早接触“龙城”这个名词，源于唐诗，王昌龄的《出塞》，诗云：“秦时明月汉时关，万里长征人未还，但使龙城飞将在，不教胡马度阴山。”诗中“飞将”指名将李广，而龙城错以为是李广任右北平太守时率兵击退匈奴的辽西某地。今天我们看到了龙城，不是李广抗击匈奴的“龙城”。**李广辽西战匈奴**是公元前 128 年，建龙城是公元 341 年，两者相距 400 余年。王昌龄诗云“龙城”，是泛指汉室江山。

我们说服了看守现场的老汉，他把挡道的绊儿挪开，让我们进了坑底。

从正面看城门，感觉到了它的磅礴气势，出土的墙垛砖石已经用塑料布密封起来了，我们怀着那种身临禁地的忐忑之心，脚踩宫城正门道，走进宫城……

三燕故都有龙城

◎摄影参谋◎

拍城门遗址：1. 要有人物在中门道石板路行走，方显得出城门之宽，门道之阔；2. 远景应当有北塔，构图不但有了层次感，还增加了信息量，北塔历时五朝，两相照应，龙城老矣。

【提示】

龙城，是慕容的龙城，不是李广的龙城。

遗址正开掘中，旅行者一要远离非法淘古者，也不要从他们手里购买文物。

中华龙鸟的故乡

出朝阳奔北票，过惠宁寺，向大凌河与虻牛河交汇点疾驶，约 1 个小时便到达了辽宁省古生物化石博物馆。

在这里我们搞清了**“世界第一只鸟飞起的地方”**的基本含义。

所谓世界第一只鸟，即中华龙鸟。在此之前始祖鸟被认为是“世界第一只鸟”，始祖鸟的化石不是采自我国，而采自欧洲。直到我们写就这一节，世界地质界尚无有关化石鸟的新发现。1.4 亿年前飞翔在北票天空的中华龙鸟仍雄居“世界第一鸟”的地位。

中华龙鸟化石的开采时间为 1996 年，地点在朝阳所辖的北票市四合屯。四合屯不仅是中华龙鸟的故乡，也是**孔子鸟**，**辽宁古果**——菱等珍贵化石的开采地点。

我们为古生物博物馆没有建在四合屯而备感遗憾。

不过化石标本还是来自**四合屯**的，我们权当在四合屯的**化石库**里看化石，结论是，不虚此行，值得一看。

中华龙鸟化石一共采出三片，因其珍贵，二片存在中国科学院，一片存在南京地质宫。我们看到的这片是三片中最为完美的中华龙鸟化石的复制品，看上去，鸟儿呈跃动状态，体表有羽毛，胃里还保存尚未消化的食物残渣。

博物馆所在地原为独岗寺，这里风景怡人，不但能够观看远古的鸟儿，还可以观赏到当代的鸟儿。

世界第一只鸟从这里飞起

此外印象深刻的还有几件古生物化石标本：命名“辽宁古果——菱”的化石，像一丛茂盛的野蕨生长在石板之上。

一块黄褐色石板上，一群神态鲜活的小鱼被永久地凝固在了沙石之上。

以四合屯为中心，北票发掘出各类古生物化石6门14纲近20类。

展厅还有一幅照片抢人眼球，照片是《地理》杂志的封面：照片上，美国前总统**克林顿**手持印有**四合尾羽鸟**复原图的地理杂志，笑眯眯地瞧着观众。看来他很欣赏我们的尾羽鸟，看来中国北票的鸟儿飞向了世界，不过尾羽鸟比起中华龙鸟年轻多了，如果克林顿看到世界第一只鸟——中华龙鸟，一定会更开心。

【提示】

去年国家还允许出售第三类化石，今年化石交易则被完全取缔。因此旅行者应取消在北票及辽西采购古生物化石的打算。

景观链接

中华龙鸟的开采地——四合屯，由北票市乘车南行30公里，中巴5元。

朝阳方言举例：

早溜：从前
一起根儿：一开始
久后：日后
今们儿：今天
下黑：傍晚
立个亮儿：马上
汗溜儿：背心
苇莲头儿：草帽
庄稼冒棵：庄稼茂盛
开裆：母鸡下蛋
小巴拉子：平民百姓
生杂子：不三不四的人
杆儿瞎：窝囊废
嫌乎不好：闹病
小病儿：妊娠反应
木个张的：笨拙
蒙登：头脑混乱
花说柳串：虚假动听
鸡生格斗：争吵失和

阜新

阜新历史上是一个多民族活动的地区，各民族人民在这里创造了辉煌的民族文化。试举两例：阜新有一个学术组织，因为无法用一个名词给它命名，便取了全名：阜新市辽金元**契丹女真**蒙古史研究会；还有藏传佛教寺庙瑞应寺，康熙赐予该寺的匾额，用了汉、藏、蒙、满四种文字。

阜新古往今来地名多多，用得最久的名字是“土默特左翼旗”，那是后金“八旗参佐制度”下，崇德二年（1637年）设治取的名字，历清代与民国，凡308年，1945年方撤销。到阜新来，值得一看的有海棠山的摩崖石刻，那是自康熙二十二年至道光二十三年（1683-1843年），近200年的藏传佛教艺术创作；还有**查海遗址**——新石器时代的原始聚落，它的面世，证明早在7600年前阜新便有人类居住，查海是红山文化的源头之一。

我们除了这两个景观，还去了瑞应寺，及一个典型的辽西小村——哈达村。

瑞应寺

门票 20元

瑞应寺属藏传佛教寺院，距县城30公里，位于佛寺镇内，现占地面积18平方公里，大小寺殿97座，有寺僧住宅千余间。

瑞应寺始建于清朝康熙八年（1669年），康熙十五年（1676年），喇嘛**萨木唐桑布**携弟子30赴西藏谒见达赖和班禅额尔德尼两位藏传佛教首领，翌年，达赖喇嘛授予其**“察罕第颜齐呼图克图”**称号，萨木唐桑布成为瑞应寺第一代活佛。至1942年六世活佛**森丕勒尼玛**圆寂，此后55年瑞应寺无活佛。

1997年，国务院宗教局批准了瑞应寺老喇嘛们的请求，同意瑞应寺迎请七世活佛。由佛教格鲁派六大名寺之一“拉布仍”寺的扎木央活佛金瓶掣签认定七世活佛，1997年10月9日，按照藏传佛教仪规七世活佛入寺坐床。

瑞应寺七世活佛**洛桑·义希成来坚措**，俗名刘海龙。生于1979年11月9日，是阜新蒙古族自治县佛寺镇水泉村人，坐床前便在瑞应寺当喇嘛。七世活佛坐床不久，便于1998年4月，去“拉布仍”寺拜**关楚格**、**巴特尔**两位高僧为师，修习佛经一年余，其后，回瑞应寺主持寺院事宜。

七世活佛坐床后，即宣布三道令：
第一道令，恢复“**莽贡乎日勒**”，即早会，活佛亲自督察；第二道令，制定喇嘛十条戒律；第三道令宣布了包括**葛布辉**（掌堂师）与**敖么扎德**（领经师）在内的职务职称任命。活佛广泛联系施主，积极筹措资金，狠抓瑞应寺的恢复和建设，威望日见提高，这座藏传佛教大寺院再次赢得了“**东藏**”之美誉，科尔沁、喀剌沁、库伦、奈曼、前郭尔罗斯、杜尔伯特等地的蒙古族佛教徒，纷纷前来进香拜佛。

我们来到瑞应寺听到不少有关这位活佛的传说，传说他乘坐市委书记尚没有坐上的高级轿车，经常去省城、北京参加会议……我们从报章上得知七世活佛是省政协常委，还兼有多项国家及吉林省的宗教与民族事务职务，传说与事实都给我们以强烈的印象，那便是党的宗教政策经历了“文化大革命”后又回来了。

我们走出瑞应寺，刚一拐上回县的公路，便发现河套里一台推土机深陷泥沼，10多名喇嘛围上前去……是助人为乐，是劳有所图？已见寺院山门一侧的小卖店为喇嘛经营，那么喇嘛课余出工换得报酬也是完全有可能的……我们乐见僧与俗，现代机械与古老宗教服饰不多见的组合。只是距离太远，照得不实，不过模糊印象也是一种印象，且难得的印象。

瑞应寺喇嘛十条戒律：

1．不许吸烟喝酒。

2．不许任何喇嘛参加赌博。

3．不许到寺外游玩。

4．不许领同龄伙伴到寺院喇嘛住地。

5．不许留宿女人（包括亲友）。

6．不许招用被驱逐出寺人员。

7．不许偷盗、抢劫公私财物。

8．不许在寺内穿着短衣。

9．不许在寺院唱歌。

10．掌堂师、领经师外出需向活佛告假。

（选自特沫若著《瑞应寺》）

去哈达村看哈达山

有一家报纸用很大篇幅报道“阜新发现唐代战场”。我们按照报纸提供的线索，顺阜彰公路，向西北方的扎兰营子乡哈达村进发。

那天小雨淅沥，当我们拐下阜彰公路，奔向哈达村去的时候，天忽然放晴了：一望无际的大平原挺着**高高的白杨树**，笔直的白杨有排成排的、有结成簇的，还有独自挺立的……想想身临古战场，眼前的白杨便拟人似的有了几分士兵相。河套边的白杨像威武而又儒雅的礼仪兵，鞠着躬、行着礼将我们迎进村子。

大河套、白杨树、**平顶房、毛驴车**，构画出一幅典型的辽西农村风情画。

一位王姓的汉子为我们作向导，他是蒙族，蒙族名叫孟根昌。哈达村一共有273户，蒙族168户，村民以农业为主，人均10亩地，种高粱、玉米、花生、荞麦、绿豆……十年九旱，收成一般，农业不足副业补，各家都养羊、养鸡。

村紧挨山，山紧靠村。哈达村南并排三座山峰，孟根昌说，横在这块平川地上的山都叫哈达山，村南这三座山，东山叫**雌山**，西山叫**雄山**，中间的叫**小雏山**，我们把它们看成一家人，这家人是哈达村的邻居。无论哪一座山都是巨石叠垒，石棱蜿蜒，那叠起的石垒宛如城堡，那蜿蜒的石棱恰似守城的工事。据地方史学家称，1500多年前，唐军进军辽东，由朝阳经阜新，去新民过辽河，到达辽阳主战场。登上山顶，极目远眺：小村、小路、小河尽收眼底，据关镇守，实有一夫当关，万夫莫开之势。

下西山，去东山。山坡是松林和农田，田里的荞麦开着白花，绿油油的松树林里，雨后长出了红伞盖、白伞盖的蘑菇，山上有一群孩子，正玩着“占山为王”的游戏。

精彩内容几乎都在东山。最为有名的是将军的拴马桩，那是一个脸盆大的石洞，洞中直挺着一根柱子，巨石是褐色粗糙的，柱子却玉石一样白洁光滑，传说将军行军至此抱怨无拴马的木桩，他那只有力的大手狠狠抓了巨石一把，巨石立刻显出这个洞来，洞中石柱，正好可做拴马之用。还有几景也都很奇：在一块离地面 10 米高的巨石上，有一口直径 20 厘米的小井，小井之水取之不尽，用之不竭；山顶数块巨石表面凹陷出无数脚印儿，那脚印儿分明是着鞋子的脚踩踏的，清晰、规范，真的一样……

看毕三座山峰，以我们的军事常识，基本上接受了地方史学家的考证，但是对“战场遗物”不敢相信，因为用科学知识解释不了——其实，作为地质奇观也还好，为什么一定要把两件事物连在一起呢？就凭古战场、地质奇观这两样，哈达山就值得一来，何况还有哈达村呈现给我们的朴素、美丽的辽西风光？

◎摄影参谋◎

辽西农村景致；蒙汉交融的生活现象。

<交通>

阜新县城到扎兰营子，25 公里，中巴 5 元，下车向西北走 4 公里到哈达村。

§建议§

来阜新喝玉国羊汤，吃手扒肉，品当地产的“三沟白酒”，4 个人花百元钱足够了。

葫芦岛

葫芦岛原属锦西市，归锦州地区管辖，1989 年葫芦岛从锦州分出来，单独立市，与锦州市共同管辖辽西走廊。葫芦岛东北与锦州的女儿河相接，西南与河北省秦皇岛市的山海关相连。

葫芦岛有美丽的海，海上有菊花岛；葫芦岛有雄壮的山，山上有明代长城；葫芦岛有功名显赫的人物，历史上出了个镇边将军**袁崇焕**，今天出了个航天英雄**杨利伟**。

葫芦岛出葫芦，葫芦成了美味佳肴，专门有厨师研究葫芦宴，葫芦宴满桌葫芦菜，熘炒烹炸炖炝拌……花样不少；还有葫芦工艺品，单腰葫芦、亚腰葫芦、特型葫芦，及在这些葫芦瓢上进行的种种创作，诸如针刻葫芦、烫画葫芦、打结葫芦、范制葫芦等等。葫芦谐音“福禄”，葫芦岛，福禄之地也。

飞天广场，杨利伟雕像

建在葫芦岛市新城区大转盘上的飞天广场，是国家批准建立的惟一一处飞天广场，惟一一尊杨利伟雕像。

我们不以为过，因为我们都去过俄罗斯，俄罗斯中等以上城市都有第一位航天员**加加林**的雕像，都有以加加林名字命名的街道。中国只有一处飞天广场，只立有一尊杨利伟的雕像，只有一所以杨利伟名字命名的中学，可矣。所以我们和所有旅行者感到希罕，时逢广场落成。我们在落成的当天，即 2004 年 9 月 27 日观看了广场，观看了杨利伟雕像。

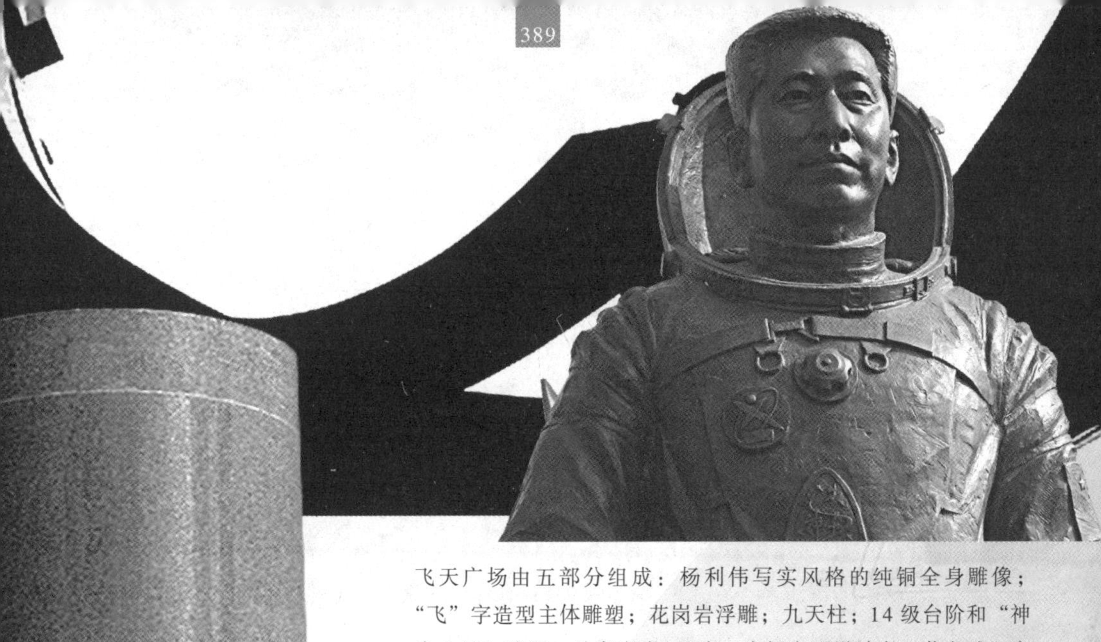

飞天广场由五部分组成：杨利伟写实风格的纯铜全身雕像；“飞”字造型主体雕塑；花岗岩浮雕；九天柱；14 级台阶和“神舟 5 号”雕塑。总高度为 25 米。广场主要设计者、著名雕塑家**程允贤**对广场雕塑进行权威解读：涂有赤橙黄绿青蓝紫 7 种颜色的硕大“飞”字图案，象征华夏几千年遨游太空梦想成为现实；花岗岩浮雕展示了从我国古代**“钻天猴”**（爆竹）到世界现代航天器的发展史；九天柱则表达了中华民族欲上九天揽月的壮志豪情；14 级台阶则象征承载杨利伟的**“神舟 5 号”**围绕地球飞行 14 圈。

观看广场，便了解了世界与中国的航天史，观看杨利伟塑像便与这位航天英雄进行“零距离”的接触——设计者研究了参观者的心理，强调了参与意识，与创作者的互动——特别在杨利伟雕像基座上铸就了杨利伟的**手印儿**，我们兴致勃勃地将手握上去——哦，我与“杨利伟”握手了。

的确是杨利伟的手，据说是杨利伟亲自拓的，那手不及我们俩人的大，如同他的个子不及我们俩人高，手，是一双普通人的手，真实的手——杨利伟，这个时代的一分子，代表华夏十余亿人飞上了太空。

惟一的飞天广场

景观链接

绥中县城有以杨利伟名字命名的“绥中县利伟高中”。

兴城古城及其承载的故事

兴城古城是目前全国保存最为完整的明代古城。

古城始建明宣德三年（1428 年），竣工于宣德五年，朝廷赐名**宁远**。隆庆二年（1568 年）毁于地震。现在保存的古城为天启三年（1623 年），时任宁前兵备佥事、山海监军的袁崇焕所重建。古城呈正方形，城墙外用青砖，内用石料，中间用**黄土夯筑**，南北长 826 米，东西长 804 米。墙高 8.88 米，墙垛高 1.7 米，底宽 6.5 米，顶宽 5 米。城设四门，东为春和门，南为延辉门，西为永宁门，北为威远门，门上筑有门楼，四门外皆有瓮城。四角设有角台，东南角台上筑有魁星楼。城内有胡同 36 条，城外 16 条，城中心设有钟鼓楼一座，城中纵横大道在魁星楼交汇为东西南北四街。南门大街有石坊两座，南为祖大寿石坊，北为祖大乐石坊。**祖氏石坊**是明思宗朱由检为表彰镇守东北边疆有功的祖氏兄弟而建。

兴城古城，无论从军事学，还是建筑学上讲，都十分考究，古城呈水平线式构图，强调横向高度，有千军万马一字排开之势，给奔袭于城下的兵马以森严壁垒、威严屹立之感。

古城从它建立之日起，便成为兵家相争的城池，承载了许多壮美与凄婉的故事。

天启六年（1626 年），努尔哈赤率 13 万八旗兵马，一路征讨，所向披靡，兵至宁远城下，宁远岌岌可危。时守城明军不到 2 万，但是袁崇焕鼓足全城军民士气，勇敢迎击八旗兵马入侵，重创了征战中不曾有失败纪录的努尔哈赤八旗军，努尔哈赤中**红衣炮弹**，毙命于退却盛京的途中；皇太极继承先父讨明遗志，征战辽西，但仍不能攻克袁崇焕的防线，不得已这位狡猾的大清皇帝，施离间计，除掉了袁崇焕，此后清军虽然占领了辽西大部，但是宁远城仍在明军手中，是时守城将军是吴三桂。

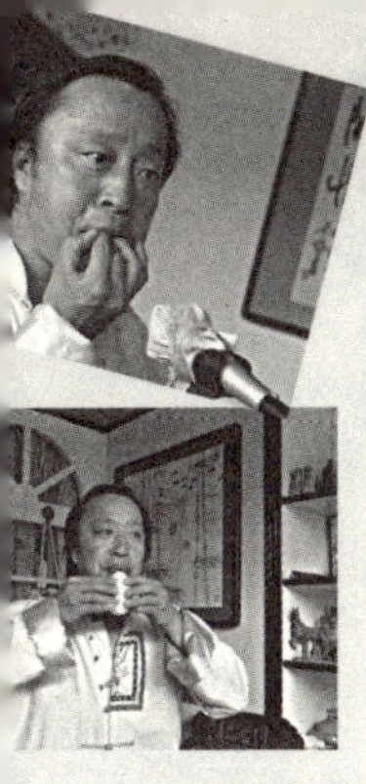

崇祯十七年（1644年）三月，李自成率农民起义军逼近北京，崇祯帝急令**吴三桂**火速援京，吴三桂深知此去无回归之路，为了不给清兵留下只椽片瓦，下令火烧宁远城。至此，宁远自建城以来无战败纪录，因此史学家称宁远城是不败之城。

我们逛兴城古城，没有见到袁崇焕的纪念建筑，看到的却是在松山大战中投降了清军的祖氏兄弟的石坊。而远在北京的59中学校园内，立有“明袁大将军墓”，并有**世袭家族守墓**。据报载，当年袁崇焕手下一佘氏谋士，感念忠良，勇敢地从菜市口刑场盗得袁大将军的首级，下葬，守墓……世代相传，今为第十七代守墓人，守墓逾370年！成为绝世佳话。

古城中的祖氏石坊并不以祖氏最后一举而拆除，什么原因？是建筑之美，需要保留？还是历史全程看，祖氏兄弟有功有过，后人望石坊，知其功也知其过，引人思索？

稀世古城，不败之城。

门票：

登城墙15元，登鼓楼10元，文庙20元，联票30元。

兴城有个“鸟叔叔”

“鸟叔叔”真名阎福兴。他不仅是学鸟鸣的大师，还是一个管乐器的演奏家。在他那间古色古香的工作室（准确的讲是音乐室）里，阎福兴先生为我们做了表演。他将指头伸进嘴里，运足力气，于是便有鸟鸣在空中响起，先是画眉在婉转啼唱，接着又是不知名的鸟儿在吵嘴斗架，一支接着一支。曾有文章说，阎福兴的指哨，会引来喜鹊登枝，仙鹤起舞，我们留神观察，发现笼子里的鹩哥，听到阎福兴的指哨，忽然欢快起来，不一会儿，说起了人语：“您好”，“欢迎”……自以为所传不虚。**指哨**演罢，他走到组合乐器架旁，架上挂有八种乐器：邦笛、乌都、埙、朝鲜短箫、弯管笛、巴乌、葫芦丝、云南口笛，外加指哨——阎福兴为我们进行了一场内容丰富的“什锦节目演奏”。

他家的电话机上写着：**爱鸟热线　0429-515490。**

九门口水上长城　门票30元

九门口水上长城坐落在绥中县李家乡境内，距山海关15公里，其南端与山海关延续来的长城相接；北端，长城爬山而上，向冷口，向喜峰口蜿蜒——长城在**九江河**搭起了过河的城桥，形成“城在水上走，水在城下流”，为万里长城独具特色的100米。中国视之为宝，世界亦视之为宝，是东北最早为联合国认定的世界文化遗产。

九门口长城始建于北齐（479-502年）；现存的九门口长城扩建于明初洪武十四年（1381年），全长1704米，城桥长97.4米，筑有九孔泄水城门，城桥两端筑有围城。**九孔泄水城门**，从地面至券旌石高7米，连垛高达10米。两座桥头堡似的围城，建于天启六年（1626年），围城各有7个券洞，里砖外石，高大雄伟。关城由长城墙体与内城及关前九江河上护城泄水城门构成，内城周长1公里，墙高8米，城墙高大坚固，墙身为砖石结构，顶宽5米，底宽6米，墙高8米，外侧有垛口，里边有女墙，巍峨壮观。九门口长城因其河底7000余平方米的过水条石，用铁水浇注，连为一体，故有“一片石”之称；此关因其所处位置为重要的军事关隘，史称“**京东首关**”。

九门口之有名，除其水上长城，还因其这里曾经发生一场**终结明朝**统治，清军得以长驱进入北京的战争——“一片石大战”。

现在这里成为旅游胜地，人们在多次欣赏过京郊八达岭长城之后，辗转来到这里，看看山海关的海中长城，再看看九门口的水上长城，以至于，蜿蜒于崇山峻岭中的尚未修复的长城，比较起来，这一方的长城来得更原始、更丰富、更生动、更有历史之沧桑感，更能满足旅行者的发现意识。

一片石之战

1644 年，清军一路高歌猛进。在长城关隘“一片石”，一向以勇猛著称的多尔衮，居然帷幄之中来了一个坐山观虎斗。我相信，为满洲的统一大业戎马倥偬不敢松懈的多尔衮，一生只开心了一回。这一回，他若无其事地看着两位中原英雄在长城脚下做了一次殊死的搏杀，踌躇满志地用他不太熟练的文字在满文老档案里写下了中国古老而常新的寓言故事——“鹬蚌相争，渔翁得利”。中原的自相残杀，扔下了一个不设防的北京城。

强大的已经夺取天下的李自成居然被吴三桂击败了。尽管吴三桂几十年后对自己替满洲人火中取栗，引狼入室追悔莫及，但是他葬送了李自成辛辛苦苦 18 年的反明农民战争已经永远地成了历史。

“一片石”成了**李自成**农民军的**滑铁卢**。中国历史上最成功的一次农民革命运动，在“一片石”上摔了个粉碎。想到这一点，我们曾下意识地憎恶过这“一片石”。“一片石”是万里长城上并不显赫的一道关隘。它惟一的一次历史碰撞，却是这样地载着汉民族的耻辱走过。历史有时候是费解的，自从清军的马队踏过“一片石”，“一片石”就再也没有辉煌过。满洲人没有刻意纪念这座为他们敞开胜利之门的关口，甚至在其后的两百年里，皇帝们十几次东巡，没有一回龙辇旌旗是从“一片石”经过。“一片石”成为满洲人不肯回首的战场，是不是因为他们觉得“一片石”带给他们的胜利过于慷慨而多少有些不光彩呢？不管怎样，从 15 世纪下半叶开始，“一片石”的地名模模糊糊地让人淡忘了。以至到了 20 世纪，研究清史的史学家们不得不请教考古学家来为“一片石”去做地理的定位。

其实，“一片石”就在山海关的北面，距离 15 公里，它叫了另一个名字：九门口。

——摘自田继忠《王朝不归路》

◎摄影参谋◎

千万不要把九门口拍成“九孔桥”，九门口是长城的一段，它还叫长城，拍摄时，最好不要把两侧的长城忽略。

在山上拍九门口效果更好，但一定要注意安全。我们在拍摄时，险些粉身碎骨（不加引号），真正的粉身碎骨。

景观链接

出“京东首关”便是河北省一个小小的村子，那里有老屋，有老碾，有老树，还有守城人（他们自称为“楼兵”）的后裔在那里居住。

<交通>

万家镇有中巴直达九门口，8 元。

小河口屯

小河口屯近来很有名。因为那里有未修复的长城，有守城人的后裔；还有绮丽的风光与朴实的民风。它让您想不到，这是一个21世纪，距离北京不到350公里的居民地。

小河口屯，在古长城脚下，隶属绥中县永安堡乡西沟村。小河口屯住农家30户，128口人，地产杂粮。

绥中县的古长城共有58公里，均属明长城，明隆庆五年（1571年），抗倭名将**戚继光**奉命调到今辽宁、河北、北京一带整顿边务，长城加砖重修。绥中县境内的长城由广宁前屯卫（现名前卫）负责守护，其中小河口屯附近的**永安堡**和**铁厂堡**共有守军355人。这批守军巡防在50多公里的长城线上，担任瞭望、点燃烽火等任务。小河口屯附近的一些村落，现有大量守城人的后代，他们的祖先大多都是随同戚继光调防来的浙江义乌人。小河口屯有位名叫曹成惠的87岁退休教师，曹氏家族在绥中县的第一代祖先叫曹瑞龙，是长城守卫部队的把总。和曹姓结亲的为王、叶、金、胡姓，今亦居住在小河口及附近村屯里，号称当地五大户。曹成惠祖先死后葬在守卫的长城根下。

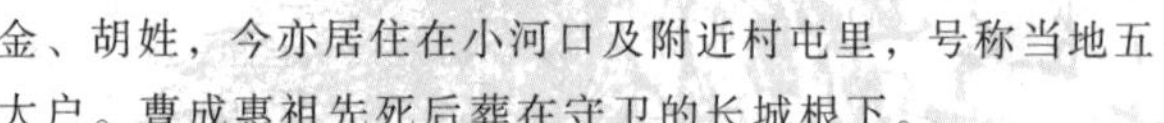

小河口处在长城三段交会处——**锥子山**。小河口长城有独一无二的敌楼，三层敌楼的顶层住守军家属。体现了那个年代的戍边政策：为稳定军心，明军允许家属随军，同住敌楼，一同守护长城。因为有家属参加长城守卫，使这段长城有了生活气息，专家称之为“女性特征”：关隘城墙上有生活情趣的浮雕，门窗拱框上刻满狮子绣球，木马兰花，祥云彩带，还有象征夫妇恩爱的缠枝莲花图案。

我们进村时值傍晚，看到了古民居，看到了“**女性长城**”，还看到了只有南方才有的运输工具——小河口的农民与浙江义乌农民习惯用背篓进行日常运输……遗憾的是光线不足，没能拍到长城上的女性图案。

丰富多彩小河口

◎摄影参谋◎

小河口的长城是未修复的长城，原汁原味，历史沧桑，又有古长城卫士的后裔进入题材，内容如此丰富，又有人文关照是任何一段长城所代替不了的。最好住三四天，拍个痛快。

< 交通与住宿 >

交通，由山海关乘长客到前所镇，然后换乘长客到永安堡（大甸子）延伸到小河口。5元。有一户农家办旅游，户主是长城研究者刘福生，他家有两屋，两铺大炕，大屋150元，小屋100元。

关外第一镇

——万家镇印象

入关前的最后一站是万家镇；换一个方向说，出关第一镇，是绥中的万家镇。

最南的村叫北邱村。万家镇有居民2万余人，10个村。

您在这里会发现，这里老乡的生活习惯与河北相近。老乡喜欢在户外扎堆，喜欢抱着饭碗扎成堆儿吃饭；乡村，做了奶奶与姥姥的女人，不管年纪多么轻，天热的时候，喜欢赤裸着胸脯扇扇子。

这里树上的知了叫得比锦州的响，这里树上结的柿子跟唐山一样多。这里比关外任何一个地方挨近秦皇岛，挨近天津卫，挨近北京城，所以万家镇种地的人不多，种地的时间不多，多数人，多数时间进城打工，进城找活干……

关外的第一镇——万家镇

※集邮参谋※

镇邮电所，盖关外第一镇——万家镇邮戳。

◎摄影参谋◎

关外第一镇民俗专题。

终点，山海关

山海关，在秦皇岛东北15公里，东距沈阳400公里，西距北京300公里。依山傍海，地势险要。万里长城，沿燕山山脉蜿蜒而下，经过**角山**，在这里**入海**。雄伟的万里长城“天下第一关”屹立于山海之间，将山、海、关连成一体，扼海陆咽喉。故素有**“两京锁钥无双地，万里长城第一关”**之说。

明洪武十四年（1381年）大将徐达在此构筑长城，建关设卫。明万历七年（1579年），戚继光又增筑入海石城七丈，誉为长城东起点（今丹东虎山长城为长城东起点，但是山海关人决不改口），名为老龙头。山海**关辟四门**，东曰**镇东**，即“天下第一关”；西曰**迎恩**，南曰**望洋**，北曰**威远**，各门上均筑城楼，城中心筑钟鼓楼。

明代万里长城，以山海关、居庸关、嘉峪关名冠古今，被称为**三大名关**。山海关有三大景观：一、山海关；二、老龙头；三、孟姜女庙。

山海关是关里关外通关的象征关口，实际，进出东北并非都走山海关，海上可走，九门口处可走，还有许多关口可走。

山海关地处河北省秦皇岛市山海关区。山海关区，既管着关里一部分，也管着关外一部分（小小的一部分）。

山海关门朝东，走出山海关，叫关东，到关东去谋生，称为**“闯关东”**。

山海关只标志关里关外，不区分辽宁省、河北省。

无论怎样界定山海关，它作为地域标志的地位都是不可动摇的，我们能从许多有历史意义的照片上看到山海关：日本兵占领东三省，在山海关拍了照；中国军队与苏联红军会师山海关，也拍了照……我们历时两年的东北之行，起点定在洛古河，终点定在山海关，也要在山海关前拍照。

天下第一关

人口出关大流动

明清两朝流民发配白山黑水；
辽、清俘掳中原百姓，安置关外；
清末民国以山东、河北农民为主的“闯关东”；
共产党八路军接收东北与国民党军队决战；
中国人民志愿军赴朝参战；
上个世纪五六七十年代，以山东、河北为主的盲目流动人口；
以黑吉两省为囚禁地的全国近20个省市的劳改罪犯大调动；
十万转业官兵开发北大荒；
十万知识青年到北大荒“接受贫下中农再教育”。

※集邮参谋※

到山海关区邮政局，盖邮戳，留作入关或出关的纪念。

◎摄影参谋◎

花50元拍一张山海关纪念照。明知拍这张照片的成本太贵了，但是有什么法子，谁叫我们有“到此一游”的心理。

参考书目

《东北古文化》	高青山等著	春风文艺出版社
《东北俗文化史》	王肯等著	春风文艺出版社
《东北各民族文化交流史》	孙进己等著	春风文艺出版社
《东北艺术史》	李浴等著	春风文艺出版社
《东北文学史》	马清福著	春风文艺出版社
《东北地名语源考》	杨锡春著	黑龙江人民出版社
《中国历史年代简表》		文物出版社
《中国人口迁移史稿》	石方著	黑龙江人民出版社
《中国区域历史地理》	李孝聪著	北京大学出版社
《中国旅游地理》	金海龙等编	高等教育出版社
《黑龙江流域童话集》	[俄] 达·纳基什金编	光明日报出版社
《黑龙江风物志》	本社编	黑龙江人民出版社
《黑龙江古代文学》	韩明安	光明日报出版社
《城市与人——哈尔滨故事》	曾一智著	黑龙江人民出版社
《一塈博宫壮金源》	孙威 那国安编	中国戏剧出版社
《拉林满族京旗文化文集》	申明 石国璋 苏龙编	
《东北蹦蹦音乐》	寄明著	生活读书新知三联书店
《暴风骤雨》	周立波著	人民文学出版社
《带你游黑河》	柳拜坤著	黑龙江人民出版社
《五大连池火山》	李方正 郭克敏著	地质出版社
《丁玲最后的日子》	王增如著	上海书店出版社
《话说乌苏里江》	王吉厚 姚中晋著	黑龙江科学技术出版社
《北方名城牡丹江》	孙永先等编	新华出版社
《日苏虎头决战秘录》	[日] 冈崎哲夫著	哈尔滨工业大学出版社
《吉林导游》	吉林省旅游局教材编写组	吉林人民出版社
《吉林朝鲜族》	金泽 金仁泽编著	吉林人民出版社
《中国人参文化》	孙文采 王嫣娟著	新华出版社
《话说江城》	张一民编著	时代文艺出版社
《蒙古包文化》	巴·布和朝鲁编著	内蒙古人民出版社
《白城地区文物古迹》	吴喜才编	吉林文史出版社
《鹰屯——乌拉田野札记》	胡冬林 那日松著	河北教育出版社
《辽宁风物志》	本社编	辽宁人民出版社
《红楼梦》	曹雪芹 高鹗著	春风文艺出版社
《盛京三陵》	陆海英 王艳春著	辽宁民族出版社
《沈阳城往事》	刘竟著	辽宁大学出版社
《我说张氏帅府》	张力主编	辽宁大学出版社
《走进大连》	海风著	中国旅游出版社

此外，还参考了部分市县的史志、文集、旅游宣传品及报刊资料。

关于作者

李占恒，祖籍山东乳山，1944 年出生于黑龙江勃利。1962 年由佳木斯应征入伍，1976 年调入沈阳军区做专职作家。由战士到作家，40 年间走遍白山黑水，创作了一批来自生活的作品。临近退休，做一次东北全境游，与从前零打碎敲相比，这次是用密集的脚步进行地毯式轰炸，由洛古河到山海关，再无空白，再无遗憾。

刘绍志，字一惺，1953 年出生于辽宁辽阳。1970 年参军，当过文书、班长、参谋、上校处长。从事军事交通工作 24 年，曾被指派编写过电影剧本。业余痴迷国画、篆刻、雕塑、铸造、摄影等创作，差一点儿步入专职行列。1998 年转业后，痴迷益甚。这次旅行，为了拍到满意的照片，在九门口险些坠落悬崖，在雪乡冻黑两个指甲……

关于这本书

这本书既是用笔和镜头写出来的，也是用脚板和车轮子碾出来的。

我们决定撰写这本书，一是因为我们对这片土地的感情——我们俩是“闯关东”人的后代；二是我们熟悉这片土地——数十年，因为工作的关系我们造访了东北的许多地方。

我们在进行长途旅行之前，先做了一次热身行走——2003年1月，去了趟地处“东北犄角”上的赫哲之乡。回来之后，起草计划，采购装备，2003年8月20日，我们集合于哈尔滨，然后北上加格达奇，进入“北极圈”，由黑龙江的源头（地名学）漠河县的洛古河村出发，以山海关为目的地，进行了为时一年零一个月的旅行……向南，向南，再向南的旅程中，时而向东，时而向西……2004年9月18日，我们的鼻子终于撞到了山海关那堵老墙，完成了计划中的旅程。

我们的足迹遍及黑龙江、吉林、辽宁三省的全部市域，此外，还造访了内蒙古自治区呼伦贝尔盟的一角、兴安盟的一角，以及河北省秦皇岛市的山海关区。

撰写中，我们对个别地区进行了重复采访。诸如哈尔滨，哈尔滨之夏不能没有，哈尔滨之冬也不能没有，所以夏与冬都要去哈尔滨；再比如八塔山，辽宁义县的八塔山是辽代群塔，独一无二，美不胜收，一次没有拍成，我们去了两次，终于拍到了一张可以入书的八塔山照片……因而我们的旅程又有一个特点：并非一气呵成，是穷折腾出来的……我们的宗旨是不想留下空白，不想吃后悔药，不想做遗憾的注脚。尽管书中还有令我们遗憾的地方，我们尽可能把它留得最少最少，因此也就没有什么后悔与不后悔。

我们撰写这本书付出了昂贵的代价，相机颠坏2台，补充2台，一出一进5万元人民币出去了；后勤保障，仅汽车输送就达4万多公里，车辆磨损，油料消耗、吃饭住宿约12万元人民币；有时我们为了拍一张照片负了伤，还险些送了命……但是，值，我们赚了50余万字的旅行杂记，8000余张图片，235册地方史记及文献资料，还有一大批朋友……它能派生出许多许多本书，它能衍生出许许多多故事……足够我们终生受用。

但比起感情收获，那些都是微不足道的——这一旅程，使我们一颗心更加贴近了养育我们的土地，在心与土地的亲近中，我们说，故乡，我们做了我们该做的，我们做了我们能做的，如果就此合上双眼，我们能安卧在您的怀抱里。

我们太爱这片沃土，面对已经成书的其他地区的书，我们想炫耀我们的故乡，想把我们的故乡写成“天下第一”，于是我们搞起了上下册、百万言……我们三番五次游说责任编辑，到头来一向遵从我们意见的责任编辑说了一句话，你们写这本书的主旨是什么？这一提问，令我们冷静，我们知道自己因为爱而迷失了方向。这个时候德国著名摄影家瓦尔特·谢尔思出现在我们“面前”——谢尔思受邀旅行杭州，主人给他安排的内容是游览风景名胜，希望借助谢尔思的眼睛——镜头，将杭州介绍给欧美。谢尔思“愤怒”了，他说他不要拍这些东西，他要看老街陋巷，要进寻常百姓家。我们认识到，这是有文化品位的旅行者深入陌生境地的普遍心理。作为著书——导游者的我们只能照此办理——引导自助旅行者观看具有传统人文特点的东北大地。因此我们要求这本书——

文风，古朴、自然；

内容，贴近百姓、贴近生活；

给旅行者以知识、趣味、审美享受；

唤起旅行者强烈的行走欲望和参与意识。

这一决定是痛苦的，因为我们要忍痛割爱，诸如工业化生产出来的景观，大跃进速度制造出来的东西，及与地域文化不相容的内容。

这一决定又是舒畅的，“减肥”了，身体轻爽了，心也轻爽了，于是立马诞生了这本书。

感谢编辑林栋先生，是他在中国旅行图书门类创造了“中青社”品牌，他的出版经验使这本书得以顺利诞生。

感谢刘霜女士的具体指导，她女性的纤细为本书增添不少妩媚。

还要感谢对此书给予大力支持的人们，他们之中有市长、有百姓；有将军、有士兵；有汉满蒙朝族，锡伯、赫哲、达斡尔、鄂伦春、鄂温克同胞……如此说来这本书是集体撰写亦不为过。

谢谢。请大家多提宝贵意见。

图书在版编目（CIP）数据

关东宝地——从洛古河到山海关 / 李占恒，刘绍志著.

北京：中国青年出版社，2005

ISBN 7-5006-6648-9

Ⅰ.关… Ⅱ.①李…②刘… Ⅲ.游记—东北地区Ⅳ.K928.93

中国版本图书馆 CIP 数据核字（2005）第 128297 号

书名：关东宝地——从洛古河到山海关

作者：李占恒　刘绍志

策划：韩亚军

责任编辑：刘霜

装帧设计：刘绍志

电脑操作：李国清

出版发行：中国青年出版社

社址：北京东四 12 条 21 号

邮政编码：100708

网址：www.cyp.com.cn

E-mail: liushuang@cyp.com.cn

编辑部电话：(010)64007495

发行部电话：(010)64065904

印刷：北京顺诚彩色印刷有限公司

经销：全国各地新华书店

开本：787mm × 1092mm　1/20

印张：22

字数：530 千字

版次：2006 年 1 月北京第一版

印次：2006 年 1 月北京第一次印刷

印数：1-10000 册

定价：38.00 元

本书如有任何印装质量问题，请与出版处联系调换。

联系电话：010-84047104